49일간의 확률통계여행

양재용 지음

엑셀과 Jamovi 활용

자유아카데미

추천사

요즘 고등학교에서는 확률과 통계를 비중 있게 다루고 있는 것으로 보이지만, 나의 학창 시절 확률과 통계는 수학 교과서의 마지막 부분에 자리해서 급하게 마무리하고 배우며 지나가는 영역이었다. 그래서 제법 공부 좀 하는 이과생이었음에도 나에게 확률과 통계는, 그중에서도 특히 통계는 내가 뭔가를 제대로 모르고 있다는 생각에 주눅 들고 시작하게 만드는 아쉬운 영역으로 남아있다.

그런데 학교를 졸업하고 사회인이 되어 직장에 다니며 여러 업무를 거쳐온 30여 년의 세월 동안, 그 많은 수학 과정 중 확률과 통계가 가장 많이 활용되어 오고 있으니, 만약 내가 이런 사정을 미리 알았더라면 학창 시절에 좀 더 열심히 확률과 통계를 공부했을지도 모를 일이다.

물론 복잡한 공식과 이론을 속속들이 몰라도 뉴스 기사에서 다뤄지는, 다양한 영역에서의 확률은 어떻고 통계가 어떻다는 내용을 이해하는 데 큰 지장은 없다. 하지만, 오랜 세월 동안 명확하게 잘 알지 못한다고 생각했던, 그래서 어느새 나도 모르게 나의 약점이라고 스스로 정의해 버린 영역이었던 확률과 통계에 대한 갈증을 해소할 수 있도록 정리한 책이 나온다는 소식은 기쁨을 넘어서 가슴을 두근거리게 한다.

그것도 하루에 한 챕터씩 공부하면 49일 만에 자신감을 느끼게 된다니 이 얼마나 멋진 일인가!

이미 산업체에서는 데이터를 분석하고 이에 근거하여 비즈니스에 필요한 결정을 내리고 있고, 물건을 판매하는 영업직군조차 데이터 분석이 요구되고 있는 시대이다.

이제 인공지능(AI)이 더 발달하면 앞으로 모든 계산도 알아서 해줄 텐데, 복잡한 공부를 왜 해야 하느냐고 생각하면 오산이다. 어느 영역에서든 AI가 내놓는 답이 맞고 틀리는지 한눈에 알 수 있을 만큼의 실력을 갖추고 있어야 AI를 활용하고 싶은 대로 활용할 수 있을 것이다. 이는 직장이나 일상생활에서 많이 사용되는 확률과 통계 영역도 예외가 아닐 것이다.

나처럼 확률과 통계에 대한 콤플렉스를 날려버리고 싶은 사람이나 인공지능 시대에 좀 더 경쟁력 있는 실력자가 되고 싶은 사람이라면, 하루에 한 챕터씩 49일간 이 책을 공부하여 자신감에 가득 찬 자신과 마주할 수 있기를 바란다.

김미진 HP Korea 전무

여행을 시작하며

오늘날 확률론과 통계학은 학술연구 영역에 종사하는 연구자들만의 전유물이 아니다. 이제 기업에서는 경험과 직관보다는 데이터 분석에 기반하여 경영의사결정을 하고, 디지털 전환의 관점에서 조직 구성원 모두가 데이터를 다룰 수 있는 역량을 갖추도록 하고 있다. 의사결정시스템의 이러한 변화와 흐름은 기업체 재직자라면 누구에게나 데이터에 기반한 의사결정의 근원인 확률과 통계 지식을 습득해야 할 필요성을 제기한다.

이 책은 필자가 수년간 확률과 통계를 공부하고, 강의하며 작성했던 메모와 노트를 기초로 집필한 것이다. 필자는 대학의 교원으로 임용되기 전에 오랜 기간 산업체에 근무했고, 마흔이 넘은 나이에 직장을 다니면서 주경야독으로 석박사 학위를 공부했다. 학부를 졸업한 이후 십수 년 동안 손에서 놓았던 확률과 통계를 뒤늦게 대학원에 입학하여 다시 공부한다는 것은 매우 힘겨운 일이었다. 기초부터 다시 시작해야 했고, 학위논문에 적용할 고급 통계기법도 익혀야 했다. 학위 취득 이후 대학에서 확률과 통계를 가르친다는 것은 또 다른 차원의 도전이었다. 지식의 저주라고 했던가? 내가 이해하기 위해 공부하는 것보다, 타인을 이해시키기 위해 공부하는 것은 몇 배로 힘든 일이다.

이 책은 필자 스스로 이해하기 위해 지나온 시간이자, 필자의 강의 수강생들을 이해시키기 위해 지나온 시간의 기록이기도 하다. 따라서 이를 통해 확률과 통계에 대한 지식이 필요한 직장인과 전공 공부에 활용하고자 하는 학부생에게 도움이 되었으면 하는 마음으로 집필하였다.

이 책은 다음과 같은 특징이 있다.

첫째, 확률과 통계에 대한 기초적인 개념부터 보고서나 연구 저작물에 필요한 통계기법에 이르기까지의 내용을 망라한다. 특히 확률에 관한 내용이 전체 분량의 1/3 이상을 차지하고 있다. 이는 통계를 이해하기 위해서는 확률의 이해가 선행되어야 하기 때문이다. 그리고 확률과 통계의 개념을 이해하는 데에 필수적으로 필요한 미분과 적분의 원리를 내용에 포함하였다. 즉, 확률과 통계와 관련해서는 이 책 한 권이면 필요한 내용을 모두 찾아볼 수 있도록 구성하였다.

둘째, 데이터 분석 실습에는 전문 통계 패키지가 아닌, 마이크로소프트 엑셀과 자모비(Jamovi)를 사용하도록 하였다. 대부분 대학에서는 SPSS 또는 SAS와 같은 전문 통계 패키지로 학생들을 가르치고 있으나 라이선스 문제로 인해 졸업 이후에는 활용하기 힘든 문제가 있다. 라이선스 측면에서 접근성이 완전히 자유로운 소프트웨어를 사용한다는 것은 확률통계 지식을 실전에 적용하는 데 아무런 제약이 없도록 한다는 장점이 있다. 특히 자모비(Jamovi)는 무료 라이선스임에도 불구하고 SPSS 못지않은 퍼포먼스를 보여주는 통계 패키지이다.

셋째, 실습에 사용할 수 있도록 제공되는 데이터 중의 일부는 필자가 산업체 근무 시절 현장에서 수집하거나 연구논문에 활용했던 데이터들이다. 즉, 예제 풀이를 위해서 인위적으로 생성된 데이터가 아니라 현장감 넘치는 데이터라는 점이다. 이는 실전에서 수집된 데이터들이 교과서에서 다루어지는 정제된 데이터보다 훨씬 더 많은 전처리 과정을 수반하고 결과 해석에서도 더 많은 고민이 필요했던 경험을 이 책의 독자들에게 좀 더 생생하게 공유하고자 한 필자의 의도이다.

마지막으로, 이 책은 전체 내용을 49일 동안 하루하루 공부할 분량으로 분류하여 집필하였다. 독자 여러분은 이제 이 책에서 정해놓은 하루치 분량만큼만 매일매일 읽고, 제시된 예제를 풀이하고, 데이터를 다루기만 하면, 7주 후에는 확률과 통계, 그리고 데이터 분석에 자신감을 얻은 자신을 발견할 것이다.

좋은 책을 만들기 위해 최선을 다했지만 부족한 부분이 있을 수 있다. 이 점은 양해를 바라며 출간 후 나올 수 있는 수정사항과 실습용 데이터 파일 등은 자유아카데미 홈페이지(www.freeaca.com) 자료실에 제공할 예정이니 참고하기를 바란다.

아무쪼록 길다면 길고, 짧다면 짧다고 할 수 있는 49일간의 확률통계 여정을 이 책과 함께 시작해 보자!

2024년 8월

양재용

차례

1장 확률의 기본원리

D+01 확률론의 역사 2
D+02 표본공간과 사건 14
D+03 순열과 조합 25
D+04 이항정리와 다항정리 40
D+05 확률의 덧셈정리 52
D+06 확률의 곱셈정리 60

2장 미분과 적분

D+07 미분계수와 도함수 72
D+08 부정적분과 정적분 81

3장 확률변수와 확률분포

D+09 확률분포함수 88
D+10 이산확률변수와 연속확률변수 100
D+11 평균과 분산 107

4장 이산확률분포

D+12 균등분포, 이항분포, 다항분포 118
D+13 기하분포와 음이항분포 128
D+14 초기하분포와 포아송 분포 135

5장 연속확률분포

D+15 연속형 균등분포와 지수분포 142
D+16 정규분포와 표준정규분포 149
D+17 t–분포, 카이제곱(χ^2)분포, F–분포 159

6장
통계의 기본원리

D+18 변수와 데이터 170
D+19 표본추출과 오차 177
D+20 빈도분포와 히스토그램 188
D+21 다양한 데이터 시각화 도구 198
D+22 공분산과 상관계수 209
D+23 중심과 변동성 216
D+24 중심극한정리 228
D+25 신뢰구간: z-값과 표본평균의 범위 235
D+26 신뢰구간: z-분포, t-분포, 모비율 244

7장
가설검정

D+27 가설검정의 단계 254
D+28 단일표본 가설검정: 모분산을 아는 경우 265
D+29 단일표본 가설검정: 모분산을 모르는 경우 273
D+30 두 표본 가설검정: 독립표본 282
D+31 두 표본 가설검정: 대응표본 293
D+32 두 비율과 두 분산의 검정 300

8장
분산분석

D+33 분산분석의 개념 310
D+34 일원분산분석 316
D+35 사후검정 326
D+36 무반복 이원분산분석 340
D+37 반복 이원분산분석 347

9장
회귀분석

D+38 회귀분석의 개념 368
D+39 단순회귀모형 374
D+40 단순회귀모형의 유의성 검정 384
D+41 다중회귀모형 393
D+42 다중회귀모형의 적합도 검정 400
D+43 다중공선성과 이분산성 408
D+44 더미변수를 이용한 회귀분석 422
D+45 이항 로지스틱 회귀분석 431

10장
실전 데이터 분석

D+46 설문지의 설계와 예시 444
D+47 제품 & 서비스 품질 변수의 요인분석 455
D+48 종업원의 조직충성에 미치는 영향 관계 분석 467
D+49 명목변수를 사용한 데이터 분석 480

부록 499
찾아보기 523

1장

확률의 기본원리

D+01 확률론의 역사
D+02 표본공간과 사건
D+03 순열과 조합
D+04 이항정리와 다항정리
D+05 확률의 덧셈정리
D+06 확률의 곱셈정리

D+01

확률론의 역사

통계학을 공부하는 데 있어서 확률론에 대한 이해가 선행되어야 하는 이유는 무엇일까?

중학교와 고등학교 수학 교과과정에서도 통계 단원 이전에 확률에 대한 개념을 배우게 된다. 간혹 확률을 이해하는 것이 통계를 공부하는 데 무슨 관련이 있는지 의문이 들 때가 있다. 이는 과거 우리가 수학이라는 과목을 배울 때 이에 대한 설명을 충분히 들을 기회가 없기 때문이다.

사실 통계학의 수학적 원리를 알기 위해서는 적분에 대한 이해가 필요하며, 적분을 이해하기 위해서는 미분을 알아야 하고, 더 나아가서는 확률에 대한 이해가 필요하다. 좀 더 구체적으로 이야기하자면, 확률론은 개별 사건에 초점을 맞춰 그 사건이 일어날 가능성을 정량적인 수치로 표현하는 방법에 대한 이론이다. 반면, 통계학은 개별 사건들의 집합에 초점을 맞춰 사건들이 발생하는 패턴(pattern)이 어떻게 다른 유형으로 나타나고 어떤 규칙(rule)이 있는지를 규명하는 학문이다. 즉, 확률은 개별 사건 하나하나에 관심을 두는 것이고, 통계는 사건들의 집합에 관심을 두는 것이다.

우리 인생은 선택의 갈림길이 연속되는 여정이다. 즉, 우리는 살아가면서 매 순간 무언가를 선택하는 의사결정을 하게 된다. 학교를 졸업하고 어떠한 일을 할 것인가, 어떠한 회사에 취업할 것인가부터 직장을 다니면서 마주치게 되는 다양한 비즈니스 의사결정에 이르기까지 무언가를 선택한다는 것은 우리 인생에 있어서 피할 수 없는 운명과 같은 것이라 하겠다.

확률론은 이러한 의사결정을 좀 더 과학적이고 체계적으로 하는 데에 도움이 되는 학문이다. 지금 내리는 선택으로 인하여 발생할 일이 무엇인지 미리 알 수 있다면, 우리는 좀 더 유익한 결정을 할 수 있을 것이다. 그래서 확률론은 사건이 발생할 수 있는 서로 다른 경우의 수를 조합하고 계산하는 방법을 기반으로 한다.

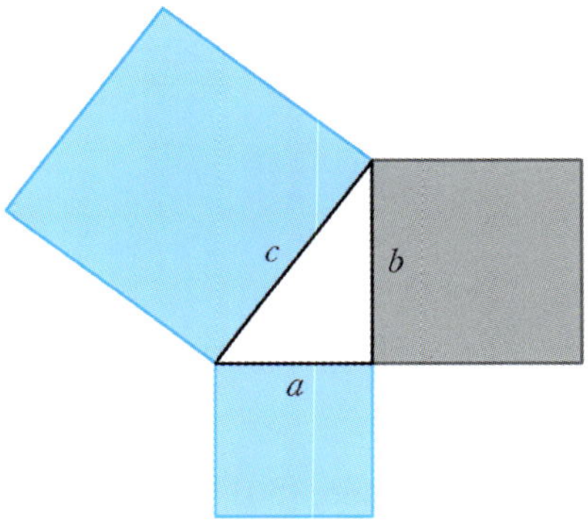

그림 1.1 피타고라스의 정리

수학 분야에서 확률이론의 역사는 수학의 다른 분야에 비해서 비교적 짧은 편이다. 중고등학생 시기에 수포자(수학을 포기한 자)가 되기로 결심한 사람이라고 해도 최소한 피타고라스의 정리를 들어본 기억이 있을 것이다. 피타고라스 정리는 직각 삼각형의 빗변을 변으로 하는 정사각형의 넓이는 두 직각변의 각각 한 변으로 하는 정사각형의 넓이의 합과 같다는 것을 당대의 수학자 피타고라스(Pythagoras)가 증명한 이론이다.

피타고라스[1]는 기원전 570년에 태어나 기원전 495년까지 살았던 것으로 알려진 고대의 철학자이자 수학자이다. 수학의 기원이 어디에서부터 시작되었는지 명확히 알 수는 없으나, 피타고라스의 정리가 이 시기에 정립되었다는 점을 떠올린다면 수학의 역사는 최소 2500년 전에 시작되었다고 추론할 수 있다.

반면, 확률은 1564년 이탈리아의 지롤라모 카르다노가 저술한 <확률게임에 관한 책>으로부터 시작되어 1654년, 파스칼과 페르마가 도박 게임의 수익을 배분하는 문제를 풀이하면서 이론적 정립이 시작되었다는 점에서 불과 500년이 채 안 되는 역사를 갖고 있다. 수학이론의 역사에서 확률론의 발전이 늦은 이유에 대해서는 확률이론이 주사위 게임에서 발전했던 때문으로 보는 시각이 있다. 고대의 종교의식에서 주사위는 신의 판단을 내리기 위해 사용되었던 것으로 추정된다. 주사위는 주술적 상황에서 신의 선택을 해석하는 도구였기 때문에 유한한 인간이 어떠한 가능성을 분석하는 것은 불경스러운 것으로 간주되었을 것이라는 주장이 그것이다.

오늘은 확률론의 정립과 관련된 몇 가지 에피소드를 통해서 확률론이 다루고 있는 문제들을 살펴보고자 한다.

카르다노의 주사위 게임

지롤라모 카르다노(Gerolamo Cardano, 1501～1576)는 이탈리아 태생의 의사이자 수학자이다. 그는 의사라는 본업 외에도 철학과 도박 등 다양한 활동을 하였고, 점성술사라는 직업도 갖고 있었다. 그는 의학 분야에서 인류 최초로 장티푸스를 발견하고 천식 치료법을 고안해냈으며 알레르기질환의 발견과 탈장 수술법 등의 업적을 남겼다.

카르다노는 의료로 벌어들인 수입을 도박으로 탕진할 정도로 심각한 도박 중독자였다. 그가 좋아했던 도박은 체스와 주사위 던지기였다고 한다. 그는 도박의 승률을 높일 방법을 주제로 <Liber de ludo aleae: 확률 게임에 관한 책>을 집필했다. 이 책은 확률에

1 피타고라스는 그리스의 철학자이면서 〈피타고라스 학파〉라고 불린 종교 단체의 교주였다. 그는 만물의 근원이 수(數)라고 주장했고, 만물의 질서와 현상을 숫자로 해석하려고 했다.

대한 이론을 체계적으로 다룬 최초의 이론서라고 할 수 있다.

주사위 게임과 관련한 그의 확률이론을 몇 가지 소개하자면 다음과 같다.

공정한 주사위, 즉 6면이 모두 같은 면적의 평평한 주사위를 던지면 평균적으로 각 면이 여섯 번에 한 번씩 나오게 된다. 즉, 한 면이 1/6의 확률을 갖는 것이다. 만약 주사위가 2개라면 확률적으로 동등하게 36개의 결과가 나오게 되고, 만약 3개의 주사위를 던진다면 216개의 결과가 나오게 된다. 이를 "경우의 수"라고 하며 확률론의 매우 기초적인 개념이라 하겠다.

2개의 주사위를 던질 때 나타나는 경우의 수: $6 \times 6 = 36$

3개의 주사위를 던질 때 나타나는 경우의 수: $6 \times 6 \times 6 = 216$

카르다노는 2개의 주사위를 던지면 36개의 경우가 나온다는 것을 위의 계산방식이 아니라 다른 방식으로 풀이하였다. 즉, 2개의 주사위를 던졌을 때 같은 숫자가 나올 경우는 6개이고, 서로 다른 숫자가 나올 경우는 30개(15×2)의 결과가 나오므로 총 36개의 결과가 나온다고 논증하였다.

어느 날 도박사들이 카르다노에게 주사위 게임과 관련한 질문을 하였다. 도박사들은 주사위 3개를 굴리면 숫자의 합계가 10이 나올 가능성이 9가 나올 가능성보다 크다는 사실을 경험적으로는 알고 있었지만 그 이유를 명확히 이해할 수 없었다. 그들이 카르다노에게 질문한 내용은 숫자의 합계 10이 9보다 자주 나오는 이유를 논리적으로 설명해달라는 것이었다.

카르다노는 이 문제에 대해서 다음과 같이 설명하였다.

합계가 10인 경우는 (1, 4, 5), (1, 3, 6), (2, 4, 4), (2, 2, 6), (2, 3, 5), (3, 3, 4)의 숫자 조합이 나오는 경우이고, 합계가 9인 경우는 (1, 2, 6), (1, 3, 5), (1, 4, 4), (2, 2, 5), (2, 3, 4), (3, 3, 3)의 숫자 조합이 나오는 경우이다. 여기서 합계가 10인 경우의 조합과 9인 경우의 조합은 각각 아래의 표와 같이 경우의 수로 계산된다.

표 1.1 주사위 3개를 던져서 합계 10과 9가 나오는 경우의 수

합계 10	조합	1, 4, 5	1, 3, 6	2, 4, 4	2, 2, 6	2, 3, 5	3, 3, 4
	경우의수	3×2×1=6	3×2×1=6	3×1×1=3	3×1×1=3	3×2×1=6	3×1×1=3
합계 9	조합	1, 2, 6	1, 3, 5	1, 4, 4	2, 2, 5	2, 3, 4	3, 3, 3
	경우의수	3×2×1=6	3×2×1=6	3×1×1=3	3×1×1=3	3×2×1=6	1×1×1=1

위의 표에 나타난 것과 같이 숫자의 조합이 (1, 4, 5)인 경우의 수는 첫 번째 1의 자리에 주사위 3개가 모두 올 수 있으므로 3개의 경우가 가능하고, 두 번째 4의 자리에는 2개의 주사위가 올 수 있으므로 2개의 경우가 가능하며, 마지막 5의 자리에는 남은 1개의 주사위가 올 수 있으므로 1개의 경우가 가능하여 가능한 경우의 수는 모두 6개이다. 반면에 조합이 (2, 4, 4)인 경우의 수는 숫자 2가 첫 번째 주사위에서 나올 때, 두 번째 주사위에서 나올 때, 그리고 세 번째 주사위에서 나올 때의 3가지 경우만 계산하면 된다. 그리고 조합이 (3, 3, 3)과 같이 주사위 3개가 모두 3이라는 숫자가 나오는 경우는 1개가 된다.

카르다노는 주사위 3개를 던질 때 나오는 숫자의 합계가 10이 되는 경우의 수는 총 27개이고, 숫자의 합계가 9가 되는 경우의 수는 총 25개이므로 주사위 3개를 던질 때 합계가 10이 나올 가능성이 9가 나올 가능성보다 크다는 것을 증명하였다.

드 메레 문제: 중단된 도박 게임의 배분

1623년 프랑스 클레르몽페랑에서 태어난 블레즈 파스칼(Blaise Pascal, 1623∼1662)은 수학자이자 신학자이다. 그는 10대 초반부터 수학에 있어서 천재성을 드러냈다. 12세 때 삼각형의 내각이 180°라는 사실을, 13세 때에는 "파스칼의 삼각형"을 발견하였다. 파스칼이 발견한 삼각형은 이항계수를 삼각형 모양의 기하학적 형태로 배열한 것이다.

$$
\begin{array}{ccccccccccc}
 & & & & & 1 & & & & & \\
 & & & & 1 & & 1 & & & & \\
 & & & 1 & & 2 & & 1 & & & \\
 & & 1 & & 3 & & 3 & & 1 & & \\
 & 1 & & 4 & & 6 & & 4 & & 1 & \\
1 & & 5 & & 10 & & 10 & & 5 & & 1
\end{array}
$$

그림 1.2 파스칼의 삼각형

수식 $(a+b)^2$을 전개하면 $a^2+2ab+b^2$이 된다. 여기서 a^2항과 ab항, 그리고 b^2항의 계수는 삼각형의 3번째 행의 숫자 1, 2, 1임을 알 수 있다. 이와 같은 삼각형의 원리는 수식 $(a+b)^3$을 전개했을 때도 동일하게 적용된다. 즉, 삼각형의 4번째 행이 숫자 1, 3, 3, 1이 계수로 적용되어 $a^3+3a^2b+3ab^2+b^3$으로 전개되는 것이다. 따라서 파스칼이 고안한 삼각형을 이용하면 이항전개를 하지 않고도 각 항의 계수가 얼마인지를 알 수 있다. 다만, 이항의 차수가 커지면 삼각형의 행이 기하급수적으로 늘어나기 때문에 차수가 큰 이항전개는 다음 수식(1.1)의 이항정리 공식을 사용하여 구하는 것이 더 빠르다.

$$(a+b)^n = \sum_{r=0}^{n} {}_nC_r a^{n-r} b^r \tag{1.1}$$

파스칼도 앞서 소개한 카르다노와 같이 도박을 즐겼다. 그가 31세가 된 1654년에 도박사 친구인 드 메레(de Méré; 1607~1684)로부터 다음과 같은 문제를 풀이해줄 것을 요청받았다.

> 같은 도박 실력을 가진, 즉 승률이 같은 A와 B가 도박을 하면서 3번 먼저 이긴 사람이 판돈을 가지기로 했다. 그런데 A가 두 번 이기고 B가 한 번 이긴 상황에서 불가피하게 도박을 중지해야 하는 상황이 왔다. 판돈 64피스톨을 어떻게 나누어야 할 것인가?

파스칼은 이 문제를 당대의 유명한 수학자인 페르마(Pierre de Fermat: 1607~1665)[2]에게 편지를 보내 함께 풀이하기를 요청하였다.

두 사람은 드 메레의 문제를 각기 다른 방식으로 풀이하였다. 파스칼의 풀이는 다음과 같다.

- 남은 경기에서 A가 이기면, 점수는 A:B=3:1이므로 A는 64피스톨을 갖게 된다.
- 만약 B가 이기면 A:B=2:2이므로 A와 B는 각각 32피스톨씩 갖게 된다.
- 이 상황을 종합하면, A는 이미 32피스톨을 확보한 상황이고 나머지 32피스톨을 더 얻을 확률은 1/2이므로 A는 48피스톨, B는 16피스톨을 가지는 것이 게임이 중단된 시점에서 상금을 분배하는 적절한 방식이 된다.

반면, 페르마는 회신을 통해서 다음과 같은 풀이 방법을 제안하였다.

- 앞으로 최대 2번으로 승패가 결정되므로 예측 가능한 경우의 수는 모두 4개이다.
- A가 두 번 모두 승리, A와 B가 각각 한 번씩 승리(A가 먼저 이기고 B가 나중에 이기는 경우, B가 먼저 이기고 A가 나중에 이기는 경우), B가 두 번 모두 승리.
- 이 4개의 경우 중 최종적으로 A가 이기는 경우는 앞의 세 가지 경우이고, B가 이기는 경우는 마지막 네 번째 경우이다. 따라서 A는 64피스톨의 3/4인 48피스톨을 갖고, B는 나머지 16피스톨을 갖는 것이 적절한 분배 방식이다.

파스칼과 페르마 두 수학자가 제안한 풀이 방법은 각기 다른 논리로 구성되어 있지만

2 프랑스의 법률가이다. 변호사가 본업이었으나 수학자로서 명성을 떨쳤다. 〈페르마의 마지막 편지〉로 유명하다. 그는 생전에 당대의 유명한 수학자들에게 난해한 수학문제들을 제시하고 그들과 교류하며 수학이론의 발전에 기여했다. 〈페르마의 마지막 편지〉는 "3 이상의 정수 n에 대해 $x^n + y^n = z^n$ 이 성립하는 x, y, z가 모두 0이 아닌 정수쌍 (x, y, z)은 존재하지 않는다"이다. 페르마는 이 편지를 평소 교류하던 수학자들에게 보내면서 편지의 말미에 "나는 이 문제에 대한 놀라운 증명을 알고 있으나 여백이 부족하여 여기에 적지 않는다"라고 적었다. 그런데 페르마는 이 문제에 대한 자신의 증명을 공개하기 전에 사망한다. 그의 편지에 기술된 페르마의 마지막 정리는 무려 357년이 지나서야 증명되었다(1995년 프린스턴 대학의 수학과 교수 앤드루 와일스가 이를 증명함).

모두 동일한 결론을 내리고 있다. 여기서 파스칼은 게임이 중단된 시점에서 A와 B가 획득한 승수에 기초한 분배와 향후 게임이 지속될 경우에 A와 B가 승리할 확률에 따른 분배를 분리하여 계산하였다. 반면에 페르마는 게임이 중단된 시점에서의 승수와 향후 게임이 지속될 경우를 합산하여 분배금을 계산하였다. 다른 관점과 기준을 적용하였지만 두 수학자 모두 확률계산을 사용하여 분배금을 계산한 것이다.

하위헌스의 주사위 게임

크리스티안 하위헌스(Christiaan Huygens; 1629~1695)는 네덜란드 출신의 수학자, 물리학자이자 천문학자이다. 그는 전통과 명성 높은 가문에서 태어나 최상의 교육을 받았다. 수학과 음악, 그리고 논리학 등 다양한 분야의 교육을 받았고 하위헌스는 이들 모든 분야에서 뛰어난 역량을 발휘했다고 한다.

하위헌스는 1657년 진자시계를 발명하여 천문학 연구에 사용하였고, 망원경의 색수차를 획기적으로 줄이는 발명을 하거나 망원경을 이용하여 토성의 위성인 타이탄을 발견하는 등 과학자로서의 명성을 확고하게 다졌다. 그는 1663년에 외국인으로는 처음으로 영국의 왕립학회 회원이 되었고, 1666년에는 프랑스 과학 아카데미의 창립회원 7인 중 한 명으로 선정되었다.

그는 파스칼과 페르마가 나눈 서신의 내용을 기반으로 하여 1657년 확률이론에 관한 최초의 논문인 <De Ratiociniis in Ludo Aleae; 주사위 도박 이론>을 출판하였다. 여기서 하위헌스는 게임의 상금에 관한 문제를 다루면서 수학에서의 기댓값 개념을 소개하였다.

도박 같은 우연의 문제에서 누가 이길지는 확신할 수 없지만, 각자의 게임에서 얻을 기댓값은 계산할 수 있다. 만약에 주사위를 던질 때, 다음과 같은 조건이 전제되어 있다면 얼마를 따거나 잃게 될 것인지 그 기댓값을 구할 수 있다.

– 만약 숫자가 1이나 2가 나오면 4파운드를 잃고, 3이 나오면 3파운드를 잃는다.
– 만약 4나 5가 나오면 2파운드를 따고 6이 나오면 6파운드를 따게 된다.

위의 조건을 전제로 하여 다음 수식으로 기댓값을 구할 수 있다.

$$(-4 \times \frac{1}{3}) + (-3 \times \frac{1}{6}) + (2 \times \frac{1}{3}) + (6 \times \frac{1}{6}) = -\frac{1}{6}$$

위의 수식을 풀이하자면, 주사위의 숫자가 1이나 2가 나오는 경우는 1/3이 된다. 이 경우에는 4파운드를 잃는 규칙이므로 1/3에 −4를 곱해준다. 다음으로 3이 나오면 3파운드를 잃게 되는 규칙이므로 3이 나올 확률인 1/6에 −3을 곱해준다. 반면에 4나 5가 나오면 2파운드를 얻게 되므로 1/3에 2를 곱해주고, 마지막으로 6이 나오면 6파운드를 얻게 되므로 1/6에 6을 곱해준다. 이렇게 계산하여 나온, 각각의 얻거나 잃을 금액을 합산하면 기댓값은 −1/6이 된다. 즉, 위의 조건을 전제로 게임을 하게 되면 1/6파운드를 잃게 될 공산이 크다는 것이다.

하위헌스는 수학을 물리학의 증명 도구로 활용하였다. 그는 빛에 관한 파동 이론을 연구하여 빛의 반사, 굴절, 그리고 회절과 같은 현상들을 "하위헌스 원리"라는 이론으로 정리하였다. 그리고 물체가 원운동을 할 때 받는 원심력을 표현하는 방정식을 정의하였다. 여기서 원심력은 돌을 줄에 묶어 돌렸을 경우 돌이 상대적으로 받는 것과 같은 종류의 힘을 의미한다. 하위헌스는 음향학에도 관심을 가졌다. 그는 분수대에서 뿜어져 나오는 분수의 소리가 계단에 의해 반복적으로 반사되면서 만들어지는 소리의 높낮이에 대해 기술하고 소리를 파동에 의한 현상으로 보는 음향학적 지식을 이용하여 한 옥타브를 31개의 구간으로 분할하여 음을 만들어내는 오르간을 발명하기도 했다.

베이즈의 정리

토머스 베이즈(Thomas Bayes; 1701~1761)는 잉글랜드 장로교의 목사이다. 그는 당시 장로교 목사였던 아버지의 영향을 받아 목사가 되었으나 신학 외에도 논리학 분야에 지대한 업적을 남겼다. 그는 에든버러 대학교에서 논리학과 신학을 공부하였다. 베이즈는 생전에 두 권의 책을 출판하였다. 하나는 <Divine Benevolence, or an Attempt to Prove That the Principal End of the Divine Providence and Government is the Happiness of His Creatures: 신의 자비, 신의 섭리와 신의 정부의 주된 목적이 신이 창조한 피조물의 행복임을 증명하려는 시도>이고, 다른 하나는 <An Introduction to the Doctrine of Fluxions, and a Defence of the Mathematicians Against the Objections of the Author of The Analyst: 미분법에 대한 소개와 "분석자"의 저자 비판에 대한 수학자들의 변호>이다.

그는 말년에 확률론에 관하여 관심을 가졌다. 확률론에서 주요한 주제로 다루어지는, 매우 어렵지만 중요한 "베이즈 정리"를 서술하였다. 그러나 베이즈 정리는 생전에 발표되지 못했다. 그의 사후 친구인 리처드 프라이스에 의해 1763년 <An Essay towards solving a Problem in the Doctrine of Chances: 확률론의 문제해결을 위한 에세이>라는 제목으로 출간되면서 베이즈 정리가 등장한다.

베이즈 정리는 먼저 조건부확률(사후 확률)과 역확률에 대한 이해가 전제된다. 조건부확률은 어떤 사건이 발생한 것을 전제로 하여 새로운 다른 사건(관심사건)이 발생할 확률을 구하는 것을 말한다. 역확률은 조건부확률을 알고 있을 때 전제된 사건과 관심사건의 관계가 정반대인 조건부확률을 구하는 것을 말한다.

만약 COVID-19 바이러스에 감염된 사람이 진단키트의 테스트에서 양성반응을 보일 확률을 90%라고 정의하자. 우리가 알고 싶은 것은, 어떤 사람이 진단키트로 테스트하여 양성판정이 나왔을 때 실제로 그 사람이 바이러스에 감염되었을 확률이다. 여기서 진단키트의 테스트에서 양성반응을 보일 확률 90%는 테스트를 받은 사람이 바이러스에 감염되어 있을 경우만 해당하는 확률이다. 따라서 바이러스에 감염된 사람이 진단키트의 테스트에서 양성반응을 보일 확률에 대한 공식은 아래와 같이 정의할 수 있다.

$$P(B|A) = 0.90$$

위의 공식에서 A는 어떤 사람이 COVID-19 바이러스에 걸린 사건을 의미하고, B는 진단키트를 사용하여 진단한 결과가 양성반응이 나오는 사건이며, $P(B|A)$는 그 사람이 진단키트를 사용하여 양성반응이 나올 확률을 의미한다.

자, 이제 우리가 알고 싶은 사건에 대한 확률을 구해보자. 앞에서 우리가 알고 싶은 것은 어떤 사람이 진단키트로 테스트하여 양성판정이 나왔을 때 실제로 그 사람이 바이러스에 감염되었을 확률이라고 했다. 이를 공식으로 표현하면 다음과 같다.

$$P(A|B) \tag{1.2}$$

공식을 살펴보면, 앞의 공식에서의 전제 사건과 관심사건이 서로 바뀐 것을 알 수 있다. 즉, 역확률의 관계가 된 것이다. 이 공식을 전개하면 다음과 같다(공식의 전개 과정은 뒷장에서 자세하게 다루고 있으므로 본 장에서는 생략한다).

$$P(A|B) = \frac{P(B|A)P(A)}{P(B)} = \frac{P(B|A)P(A)}{P(B|A)P(A) + P(B|A^c)P(A^C)} \tag{1.3}$$

여기서 한가지, 우리가 알고자 하는 $P(A|B)$을 구하기 위해서는 COVID-19의 전염율, 즉 $P(A)$를 알아야 한다. 이를 20%라고 가정하고 계산하도록 하자.

$$P(A|B) = \frac{0.9 \times 0.2}{0.9 \times 0.2 + (1 - 0.9) \times 0.8} \approx 0.692$$

지금까지 조건부확률과 역확률의 공식을 사용하여 계산한 값을 정리하자면, COVID-19 바이러스에 감염된 사람을 진단했을 때 감염되었음을 식별할 수 있는 정확도가 90%인 진단키트를 사용하여 무작위로 선택한 사람을 진단했을 때 양성반응이 나온 사람이 실제로 바이러스에 감염된 사람일 확률은 69.2%인 것으로 나타났다.

오늘날 베이즈의 정리는 심리학, 신경과학, 인지과학, 그리고 인공지능 등의 분야에서 사용되고 있다. 인간의 사고는 자신이 가진 생각과 새로운 정보를 수용함으로써 새롭게 세상을 해석하거나 의사결정을 내리게 되는데, 이러한 흐름 위에서 베이즈의 정리가 적용되고 있다.

D+02

표본공간과 사건

시행과 사건은 확률이론에 대한 이해에 있어서 중요한 개념이다. 사실 이 부분은 비교적 이해하기 쉬운 부분이다. 그래서 이 부분을 대충 읽고 넘기기도 쉽다. 용어에 대한 설명이 대부분을 차지하고 있지만 여기서 설명되는 용어에 대해서 정확히 이해하지 않으면 확률론에 대한 논의가 심화될수록 어려움을 겪을 수 있으니 천천히 충분히 내용을 살펴보자.

시행

동일한 조건에서 반복하여 그 결과가 우연에 의해 발생되는, 가능한 모든 결과의 집합을 알 수 있는 실험이나 관찰을 시행(Trial 또는 Experiment)이라고 한다. 그리고 시행의 결과로 일어나는 사실을 그 시행의 사건(Event)이라고 한다. 시행과 사건을 쉽게 설명하자면, 2개의 주사위를 던져서 눈의 합이 3이 나오는 상황에서 2개의 주사위를 던지는 행위를 시행이라고 하고 눈의 합이 3이 나오는 것을 사건이라고 한다.

표본공간과 사건

표본공간(Sample Space)은 어떤 시행에서 발생할 수 있는 모든 가능한 결과의 집합을 말한다. 여기서 모든 가능한 결과가 사건을 의미하며, 사건은 표본공간의 부분집합을 이룬다. 표본공간에는 두 종류가 있는데, 하나는 이산형 표본공간(Discrete Sample Space)이고, 다른 하나는 연속형 표본공간(Continuous Sample Space)이다. 여기서는 이산형 데이터를 담고 있는 것이 이산형 표본공간이고, 연속형 데이터를 담고 있는 것이 연속형 표본공간이라는 것만 기억하고 넘어가자.

앞에서 시행과 사건의 개념을 얘기했는데, 2개의 주사위를 던져서 나오는 눈의 합은 다음의 <그림 2.1>의 좌측에 있는 것과 같이 2~12까지의 경우가 있다. 좌측에 있는 표의 내용이 바로 표본공간에 해당한다. 즉, 2개의 주사위를 던져서 나오는 눈의 합의 모든 경우가 망라된 것이다.

표 2.1 표본공간과 사건

+	1	2	3	4	5	6
1	2	3	4	5	6	7
2	3	4	5	6	7	8
3	4	5	6	7	8	9
4	5	6	7	8	9	10
5	6	7	8	9	10	11
6	7	8	9	10	11	12

+	1	2	3	4	5	6
1	2	3	4	5	6	7
2	3	4	5	6	7	8
3	4	5	6	7	8	9
4	5	6	7	8	9	10
5	6	7	8	9	10	11
6	7	8	9	10	11	12

반면에 오른쪽의 표는 전체 중에서 우리가 알고 싶은 상황인 눈의 합이 3인 경우를 표시한 것이다. 눈의 합이 3이 되는 사건의 집합을 A={(1,2), (2,1)}라고 표기한다면, 집합 A는 표본공간의 부분집합이 된다.

확률은 특정 사건의 경우의 수와 전체 경우의 수의 비율을 의미한다.

합사건, 곱사건, 여사건

두 가지 이상의 사건이 일어날 때의 확률도 계산할 수 있다. 다음의 사건들의 개념을 이해해 보자.

(1) 합사건($A \cup B$): A가 발생하거나 B가 발생하는 사건을 A와 B의 합사건이라고 한다.
(2) 곱사건($A \cap B$): A와 B가 동시에 일어나는 사건을 A와 B의 곱사건이라고 한다.
(3) 여사건(A^c): A가 일어나지 않는 사건을 A의 여사건이라고 한다.

합사건, 곱사건, 여사건은 뒤에서 좀 더 자세하게 살펴볼 예정이므로 여기에서는 이 정도로 간략하게 정의하고 넘어가도록 하겠다.

배반사건

두 사건 A와 B가 동시에 일어나지 않을 때, A와 B는 배반한다고 말한다. 즉, 이 경우는 두 사건 A와 B의 교집합이 없음을 의미한다. 두 사건의 교집합이 없다는 것은 시행을 한 번 할 때, 사건 A가 발생했다면 사건 B는 발생할 수 없음을 의미한다. 주사위를 던졌을 때 홀수의 눈이 나오는 사건과 짝수의 눈이 나오는 사건이 동시에 나올 수 없는 것과 같다. 이러한 두 사건을 배반사건이라고 부르고, $A \cap B = \Phi$로 표기한다.

이제 표본공간, 사건, 합사건, 곱사건, 여사건, 그리고 배반사건의 개념을 이해하기 위해 다음의 예제를 풀이해 보자.

예제 2.1

하나의 주사위를 던지는 시행에서 2 이하의 눈이 나오는 사건을 X, 짝수의 눈이 나오는 사건을 Y, 3과 5의 눈이 나오는 사건을 Z라고 하자.

(1) 표본공간 S를 만드시오.

(2) 사건 X, Y, Z를 집합으로 나타내시오.

(3) X, Y의 합사건은 Z의 여사건과 같은가?

(4) X, Y는 서로 배반하지 않음을 확인하시오.

(5) X와 배반하는 사건은 몇 가지인가?

풀이

(1) $S=\{1,2,3,4,5,6\}$

(2) $X=\{1,2\},\quad Y=\{2,4,6\},\ Z=\{3,5\}$

(3) $X\cup Y=\{1,2,4,6\},\ Z^c=\{1,2,4,6\}=X\cup Y$

(4) $X\cap Y=\{2\}\neq \Phi$

(5) $S-X=\{3,4,5,6\}\Rightarrow$ 부분집합의 수 $=2^4=16$

예제 2.2

인형뽑기 기계가 있다. 스위치를 누르면 기계 안에 있는 인형 중의 하나가 랜덤하게 나온다. 기계 안에는 빨간색 인형이 25개, 노란색 인형이 20개, 파란색 인형이 15개, 녹색 인형이 15개가 있다.

(1) 빨간색 인형이 나올 확률은 얼마인가?

(2) 노란색이나 파란색 인형이 나올 확률은 얼마인가?

풀이

이 문제는 빨간색 인형, 노란색 인형, 파란색 인형, 녹색 인형으로 이루어진 부분집합을 각각 A, B, C, D로 정의하고 전체집합 S를 정의하는 것으로부터 풀이를 시작하면 된다. 이렇게 했을 때 각 문제의 답은 아래와 같다.

(1) $n(S) = 25 + 20 + 15 + 15 = 75,\ n(A) = 25$

따라서 $P(A) = \dfrac{n(A)}{n(S)} = \dfrac{25}{75} = \dfrac{1}{3}$

(2) $n(B) = 20,\ n(C) = 15,\ n(B \cap C) = 0$

따라서 $n(B \cup C) = n(B) + n(C) = 35$

$$\Rightarrow P(B \cup C) = \frac{n(B \cup C)}{n(S)} = \frac{35}{75} = \frac{7}{15}$$

경우의 수

어떠한 사건이 일어날 수 있는 경우(cases)의 가짓수(outcomes)를 경우의 수(numbers of cases)라고 한다. 사전적으로는 1회의 시행에서 일어날 수 있는 사건의 개수가 n이라고 한다면, 이때의 경우의 수는 n개이다.

경우의 수 개념이 중요한 이유는, 확률을 계산할 때 이 개념을 사용하기 때문이다. 즉, 어떤 사건이 발생할 확률은 전체 사건이 발생할 경우의 수로 어떤 사건이 발생할 경우의 수를 나누어 구할 수 있다.

$$\text{확률} = \frac{\text{어떤 사건이 발생할 경우의 수}}{\text{전체 사건이 발생할 경우의 수}} \tag{2.1}$$

앞 장에서 하위헌스가 기댓값을 구하는 방법을 설명할 때, 경우의 수 개념을 사용하였다는 것을 알 수 있다.

하위헌스는 공정한 주사위를 던져서 1이나 2가 나오면 4파운드를 잃는다는 규칙하에서 기댓값을 구할 때, 4파운드를 잃을 확률을 주사위를 던졌을 때 나올 수 있는 모든 경우의 수인 6으로 1이나 2가 나오는 경우의 수인 2를 나누어 1/3이라는 확률을 구하였다. 이처럼 경우의 수는 확률을 구하는 공식에 있어서 매우 기초적인 개념이 된다.

경우의 수를 계산할 때는 모든 원소의 개수를 세는 것과 동일한 방법이어야 한다. 즉, 중복하지 않고, 빠짐없이, 가능한 모든 경우를 세는 것이 중요하다. 만약 집합 A에 속하는 원소의 개수가 n이라면, 경우의 수 계산은 원소의 개수를 세는 것과 동일하다.

합사건

두 사건 A와 B가 있다고 가정하자. A가 발생하거나 B가 발생하는 사건, 즉 A 또는 B가 일어나는 사건을 합사건이라고 한다. 이는 A와 B의 합집합에 해당한다. 이 합사건은 경우의 수를 어떻게 구할 수 있을까?

<그림 2.1>을 예시로 하여 사건 A가 일어나는 경우의 수를 m이라고 하고, 사건 B가 일어나는 경우의 수를 n이라고 하자. 그리고 두 사건 A와 B가 동시에 일어나는 경우의 수를 p라고 한다면, 아래와 같은 공식이 성립된다.

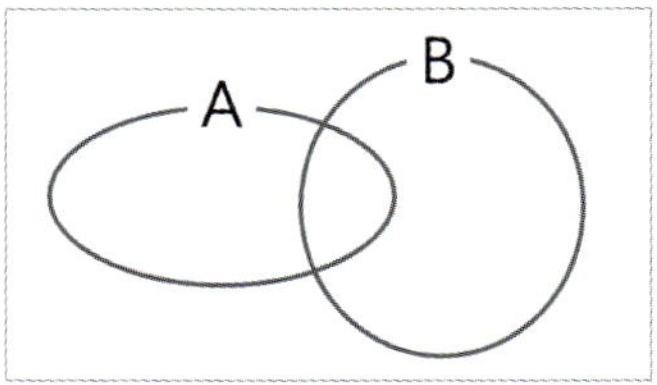

그림 2.1 사건 A와 B의 다이어그램

$$n(A \cup B) = n(A) + n(B) - n(A \cap B) = m + n - p \tag{2.2}$$

위와 같은 공식이 성립되는 것을 합의 법칙이라고 한다. 이러한 합의 법칙은 3개 이상의 사건에 대해서도 동일하게 성립한다. 아래의 공식을 보자.

$$n(A \cup B \cup C) = n(A) + n(B) + n(C) \\ - n(A \cap B) - n(B \cap C) - n(C \cap A) + n(A \cap B \cap C) \tag{2.3}$$

주사위를 갖고 합의 법칙을 이해하도록 하자.

예제 2.3

2개의 주사위를 동시에 던졌을 때, 나오는 두 숫자의 합이 4 또는 7이 되는 경우의 수는 얼마인가?

풀이

두 숫자의 합이 4이거나 7이 되는 경우의 수를 구하는 것이므로 두 경우의 수를 합하면 질문에 답할 수 있다. 여기서 숫자의 합이 4가 되는 사건을 A라고 정의하고, 7이 되는 사건을 B라고 정의하면, 다음과 같이 수식으로 표현할 수 있다.

$$A = \{(1,3),(2,2),(3,1)\},\ B = \{(1,6),(2,5),(3,4),(4,3),(5,2),(6,1)\}$$

사건 A의 경우의 수 $n(A) = 2$ 이고, 사건 B의 경우의 수 $n(B) = 6$ 이다. 여기에 사건 A와 B는 중복되는 경우가 없으므로 $n(A \cap B) = 0$ 이다. 따라서 두 숫자의 합이 4이거나 7이 되는 경우의 수 $n(A \cup B) = n(A) + n(B) - n(A \cap B) = 3 + 6 - 0 = 9$ 가 된다.

이번엔 조금 다른 상황을 통해서 합의 법칙을 이해하도록 하자.

예제 2.4

100명의 학생이 있다. 이들 중에서 TOEIC 성적이 있는 학생은 60명, TOEFL 성적이 있는 학생은 50명이다. 그리고 두 개의 영어성적을 모두 갖고 있지 않은 학생은 16명이다. 그렇다면, TOEIC과 TOEFL 성적을 모두 갖는 학생은 몇 명인가?

풀이

이 문제를 풀기 위해서는 먼저, 전체 학생의 집합을 U라고 정의하고, TOEIC 성적이 있는 학생의 집합을 A, 그리고 TOEFL 성적이 있는 학생의 집합을 B, 그리고 두 성적을 모두 갖고 있지 않은 학생의 집합을 $A^c \cap B^c$라고 정의하자. 이렇게 정의하면 각각의 집합의 경우의 수는 아래와 같이 표현할 수 있다.

$$n(U) = 100,\ n(A) = 60,\ n(B) = 50,\ n(A^c \cap B^c) = 16$$

우리가 알고자 하는 것은 두 성적을 모두 갖는 학생의 수이므로 아래의 〈그림 2.2〉와 같이 표현할 수 있다.

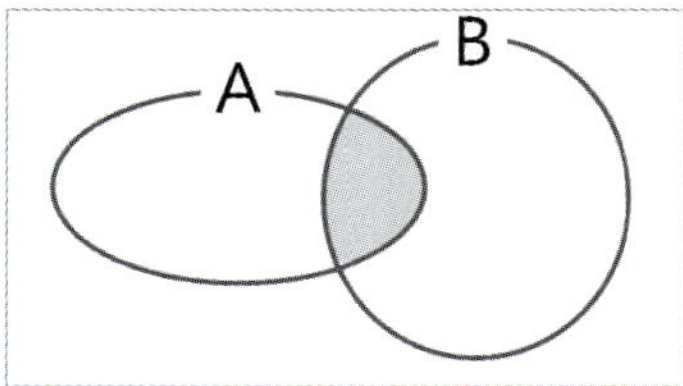

그림 2.2 공인영어성적표 보유 학생들의 집합

위의 그림에서 A와 B가 겹치는 부분에 해당하는 영역이다. 이를 알기 위해서는 먼저 A와 B의 합사건에 해당하는 $n(A \cup B)$를 알아야 하는데, 앞에서 살펴본 주사위 문제와는 다른 계산법으로 알아내야 한다.

이 문제에서 $n(A \cup B) = n(U) - n(A^c \cap B^c)$의 계산법을 사용해야 한다. 즉, 전체 학생 수에서 TOEIC과 TOEFL 성적 모두 갖고 있지 않은 학생 수를 차감하는 것이다. 이 계산에 의해 두 개의 성적 중 최소한 어느 하나 이상을 갖는 학생 수인 $n(A \cup B)$는 $100 - 16 = 84$명이 된다. 이제 우리는 두 개의 성적 모두를 갖는 학생 수를 알 수 있게 되었다.

$$n(A \cup B) = n(A) + n(B) - n(A \cap B) \Rightarrow 84 = 60 + 50 - ?$$

즉, TOEIC과 TOEFL 성적 모두를 갖는 학생은 26명이다.

곱사건

두 사건 A와 B가 있다고 가정하자. A와 B가 동시에 일어나는 사건을 곱사건이라고 한다. 즉, A와 B의 교집합에 해당한다. 이 곱사건은 경우의 수를 어떻게 구할 수 있을까?

사건 A가 일어나는 경우의 수가 m이고, A의 각각의 경우에 대해서 B가 일어나는 경우의 수가 n일 때, 두 사건 A와 B가 동시에 일어나는 경우의 수는 mn이다. 이를 아래와 같은 수식으로 표현할 수 있다.

$$n(A \cap B) = n(A) \cdot n(B) = mn \tag{2.4}$$

이 계산 방법을 이용하여 다음의 예제를 풀어보자.

예제 2.5

여러분이 거주하려는 주택을 지으려고 한다. 건축업자와 계약하기 위해 견적과 함께 옵션 사항을 제안받았다. 건축업자가 제안한 내용은 3가지 종류의 주택 디자인, 4가지 종류의 창호 디자인, 5가지 종류의 벽지, 그리고 4가지 종류의 잠금장치이다. 이 경우에 여러분이 선택할 수 있는 서로 다른 옵션 패키지는 몇 가지 경우의 수인가?

풀이

$$3 \times 4 \times 5 \times 4 = 240$$

예제 2.6

자동차 성능연구소에서 시중에 출시된 자동차들의 연비를 측정하려고 한다. 테스트할 자동차는 3대이고, 측정에 사용할 연료는 5개 회사의 제품이다. 동일한 자동차를 운전하더라도 운전자의 습관에 따라서 연비가 달라질 수 있으므로 테스트에 참여하는 운전자는 4명이다. 여기에 도로의 상태에 따라 연비가 달라질 수 있는 점을 고려하여 일반노면, 물에 젖은 노면, 얼어 있는 노면에서 테스트가 진행된다. 이러한 조건이라면 총 몇 회의 테스트가 진행되어야 하는가?

풀이

$$3 \times 5 \times 4 \times 3 = 180$$

곱의 법칙을 이용하여 경로 문제를 풀어보도록 하자.

예제 2.7

다음과 같이 서울에서 모나코까지 가는 경로는 여러 가지가 있다. 서울에서 모나코까지 가는 경로는 모두 몇 가지인가? 단, 중간에 거치는 지점은 단 한 번씩만 지날 수 있다.

풀이

서울에서 모나코까지 가는 경로의 유형은 ① 서울–파리–모나코, ② 서울–베를린–모나코, ③ 서울–베를린–파리–모나코, ④ 서울–파리–베를린–모나코의 4가지이다. 각각의 유형별로 경우의 수를 구하여 합하면 서울에서 모나코까지 가는 경로의 모든 경우의 수를 알 수 있다.

① 서울–파리–모나코: $3 \times 2 = 6$

② 서울–베를린–모나코: $2 \times 3 = 6$

③ 서울–베를린–파리–모나코: $2 \times 2 \times 2 = 8$

④ 서울–파리–베를린–모나코: $3 \times 2 \times 3 = 18$

따라서 모든 경우의 수는 ① + ② + ③ + ④ = 38개이다.

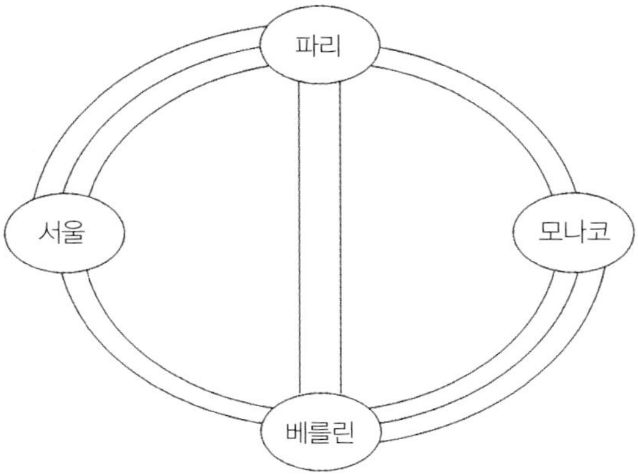

D+03

순열과 조합

D+02 차수에서 어떠한 사건이 일어날 수 있는 경우의 가짓수를 경우의 수라고 하였다. 이제 좀 더 고차원적으로 경우의 수를 계산하는 방법을 알아보자.

순열

서로 다른 n개의 물건 중에서 서로 다른 r개를 선택하여 한 줄로 늘어놓는 것을 n개에서 r개를 선택하는 순열(Permutation)이라 한다. 여기서 "한 줄로 늘어놓는 것"이라는 표현에 주의하자. 이 말의 의미는 물건을 중복으로 선택하지 않으며 순서가 있다는 것이다. 이 순열의 수를 기호로는 ${}_nP_r$로 표기한다.

$${}_nP_r = n(n-1)(n-2)\cdots(n-r+1) \qquad (\text{단}, n \geq r) \tag{3.1}$$

순열의 수식은 다음과 같이 표현할 수도 있다.

$$_nP_r = \frac{n!}{(n-r)!} \tag{3.2}$$

여기서 !의 기호는 팩토리얼(Factorial)이라고 한다. 팩토리얼은 자연수의 계승이라는 의미를 갖는 수학적 용어이다. 그 수보다 작거나 같은 모든 양의 정수의 곱으로 계산한다. n이 하나의 자연수라고 가정한다면, 1에서 n에 이르기까지의 모든 자연수의 곱을 n에 상대하여 이르는 말이다. 쉽게 설명하자면, 첫 번째 숫자로부터 1씩 차감하여 차례로 곱해주는 것을 의미한다.

다음의 예제들을 풀이하면서 순열의 계산 방법을 이해하도록 하자.

예제 3.1

5개의 숫자 1, 2, 3, 4, 5가 있다. 이 숫자들로 만들 수 있는 세 자리의 자연수는 몇 개나 만들 수 있는가?

풀이

$$_5P_3 = \frac{5!}{(5-3)!} = \frac{5\times4\times3\times2\times1}{2\times1} = 60$$

이 문제는 순열에 대한 기초적인 개념의 문제로 비교적 쉽게 느껴졌을 것이다. 지금부터는 순열을 이용하여 좀 더 복잡하게 보이는 문제들을 계산해보도록 하겠다.

예제 3.2

어느 항공사는 전 세계 40개 도시를 운항한다. 운항노선은 모든 도시 간 직항으로 개설되어 있다. 항공사가 출발 공항과 도착 공항을 명기한 운항권을 발행하려고 하는데, 좌석 등급의 구분은 없고 편도권과 왕복권을 모두 발행하는 경우 총 몇 종류의 운항권을 발행해야 하는가?

풀이

$${}_{40}P_2 \times 2 = (40 \times 39) \times 2 = 3,120$$

이 문제는 40개 도시의 공항 중에서 2개의 공항을 선택하는 문제이다. 여기에 편도권과 왕복권을 제작해야 한다는 점을 고려하면, 각각의 운항권에 대해서 2종류씩 만들어야 하므로 40개 중 2개를 선택하는 순열의 계산 결과로 나오는 경우의 수에 2를 곱하면 답을 구할 수 있다.

예제 3.3

어느 기업의 노동조합에서 집행부를 구성하려고 한다. A, B, C, D, E, F의 여섯 후보자가 있다. 이 중에서 위원장 1명, 부위원장 2명, 서기 1명을 선출하려고 한다. 이때 위원장으로 C 후보자가 선출되는 경우는 몇 가지인가?

풀이

$${}_{5}P_3 = 5 \times 4 \times 3 = 60$$

후보자 6명 중에서 위원장은 이미 C 후보로 선출된 경우이므로, 나머지 5명에서 3명을 선택하는 순열이다. 따라서 60가지의 경우의 수가 있다.

중복순열

우리는 앞에서 서로 다른 n개의 물건 중에서 서로 다른 r개를 선택하여 한 줄로 늘어놓는 것을 n개에서 r개를 선택하는 순열이라고 하였다. 그리고 순열은 물건을 중복하지 않고 순서가 있도록 늘어놓는 것이라 하였다. 중복순열(Repeated Permutation)은 순열과 동일하게 서로 다른 n개의 물건 중에서 r개를 선택하여 한 줄로 늘어놓되 중복을 허락하는 것이다. 이러한 중복순열은 수학 기호 Π (파이)를 사용하여 다음과 같이 표현한다.

$$ {}_{n}\Pi_{r} = n^{r} \tag{3.3} $$

순열이 중복을 허용하지 않기 때문에 물건을 늘어놓는 첫 번째 자리에 n개의 물건 중에 1개의 물건이 놓일 수 있고, 두 번째 자리에는 첫 번째 자리에 놓인 물건을 제외하고 n−1개의 물건 중에 1개의 물건이 놓이게 되므로 그 이후로 물건이 놓이는 자리마다 앞의 자리에 놓인 물건 1개씩 제외하고 남은 물건 중에서 1개를 선택하는 문제라면, 중복순열은 물건을 늘어놓을 때마다 앞의 자리에 놓인 물건을 다시 놓을 수 있는 문제이다.

따라서 숫자 {1, 2, 3, 4}를 이용하여 순열의 방법으로 세 자리 자연수를 만들 수 있는 경우의 수는 $4 \times 3 \times 2 = 24$개이고, 중복순열의 방법으로 세 자리 자연수를 만들 수 있는 경우의 수는 $4^3 = 64$개의 경우이다.

$$ {}_{4}\Pi_{3} = 4^{3} = 64 $$

예제 3.4

여러분이 거주하는 선거 지역구에 국회의원 후보자로 3명의 후보가 출마했다고 가정하자. 여러분의 가족 구성원은 5명이고 모두 투표권이 있다. 이러한 경우에 3명의 후보자에게 5명의 유권자가 투표하는 방법은 모두 몇 가지 경우가 있는가?

풀이

$$ {}_{3}\Pi_{5} = 3^{5} = 243 $$

위의 수식 계산에 따르면, 모두 243개의 경우가 있을 수 있다.

예제 3.5

5통의 편지를 일반우편과 등기우편으로 보낼 수 있다. 모두 몇 가지 방법이 가능한가?

풀이

이 문제는 얼핏 보면, ${}_5\Pi_2$의 수식으로 계산할 수 있다. 그러나 이 수식은 n과 r의 위치가 뒤바뀌었으므로 틀린 수식이다. 즉, 이 문제는 ${}_2\Pi_5$의 수식으로 계산해야 한다.

$${}_2\Pi_5 = 2^5 = 32$$

5통의 편지를 일반우편과 등기우편으로 보낼 수 있는 방법은 모두 32개이다. 중복순열의 문제는 자칫 잘못 이해하면, 수식의 n과 r의 위치를 혼동할 수가 있다. 이를 혼동하지 않으려면 중복순열의 개념을 정확하게 이해해야 한다. 수식에서 n에 해당하는 것이 바로 중복하여 선택되는 물건의 개수라는 것을 기억하자.

중복순열의 문제를 조금 다른 관점에서 이해하는 방법도 있다. 함수의 정의역과 공역의 관계를 이용하여 중복순열의 개념을 이해하는 것이다. <그림 3.1>을 보자.

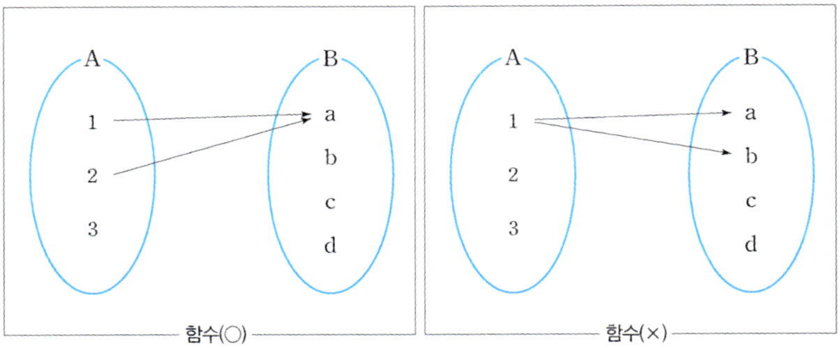

그림 3.1 함수의 정의역과 공역

그림에서 알 수 있듯이 집합 A={1, 2, 3}은 집합 B={a, b, c, d}에 대응하는 함수관계를 이룬다. 여기서 집합 A를 정의역이라고 하고, 집합 B를 공역이라고 한다. 함수에 대한 정의는 정의역 A의 원소가 공역 B의 원소 중의 하나와 반드시 대응해야 한다는 것이다. 또한 정의역의 또 다른 원소가 공역의 동일한 원소와 중복으로 대응되는 경우도 함수관계로 성립된다. 즉, <그림 3.1>의 왼쪽 그림에서처럼 정의역 A의 원소인 1과 2가 공역 B의 원소 a에 중복으로 대응되는 것이 가능하다. 그러나 정의역의 원소 하나가 공역의 원소에 2개 이상 대응하는 것은 불가능하다. 즉, 오른쪽 그림에서처럼 정의역 A의 원소인 1이 공역 B의 원소 a와 b에 동시에 대응할 수는 없다.

이러한 함수관계에 기초하여 <그림 3.1>의 정의역 A와 공역 B의 관계를 중복순열의 수식으로 표현하면 다음과 같다.

$$_4\Pi_3 = 4^3 = 64$$

함수관계에서 공역에 해당하는 원소의 개수가 n에 대입되고, 정의역에 해당하는 원소의 개수가 r에 대입된다. 즉, 앞에서 5통의 편지와 우편 옵션의 예에서 설명한 것처럼 중복해서 선택될 수 있는 공역의 원소가 n에 대입되는 것이다.

이처럼 중복순열의 개념에서 무엇이 중복되는 요소이냐를 기준으로 수식의 n과 r에 대입될 숫자를 구분하면 된다.

복수순열: 같은 것을 포함하는 순열

같은 것을 포함하고 있는 것을 한 줄로 늘어놓는 방법의 수를 복수순열이라고 한다. 즉, n개의 물건 중에서 같은 것이 각각 p, q, ⋯, s 개가 있을 때, 이들 n개 모두를 일렬로 늘어놓는 방법의 수를 말한다.

복수순열을 계산할 때의 수식은 다음과 같다.

$$\frac{n!}{p!q!\cdots s!} \qquad (\text{단}, p+q+\cdots+s=n) \tag{3.4}$$

위의 수식이 어떻게 성립되는지 알아보자.

먼저, a, b, c, d, e를 일렬로 나열하는 방법의 개수를 구해보자. 앞에서 우리는 팩토리얼(!)의 개념에 대해서 알아보았다. 5개의 문자를 하나씩 나열하는 것이므로 5!의 수식을 사용하여 $5 \times 4 \times 3 \times 2 \times 1 = 120$개의 방법이 있음을 알 수 있다.

자, 이제는 같은 문자가 있는 경우를 살펴보자. 예를 들어 a, a, b, c, d를 일렬로 나열하는 방법의 개수를 구하는 것이다. 여기서 a가 2개 있는 것을 알 수 있다. 여기서 우선 2개의 a를 각각 다른 문자로 생각해보자. 즉, a_1, a_2, b, c, d를 일렬로 나열하는 방법의 개수를 구하는 것으로 생각해보는 것이다. 이를 나열하는 것은 모두 5!개의 방법이 있는 것으로 계산된다. 그런데 a_1과 a_2는 같은 문자이므로 중복되어 계산된 것으로 봐야 한다. 따라서 중복계산된 것을 나누어주어야 한다. a_1과 a_2를 배열할 수 있는 방법은 2개이므로 a, a, b, c, d를 일렬로 배열하는 방법의 수는 $\frac{5!}{2!}$이 된다.

만약 a, a, a, b, c를 나열한다고 가정하자. 이제 동일한 문자 a가 3개이므로 이를 나열하는 방법의 개수는 3!이 된다. 따라서 a, a, a, b, c를 나열하는 방법의 개수는 $\frac{5!}{3!}$이 된다.

이제 여러분은 복수순열을 계산하는 수식에 대해서 이해할 수 있을 것이다.

복수순열의 수식을 이용하여 몇 가지 예제를 풀이하도록 하자.

예제 3.6

5개의 숫자 1, 2, 2, 3, 3을 나열하는 방법의 개수는 얼마인가?

풀이

이 문제의 힌트는 숫자 2와 3이 각각 2개씩 있다는 것이다.

$$\frac{5!}{2!2!} = 30\text{개}$$

예제 3.7

다음은 통계의 영문 단어 statistic을 배열하는 문제이다.

(1) statistic의 9개 문자를 모두 배열하는 방법은 몇 가지인가?
(2) 양 끝에 t가 오도록 배열하는 방법은 몇 가지인가?
(3) 3개의 t가 모두 인접하도록 배열하는 방법은 몇 가지인가?

풀이

(1)의 문제는 s가 2개, t가 3개이므로 $\frac{9!}{2!3!} = 30,240$으로 답을 구할 수 있다.

(2)의 문제는 3개의 t 중에서 2개를 양 끝에 고정하고 나머지 문자들로 가운데 다섯 자리에 배열시키는 방식으로 계산하여 풀이한다. 그렇게 할 경우, 같은 문자는 2개의 s만 남게 되므로 $\frac{7!}{2!} = 3,220$이 된다.

(3)의 문제는 인접한 3개의 t를 하나의 문자로 가정하고 계산하면 된다. 이 경우에 문자의 총개수는 7개가 되고 같은 문자는 2개의 s가 되므로 $\frac{7!}{2!} = 3,220$이 된다.

원순열

서로 다른 n개의 물건을 원형으로 나열한 것을 원순열(Circular permutation)이라 한다. 원순열을 계산하는 수식은 다음과 같다.

$$(n-1)!$$

수식에서 알 수 있듯이 물건의 전체 개수에서 1을 차감하고 팩토리얼 계산을 한다.

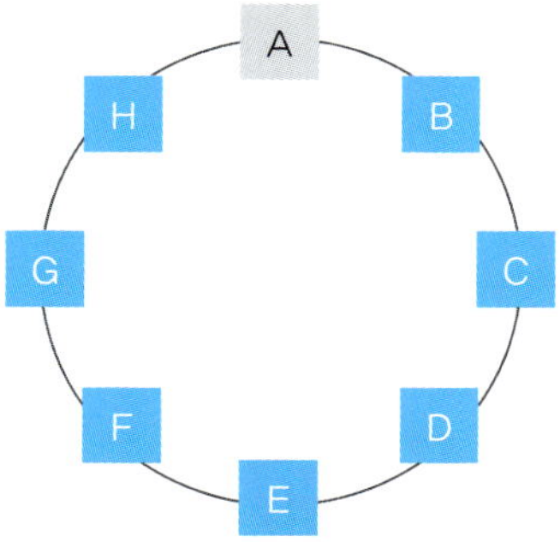

그림 3.2 원순열

<그림 3.2>를 보면, 1을 차감하는 이유를 알 수 있다. A부터 H까지 8개의 박스를 원형으로 나열하는 경우의 수는 A를 한 곳에 고정하고 나머지 7개의 박스를 나열하는 순열과 같다. 따라서 박스의 총개수인 8개에서 고정된 A를 제외하고 나머지 7개를 사용하여 순열을 계산하면 된다.

위의 설명과 동일한 문제로 정육면의 기둥 옆면에 6가지 색으로 칠하는 방법의 개수를 구하는 문제를 생각해볼 수 있다. 특정 옆면에 한 가지 색을 고정하여 칠하고 나머지 5개의 옆면에 번갈아 가며 색을 칠한다고 생각하면 이 문제를 원순열의 수식으로 풀면 된다. 따라서 이 문제에는 $5! = 5 \times 4 \times 3 \times 2 \times 1 = 120$개의 방법이 있다.

또 다른 문제로 다음과 같은 예제들을 풀이하도록 하자.

예제 3.8

다음의 방법의 수를 계산해보자.

(1) 부장 2명과 과장 3명, 그리고 대리와 사원이 각각 2명씩 있다. 모두 원탁에 둘러앉아 회의를 진행하는데, 부장 2명이 이웃하게 앉는 방법의 수는 몇 개인가?

(2) 부장 2명이 마주 앉는 방법의 수는 몇 개인가?

(3) 남자 3명과 여자 3명이 원탁에 둘러앉을 때, 남녀가 교대로 앉는 방법의 수는 몇 개인가?

풀이

(1)의 문제는 우선 부장 2명을 한 사람으로 계산하여 모두 6명이 원탁에 둘러앉는 방법의 수를 계산한다. 원순열 수식을 사용하여 $(6-1)! = 120$개의 방법이 있음을 알 수 있고, 여기서 부장 2명이 서로 자리를 바꾸는 경우가 2개이므로 $120 \times 2 = 240$개의 방법이 있다.

(2)의 문제는 부장 2명이 마주 앉는 자리 2개가 고정된 것으로 생각하여 나머지 5명의 자리를 나열하면 된다. 방법은 모두 $5! = 120$개다.

(3)의 문제는 먼저 남자 3명을 원탁에 앉히는 방법의 수를 구한다. 다음으로 남은 자리에 여자 3명을 앉히는 방법의 수를 구하면 된다. 남자 3명을 먼저 앉히는 방법은 원순열로 구하고 여자 3명을 앉히는 방법은 순열로 구하면 된다. 따라서 $(3-1)! \times 3! = 12$개의 방법의 수가 있다.

조합

서로 다른 n개의 물건(또는 원소) 중 순서와 관계없이 r개를 선택하는 집합을 n개에서 r개를 선택하는 조합(Combination)이라고 한다. 이 조합의 수는 다음과 같이 표현한다.

$$ {}_nC_r = \frac{{}_nP_r}{r!} = \frac{n!}{r!(n-r)!}, \qquad n \geq r \tag{3.5}$$

여기서 ${}_nC_r$은 $\binom{n}{r}$로 표기할 수 있다.

조합의 수식 ${}_nC_r$이 순열(${}_nP_r$)을 $r!$로 나눠주는 이유를 생각해보자. 순열은 n개에서 r개를 선택하여 순서대로 나열하는 경우의 수이므로 나열하는 작업을 배제하면 조합이 되는 것이다. 여기서 나열하는 작업은 같은 것을 포함하는 순열인 복수순열과 같이 선택하는 개수의 $r!$로 나눠주어 배제한다.

50명의 조합원 중에서 대표 2명을 뽑는 방법의 수를 구하는 것은 조합 수식을 이용하는 문제이다. 따라서 ${}_{50}C_2 = \frac{50!}{2!(50-2)!} = \frac{50 \times 49}{2} = 1,225$개의 방법이 있다.

예제 3.9

프로젝트를 수행하기 위해서 각 부서에서 몇 명씩 인원을 차출하려고 한다. 기획팀 팀원 4명 중에서 2명을 차출하고 마케팅팀 팀원 7명 중에서 2명을 차출하고 서비스 팀원 9명 중에서 3명을 차출하는 방법은 몇 개인가?

풀이

$$ {}_4C_2 \cdot {}_7C_2 \cdot {}_9C_3 $$

이 문제는 위의 수식에서 알 수 있듯이 4개 중에서 2개를 선택하고, 7개 중에서 2개를 선택하고, 9개 중에서 3개를 선택하는 조합이다.

이 문제를 변형하여 다음의 예제를 풀이하도록 하자.

예제 3.10

프로젝트 수행 인원을 5명으로 구성할 때, 기획팀과 마케팅팀, 그리고 서비스팀 인원이 각각 1명씩 반드시 포함하도록 하는 경우의 수는 몇 개인가?

풀이

이 문제는 5명의 프로젝트팀 구성원 중에 각 팀별로 고정된 차출 인원 3명을 제외한 나머지 2명을 팀에 상관없이 차출하는 방법의 개수를 구하는 문제라고 생각하면 된다. 따라서 17명(기획팀 3명 + 마케팅팀 6명 + 서비스팀 8명) 중에서 2명을 선택하는 문제이다.

$$ {}_{17}C_2 = \frac{17 \times 16}{2} = 136 $$

예제 3.11

영업부 송년회 모임에서 각 직원이 나머지 직원들과 한 번씩 악수를 교환할 때, 그 횟수가 780회였다. 송년회 모임에 참석한 영업부 직원은 모두 몇 명인가?

풀이

$$ {}_nC_2 = \frac{n(n-1)}{2} = 780 $$

이 문제는 위의 수식으로 표현한 것처럼, n명의 직원 중에 2명을 선택하는 것과 같은 문제이다. 위의 수식을 전개하면, $n(n-1) = 40 \times 39 = 1,560$이 된다. 따라서 송년회 모임에 참석한 영업부 직원은 40명이다.

중복조합

서로 다른 n개의 원소(물건) 중에서 중복을 허락하여 r개를 선택하는 조합을 중복조합(Homogeneous)이라고 한다. 중복조합의 수식은 다음과 같이 표현한다.

$$ {}_nH_r = {}_{n+r-1}C_r \tag{3.6} $$

위의 중복조합 수식의 계산식을 유도해보자.

예를 들어서 숫자 1, 2, 3을 중복하여 5개를 뽑는다고 가정하자. 다음과 같은 경우가 있을 것이다.

11233

위의 경우는 1이 2개, 2가 1개, 3이 2개가 선택된 것이다. 여기서 같은 숫자들을 하나의 동일한 종으로 볼 때 같은 종과 다른 종을 구별하기 위한 구분선(|)를 넣어보도록 하자.

11|2|33

2개의 구분선을 기준으로 모두 3개의 공간이 생긴 상태가 되었다. 다음과 같은 경우도 가능하다.

|222|33

즉, 1은 하나도 선택되지 않고 2가 3개, 3이 2개 선택된 것이다. 이러한 형태는 마치 7개의 자리에 구분선 2개의 자리를 정하는 문제와 같다. 좀 더 이해를 돕기 위해 다음의 그림을 보자.

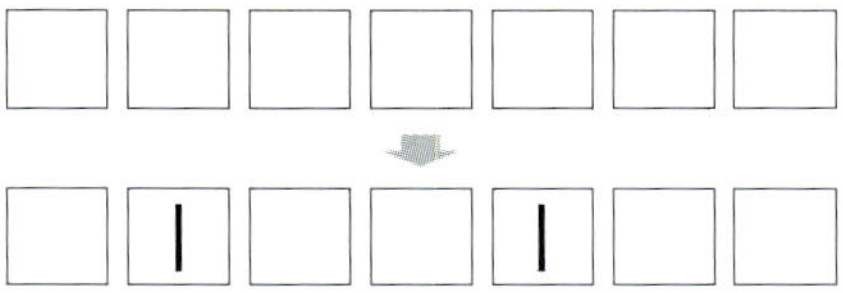

그림 3.3 중복조합

<그림 3.3>에서 알 수 있듯이 7개의 빈칸에 구분선 2개의 자리를 선택하는 조합이 중복조합의 수식이 되는 것이다. 구분선이 몇 개가 될 것인지는 종의 수에서 1을 차감하여 계산하면 된다. 위의 문제에서 종은 1, 2, 3의 3개이므로 3−1=2개의 구분선이 필요하다. 따라서 이 문제는 다음의 수식으로 풀이할 수 있다.

$$ {}_{3}H_{5} = {}_{3+5-1}C_{5} = {}_{7}C_{2} = \frac{7 \times 6}{2} = 21 $$

여기서 중복조합 수식에서 조합의 일반식이 ${}_{n+r-1}C_{r}$ 인데, 위의 수식에서는 r이 5가 아니라 2로 바뀐 것을 알 수 있다. 이는 조합의 전개식이 $\frac{n!}{r!(n-r)!}$ 이기 때문이다.

중복조합의 수식이 어떻게 유도되었는지를 이해하였으니 몇 가지 예제를 풀이하도록 하자.

예제 3.12

31가지의 아이스크림을 파는 가게에서 4종류를 담아서 구매하려고 한다. 31 종류의 아이스크림으로 중복하여 4개를 한 통에 담는 방법은 몇 가지 경우인가?

풀이

이 문제는 앞에서 살펴본 중복조합의 수식을 이용하면 간단하게 구할 수 있다.

$$_{31}H_4 = {}_{31+4-1}C_4 = \frac{34 \times 33 \times 32 \times 31}{4 \times 3 \times 2 \times 1} = 46,376$$

만약에 중복을 허락하지 않고 4개의 아이스크림을 선택하는 경우는 조합공식을 이용하여 $_{31}C_4 = 4,495$개의 방법이 있다는 것을 알 수 있다.

마지막으로 다음의 예제를 풀이하자.

예제 3.13

$x + y + z = 5$의 방정식을 만족시키는 x, y, z에 대하여 음이 아닌 정수의 해 $\{x, y, z\}$의 개수를 구해보자.

풀이

$\{x, y, z\}$에 포함이 가능한 경우는 다음과 같은 것들이 있다.

{5, 0, 0}, {4, 1, 0}, {4, 0, 1}, {3, 1, 1} ……

여기서 {5, 0, 0}은 5개의 x가 선택된 것과 같다. {4, 1, 0}의 경우는 x가 4개, y가 1개 선택된 것과 같다. 그리고 {4, 0, 1}은 x가 4개, z가 1개 선택된 것이고, {3, 1, 1}은 x가 3개, y가 1개, z가 1개 선택된 경우이다. 결국 이 문제는 x, y, z의 3개 문자 중 중복을 허용하여 5개를 선택하는 것이다. 따라서 이 문제의 수식은 아래와 같다.

$$ {}_3H_7 = {}_{3+7-1}C_7 = {}_9C_7 = {}_9C_2 = 36 $$

만약 이 문제가 음이 아닌 정수의 해가 아니라 자연수의 해 $\{x, y, z\}$를 구하는 문제라면, 자연수는 0이 없는 양의 정수이므로 x, y, z가 반드시 1개씩 선택되어야 하므로 3개의 문자 중에서 중복을 허락하여 2개를 선택하는 것이 된다.

$$ {}_3H_2 = {}_{3+2-1}C_2 = {}_4C_2 = 6 $$

D+04

이항정리와 다항정리

이항정리(Binomial Theorem; 二項定理)는 말 그대로 2개의 항에 대한 정리이다. 이항식의 거듭제곱을 이항계수(coefficient; 係數)[3]를 계수로 하는 일련의 단항식들의 합으로 전개하는 정리를 이항정리라고 한다. 다항정리(Multinomial Theorem)는 3개 이상의 항에 대한 정리이다. 즉, 다항식의 거듭제곱을 전개하는 정리를 의미하며 전개식의 계수는 다항 계수이다. 다항 계수와 다항정리는 이항계수와 이항정리의 일반화이다.

이항정리

D+01 차수에서 언급했던 파스칼의 삼각형을 떠올려 보자.

---

3 계수는 인자(因子)라는 뜻으로 쓰인다. 보통 식 앞에 곱해지는 상수를 말한다.

$$
\begin{array}{ccccccccccc}
 & & & & & 1 & & & & & \\
 & & & & 1 & & 1 & & & & \\
 & & & 1 & & 2 & & 1 & & & \\
 & & 1 & & 3 & & 3 & & 1 & & \\
 & 1 & & 4 & & 6 & & 4 & & 1 & \\
1 & & 5 & & 10 & & 10 & & 5 & & 1
\end{array}
$$

그림 4.1 파스칼의 삼각형

파스칼의 삼각형은 이항계수를 삼각형 모양으로 나열한 것이다. 블레즈 파스칼이 13살 때 발견하여 이항계수를 구할 때 사용한 것으로 알려졌다. 이 삼각형을 그리는 규칙은 다음과 같다.

첫째, 숫자가 들어갈 칸을 첫 번째 행에서는 1개, 두 번째 행에서는 2개, 세 번째 행에서는 3개, 이런 방식으로 한 행씩 내려가면서 한 칸씩 늘어나는 정삼각형 모양을 만든다.

둘째, 첫 번째 행과 두 번째 행의 각 칸에는 숫자 1을 쓴다.

셋째, 세 번째 행부터는 행의 양쪽 끝에 숫자 1을 쓰고 나머지 칸에는 바로 상위 행의 양쪽 대각선에 위치한 두 칸의 숫자를 합산하여 그 값을 쓴다.

이러한 규칙에 따라 한 행씩 내려가면서 숫자를 계산하여 기입하면 <그림 4.1>과 같은 삼각형이 그려진다.

이 삼각형의 숫자들이 가리키는 것은 $(a+b)^n$을 전개하여 나오는 수식의 각 항의 계수이다. 즉, 삼각형의 첫 번째 행의 숫자 1은 n=0일 때인 $(a+b)^0$을 전개했을 때의 계수가 된다. 두 번째 행의 숫자인 두 개의 1은 n=1일 때인 $(a+b)^1$을 전개한 수식인 a+b의 각항인 a와 b의 계수이다. 세 번째 행의 숫자인 1, 2, 1은 n=2일 때인 $(a+b)^2$을 전개한 수식인 $a^2+2ab+b^2$의 각 항인 a^2, ab, b^2의 계수이다. <그림 4.1>의 마지막 행의 숫자 1, 5, 10, 10, 5, 1은 n=5일 때인 $(a+b)^5$을 전개한 수식인 $a^5+5a^4b+10a^3b^2+10a^2b^3+5ab^4+b^5$의 각항의 계수가 된다. 이처럼 $(a+b)^n$의 n 제곱 차수가 늘어나더라도 위에 설명한 규칙에 따라 삼각형을 그리면 각 항의 계수를 알 수 있다.

그러나 n 제곱의 차수가 매우 커진다면, 그려야 할 삼각형의 크기도 커지고 계산에도 많은 시간이 소요된다. 이러한 경우에 좀 더 빠르고 정확하게 계수를 구하기 위해 수학자들이 논리적으로 증명하여 만든 수식이 이항정리이다.

이항정리의 공식은 다음과 같고, 이때 n은 양의 정수이다.

$$(a+b)^n = \sum_{r=0}^{n} {}_nC_r a^{n-r} b^r \tag{4.1}$$

$$= {}_nC_0 a^n b^0 + {}_nC_1 a^{n-1} b^1 + {}_nC_2 a^{n-2} b^2 + \cdots + {}_nC_r a^{n-r} b^r + \cdots + {}_nC_n a^0 b^n$$

$(a+b)^n$은 (a+b)를 n번 제곱해준 것이다. 이는 n개의 인수 (a+b)에서 a 또는 b를 하나씩 선택하여 곱한 단항식의 곱과 같다. 이때 n개의 인수 중에서 r개의 b를 선택하고 나머지 n−r개의 a를 선택하여 곱한 것이 $a^{n-r}b^r$이고 이는 n에서 r개를 선택하는 조합의 수만큼 생긴다. 따라서 $(a+b)^n$의 전개식에서 $a^{n-r}b^r$의 계수는 ${}_nC_r$이 된다.

이를 좀 더 쉽게 설명해보겠다. a와 b가 각각 1개씩 들어있는 주머니가 3개 있다고 가정하자. n=3일 때, 즉 $(a+b)^3$을 전개하여 나오는 각 항의 계수는 바구니 3개에서 a와 b를 각각 1개씩 뽑는 경우의 수를 구하는 것과 같다. 아래의 <표 4.1>은 그러한 경우의 수를 뽑는 문제에 대해 이해를 돕고자 정리한 것이다.

표 4.1 $(a+b)^3$의 이항정리

$(a+b)^3$	$(a+b)$	$(a+b)$	$(a+b)$	각 항의 계수
a^3	a	a	a	${}_3C_0 = 1$
$3a^2b$	a	a	b	${}_3C_1 = 3$
	a	b	a	
	b	a	a	
$3ab^2$	a	b	b	${}_3C_2 = 3$
	b	a	b	
	b	b	a	
b^3	b	b	b	${}_3C_3 = 1$

<표 4.1>을 보면, a^3 항은 a와 b가 각각 1개씩 들어있는 3개의 주머니에서 각각 a만 꺼낸 경우가 된다. 따라서 b가 선택되는 경우의 수 r=0이고, 이 항의 계수는 r=0이므로 ${}_3C_0 = 1$이 되는 것이다. $3a^2b$ 항은 2개의 주머니에서는 a를, 1개의 주머니에서는 b를 선택하게 된 경우이고 따라서 r=1이 된다. 이 항의 계수는 r=1이므로 ${}_3C_1 = 3$이 되는 것이다. $3ab^2$ 항과 b^3 항도 이렇게 각각의 주머니에서 a와 b가 선택되는 경우의 수를 계산하면 된다.

이제 이항정리의 공식에 대한 이해를 바탕으로 몇 가지 예제를 풀어보도록 하자.

예제 4.1

$(a+b)^6$의 전개식에서 a^4b^2과 a^3b^3의 계수는 각각 얼마인가?

풀이

여기서 a^4b^2은 a가 4개 선택되고 b가 2개 선택되는 조합이 그 계수가 된다. 그리고 a^3b^3은 a가 3개 선택되고 b가 3개 선택되는 조합이 그 계수가 된다. 따라서 각각의 계수는 다음과 같다.

전개식의 일반항이 ${}_6C_r a^{6-r} b^r$이므로 a^4b^2의 r=2, a^3b^3의 r=3이다. 그러므로 a^4b^2의 계수는 ${}_6C_2 = 15$이고, a^3b^3의 계수는 ${}_6C_3 = 20$이다.

예제 4.2

$\left(3x^2 - \dfrac{1}{x}\right)^3$의 전개식에서 x^3의 계수는 얼마인가?

풀이

이 문제는 얼핏 보면 복잡하지만 먼저 전개식의 일반항을 정의해보면 쉽게 풀린다. 일반항은 ${}_3C_r (3x^2)^{3-r}\left(-\dfrac{1}{x}\right)^r$이다. 따라서 일반항에서 제곱 차수에 해당하는 2(3−r)−r=3이 되는 r을 구하여 일반항에 대입하면 된다. 2(3−r)−r=3을 풀이하면 r=1 임을 알 수 있다. 따라서 계수는, ${}_3C_1(3x^2)^{3-1}\left(-\frac{1}{x}\right)^1 = 3 \cdot 9x^4 \cdot (-x)^{-1} = -27x^3$이므로 계수는 −27이다.

예제 4.3

$(1+x)+(1+x)^2+(1+x)^3+\cdots+(1+x)^n$의 수식을 전개했을 때 x^2의 계수는 얼마인가?

풀이

이 문제에서 x^2의 계수는 ${}_nC_2$의 조합 수식으로 계산하는데, 여기서 n에 임의의 k를 대입했을 때 x^2의 계수가 ${}_kC_2$가 된다는 것을 이해할 수 있어야 한다. 이러한 이해를 바탕으로 x^2은 각 항의 x^2의 계수의 합이 된다. 따라서

k=2일 때 x^2의 계수는, ${}_2C_2$ 이고

k=3일 때 x^2의 계수는, ${}_3C_2$ 이고

k=4일 때 x^2의 계수는, ${}_4C_2$ 이고

k=n일 때 x^2의 계수는, ${}_nC_2$ 이 된다.

즉, x^2의 계수는 위 계수들의 합계가 되고, 다음과 같이 계산할 수 있다.

$$\begin{aligned}
{}_2C_2+{}_3C_2+{}_4C_2+\cdots+{}_nC_2 &= \frac{2\times1}{2}+\frac{3\times2}{2}+\frac{4\times3}{2}+\cdots\ \frac{n(n-1)}{2} \\
&= \sum_{k=2}^{n}\frac{k(k-1)}{2} = \sum_{k=1}^{n}\frac{k(k-1)}{2} = \frac{1}{2}\sum_{k=1}^{n}(k^2-k) \\
&= \frac{1}{2}\left\{\frac{n(n+1)(2n+1)}{6}-\frac{n(n+1)}{2}\right\} \\
&= \frac{n(n+1)(n-1)}{6}
\end{aligned}$$

위의 풀이에서 $\sum_{k=1}^{n} k^2$이 $\frac{n(n+1)(2n+1)}{6}$이 되고, $\sum_{k=1}^{n} k$이 $\frac{n(n+1)}{2}$이 되는지를 이해할 필요가 있다. 먼저 $\sum_{k=1}^{n} k$는 등차수열의 합이다. 그리고 $\sum_{k=1}^{n} k^2$은 거듭제곱의 합이다. 이에 대한 풀이를 살펴보자.

$$\sum_{k=1}^{n} k = 1+2+3+\cdots+(n-2)+(n-1)+n = \frac{n(n+1)}{2}$$

위의 식에 대한 증명은 다음과 같다. 먼저 $\sum_{k=1}^{n} k = 1+2+3+\cdots+(n-2)+(n-1)+n$의 우변 전개식을 S로 정의하고, 아래와 같이 S를 두 행으로 나열하되, 둘째 행의 S는 전개식의 각 항을 뒤에서부터 나열하여 위에서 아래로 합산한다.

$$\begin{array}{rl} & S = 1+2+3+\cdots+(n-2)+(n-1)+n \\ + & S = n+(n-1)+(n-2)+\cdots 3+2+1 \\ \hline & 2S = (n+1)+(n+1)+\cdots+(n+1)+(n+1) = n(n+1) \end{array}$$

따라서 $S = \frac{n(n+1)}{2}$ 이다. 그리고 거듭제곱 합($\sum_{k=1}^{n} k^2$)의 공식 유도는 아래와 같다.

$$(x+1)^3 = x^3+3x^2+3x+1$$
$$\Rightarrow (x+1)^3 - x^3 = 3x^2+3x+1$$

$$\begin{array}{rl} & \cancel{(1+1)^3} - 1^3 = 3 \cdot 1^2 + 3 \cdot 1 + 1 \\ & \cancel{(2+1)^3} - \cancel{2^3} = 3 \cdot 2^2 + 3 \cdot 2 + 1 \\ & \cancel{(3+1)^3} - \cancel{3^3} = 3 \cdot 3^2 + 3 \cdot 3 + 1 \\ & \cdots \\ + & (n+1)^3 - \cancel{n^3} = 3 \cdot n^2 + 3 \cdot n + 1 \\ \hline \end{array}$$

위 수식의 해를 전개하면 다음과 같다.

$$(n+1)^3 - 1^3 = \sum_{k=1}^{n} 3k^2 + \sum_{k=1}^{n} 3k + \sum_{k=1}^{n} 1$$
$$n^3 + 3n^2 + 3n = 3\sum_{k=1}^{n} k^2 + 3\sum_{k=1}^{n} k + n$$

따라서 $\sum_{k=1}^{n} k^2 = \dfrac{n(2n+1)(n+1)}{6}$ 이다.

예제 4.4

$p+q=1, p \geq 0, q \geq 0$ 일 때, 다음을 증명하시오.

(1) $\sum_{r=1}^{n} {}_nC_r p^{n-r} q^r = 1$

(2) $\sum_{r=0}^{n} r\,{}_nC_r p^{n-r} q^r = nq$

풀이

(1)의 문제는 일반항 $\sum_{r=0}^{n} {}_nC_r a^{n-r} b^r = (a+b)^n$ 을 떠올리면 쉽게 풀이할 수 있다. a와 b에 각각 p와 q를 대입하면, (1)의 수식은 $(p+q)^n$ 임을 알 수 있다. 문제에서 $p+q=1$ 이라고 하였으므로 $\sum_{r=1}^{n} {}_nC_r p^{n-r} q^r = (p+q)^n = 1$이라는 것이 증명된다.

(2)의 문제는 r=0일 때, 첫 항이 0이 되므로 r은 1부터 시작해도 같은 결과가 나온다는 것으로부터 수식을 전개하여 풀이하면 된다.

$$\begin{aligned}
\sum_{r=1}^{n} r\,{}_nC_r p^{n-r} q^r &= \sum_{r=1}^{n} r\frac{n!}{r!(n-r)!} p^{n-r} q^r = \sum_{r=1}^{n} n\frac{(n-1)!}{(r-1)!(n-r)!} p^{n-r} q^r \\
&= nq\sum_{r=1}^{n} {}_{n-r}C_{r-1} p^{(n-1)-(r-1)} q^{r-1} \quad \Leftarrow s = r-1 \\
&= nq\sum_{r=0}^{n-1} {}_{n-r}C_s p^{(n-r)-s} q^s = nq(p+q)^{n-1} = nq
\end{aligned}$$

이항정리의 성질

이항정리의 성질은 뒤에서 나올 독립시행의 확률 및 이항분포와 관계되어 있어서 잘 이해할 필요가 있다.

$$(a+b)^n = \sum_{r=0}^{n} {}_nC_r a^{n-r} b^r$$
$$= {}_nC_0 a^n b^0 + {}_nC_1 a^{n-1} b^1 + {}_nC_2 a^{n-2} b^2 + \cdots + {}_nC_r a^{n-r} b^r + \cdots + {}_nC_n a^0 b^n$$

앞에서 우리는 위와 같이 이항정리 수식을 정의했다. 수식의 좌변에 있는 $(a+b)^n$과 우변에 있는 2개의 수식은 항등식이다. 이항정리의 수식이 항등식[4]이라는 사실을 이용해서 양변의 a와 b에 다양한 값을 대입하여 이항정리의 성질을 만들게 된다.

먼저 a=1, b=x를 대입하여 다음과 같이 식을 만들어보자.

$$(1+x)^n = \sum_{r=0}^{n} {}_nC_r x^r$$
$$= {}_nC_0 x^0 + {}_nC_1 x^1 + {}_nC_2 x^2 + \cdots + {}_nC_r x^r + \cdots + {}_nC_n x^n$$

x에 1과 −1의 값을 대입하면 이항정리 성질의 공식이 만들어진다. 다음의 (1)의 성질은 x에 1을 대입한 것이고, (2)의 성질은 x에 −1을 대입한 것이다.

(1) ${}_nC_0 + {}_nC_1 + {}_nC_2 + \cdots + {}_nC_r + \cdots + {}_nC_n = 2^n$

(2) ${}_nC_0 - {}_nC_1 + {}_nC_2 - \cdots + (-1)^r_n C_r + \cdots + (-1)^n_n C_n = 0$

(1)의 성질과 (2)의 성질에 나열되어 있는 홀수 번째 항과 짝수 번째 항의 계수의 합을

---

4 수학에서 항등식(identity; 恒等式)은 등식의 일종(등식에는 방정식, 항등식, 항상 거짓인 등식이 있음)이다. 좌변과 우변의 등식이 항상 참인 수식, 즉 두 등식의 산출값이 같은 경우를 항등식이라고 한다.

구해보자. 다음의 (3)의 성질은 (1)과 (2)의 홀수 번째 항의 계수의 합이고, (4)의 성질은 (1)과 (2)의 짝수 번째 항의 계수의 합이다.

(3) ${}_nC_0 + {}_nC_2 + \cdots + {}_nC_{2m} + \cdots = 2^{n-1}$

(4) ${}_nC_1 + {}_nC_3 + \cdots + {}_nC_{2m-1} + \cdots = 2^{n-1}$

(3)의 성질은 (1)의 수식과 (2)의 수식을 합쳤을 때 그 결과로 나온 수식이다. 즉, (1)과 (2)를 합치면, $2({}_nC_0 + {}_nC_2 + \cdots + {}_nC_{2m} + \cdots) = 2^n \Rightarrow {}_nC_0 + {}_nC_2 + \cdots + {}_nC_{2m} + \cdots = 2^{n-1}$으로 계산된다. (4)의 성질은 (1)의 수식에서 (2)의 수식을 뺏을 때 그 결과로 나온 수식이다. 즉, (1)에서 (2)를 빼면, $2({}_nC_1 + {}_nC_3 + \cdots + {}_nC_{2m-1} + \cdots) = 2^n \Rightarrow {}_nC_1 + {}_nC_2 + \cdots + {}_nC_{2m-1} + \cdots = 2^{n-1}$으로 계산된다.

(5) ${}_nC_1 + 2{}_nC_2 + \cdots r{}_nC_r + \cdots + n{}_nC_n = n2^{n-1}$

위의 성질 (5)의 수식은 $(1+x)^n = {}_nC_0x^0 + {}_nC_1x^1 + {}_nC_2x^2 + \cdots + {}_nC_rx^r + \cdots + {}_nC_nx^n$의 수식을 미분하여 나온 수식 ${}_nC_1x^0 + 2{}_nC_2x^1 + \cdots + r{}_nC_rx^{r-1} + \cdots + n{}_nC_nx^{n-1} = n(1+x)^{n-1}$의 x에 1을 대입한 것이다.

(6) ${}_nC_0 + \frac{{}_nC_1}{2} + \frac{{}_nC_2}{3} + \cdots + \frac{{}_nC_r}{r+1} + \cdots + \frac{{}_nC_n}{n+1} = \frac{1}{n+1}(2^{n+1}-1)$

위의 성질 (6)의 수식은 $(1+x)^n = {}_nC_0x^0 + {}_nC_1x^1 + {}_nC_2x^2 + \cdots + {}_nC_rx^r + \cdots + {}_nC_nx^n$의 수식을 부정적분한 수식 ${}_nC_0x^1 + \frac{1}{2}{}_nC_1x^2 + \frac{1}{3}{}_nC_2x^3 + \cdots + \frac{1}{n+1}{}_nC_nx^{n+1} = \frac{1}{n+1}(1+x)^{n+1} + C$의 x에 1을 대입한 값에서 x에 0을 대입한 값을 차감한 것이다.

다항정리

다항정리는 앞에서 기술한 바와 같이 3개 이상의 항에 대한 정리이다. 다항식의 거듭제곱을 전개하는 정리를 의미하며 전개식의 계수는 다항 계수이다. 다항 계수와 다항정리는 이항 계수와 이항정리의 일반화이다.

다항정리의 일반화 공식은 다음과 같다.

$$(p_1 + p_2 + \cdots + p_k)^n = \sum \frac{n!}{x_1! x_2! \cdots x_k!} p_1^{x_1} p_2^{x_2} \cdots p_k^{x_k} \tag{4.2}$$

$$(x_1 \geq 0, x_2 \geq 0, \cdots x_k \geq 0, \quad x_1 + x_2 + \cdots + x_k = n)$$

수식 (4.2)의 다항정리는 이항정리의 수식을 응용하여 전개할 수 있다.

a, b, c의 3개 항으로 이루어진 수식 $(a+b+c)^n$이 있다고 가정하자. 여기서 항이 3개이지만, 다음과 같이 a+b를 하나의 항으로 묶어 수식을 기술한다.

$$\{(a+b)+c\}^n$$

먼저 위의 수식에서 c^r항의 계수는 ${}_nC_r(a+b)^{n-r}c^r$으로 구할 수 있다. 다음으로 $(a+b)^{n-r}$의 수식에서 b^q항의 계수를 구한다. b^q항의 계수는 ${}_{n-r}C_q a^{n-r-q}b^q$으로 구할 수 있다. 따라서 $(a+b+c)^n$의 수식에서 $a^p b^q c^r$항의 계수는 다음과 같이 구할 수 있다.

$$\begin{aligned} {}_nC_r \, {}_{n-r}C_q a^p b^q c^r &= \frac{n!}{r!(n-r)!} \cdot \frac{(n-r)!}{q!(n-r-q)!} a^p b^q c^r \qquad (p+q+r=n) \\ &= \frac{n!}{p!q!r!} a^p b^q c^r \end{aligned} \tag{4.3}$$

이제 위에서 전개한 다항정리의 수식을 사용하여 몇 가지 예제를 풀이해 보도록 하자.

예제 4.5

$(a+b+c)^9$의 수식을 전개했을 때, $a^3b^2c^4$의 계수는 얼마인가?

풀이

이 문제는 다항정리의 일반화 수식에서 p=3, q=2, r=4를 적용하여 계산한다. 따라서 답은 다음과 같이 1,260이다.

$$\frac{n!}{p!q!r!}a^pb^qc^r = \frac{9!}{3!2!4!}a^3b^2c^4 = \frac{9\times8\times7\times6\times5}{3\times2\times2}a^3b^2c^4 = 1{,}260a^3b^2c^4$$

이번엔 조금 다른 관점에서 다항정리를 이해할 수 있는 예제이다.

예제 4.6

$(a+b+c)^9$의 수식을 전개했을 때, 계수가 9인 항은 몇 개인가?

풀이

이 문제는 수식의 분모에 해당하는 $p!q!r=8!$이 성립된다는 것이 힌트이다. 따라서 p, q, r에 해당하는 경우의 수는 (0, 1, 8)의 순열 계산으로 구할 수 있다. 아래의 풀이를 살펴보면 이해될 것이다.

$$\frac{9!}{p!q!r!}=9,$$
$$p+q+r=9 \Rightarrow p!q!r=8! \Rightarrow permutation\ of\ (0,1,8)=3!\ =6\text{개}$$

예제 4.7

9명의 학생이 기숙사에 새로 입실하게 되었다. 이들을 3인용 방 1개와 2인용 방 3개로 배정하는 방법은 모두 몇 가지인가?

풀이

$$\frac{9!}{3!2!2!} = \frac{9 \times 8 \times 7 \times 6 \times 5 \times 4}{2 \times 2} = 15,120$$

예제 4.8

어느 공장에서 생산된 제품의 품질을 검사해보니 A급이 60%, B급이 30%, 그리고 C급이 10%였다. 10개의 제품을 임의로 선택했을 때, A급 품질의 제품이 5개, B급 품질의 제품이 3개, 그리고 C급 품질의 제품이 2개일 확률은 얼마인가?

풀이

이 문제는 60%의 확률을 갖는 A급 품질 제품이 5개가 나오고, 30%의 확률을 갖는 B급 품질 제품이 3개, 그리고 10%의 확률을 갖는 C급 품질 제품이 2개가 나올 확률을 구하는 문제이다. 따라서 이 문제를 풀이하는 수식은 아래와 같이 n=10개이고, p=5, q=3, r=2, 그리고 a=A급 품질 제품의 확률, b=B급 품질 제품의 확률 c=C급 품질 제품의 확률을 대입하여 전개하면 된다.

$$\frac{n!}{p!q!r!}a^p b^q c^r = \frac{10!}{5!3!2!}(0.6)^5(0.3)^3(0.1)^2 = 0.053\,(5.3\%)$$

D+05

확률의 덧셈정리

수학적 확률과 통계적 확률

확률은 크게 수학적 확률과 통계적 확률로 구분할 수 있다.

수학적 확률은 어떤 시행에서 표본공간에 있는 각각의 원소의 발생빈도가 동일할 때 각 원소가 발생할 가능성을 의미한다. 예를 들어서 공정한 주사위의 각 면은 동일한 발생빈도를 갖고 있다. 따라서 주사위를 던졌을 때, 숫자 1이 나올 수학적 확률은 1/6이다. 반면에 통계적 확률은 과거의 경험이나 실제의 시행에서 나온 결과를 바탕으로 계산한 확률이다. 만약 주사위를 12번 던졌다고 가정하자. <표 5.1>은 주사위를 12번 던져서 실제로 나온 숫자별 횟수이다.

표 5.1 주사위 결괏값과 통계적 확률

숫자	1	2	3	4	5	6	합계
횟수	1	3	2	3	1	2	12
확률	1/12	3/12	2/12	3/12	1/12	2/12	12/12=1

<표 5.1>에 기술된 결과에서 알 수 있듯이 통계적 확률은 실제로 직접 시행하여 나온 값을 기준으로 구한다. 그래서 각각의 숫자가 나올 확률이 동일하지 않다. 그러나 수학적 확률로 계산한다면 각각의 숫자는 나올 확률이 모두 1/6로 동일하다.

그렇다면, 수학적 확률과 통계적 확률 중에 어떤 방법이 더 정확한 것일까?

일반적으로 시행 횟수를 충분히 늘리면 상대도수는 일정한 값에 가까워진다. 예를 들어서 동전을 두 번 던졌을 때 두 번 모두 앞면이 나올 수 있다. 그러나 동전을 100번 던진다면 앞면과 뒷면이 나오는 횟수는 50:50의 비율에 가까워질 것이다. 이처럼 시행을 충분히 늘린다면 상대도수가 일정한 값에 가까워진 값을 통계적 확률이라 하고, 시행 횟수를 충분히 크게 늘린다면 수학적 확률과 통계적 확률은 일치하게 된다.

확률의 기본 성질

임의의 사건을 A라고 하고, 표본공간을 S, 그리고 공사건을 Φ라고 한다면, 확률은 다음의 성질을 갖는다.

$$0 \leq P(A) \leq 1 \tag{5.1}$$

사건 A가 발생할 확률 $P(A)$는 0보다 크거나 같고 1보다 작거나 같다. 이는 사건 A가 전혀 발생하지 않을 확률을 0%라고 기술하거나 무조건 발생할 확률을 100%라고 기술하지 않고 단순히 숫자로만 기술할 때 0%를 0으로, 100%를 1로 기술함을 의미한다.

$$P(S) = 1 \tag{5.2}$$

표본공간 S가 발생할 확률은 100%라는 의미이다.

$$P(\Phi) = 0 \tag{5.3}$$

아무런 사건도 발생하지 않을 확률은 0%라는 의미이다.

확률의 기본 성질을 이용하여 다음의 예제를 살펴보자.

예제 5.1

한 개의 주사위를 던졌을 때, (1) 홀수의 눈이 나올 확률, (2) 5 이상의 눈이 나올 확률, 그리고 (3) 소수의 눈이 나올 확률은 얼마인가?

풀이

매우 간단한 문제이지만, 문제를 본격적으로 풀이하기 전에 표본공간과 각각의 사건에 대해서 명확하게 정의하는 습관을 갖도록 하자. 먼저 표본공간 S={1, 2, 3, 4, 5, 6}, 홀수의 눈이 나오는 사건 A={1, 3, 5}, 5 이상의 눈이 나오는 사건 B={5, 6}, 그리고 소수의 눈이 나오는 사건 C={2, 3, 5}로 정의할 수 있다.

그렇다면 위의 문제들은 아래와 같이 풀이할 수 있다.

(1) $P(A) = \dfrac{n(A)}{n(S)} = \dfrac{3}{6} = \dfrac{1}{2}$

(2) $P(B) = \dfrac{n(B)}{n(S)} = \dfrac{2}{6} = \dfrac{1}{3}$

(3) $P(C) = \dfrac{n(C)}{n(S)} = \dfrac{3}{6} = \dfrac{1}{2}$

예제 5.2

붉은색 공 5개, 노란색 공 3개, 그리고 파란색 공 1개가 있는 주머니에서 임의로 3개의 공을 선택한다고 가정하자.

(1) 파란색 공 1개가 선택될 확률은 얼마인가?

(2) 붉은색 공 2개와 노란색 공 1개가 선택될 확률은 얼마인가?

풀이

여기서 모든 경우의 수는 조합 공식을 이용하여 9개의 공에서 3개의 공을 선택하는 ${}_9C_3$으로 정의하면 된다. (1)은 파란색 공 1개 중 1개를 선택하는 조합과 나머지 8개의 공 중에서 2개를 선택하는 조합의 문제이다. (2)는 붉은색 공 5개 중에서 2개를 선택하고 노란색 공 3개 중에서 1개를 선택하는 조합의 문제이다. 따라서 풀이는 다음과 같다.

$$(1)\ \frac{{}_1C_1 \bullet {}_8C_2}{{}_9C_3} = \frac{\frac{8!}{2!6!}}{\frac{9!}{3!6!}} = \frac{\frac{8 \times 7}{2}}{\frac{9 \times 8 \times 7}{3 \times 2}} = \frac{28}{84} = \frac{1}{3}$$

$$(2)\ \frac{{}_5C_2 \bullet {}_3C_1}{{}_9C_3} = \frac{\frac{5 \times 4}{2} \times 3}{\frac{9 \times 8 \times 7}{3 \times 2}} = \frac{30}{84} = \frac{5}{14}$$

확률의 덧셈정리

앞에서 우리는 어떤 사건이 발생할 확률이 0과 1 사이에 있다는 것을 알았다. 그리고 특정 사건에 대한 확률은 주어진 사건이 발생할 가능성의 수를 전체 사건이 발생할 가능성의 수로 나눠준 값이라는 것도 알고 있다. 예를 들어서 동전을 던졌을 때 발생할 수 있는 경우는 오직 앞면과 뒷면이다. 앞면과 뒷면이 나오는 사건은 이 두 개의 면이 동시에 나올 수 없으므로 배반사건(mutually exclusive)이다. 결론적으로 앞면이 나오는 사건의 확률은 $\frac{1}{2}$이 되고, 뒷면이 나오는 사건의 확률도 $\frac{1}{2}$이 된다.

확률에 있어서 덧셈정리는 일반적인 덧셈정리와 배반사건의 덧셈정리, 그리고 여사건의 덧셈정리가 있다.

일반적인 덧셈정리

두 사건 A와 B에 대해서 합사건을 $A \cup B$, 곱사건을 $A \cap B$라고 할 때, 사건 A가 발생하거나 B가 발생할 확률은 $P(A \cup B) = P(A) + P(B) - P(A \cap B)$이다. 이는 일반적인 덧셈정리로서 경우의 수의 합사건과 같은 원리로 계산된다.

주사위 하나를 던질 때, 짝수의 눈이 나오거나 3 이상의 눈이 나올 확률을 구할 때 덧셈정리를 이용한다. 여기서 짝수의 눈이 나올 경우는 n(A)={2, 4, 6}이고, 3 이상의 눈이 나올 경우는 n(B)={3, 4, 5, 6}이다. 따라서 짝수의 눈이 나오거나 3 이상의 눈이 나올 확률은 다음과 같다.

$$P(A \cup B) = P(A) + P(B) - P(A \cap B) = \frac{3}{6} + \frac{4}{6} - \frac{2}{6} = \frac{5}{6}$$

배반사건의 덧셈정리

그런데 사건 A와 B가 배반사건이라면 덧셈정리의 수식은 조금 바뀌게 된다.

동전 던지기를 예로 들어보자. 동전의 앞면이 나오는 사건의 확률이 1/2이고, 뒷면이 나오는 사건의 확률이 1/2이라면, 동전을 던졌을 때 앞면이 나오거나 혹은 뒷면이 나올 확률은 (1/2)+(1/2)=1이 된다. 즉, 동전의 앞면이 나오는 사건과 뒷면이 나오는 사건은 동시에 발생할 수 없는 배반사건이다. 두 사건이 배반사건의 관계에 있다면, 사건 A와 B의 합사건의 확률은 다음과 같다.

$$P(A \cup B) = P(A) + P(B) \tag{5.4}$$

여사건[5]의 덧셈정리

사건 A에 대한 확률과 그 여사건 A^C에 대한 확률 사이에는 다음과 같은 관계가 성립한다.

$$P(A) + P(A^c) = 1, \quad P(A^c) = 1 - P(A) \tag{5.5}$$

여사건의 확률을 계산하는 방법을 이용하여 다음의 예제를 살펴보자.

예제 5.3

흰 공 6개, 검은 공 3개, 빨간 공 3개가 들어있는 주머니에서 5개의 공을 꺼낼 때, 적어도 2개의 흰 공이 선택될 확률은 얼마인가?

풀이

이 문제는 최소 2개의 흰 공이 선택된다는 의미에 주목할 필요가 있다. 즉, 5개의 공을 선택할 때 2개 이상의 흰 공이 선택되는 경우의 확률을 구하면 된다. 이는 역으로 전체 확률에서 흰 공이 0개 선택되거나 1개 선택되는 경우의 확률을 빼주면 구할 수 있다. 따라서 풀이의 수식은 다음과 같다.

5 Complementary event: 여사건

$$1-\left[\frac{{}_6C_0 \cdot {}_6C_5}{{}_{12}C_5}+\frac{{}_6C_1 \cdot {}_6C_4}{{}_{12}C_5}\right]$$

$$=1-\left[\frac{6}{\dfrac{12\times 11\times 10\times 9\times 8}{5\times 4\times 3\times 2\times 1}}+\frac{6\cdot \dfrac{6\times 5}{2\times 1}}{\dfrac{12\times 11\times 10\times 9\times 8}{5\times 4\times 3\times 2\times 1}}\right]$$

$$=1-\left[\frac{6}{792}+\frac{90}{792}\right]=\frac{696}{792}=\frac{29}{33}$$

예제 5.4

어떤 자동차 모델은 외장색깔이 블랙, 화이트, 그레이, 그리고 레드의 4종류로 생산된다. 우리나라 사람들의 색상 선호도는 블랙이 9%, 화이트가 35%, 그레이가 22%, 그리고 레드가 5%이다. 당신의 부모님이 블랙이나 화이트 색상의 자동차를 구매할 확률은 얼마인가?

풀이

이 문제는 4가지 색상 중의 2개 이상이 하나의 자동차에 동시에 적용될 수 없는 배반사건이라는 점과 덧셈정리를 이용해야 한다는 점을 기억하면 쉽게 풀이할 수 있다. 따라서 이 문제의 해법은 다음과 같다.

블랙, 화이트, 그레이, 레드 색상의 자동차를 구매할 사건을 각각 B, W, G, R이라고 정의한다. 각 사건은 서로 배반사건이므로 $P(B\cup W\cup G\cup R)=P(B)+P(W)+P(G)+P(R)=0.71$이다. 따라서 블랙이나 화이트 색상의 자동차를 구매할 확률은 다음과 같다.

$$P(B\cup W)=P(B)+p(W)=0.09+0.35=0.44$$

예제 5.5

국내에 출시된 자동차 P 모델은 브레이크 결함, 변속기 결함, 조향장치 결함, 전기계통 결함이 발생할 확률이 각각 25%, 18%, 17%, 40%이다.

(1) 브레이크와 조향장치가 동시에 결함일 확률이 15%이면, 브레이크 또는 조향장치에 결함이 있을 확률은 얼마인가?

(2) 브레이크와 조향장치에 결함이 없을 확률은 얼마인가?

풀이

(1)의 경우는 일반적인 덧셈정리로 풀이할 수 있고, (2)의 경우는 여사건의 성질을 이용하여 풀이할 수 있다. 따라서 각각의 풀이와 답은 다음과 같다.

(1) $P(A \cup B) = P(A) + P(B) - P(A \cap B) = 0.25 + 0.17 - 0.15 = 0.27$

(2) $P(A^c \cap B^c) = 1 - P(A \cap B) = 1 - 0.27 = 0.73$

D+06

확률의 곱셈정리

확률의 곱셈정리에는 조건부확률, 독립사건과 종속사건에 의한 곱셈정리, 전확률과 베이즈 정리가 있다. 먼저 조건부확률이 무엇인지 알아보자.

조건부확률(conditional probability)

조건부확률은 확률이 0이 아닌, 즉 필연적으로 발생하게 되는 두 개의 사건 A와 B가 있을 때 사건 A가 일어났다는 조건에서 사건 B가 발생할 확률을 말한다. 이를 $P(B|A)$로 표기하고, 사건 A를 조건으로 하는 사건 B의 조건부확률이라고 한다.

$P(B|A)$의 표기를 읽는 방법은, "P B given A" 또는 "P B bar A"이며, 우리말로는 "B 바(bar) A의 확률"이라고 한다.

조건부확률의 기본적인 계산 방법은 아래와 같다.

$$P(B|A) = \frac{P(A \cap B)}{P(A)}, \ P(A) > 0 \tag{6.1}$$

위의 수식을 보면, 조건이 되는 사건 A의 발생 확률이 모든 경우의 수에 대한 확률, 즉 전체 사건의 확률이 되어 분모로 계산된다. 그리고 사건 A를 조건으로 사건 B가 발생하는 경우의 수는 사건 A와 사건 B가 동시에 발생하는 곱사건이며, 이 곱사건의 발생 확률이 분자로 계산된다.

이제 아래의 조건부확률을 보자.

$$P(A|B) = \frac{P(A \cap B)}{P(B)}, \ P(B) > 0 \tag{6.2}$$

위의 수식에서 알 수 있듯이 사건 A와 사건 B의 위치가 바뀌었다. 즉, 사건 B가 조건이 되는 사건이고 사건 A가 사건 B를 조건으로 발생하는 사건으로 계산하게 된 것이다. 여기서는 사건 B가 발생할 확률이 전체 사건의 확률로서 분모로 계산되고, 사건 A와 사건 B의 곱사건이 이 수식에서 그 확률을 알고 싶은 사건으로서 분자로 계산된다.

여기서 우리는 다음의 수식이 성립됨을 알 수 있다.

$$P(A \cap B) = P(A|B)P(B) = P(B|A)P(A) \tag{6.3}$$

위의 조건부확률 수식들에 대해서 <표 6.1>의 정보를 이용하여 증명해 보도록 하자.

표 6.1 기업규모에 따른 업종 분류

	제조업	서비스업	계
대기업	150	250	400
중소기업	200	400	600
계	350	650	1,000

<표 6.1>에 따르면, 어느 지역에서 사업을 하는 기업의 수는 1,000개이며, 이 중에서 대기업과 중소기업은 각각 400개와 600개이다. 그리고 제조업에 속하는 기업은 350개이고 서비스업에 속하는 기업은 650개이다.

여기서 대기업에 속하는 기업 그룹을 A, 제조업에 속하는 기업 그룹을 B라고 정의하자. 이러한 정의를 바탕으로 다음의 문제들을 살펴보자.

(1) 전체 기업 중에서 대기업의 비중은 얼마인가?

(2) 전체 기업 중에서 제조업의 비중은 얼마인가?

(3) 제조업 중에서 대기업의 비중은 얼마인가?

(4) 대기업 중에서 제조업의 비중은 얼마인가?

문제 (1)은 $P(A)$를 구하는 문제이다. 전체 기업 수 1,000개 중에서 대기업의 수인 400개의 비율을 구하면 된다. 따라서 이 문제의 답은 $\frac{400}{1000}=0.4$로 40%가 된다.

문제 (2)는 $P(B)$를 구하는 문제이다. 전체 기업 수 1,000개 중에서 제조업에 속한 기업의 수인 350개의 비율을 구하면 된다. 따라서 이 문제의 답은 $\frac{350}{1000}=0.35$로 35%가 된다.

문제 (3)은 $P(A|B)$를 구하는 문제이다. 이 문제를 앞에서 살펴본 조건부확률 공식을 사용하여 풀이할 수 있지만, 먼저 <표 6.1>에 나와 있는 수치를 이용하여 살펴보자.

제조업 중에서 대기업의 비중을 알아보는 것이므로, 대기업이면서 제조업인 기업의 개수를 제조업 전체 기업의 개수로 나누면 답을 구할 수 있다. 따라서 이 문제의 답은 $\frac{150}{350}=0.4286$, 즉 42.9%가 된다.

이제 이 문제를 조건부확률 공식을 사용하여 살펴보자.

앞에서 살펴본 조건부확률의 공식에 따르면, $P(A|B)=\frac{P(A\cap B)}{P(B)}$ 이다. 분자에 해당하는 사건 A와 사건 B가 동시에 발생할 확률은 제조업에 속하는 대기업의 비율을 구하면 된다. 그리고 분모에 해당하는 사건 B의 확률은 전체 기업 중에서 제조업에 속하는 기업의 비율을 구하면 된다.

$$P(A|B)=\frac{P(A\cap B)}{P(B)}=\left(\frac{150}{1000}\right)\div\left(\frac{350}{1000}\right)=\frac{150}{350}=0.4286$$

문제 (4)는 $P(B|A)$를 구하는 문제이다. 이 문제도 <표 6.1>에 나와 있는 수치를 이용한다.

대기업 중에서 제조업에 속한 기업의 비중을 알아보는 것이므로, 대기업이면서 제조업에 속한 기업의 개수를 대기업의 개수로 나누면 답을 구할 수 있다. 따라서 이 문제의 답은 $\frac{150}{400}=0.375$, 즉 37.5%가 된다.

이제 이 문제를 조건부확률 공식을 사용하여 살펴보자.

앞에서 살펴본 조건부확률의 공식에 따르면, $P(B|A)=\frac{P(A\cap B)}{P(A)}$ 이다. 분자에 해당하는 사건 A와 사건 B가 동시에 발생할 확률은 제조업에 속하는 대기업의 비율을 구하면 된다. 그리고 분모에 해당하는 사건 B의 확률은 전체 기업 중에서 제조업에 속하는 기업의 비율을 구하면 된다.

$$P(B|A)=\frac{P(A\cap B)}{P(A)}=\left(\frac{150}{1000}\right)\div\left(\frac{400}{1000}\right)=\frac{150}{400}=0.375$$

문제 (3)과 (4)의 풀이를 통해서 조건부확률의 수식을 사용하여 계산한 결과와 <표 6.1>의 수치만을 이용하여 계산한 결과가 같은 것을 알 수 있다.

이제 앞에서 살펴봤던 수식 $P(A\cap B)=P(A|B)P(B)=P(B|A)P(A)$의 성립 여부를 증명해보자. 이 수식의 증명에 필요한 정보는 문제 (1), (2), (3), (4)를 통해서 얻은 값이다. 각각의 값을 수식에 대입하면 아래와 같다.

$$P(A\cap B)=\frac{150}{1000}=0.15$$
$$P(A|B)P(B)=0.4286\times 0.35=0.15$$
$$P(B|A)P(A)=0.375\times 0.4=0.15$$

따라서 수식 $P(A\cap B)=P(A|B)P(B)=P(B|A)P(A)$은 성립됨을 증명할 수 있다.

독립사건(Independent event)과 종속사건(Dependent event)

두 사건 A와 B가 있다고 가정하자. 두 사건은 상호 간의 영향 관계에 따라서 독립사건이나 종속사건으로 분류할 수 있다. 만약 사건 A가 발생했을 때와 발생하지 않았을 때, 사건 B의 확률에 영향을 미쳐서 사건 B의 확률이 달라진다면 두 사건은 종속된 관계에 있는 것이다. 이와 반대로 사건 A의 발생 여부와 상관없이 사건 B의 확률이 달라지지 않는다면 두 사건은 독립사건의 관계에 있는 것이다.

예를 들어보자. 주사위를 던졌을 때, 홀수가 나오는 사건을 A라 하고 3의 배수가 나오는 사건을 B라고 한다면 사건 A={1, 3, 5}, 사건 B={3, 6}으로 정의할 수 있다. 여기서 사건 B가 발생할 확률은 2/6, 즉 1/3이 된다. 그런데 사건 A가 발생하면서 사건 B가 발생할 확률, 즉 주사위를 던졌을 때 홀수이면서 3의 배수가 나올 확률은 1/6이 된다. 따라서 사건 A가 발생할 경우와 발생하지 않을 경우의 사건 B의 확률이 다르다. 이러한 경우에 두 사건 A와 B는 서로 종속사건이다.

반면에 사건 A를 홀수, 사건 B를 1 또는 5의 눈이 나오는 경우로 가정해보자. 사건 A={1, 3, 5}, 그리고 사건 B={1, 5}로 정의할 수 있다. 여기서 사건 B가 발생할 확률은 1/3이다. 사건 A가 발생하면서 사건 B가 발생할 확률도 1/3이 된다. 따라서 사건 A가 발생할 경우와 발생하지 않을 경우 모두 사건 B의 발생 확률은 다르지 않다. 이러한 경우에 두 사건 A와 B는 독립사건이라고 한다.

독립사건과 종속사건을 조건부확률의 수학적 기호를 사용하여 아래와 같이 표현할 수 있다.

$$\text{독립사건: } P(B|A) = P(B|A^c) = P(B) \tag{6.4}$$

$$\text{종속사건: } P(B|A) \neq P(B|A^c) \tag{6.5}$$

두 사건이 독립사건인지 종속사건인지를 판단하는 간단한 계산법은 아래와 같다.

$$P(A \cap B) = P(A)P(B|A) = P(A)P(B) \tag{6.6}$$

만약 사건 A와 B가 동시에 발생할 확률이 사건 A가 발생할 확률과 사건 B가 발생할 확률의 곱사건이라면, 두 사건은 독립사건이다.

전확률(Total probability)과 베이즈 정리(Bayes theory)

사건 $A_1, A_2, A_3, \cdots A_n$이 표본공간 S를 분할하여 구성하고 있다고 가정하자. 여기서 사건 $A_i(i=1, 2, 3, \cdots n)$는 서로 배반사건이다. 즉, 서로 동시에 발생할 수 없는 사건이다. 이를 <그림 6.1>과 같이 표현할 수 있다.

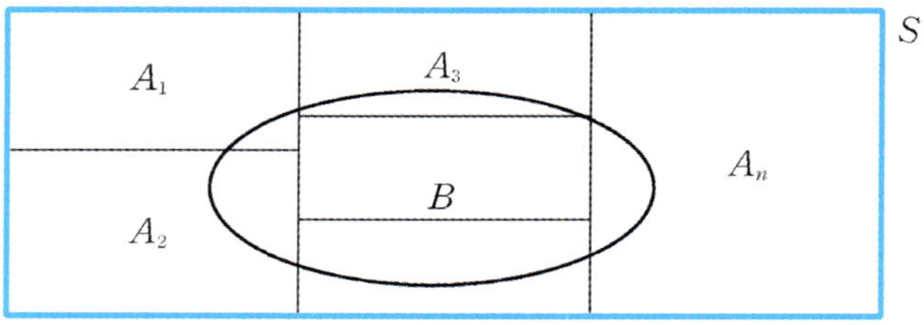

그림 6.1 배반사건과 전확률

그런데 <그림 6.1>을 보면, 다른 사건 B가 사건 $A_1, A_2, A_3, \cdots A_n$에 모두 걸쳐서 발생하고 있음을 알 수 있다. 사건 B는 수학적으로 아래와 같이 표현할 수 있다.

$$\begin{aligned} B &= S \cap B \\ &= \{A_1 \cup A_2 \cup A_3 \cup \cdots \cup A_n\} \cap B \\ &= \{A_1 \cap B\} \cup \{A_2 \cap B\} \cup \{A_3 \cap B\} \cup \cdots \cup \{A_n \cap B\} \end{aligned} \tag{6.7}$$

여기서 사건 $(A_i \cap B)$는 배반사항이다. 따라서

$P(B) = P(A_1 \cap B) + P(A_2 \cap B) + P(A_3 \cap B) + \cdots P(A_n \cap B)$이고,

$P(B) = P(A_1)P(B|A_1) + P(A_2)P(B|A_2) + P(A_3)P(B|A_3) + \cdots P(A_n)P(B|A_n)$

이 성립된다. 이를 전확률(Total probability)라고 한다.

위의 전확률의 수식과 앞에서 살펴본 조건부확률의 곱셈정리에 의하여, 아래와 같은 수식이 성립된다.

$$P(A_i|B) = \frac{P(A_i)P(B|A_i)}{P(A_1)P(B|A_1) + P(A_2)P(B|A_1) + \cdots\cdots + P(A_n)P(B|A_n)} \quad (6.8)$$

이를 베이즈 정리라고 한다.

전확률과 베이즈 정리를 이용하여 다음의 문제를 살펴보자.

예제 6.1

독감 바이러스의 감염율이 30% 정도 되는 것으로 알려졌다. 어느 제약회사에서 독감 바이러스에 감염되었는지를 확인할 수 있는 진단키트를 출시했는데, 이 진단키트의 정확도는 90%라고 한다. 즉, 독감 바이러스에 감염된 사람을 양성으로 판정할 확률이 90%인 것이다. 만약 어떤 사람이 병원에 가서 진단키트를 이용하여 감염여부를 진단했는데, 양성으로 그 결과가 나왔다면 실제로 이 사람이 독감 바이러스에 감염되었을 확률은 얼마인가?

풀이

이 문제는 일반인이 바이러스에 감염될 확률이 30%라는 것과 독감에 걸린 사람이 진단키트 테스트 결과 양성으로 판정될 확률이 90%라는 것을 각각의 사건으로 정의하는 것에서부터 출발해야 한다.

여기서 일반인이 바이러스에 감염되는 사건을 A라고 정의하자. 따라서 사건 A의 확률은 $P(A)$라고 정의할 수 있다. 진단키트를 이용하여 테스트했을 때, 양성판정이 나오는 사건을 B라고 정의했을 때, 사건 B의 확률은 $P(B)$로 정의할 수 있다. 여기서 $P(A) = 0.3$이다. 그렇다면, $P(B) = 0.9$라고 정의할 수 있을까? 그렇지 않다. B는 진단키트를 이용하여 테스트했을 때 양성판정이 나오는 사건일 뿐이다. 즉, $P(B)$는 바이러스에 감염된 사람을 테스트했을 때 양성으로 나오는 경우와 바이러스에 감염되지 않은 사람을 테스트했을

때 양성으로 나오는 두 가지 경우 모두를 포함하는 사건의 발생 확률이 된다. 바이러스에 감염된 사람을 테스트했을 때 양성으로 나오는 경우의 확률은 $P(B|A)$로 정의해야 한다.

문제로 주어진 것은 진단키트 결과가 양성으로 나왔을 때, 실제 독감에 감염된 사람이 테스트 받았을 확률을 구하는 것이다. 즉, 이 문제는 $P(A|B)$를 구하는 문제이다. 따라서 이 문제의 풀이는 아래의 수식으로 전개하여 풀이해야 한다.

$$P(A|B) = \frac{P(B \cap A)}{P(B)} = \frac{P(A)P(B|A)}{P(B)}$$

여기서 $P(B) = P(B \cap A) + P(B \cap A^c)$이다. 위에서 설명한 것처럼, 진단키트를 사용하여 테스트 했을 때 양성판정이 나오는 경우에는 실제로 독감에 감염된 사람이 양성으로 나오는 경우($B \cap A$)와 독감에 감염되지 않은 사람이 양성으로 나오는 경우($B \cap A^c$)를 포함하고 있기 때문이다. 따라서 $P(A|B)$의 수식은 아래와 같이 전개되어 계산된다.

$$P(A|B) = \frac{P(B \cap A)}{P(B)} = \frac{P(A)P(B|A)}{P(B)} = \frac{P(A)P(B|A)}{P(A)P(B|A) + P(A^c)P(B|A^c)}$$

위의 수식에서 $P(A)P(B|A) = 0.3 \times 0.9 = 0.27$임을 주어진 정보를 통해 계산할 수 있다. 다음으로 $P(A^c)P(B|A^c) = 0.7 \times (1 - 0.9) = 0.07$임을 알 수 있다. 따라서 위의 수식에 각각의 수치를 대입하면, 이 문제의 답은 $\frac{(0.3 \times 0.9)}{(0.3 \times 0.9) + (0.7 \times 0.1)} = \frac{0.27}{0.27 + 0.07} = 0.7941$로 약 79.4%인 것이다. 즉, 일반인이 진단키트로 테스트하여 그 결과가 양성으로 나왔을 때, 그 사람이 실제로 독감에 감염되었을 확률은 79.4%인 셈이다.

베이즈 정리는 최근에 와서 인공지능의 알고리듬과 같이 복잡한 현실의 문제를 풀어내는 데에 사용되고 있다. 이번에는 현실에서 발생할 수 있는 문제를 살펴보자.

예제 6.2

어느 공장에서 제품의 생산에 운영하는 기계가 3대 있다. 각각의 기계를 A, B, C라고 정의했을 때, 기계 A는 이 공장에서 생산하는 전체 제품의 40%를 생산하고, 기계 B는 35%, 그리고 기계 C는 25%를 생산한다고 가정하자. 이 기계들이 불량품을 생산할 확률은 각각 3%, 4%, 5%이다. 어느 날 공장에서 출하되는 제품 중의 하나를 임의로 선택하여 품질검사를 진행했을 때, 그 제품이 불량품일 확률은 얼마인가?

풀이

이 문제를 풀기 위해서 각각의 사건들을 정의해보자.

먼저, 검사를 진행한 제품이 불량품일 사건을 X라고 하고, 사건 a, b, c를 기계 A, B, C가 제품을 생산하는 사건이라고 정의한다. 검사를 진행한 제품이 불량품일 사건의 확률은 아래와 같이 정의할 수 있다.

$$P(X) = P(A)P(X|A) + P(B)P(X|B) + P(C)P(X|C)$$

수식을 보면, 불량품이 나오는 사건 X의 확률은 기계 A가 불량품을 생산할 사건과 기계 B가 불량품을 생산할 사건, 그리고 기계 C가 불량품을 생산할 사건의 확률의 총합계가 된다. 이제 문제에서 주어진 정보를 사용하여 위의 수식에 대입해서 불량품이 나올 확률을 구해보자.

$$P(X) = 0.4 \times 0.03 + 0.35 \times 0.04 + 0.25 \times 0.05 = 0.0385$$

이 공장에서 출하되는 제품 중에서 하나를 선택하여 품질검사를 진행했을 때, 그 제품이 불량품일 확률은 3.85%이다.

이번에는 이 문제를 확장해서 새로운 문제를 살펴보자.

예제 6.3

앞의 예제 6.2의 공장에서 출하되는 제품 중의 하나를 임의로 선택하여 품질검사를 했을 때 그것이 불량품이었다. 이 불량품이 기계 A에 의해서 생산되었을 확률은 얼마인가?

풀이

앞의 문제가 전확률을 구하는 문제였다면, 이 문제는 베이즈 정리에 기초하여 풀이하는 문제이다. 문제에서 제시된 과제는 품질검사를 통해 나온 불량품이 기계 A에 의해서 생산되었을 확률을 구하는 것이다. 따라서 우리가 알고자 하는 것은 $P(A|X)$이다. 즉, 불량품이 나왔다는 사건 X가 선행된 조건이고, 다음으로 그 불량품이 기계 A에 의해서 생산되었다는 사건의 확률을 의미한다.

$$P(A|X) = \frac{P(A)P(X|A)}{P(X)} = \frac{P(A)P(X|A)}{P(A)P(X|A) + P(B)P(X|B) + P(C)P(X|C)}$$

위의 수식 정의에 따라 이미 알려진 정보들을 활용하여 문제의 답을 구할 수 있다.

$$P(A|X) = \frac{P(A)P(X|A)}{P(X)} = \frac{0.4 \times 0.03}{0.0385} = 0.3117$$

즉, 이 공장에서 출하되는 제품 중 하나를 선택하여 품질검사를 진행해서 나온 불량품이 기계 A에 의해서 생산되었을 확률은 31.2%이다.

2장

미분과 적분

D+07 미분계수와 도함수

D+08 부정적분과 정적분

D+07

미분계수와 도함수

확률변수와 확률분포에 관한 내용을 학습하기 전에 미분과 적분의 개념적인 내용을 이해하도록 하겠다. 미적분 개념은 다음 3장에서 다루게 될 확률분포의 기초적인 이론을 이루고 있기 때문이다. 다만 여기서는 미적분의 전반적인 내용보다는 확률분포를 이해하는 데에 필요한 개념을 위주로 설명하였다.

미분의 개념

미분(微分, derivative)은 문자 그대로 "미세하게 나눈다"라는 말이다. 그리고 미분을 통해서 얻게 되는 것은 "순간변화율"이다. 무엇을 미세하게 나누는 것인지는 다음의 그림을 보면서 이해하도록 하자.

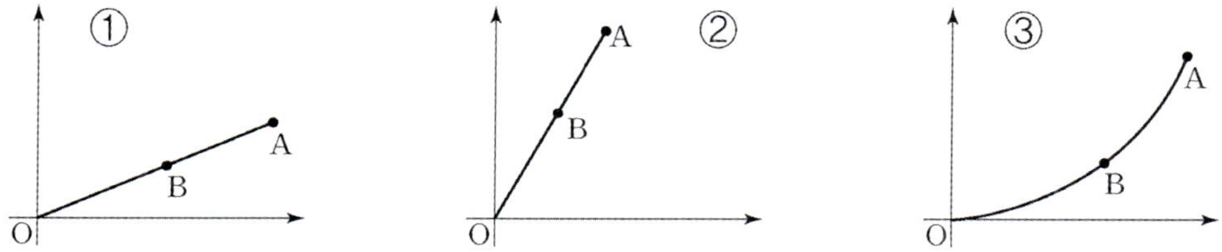

그림 7.1 기울기와 변화율

<그림 7.1>의 ①과 ②는 속도가 일정할 때의 그래프이다. 즉, A 지점에서의 속도와 B 지점에서의 속도가 같다. 이 말은 A 지점에서의 기울기와 B 지점에서의 기울기가 동일함을 의미한다. 심지어 B의 위치가 0에서 A 지점 사이의 어느 위치에 있더라도 동일한 기울기를 갖는다.

반면, ③은 점점 속도가 빨라지는 경우의 그래프이다.

예를 들어서 나뭇가지에 달려있던 사과가 떨어질 때의 속도를 생각해보자. 사과는 나뭇가지로부터 멀어질수록 중력에 의해서 점점 빠른 속도를 내면서 땅 위로 떨어질 것이다. 따라서 B의 기울기는 0에서 A 지점 사이에서 그 위치에 따라 다르다.

미분은 속도의 변화율(기울기)이 각각의 지점마다 달라지는 경우, 특정 지점에서의 순간변화율을 측정하는 방법이다. 미분을 통해서 구한 순간변화율을 미분계수라고 한다.

미분계수

미분계수의 개념과 미분계수를 구하는 방법을 설명하기 전에 "평균변화율"의 개념에 대해서 이해하도록 하자. 평균변화율은 문자 그대로 특정 지점에서 또 다른 지점까지 변화할 때 변화율의 평균값을 의미한다.

다음의 <그림 7.2>를 살펴보자.

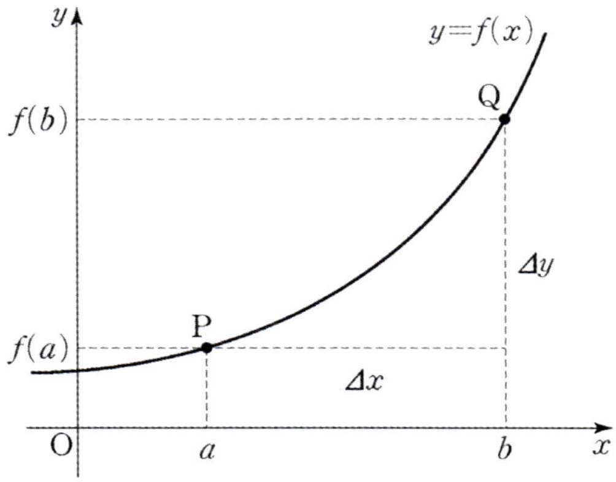

그림 7.2 평균변화율

그래프에서 Δx[1]는 x값의 변화량$(b-a)$으로 x의 증분이라고 한다. Δy는 y값의 변화량$(f(b)-f(a))$으로 y의 증분이라고 한다. y값의 증분인 Δy는 아래와 같은 식으로 정리할 수 있다.

$$\Delta y = f(b) - f(a) = f(a+\Delta x) - f(a) \tag{7.1}$$

평균변화율은 함수 $y=f(x)$에서 x의 증분 Δx에 대한 y의 증분 Δy의 비율이다. 이는 P(a, f(a))와 Q(b, f(b))를 지나는 할선[2]의 기울기에 해당한다. 이 기울기를 x값과 y값의 평균변화율이라고 한다.

평균변화율을 수식으로 나타내면 아래와 같다.

$$\frac{\Delta y}{\Delta x} = \frac{(y\text{값의 변화량})}{(x\text{값의 변화량})} = \frac{f(b)-f(a)}{b-a} = \frac{f(a+\Delta x)-f(a)}{\Delta x} \tag{7.2}$$

여기서 Δx가 0에 수렴할 때($\Delta x \to 0$), 즉 x값의 변화가 거의 없을 때 이 평균변화율의 극

---

1 Δ는 차이를 뜻하는 difference의 첫 글자 D에 해당하는 그리스 문자로서 델타(delta)라 읽는다.
2 가름선(secant): 원 또는 곡선과 두 개 이상의 점에서 만나 그 원이나 곡선을 자르는 직선

한값 $\lim_{\Delta x \to 0} \frac{\Delta y}{\Delta x} = \lim_{\Delta x \to 0} \frac{f(a+\Delta x)-f(a)}{\Delta x}$가 존재하면, 함수 $y=f(x)$는 $x=a$에서 미분가능하다고 한다. 이때 이 극한값을 함수 $y=f(x)$의 $x=a$에서의 순간변화율 또는 미분계수라 하고, 이것을 기호로 $f'(a)$[3]와 같이 나타낸다.

$$f'(a) = \lim_{\Delta x \to 0} \frac{f(a+\Delta x)-f(a)}{\Delta x} \tag{7.3}$$

이제 미분계수의 기하학적 의미를 살펴보자.

앞에서 우리는 함수 $y=f(x)$에서 x의 값이 a에서 $a+\Delta x$까지 변할 때의 평균변화율은 <그림 7.3)에 나타난 것과 같이 함수 $y=f(x)$의 그래프 위의 두 점 P($a, f(a)$)와 Q ($a+\Delta x, f(a+\Delta x)$)를 지나는 직선 PQ의 기울기와 같다고 했다.

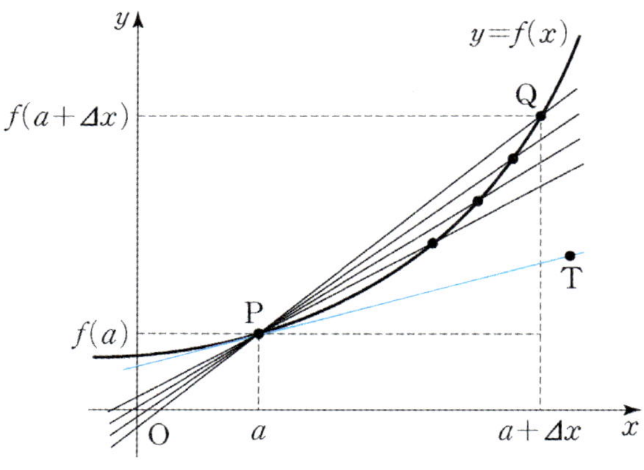

그림 7.3 접선의 기울기와 순간변화율

이때 $\Delta x \to 0$이면, 점 Q는 곡선 $y=f(x)$를 따라 점 P에 한없이 가까워지고, 직선 PQ는 <그림 7.3>과 같이 점 P를 지나는 일정한 직선 PT에 한없이 가까워진다. 이 직선 PT를 곡선 $y=f(x)$ 위의 점 P에서의 접선이라 하고, 점 P를 접점이라고 한다.

---

3 $f'(a)$는 "f 프라임(prime) a"라 읽는다.

따라서 $\Delta x \to 0$ 일 때, 직선 PQ의 기울기의 극한값은 접선 PT의 기울기이다. 즉, P의 지점에서의 순간변화율은 접선 PT의 기울기가 되며 이것이 미분계수의 기하학적 의미가 된다.

도함수

미분가능한 함수 $y=f(x)$의 정의역의 각 원소 x에 미분계수 $f'(x)$를 대응시켜 만든 새로운 함수를 $y=f(x)$의 도함수라 하고, 이것을 기호로 $f'(x)$, y', $\frac{dy}{dx}$, $\frac{d}{dx}f(x)$와 같이 나타낸다. 그리고 도함수를 아래와 같이 표현할 수 있다.

$$f'(x)=\lim_{\Delta x \to 0}\frac{f(x+\Delta x)-f(x)}{\Delta x}=\lim_{h \to 0}\frac{f(x+h)-f(x)}{h} \tag{7.4}$$

함수 $f(x)$에서 도함수 $f'(x)$를 구하는 것을 $f(x)$를 x에 대하여 미분한다고 하고, 그 계산법을 미분법이라고 한다.

$$\text{함수 } f(x) \to \text{미분} \to \text{도함수 } f'(x) \tag{7.5}$$

이상과 같이 함수 $f(x)$의 도함수 $f'(x)$를 구하기 위해서는 정의역의 각 원소 x에 미분계수를 대응시키는 계산을 해야 한다. 그런데 $\Delta x \to 0$ 인 극한값을 구하는 과정을 통해서 함수 $f(x)$의 도함수를 유추하는 공식을 증명해 볼 수 있다.

다음은 함수 $y=x^n$과 상수함수의 도함수를 구하는 공식이다.

1) $y=x^n$ 이면, $y'=nx^{n-1}$

2) $y=c$ 이면(c는 상수), $y'=0$

도함수 구하는 공식을 아래의 전개 과정을 통해 증명해보자.

1) $y = x^2$의 도함수는

$$\begin{aligned} y' &= \lim_{h \to 0} \frac{f(x+h) - f(x)}{h} \\ &= \lim_{h \to 0} \frac{(x+h)^2 - (x)^2}{h} = \lim_{h \to 0} \frac{x^2 + 2hx + h^2 - x^2}{h} \\ &= \lim_{h \to 0} \frac{h(2x+h)}{h} = \lim_{h \to 0} (2x+h) \end{aligned}$$

위의 전개식의 마지막 항에서 h=0을 대입하면,

$$y' = 2x + 0 = 2x$$

이다. 따라서 $y = x^n$이면, $y' = nx^{n-1}$ 의 공식이 증명되었음을 알 수 있다.

2) $y = x^2 + 5$의 도함수는

$$\begin{aligned} y' &= \lim_{h \to 0} \frac{f(x+h) - f(x)}{h} \\ &= \lim_{h \to 0} \frac{[(x+h+)^2 + 5] - [(x)^2 + 5]}{h} = \lim_{h \to 0} \frac{x^2 + 2hx + h^2 + 5 - x^2 - 5}{h} \\ &= \lim_{h \to 0} \frac{h(2x+h)}{h} = \lim_{h \to 0} (2x+h) \end{aligned}$$

위의 전개식에서 알 수 있듯이 상수 5는 0이 된다. 따라서 $y = c$이면(c는 상수), $y' = 0$의 공식이 증명되었음을 알 수 있다.

지수함수의 도함수

다음으로 지수함수의 도함수를 구하는 공식에 대해서 알아보자. 지수함수는 확률분포에서 자주 사용되는 함수이다. 지수함수의 도함수를 구하는 주요 공식들은 아래와 같다.

1) 함수 $y = e^x$ 의 도함수는 $y' = e^x$ 이다.

$y = e^x$ 에서

$$y' = \lim_{h\to 0}\frac{e^{x+h}-e^x}{h} = \lim_{h\to 0}\frac{e^x(e^h-1)}{h} = e^x\lim_{h\to 0}\frac{e^h-1}{h} = e^x \times 1 = e^x$$

이다. 여기서 $\lim_{h\to 0}\frac{e^h-1}{h} = 1$ 이 성립하는 이유는 다음과 같다.

먼저 $e^h - 1 = z$로 치환하면, $e^h = z+1$이 된다. 그리고 $h = \log_e(z+1)$이 된다.

따라서 $\lim_{h\to 0}\frac{e^h-1}{h} = \lim_{h\to 0}\frac{z}{\log_e(z+1)} = \lim_{h\to 0}\frac{1}{\frac{1}{z}\log_e(z+1)} = \lim_{h\to 0}\frac{1}{\log_e(z+1)^{\frac{1}{z}}}$

$= \frac{1}{\log_e e} = 1$이다.

2) 함수 $y = e^{ax}$ 의 도함수는 $y' = ae^{ax}$ 이다.

$y = e^{ax}$ 의 좌변과 우변을 모두 미분해준다. 먼저 $ax = u$로 치환하여 미분한다.

$$dy = e^u du$$

여기서 자연상수 e의 지수인 $u = ax$이고, 지수의 좌변과 우변을 모두 x에 대해서 미분하면

$$du = adx$$

이다. 따라서 $dy = e^u \cdot adx$가 되며, $u = ax$로 다시 치환하면, $dy = e^{ax} \cdot adx$가 되고, 우변의 dx를 좌변으로 옮기면 아래와 같이 계산된다.

$$\frac{dy}{dx} = e^{ax} \cdot a \quad 즉,\ y' = ae^{ax}$$

다음의 예제 풀이를 통해 미분에 대한 이해를 심화시키자.

예제 7.1

다음 함수의 도함수를 구하시오.

(1) $f(x) = 3x^3 + 4x + 1$

(2) $f(x) = (3x+4)(x^2+2x+3)$

(3) $f(x) = \dfrac{1}{x}$

(4) $f(x) = \dfrac{2x-1}{2x+1}$

풀이

(1) $f'(x) = 9x^2 + 4$

(2)
$$\begin{aligned} f'(x) &= \left[(3x+4)(x^2+2x+3)\right]' \\ &= (3x+4)'(x^2+2x+3) + (3x+4)(x^2+2x+3)' \\ &= 3(x^2+2x+3) + (3x+4)(2x+2) \\ &= 9x^2+20x+17 \end{aligned}$$

(3)
$$f'(x) = \left(\frac{1}{x^n}\right)' = \frac{(1)'x^n - 1 \cdot (x^n)'}{(x^n)^2} = \frac{-nx^{n-1}}{x^{2n}} = -nx^{-n-1}$$
$$\Rightarrow \left(\frac{1}{x}\right)' = \frac{(1)'x^1 - 1 \cdot (x^1)'}{} = \frac{0-1}{x^2} = -\frac{1}{x^2}$$
$$\Rightarrow (x^{-1})' = -x^{-2} = -\frac{1}{x^2}$$

(4)
$$f'(x) = \left(\frac{2x-1}{2x+1}\right)' = \frac{(2x-1)'(2x+1)-(2x-1)(2x+1)'}{(2x+1)^2}$$
$$= \frac{2(2x+1)-(2x-1)^2}{(2x+1)^2} = \frac{4}{(2x+1)^2}$$

예제 7.2

다음 함수의 도함수를 구하시오.

(1) $f(x)=\dfrac{3}{x^3}$

(2) $f(x)=\dfrac{5}{3x^2}$

(3) $f(x)=10x^{-12}$

(4) $f(x)=\dfrac{3}{7}x^{-5}$

풀이

(1) $f(x)=\dfrac{3}{x^3}=3x^{-3}$

$$f'(x)=3(-3)x^{-3-1}=-9x^{-4}=-\frac{9}{x^4}$$

(2) $f(x)=\dfrac{5}{3x^2}=\dfrac{5}{3}x^{-2}$

$$f'(x)=\frac{5}{3}(-2)x^{-2-1}=-\frac{10}{3}x^{-3}=-\frac{10}{3x^3}$$

(3) $f'(x)=10(-12)x^{-12-1}=-120x^{-13}$

(4) $f'(x)=\dfrac{3}{7}(-5)x^{-5-1}=-\dfrac{15}{7}x^{-6}$

D+08

부정적분과 정적분

적분의 개념

적분(積分)이란 문자 그대로 "쌓아 올린다"라는 말이다. 적분의 본질은 작게 나눈 것을 합쳐서 쌓아 올리는 데 있다. 적분을 사용하여 넓이나 부피를 구할 수 있다.

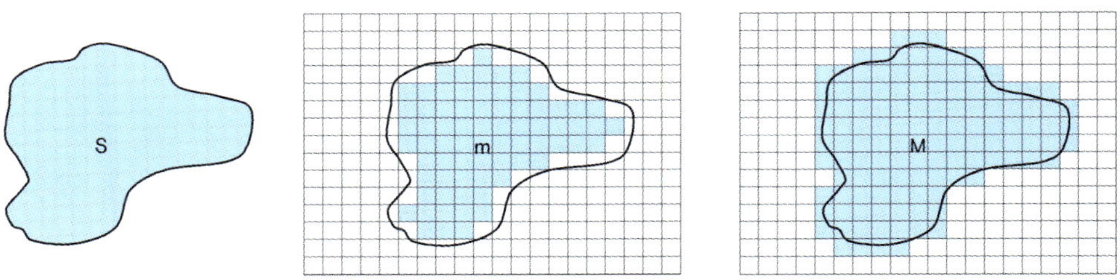

그림 8.1 구분구적법

<그림 8.1>과 같이 불규칙한 형태를 띠고 있는 도형의 넓이를 구하고자 할 때, 이 도형 위에 정사각형의 모눈을 그려서 구할 수 있다.

먼저 구하려는 도형의 넓이를 S, 곡선 내부에 그려진 정사각형 모눈의 넓이의 합을 m, 곡선의 내부와 곡선의 경계선을 포함하는 정사각형 모눈의 넓이의 합을 M이라고 하면, $m \leq S \leq M$ 이 성립한다.

이때 모눈의 크기를 한없이 작게 하면, m과 M은 도형의 넓이 S에 한없이 가까워지므로 m과 M의 극한을 구하면 S를 알 수 있게 된다. 이처럼 어떤 도형의 넓이 또는 부피를 구할 때, 주어진 도형을 잘게 나누어 이미 알고 있는 간단한 도형의 넓이 또는 부피의 합의 극한값을 구하는 방법을 구분구적법이라 한다.

역연산과 부정적분

역연산은 하나의 연산(계산)을 통해 얻은 결과를 원래의 결과로 되돌리는 연산이다. 미분과 적분은 서로 역연산의 관계에 있다.

$$f(x) \rightarrow \text{미분} \rightarrow f'(x) \qquad (8.1)$$
$$f'(x) \rightarrow \text{적분} \rightarrow f(x)$$

함수 $F(x)$의 도함수가 $f(x)$일 때, 즉 $F'(x) = f(x)$일 때, $F(x)$를 $f(x)$의 부정적분이라고 한다. 함수 $f(x)$의 부정적분 $F(x)$는 $\int$[4] 기호를 사용하여 다음과 같이 나타낼 수 있다.

$$\int f(x)dx = F(x) + C \ \ (\text{단, } C\text{는 상수}) \qquad (8.2)$$

함수 $f(x)$의 부정적분을 구하는 것을 $f(x)$를 적분한다고 하고, 그 계산법을 적분법이라고 한다.

---

4 인티그랄(integral): sum(총합계)의 s를 길게 늘어뜨린 적분기호

그림 8.2 미분과 적분

이제 적분의 공식에 대해서 알아보자.

앞에서 함수 $y = x^n$ 을 미분하면, $y' = nx^{n-1}$ 이라고 했다. 함수 $y = x^n$ 의 부정적분은 다음과 같다.

$$\int x^n dx = \frac{1}{n+1}x^{n+1} + C \ (\text{단, } C\text{는 적분상수}) \tag{8.3}$$

위의 공식들을 통해서 미분과 적분 간의 역연산 관계는 <그림 8.3>과 같이 확장해서 생각할 수 있다.

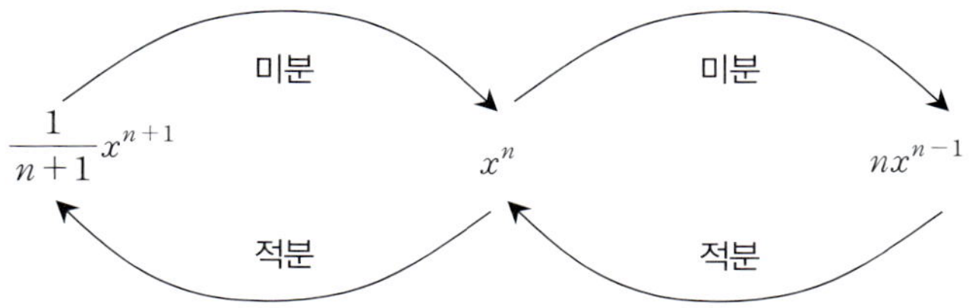

그림 8.3 미분과 적분의 역연산 관계

$f(x)$를 미분한 결과로 나오는 함수는 $f'(x)$로 표기하고 '도함수'라고 하고, $f(x)$를 적분한 결과로 나오는 함수는 $F(x)$로 표기하고 '원시함수'라고 한다.

다음은 자주 사용되는 부정적분의 기본 공식이다.

$$\int k dx = kx + C \quad (\text{단}, C\text{는 상수}) \tag{8.4}$$

$$\int x^n dx = \frac{1}{n+1} x^{n+1} + C \quad (\text{단}, n \neq -1\text{인 정수})$$

$$\int kf(x)dx = k\int f(x)dx \quad (\text{단}, k\text{는 상수})$$

$$\int \{f(x)+g(x)\}dx = \int f(x)dx + \int g(x)dx$$

$$\int \{f(x)-g(x)\}dx = \int f(x)dx - \int g(x)dx$$

정적분

부정적분은 구간이 정해져 있지 않은 경우이다. 구간이 정해져 있는 경우의 적분기호는 아래와 같이 쓰고 정적분이라고 한다.

$$\int_a^b f(x)dx \tag{8.5}$$

위의 적분기호는 "x를 a부터 b까지 변화시키면서 $f(x)$에 dx를 곱한 것을 모두 합친다"라는 의미이다. 이 말의 의미를 다음의 그래프를 통해서 알아보자.

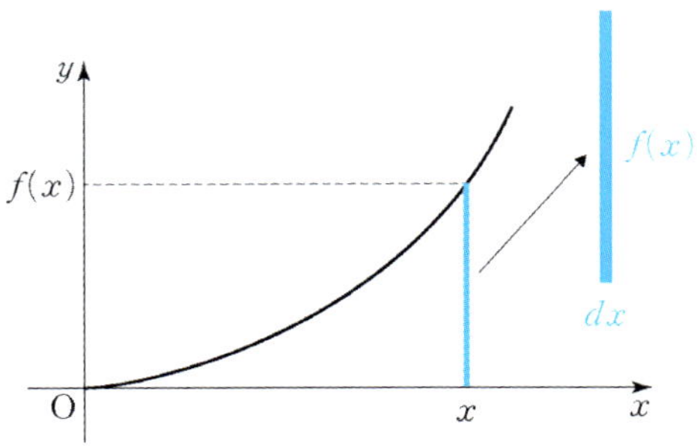

그림 8.4 정적분의 이해(1)

<그림 8.4>의 그래프에서 x가 x일 때의 y값 $f(x)$는 선의 높이이다. 여기서 dx는 미분의 dx와 같은 의미인 x의 순간변화량이다. dx는 Δx와 같은 의미로 Δx는 x가 특정 지점(x_1)에서 또 다른 특정 지점(x_2)까지의 변화량을 의미하기 때문에 $\Delta x = x_2 - x_1$이다.

dx는 Δx를 무한히 작은 값으로 만드는 극한이므로, 0은 아니지만 0에 극단적으로 가까운 값을 의미한다. 그렇다면, $f(x)dx$는 선의 넓이를 의미하게 된다.

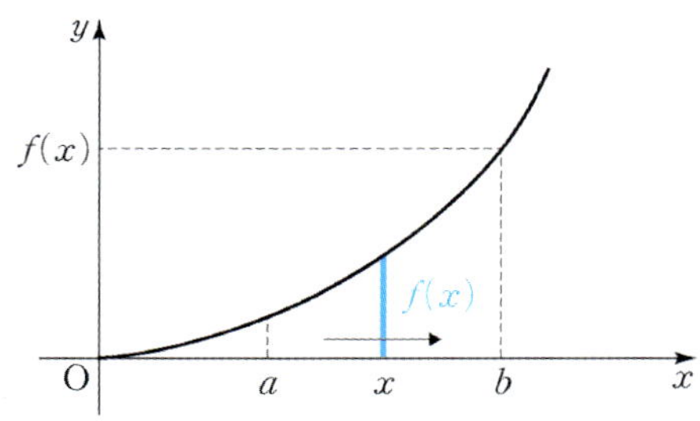

그림 8.5 정적분의 이해(2)

다시 앞의 적분기호를 상기해보자. <그림 8.5>의 그래프와 같이 a와 b의 구간 사이에서 x를 변화시키면서 $f(x)$와 dx를 곱한 값들을 합산한 것이 수식 (8.5)의 적분기호가 의미하는 것이 된다. 즉, $(b-a)$, $f(a)$, $f(b)$, 그리고 $[a, f(a)]$와 $[b, f(b)]$의 곡선으로 둘러싸인 도형의 면적을 구하는 수식이 되는 것이다.

함수 $f(x)$가 닫힌 구간 $[a, b]$에서 연속이고, $f(x)$의 한 부정적분을 $F(x)$라고 하면 아래와 같이 수식을 정의할 수 있다.

$$\int_a^b f(x)dx = F(b) - F(a) \tag{8.6}$$

위의 수식을 미적분의 기본 정리라고 한다.

다음 예제들을 통해서 부정적분과 정적분에 대한 이해를 심화시키자.

예제 8.1

다음 함수의 부정적분을 구하시오.

(1) $\int (x^2+3x+10)dx$

(2) $\int x(x-1)(x-2)dx$

풀이

(1) $\frac{1}{3}x^3+\frac{3}{2}x^2+10x+C$

(2) $\int (x^3-3x^2+2x)dx=\frac{1}{4}x^4-x^3+x^2+C$

예제 8.2

다음 함수의 정적분 값을 구하시오.

(1) $\int_0^1 (x^2+x+1)dx$

(2) $\int_1^3 (2x^2+3x+2)dx$

풀이

(1) $\left[\frac{1}{3}x^3+\frac{1}{2}x^2+x\right]_0^1=\frac{1}{3}+\frac{1}{2}+1=\frac{11}{6}$

(2) $\left[\frac{2}{3}x^3+\frac{3}{2}x^2+2x\right]_1^3=\left(\frac{54}{3}+\frac{27}{2}+6\right)-\left(\frac{2}{3}+\frac{3}{2}+2\right)=\frac{100}{3}$

3장

확률변수와 확률분포

D+09 확률분포함수
D+10 이산확률변수와 연속확률변수
D+11 평균과 분산

D+09

확률분포함수

확률론과 통계학에서 다루는 데이터는 크게 두 가지 종류로 구분할 수 있다. 하나는 결정론적 데이터이고, 다른 하나는 확률적 데이터이다.

결정론적 데이터와 확률적 데이터

아무리 건강한 사람이라고 해도 한두 번쯤 병원에 가서 진료받은 경험이 있을 것이다. 혹은 건강검진을 위해서 병원으로부터 본인의 건강 상태에 대한 측정정보가 기록된 결과서를 받아본 경험이 있을 것이다. 이러한 건강검진 결과서에 보면 환자의 생년월일부터 시력, 체중, 키, 그리고 혈압이나 혈당과 같은 세세한 정보가 나타난 것을 알 수 있다. 여기서 생년월일이나 성별과 같은 정보는 결정론적 데이터에 해당한다. 반면에 시력이나 체중, 키, 그리고 혈압과 혈당과 같은 정보는 확률적 데이터이다. 즉, 결정론적 데이터는 그것이 언제 어디에서 측정이 되었든 간에 변함없이 항상 같은 측정 결과로 나타나는 정보를 의미하며, 확률적 데이터는 측정 시점이나 측정환경과 같은 조건과 상황에 따라 달라질 수 있는 데이터를 말한다.

분포(Distribution)

데이터 분석가들의 주된 관심사는 확률적 데이터이다. 결정론적 데이터에도 사물이나 현상에 대한 중요한 정보가 포함되지만, 그들은 조건과 상황에 따라 변동하는 데이터의 특성과 패턴에 더욱 많은 관심을 갖는다.

확률적 데이터의 값에는 자주 등장하는 값과 드물게 등장하는 값이 있다. 어떠한 값이 자주 나오고 어떠한 값이 드물게 나오는지에 대한 정보를 분포라고 한다. 이를 달리 표현하면, 어떤 변수가 특정한 여러 값이나 일정한 구간 사이에서 퍼져 있는 모양이라고 분포를 정의할 수 있다.

확률분포함수

확률분포는 어떤 확률변수가 그 확률함수에 기초하여 퍼져있는 모양이라고 말할 수 있다. 분포는 추론통계학에서 중요하게 다루어지는 주제이다. 그 이유는 어떤 값이나 구간은 다른 값이나 구간과 비교해서 더 관측될 확률이 높다거나, 그 반대로 관측될 확률이 낮을 수 있기 때문이다. 즉, 추론의 과정에서 이 차이를 확률의 관점에서 관리해야 한다. 예를 들어 추론의 근거로 삼은 표본이 특이하게 이상한 표본이라면 추론의 논리 전체가 성립되지 않으므로 추출한 표본이 특이할 확률이 매우 낮음을 증명해야 한다.

확률적 데이터가 어디에 어느 정도 분포되어 있는지를 수학적으로 명시하여 전달하는 도구를 확률분포함수라고 한다. 확률분포함수에는 다음의 3가지 종류가 있다.

첫째, 확률질량함수(probability mass function; PMF)

둘째, 누적분포함수(cumulative distribution function; CDF)

셋째, 확률밀도함수(probability density function; PDF)

1) 확률질량함수

확률질량함수(probability mass function; PMF)는 이산확률변수의 확률분포를 나타내는 함수이다. 즉, 유한개의 사건이 존재하는 경우 각 개별 사건에 대한 확률만 정의하는 함수를 확률질량함수라고 한다. 수학 기호로는 소문자 p로 표시한다. 반면 여러 사건이 발생할 확률을 구할 때는 대문자 P를 사용하여 기술한다.

확률질량함수가 개별 사건에 대한 확률만 정의하는 함수이므로 어떤 사건의 확률과 확률질량함수는 다른 개념이다. 예를 들어서 1~10까지의 숫자가 적힌 카드를 뽑아서 나오는 숫자의 확률을 구한다고 가정하자. 숫자 2, 3, 4가 나올 확률은 $P(\{2, 3, 4\}) = 0.3$으로 표기할 수 있다. 이를 확률질량함수로 표기할 때 $p(2, 3, 4) = 0.3$으로 기술하는 것은 틀린 표기 방법이다. 앞에서 설명한 바와 같이 확률질량함수는 개별 사건에 대한 확률을 정의하는 것이므로 $p(2) + p(3) + p(4) = 0.1 + 0.1 + 0.1 = 0.3$으로 기술하는 것이 정확한 표기 방법이다.

확률과 확률질량함수에 대한 개념 차이를 이해하기 위해서 주사위 게임을 이용한 문제를 풀이해 보도록 하자.

예제 9.1

공정한 주사위를 던졌을 때, 다음 사건에 대한 확률은 얼마인가? 확률의 계산 시 확률밀도함수를 이용하라.

풀이

1) 숫자 1과 2가 나올 확률

이 문제의 풀이는 먼저 1과 2가 나올 사건에 대한 확률을 정의하고, 개별 사건에 대해서 확률질량함수를 이용하여 확률을 구하도록 한다. 따라서 계산 과정과 답은 아래와 같다.

$$P(\{1, 2\}) = p(1) + p(2) = 1/6 + 1/6 = 1/3$$

2) 숫자 4, 5, 6이 나올 확률

$$P(\{4, 5, 6\}) = p(4) + p(5) + p(6) = 1/6 + 1/6 + 1/6 = 1/2$$

이번엔 동전 던지기를 한다고 가정하자.

예제 9.2

한 개의 동전을 2회 던지는 시행에서 앞면이 나오는 횟수를 확률변수 X라고 할 때, 확률변수 X의 모든 경우에 대한 확률은 얼마인가?

풀이

이 문제에서 확률변수 X의 경우는 (H, H), (H, T), (T, H), (T, T)의 4가지 경우의 수가 있다(H: 앞면이 나오는 경우, T: 뒷면이 나오는 경우). 따라서 한 개의 동전을 2회 던지는 시행에서 앞면이 2회, 1회, 그리고 0회 나오는 경우의 확률은 아래와 같다.

$$P(X = 2) = \frac{1}{4}$$

$$P(X = 1) = \frac{1}{2}$$

$$P(X = 0) = \frac{1}{4}$$

2) 누적분포함수

누적분포함수(Cumulative distribution function; CDF)는 확률변수 X가 $-\infty$ 부터 입력된 특정 값까지 누적된 확률을 그 결괏값으로 하는 함수이다. 표본공간이 실수의 집합이면, 사건들은 시작점과 끝점의 두 숫자로 이루어진 구간으로 표현할 수 있다. 만약 시작점이 a이고 끝점이 b라고 하고 표본공간을 A라고 한다면, $A = \{a < x \leq b\}$으로 표기할 수 있다. 또한 음의 무한대에서 특정 값 x까지의 구간을 갖는 표본공간 S는 아래와 같이 표기할 수 있다.

$$S = \{-\infty < X \leq x\} \tag{9.1}$$

모든 실수는 음의 무한대($-\infty$)보다 크다. 그래서 대개의 경우 위의 표기 방법에서 $-\infty <$ 를 생략한다. 따라서 음의 무한대에서 특정 값 x까지의 누적분포함수를 표기할 때는 아래와 같이 표기한다. 누적분포함수를 표기할 때는 함수 기호로 $F(x)$를 사용한다.

$$F(x) = P(\{X < x\}) \tag{9.2}$$

예제 9.3

앞에서 풀이했던 동전 던지기 문제를 갖고 누적분포함수를 표현해보자. 확률변수 X를 앞면이 나온 개수라고 했을 때, 표본공간 S는 아래와 같다.

$$S = (\{H, H\}, \{H, T\}, \{T, H\}, \{T, T\})$$

풀이

표본공간 S에는 앞면이 2개인 경우(X=2)가 1개, 앞면이 1개인 경우(X=1)가 2개, 앞면이 0개인 경우(X=0)가 1개인 것을 알 수 있다. 이러한 경우의 수에 기초하여 누적분포함수는 다음과 같이 표기할 수 있다.

$$F(x)=\begin{cases}0\ , & (x<0)\\ 1/4, & (0\le x<1)\\ 3/4, & (1\le x<2)\\ 1\ , & (2\le x)\end{cases}$$

위의 누적분포함수를 설명하자면, 구간을 정의하는 데 있어서 음의 무한대에서 양의 무한대까지를 전체 구간으로 설정한 것이다. 확률변수 X의 개별 사건인 x가 0 미만인 경우(이 경우는 앞면이 0개, 1개, 2개인 경우 그 어디에도 해당하지 않는 경우이다)는 발생할 수 없으므로 그 확률은 0으로 계산되었다. 확률변수 X의 개별 사건이 0 이상이고 1 미만의 경우(이 경우는 앞면이 0개인 경우이다)는 표본공간의 원소 중에 $\{T, T\}$의 경우뿐이므로 1/4의 확률로 계산되었다. 확률변수 X의 개별 사건이 1 이상이고 2 미만의 경우(이 경우는 앞면이 1개인 경우이다)는 표본공간의 원소 중에 $\{H, T\}$, $\{T, H\}$의 2개이므로 2/4의 확률에다가 앞면이 0인 경우의 확률인 1/4을 누적하여 3/4의 확률로 계산된다. 마지막으로 확률변수 X의 개별 사건이 2 이상인 경우는 표본공간의 원소 중에 $\{H, H\}$의 1개 경우가 해당하므로 1/4의 확률에다 바로 앞에서 계산된 3/4의 확률을 합산하여 1의 확률로 계산된다.

누적분포함수 문제를 하나 더 살펴보자.

예제 9.4

$0^\circ \sim 180^\circ$ 사이에 화살이 2배 더 잘 박히도록 조작된 원반을 이용하여 복권 번호를 결정하는 문제에서 누적분포함수를 구해보자.

풀이

먼저 생각해야 할 것은 0°에서 180° 구간의 명중확률과 180°에서 360° 구간의 명중확률이 다르다는 것이다. 0°에서 180° 구간에 화살이 명중할 확률은 2/3이고, 180°에서 360° 구간에 화살이 명중할 확률은 1/3이다. 이를 기초로 누적분포함수를 구하면 다음과 같다.

$$F(x) = \begin{cases} 0, & x < 0^\circ \\ \dfrac{2}{3} \cdot \dfrac{x}{180}, & 0^\circ \leq x < 180^\circ \\ \dfrac{2}{3} + \dfrac{1}{3} \cdot \dfrac{(x-180)}{180}, & 180^\circ \leq x < 360^\circ \\ 1, & x \geq 360^\circ \end{cases}$$

이 문제는 연속확률분포에서의 누적분포함수 문제이다. 화살이 박히는 지점의 원반 각도가 자연수가 아닌 소수점 이하의 실수일 수도 있기 때문이다. 그래서 확률변수 X의 개별 사건인 x는 각각 $0^\circ \sim 360^\circ$ 구간의 어느 지점이 될 것이다.

먼저 $x < 0^\circ$ (화살이 0° 미만의 위치 명중할 경우)의 확률은 0이다. $0^\circ \leq x < 180^\circ$의 구간에서의 누적확률은 이 구간에 화살이 명중할 확률인 2/3에 화살이 명중하는 지점의 각도($\frac{x}{180}$)을 곱하여 구할 수 있다. $180^\circ \leq x < 360^\circ$의 구간에서의 누적확률은 이 구간에 화살이 명중할 확률인 1/3에 화살이 명중하는 지점의 각도$\left[\frac{(x-180)}{180}\right]$를 곱한 뒤에 $0^\circ \leq x < 180^\circ$ 구간의 확률인 2/3를 더하여 구할 수 있다. 마지막으로 $x \geq 360^\circ$의 누적확률은 1로 계산된다.

3) 확률밀도함수

확률밀도함수(probability density function; PDF)는 연속확률변수의 확률분포를 나타내는 함수이다. 연속확률변수의 경우에는 이산확률변수와 달리 개별 값들에 대한 확률값이 존재하지 않는다. 연속확률변수는 반드시 구간 단위로 확률이 존재할 수밖에 없다. 이러한 구간 단위에서 특정 지점에 대한 값을 구하는 것이 확률밀도함수이다.

확률밀도함수는 누적분포함수의 도함수로 정의된다. 확률밀도함수를 누적분포함수의 도함수, 즉 미분하여 구하는 이유는 앞에서 언급한 바와 같이 구간 단위에서 특정 지점에 대한 확률값을 구해야 하기 때문이다. 예를 들어서 300 ml의 컵에 물을 따른다고 가정하자. 이때 물의 양은 연속확률변수이다. 여기서 컵에 정확하게 100 ml의 물을 따르는 확률을 구할 수 있을까? 이는 확률변수 X=100 ml의 확률을 구하는 문제인데, 연속확률변수는 이산확률변수와 달리 개별 값들에 대한 확률값이 존재하지 않으므로 X=100 ml의 확률은 0이다. 그래서 물이 100 ml의 지점이 되는 순간변화율(미분계수)을 구해야만 확률을 구할 수 있게 되는 것이다.

확률밀도함수는 확률이 아니다. 그러나 특정한 지점이 아닌 특정 구간에서는 확률의 의미를 갖는다. 컵에 정확하게 100 ml의 물이 채워질 확률은 0이지만 95 ml~100 ml, 또는 100 ml~105 ml, 또는 95 ml~105 ml의 물이 채워질 확률은 0이 아니다. 이처럼 확률밀도함수는 그 자체로 확률을 의미하지는 않지만, 그 값 주변의 값($x \pm dx$)을 택할 가능성을 상대적인 높이로 나타내는 것이다.

아래의 그래프를 보자.

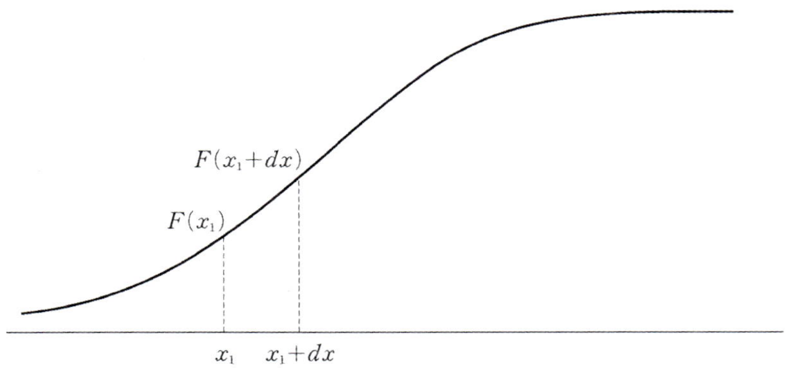

그림 9.1 구간에서 특정 지점의 확률

<그림 9.1>은 확률변수가 나올 수 있는 전체 구간($-\infty \sim \infty$)을 아주 작은 폭의 dx를 갖는 구간들로 나눈 다음 확률변수 x_1의 확률을 구하는 문제를 나타낸 것이다. 이해를

돕기 위해 그림 상으로는 $x_1 + dx$의 폭이 확연히 구분될 정도로 그려져 있지만 실제로는 그 폭이 느껴지지 않을 정도의 선이라고 상상하도록 하자.

이제 확률변수 X가 $x_1 \sim x_1 + dx$의 구간에 있을 때 이 구간의 확률은 다음과 같다.

$$P(\{x_1 \le x < x_1 + dx\}) = F(x_1 + dx) - F(x_1) \tag{9.3}$$

위의 수식에서 알 수 있듯이 구간에서의 확률은 누적분포함수를 이용하여 구한다. 즉, $x_1 + dx$ 지점까지의 누적확률값에서 x_1 지점까지의 누적확률값을 차감하는 것이다. 반면 누적분포함수를 미분하여 기울기를 구하는 확률밀도함수를 만들면 x_1의 값 근처의 확률이 다른 x_n의 값 근처의 확률보다 더 높은지 또는 낮은지를 쉽게 파악할 수 있다.

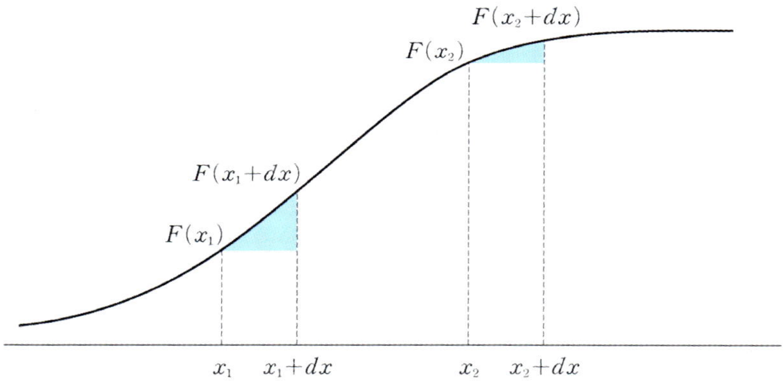

그림 9.2 확률밀도함수의 개념

<그림 9.2>는 x_1의 값 근처의 확률과 x_2의 값 근처의 확률을 비교하는 문제를 나타낸 것이다. 이 두 지점의 확률값 비교는 두 지점으로부터의 미세한 변화량인 $x_1 + dx$와 $x_2 + dx$를 각각의 구간으로 하여 계산하도록 한다.

$$P(x_1, x_1 + dx) = F(x_1 + dx) - F(x_1) \tag{9.4}$$

$$P(x_2, x_2 + dx) = F(x_2 + dx) - F(x_2)$$

앞에서 언급한 것처럼, 확률밀도함수는 누적분포함수를 미분하여 구한다. 미적분학의 기본 원리에 의해 구간 a부터 b 사이에서 도함수인 확률밀도함수의 면적(정적분)은 적분함수인 누적분포함수 값을 이용하여 구할 수 있다.

$$F(x_2)-F(x_1)=\int_a^b f(x)dx \tag{9.5}$$

확률밀도함수의 이해를 돕기 위해 앞에서 풀이했던 조작된 원반의 문제를 다시 풀이해보자.

예제 9.5

앞에서 $0^\circ \sim 180^\circ$ 사이에 화살이 2배 더 잘 박히도록 조작된 원반의 누적분포함수를 아래와 같이 구했다. 확률밀도함수를 구하시오.

$$F(x)=\begin{cases} 0, & x<0^\circ \\ \dfrac{2}{3}\cdot\dfrac{x}{180}, & 0^\circ \le x < 180^\circ \\ \dfrac{2}{3}+\dfrac{1}{3}\cdot\dfrac{(x-180)}{180}, & 180^\circ \le x < 360^\circ \\ 1, & x \ge 360^\circ \end{cases}$$

풀이

위의 누적분포함수를 각각의 구간에서 미분하면 확률밀도함수가 되고, 확률밀도함수를 통해서 화살이 명중할 확률이 더 높은 구간이 어느 구간인지를 알 수 있다. 확률밀도함수는 아래와 같이 정의할 수 있다.

$$p(x)=\frac{d}{dx}F(x)=f(x)=\begin{cases} 0, & x<0^\circ \text{ or } x\ge 360^\circ \\ \dfrac{1}{270}, & 0^\circ \le x < 180^\circ \\ \dfrac{1}{540}, & 180^\circ \le x < 360^\circ \end{cases}$$

연속확률분포와 관련한 문제를 몇 개 더 살펴보자.

예제 9.6

확률변수 X의 누적분포함수가 다음과 같다. X의 확률밀도함수를 구하시오.

$$F(x) = \begin{cases} 0, & x < 0 \\ x/3, & 0 \le x < 2 \\ 1, & x \ge 2 \end{cases}$$

풀이

이 문제는 각각의 구간마다 정의된 누적분포함수의 도함수를 구하여 풀이한다. 풀이 과정과 답은 아래와 같다.

$$f(x) = \frac{d}{dx}F(x) = \begin{cases} 0, & x < 0 \text{ or } x \ge 2 \\ 1/3, & 0 \le x < 2 \end{cases}$$

예제 9.7

지수분포의 밀도함수가 다음과 같다. 누적분포함수를 구하고 2와 3 사이 구간의 확률을 구하여라.

$$f(x) = \begin{cases} \lambda e^{-\lambda x}, & x \ge 0 \\ 0, & x < 0 \end{cases}$$

풀이

이 문제는 각각의 구간마다 정의된 확률밀도함수를 적분하여 풀이한다. 풀이 과정과 답은 아래와 같다.

$$F(x) = \int_0^x f(t)dt = \lambda \int_0^x e^{-\lambda t}dt = -\left[e^{-\lambda t}\right]_0^x = 1 - e^{-\lambda x}$$

$$\Rightarrow P\{2 \le X \le 3\} = \lambda \int_2^3 e^{-\lambda t}dt = -\left[e^{-\lambda t}\right]_2^3 = e^{-2\lambda} - e^{-3\lambda}$$

풀이 과정에서 알 수 있듯이 확률밀도함수는 지수함수이다. 앞의 장에서 지수함수 e^{ax} 을 미분하면 ae^{ax} 가 된다고 하였다. 이러한 원리를 이용하여 e^{ax} 을 적분하면 $\frac{1}{a}e^{ax}$ 가 됨을 알 수 있다. 따라서 $f(x) = \lambda e^{-\lambda x}$ 을 적분하면, $-\frac{\lambda}{\lambda}e^{-\lambda x} = -e^{-\lambda x}$ 가 된다. 따라서 문제에서 주어진 확률밀도함수는 $[0, x]$ 의 구간에서 적분하면 $1-e^{-\lambda x}$ 가 된다. $[2, 3]$ 의 구간도 이와 같은 공식을 적용하여 계산한다.

D+10

이산확률변수와 연속확률변수

확률변수

확률적인 결과에 따라 그 결과가 바뀌는 변수를 묘사한 것을 확률변수(random variable)라고 한다. 일정한 확률을 갖고 발생하는 사건에 수치가 부여된 것으로 해석할 수 있다. 이를 그림으로 표현하면 아래와 같다.

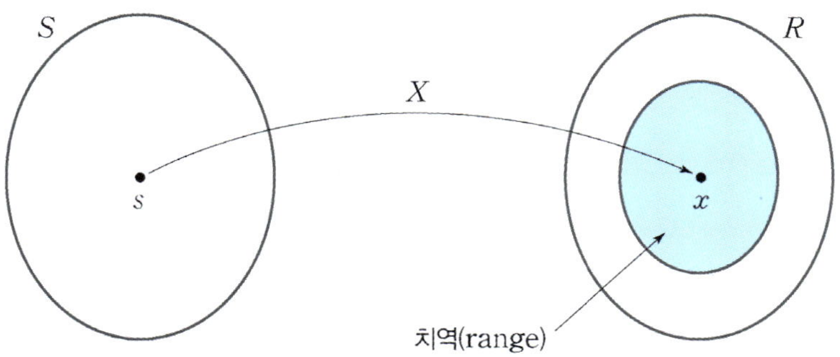

그림 10.1 표본공간과 확률변수

<그림 10.1>에서 나타난 것과 같이, 확률론에서는 확률변수를 사건들의 집합인 표본공간의 각 원소에 하나의 실수를 대응시키는 함수로 정의한다. 이때 표본공간은 정의역(domain)에 해당하고 표본공간의 각 원소에 대응되는 실수값의 집합을 치역(Range)이라고 하고 공역(codomain)에 속한다.

확률변수에는 확률변수 X가 취할 수 있는 모든 값을 $X_1, X_2, X_3, \cdots$ 처럼 셀 수 있는 이산확률변수(discrete random variable)와 연속적인 특정 범위 내의 모든 값을 취하는 연속확률변수(continuous random variable)가 있다.

이산확률변수와 연속확률변수는 확률을 표현하는 방식에서도 차이가 있다.

이산확률변수는 $P(X=2)=1/4$ 의 형태로 확률을 표현할 수 있다. 반면에 연속확률변수는 연속적인 숫자이기 때문에 일정한 범위를 정하고 그 범위를 확률로 표현하기 때문에 확률분포함수 $f(x)$를 도입하여 범위의 시작(a)부터 끝(b)까지 적분하여 확률변수의 값이 a와 b 사이에 있을 확률을 구한다.

이산확률변수

확률변수 X가 취할 수 있는 각 값에 대응하는 확률은 그 값을 갖는 근원사건의 확률을 합하여 구한다.

$$P(X=x_i)=\sum_{\{w_i(X(w)=x_i\}} P(w) \tag{10.1}$$

각 값의 x_i에 대하여 $p(x_i)=P(X=x_i)$를 확률변수 X의 확률질량함수라고 하며, 다음의 조건을 만족한다.

1) 모든 $i=1, 2, \cdots$에 대하여 $0 \le p(x_i) \le 1$

2) $\sum_{i=1}^{\infty} p(x_i)=1$

즉, 개별 사건의 확률은 0%~100% 사이에 존재한다는 것이고, 개별 사건이 발생할 확률을 모두 합하면 100%가 된다는 것이다.

확률질량함수 외에 이산확률변수의 확률분포를 설명하는 함수로 누적분포함수가 있으며 다음과 같이 표현한다.

$$F(x) = P(X \le x), \quad -\infty < x < \infty$$

즉, 누적분포함수는 확률질량함수의 결괏값을 누적하여 구할 수 있다.

이산확률변수에 대한 이해를 돕기 위해 예제를 살펴보자.

예제 10.1

공정한 동전을 3번 던지는 시행을 한다. 이 경우 앞면(H)이 나오는 횟수를 확률변수 X라고 할 때, X의 확률밀도함수와 누적분포함수를 구하시오.

풀이

전체 표본공간은 S={HHH, HHT, HTH, HTT, THH, THT, TTH, TTT}로 정의할 수 있다. 여기서 동전의 앞면이 나오는 사건의 횟수는 0, 1, 2, 3의 경우가 있다. 확률질량함수는 다음과 같다.

$$P(0) = P(X=0) = \frac{1}{8}$$
$$P(1) = P(X=1) = \frac{3}{8}$$
$$P(2) = P(X=2) = \frac{3}{8}$$
$$P(3) = P(X=3) = \frac{1}{8}$$

누적분포함수는 다음과 같다.

$$F(x) = P(X \le x) = \begin{cases} 0, & x < 0 \\ 1/8, & 0 \le x < 1 \\ 4/8, & 1 \le x < 2 \\ 7/8, & 2 \le x < 3 \\ 1, & x \ge 3 \end{cases}$$

예제 10.2

앞면이 나올 확률이 0.6인 동전을 독립적으로 2회 던질 때, 앞면이 나오는 횟수를 X라고 하자. X의 확률분포 및 분포함수를 구하고 이들을 그래프로 나타내어라.

풀이

동전의 앞면을 H, 뒷면을 T라고 하면, S={HH, HT, TH, TT}로 정의할 수 있다.

여기서 동전의 앞면이 나오는 사건의 횟수는 0, 1, 2의 경우가 있다. 각 사건의 확률분포에 따른 확률질량함수는 다음과 같다.

$$P(0) = P(X=0) = 0.4 \times 0.4 = 0.16$$
$$P(1) = P(X=1) = 0.6 \times 0.4 \times 2 = 0.48$$
$$P(2) = P(X=2) = 0.6 \times 0.6 = 0.36$$

그리고 이를 그래프로 나타내면 아래와 같다.

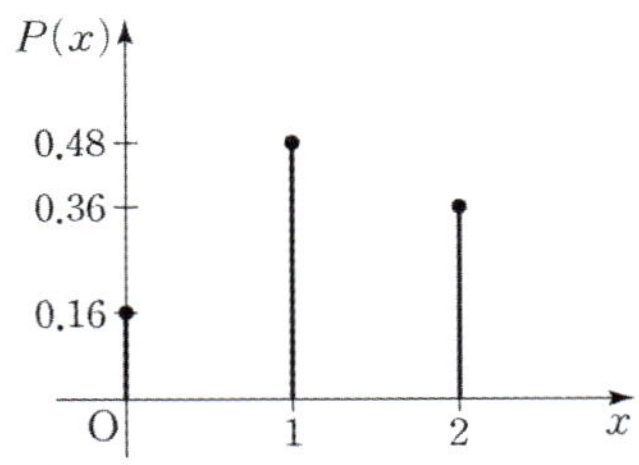

이 사건에 대한 누적분포함수는 다음과 같이 표현할 수 있다.

$$F(x) = P(X \leq x) = \begin{cases} 0, & x < 0 \\ 0.16, & 0 \leq x < 1 \\ 0.64, & 1 \leq x < 2 \\ 1, & x \geq 2 \end{cases}$$

그리고 이를 그래프로 나타내면 아래와 같다.

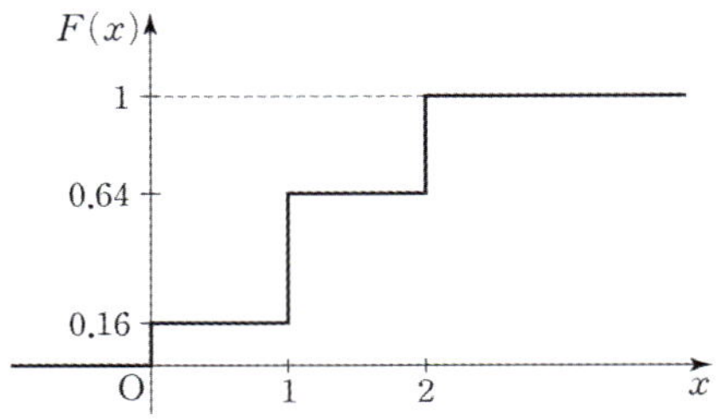

연속확률변수

연속확률변수의 확률분포를 표현하는 방법으로는 확률의 밀도가 어느 구간에서 더 높고 어느 구간에서 더 낮게 분포하는지를 나타내는 확률밀도함수가 있다.

확률밀도함수는 다음의 조건을 만족한다.

1) 모든 $x \in R$ 에 대하여 $f(x) > 0$

2) 임의의 집합 $A \subset R$ 에 대하여 $P(X \in R) = \int_A f(x)dx$

3) $P(X \in R) = \int_R f(x)dx = 1$

확률밀도함수 외에 연속확률변수의 확률분포를 설명하는 함수로 누적분포함수가 있으며 다음과 같이 표현한다.

$$\begin{aligned} F(x) &= P(X \le x), \quad -\infty < x < \infty \\ &= \int_{-\infty}^{x} f(a)da \end{aligned} \tag{10.2}$$

즉, 확률밀도함수를 적분하여 누적분포함수를 구할 수 있다.

누적분포함수는 이산확률변수와 연속확률변수 모두에 대해서 정의할 수 있으며 다음과 같은 속성을 갖는다.

1) $F(x)$는 비감소함수(non-decreasing function)이다; 만약 $a < b \Rightarrow F(a) \le F(b)$

2) $\lim_{x \to +\infty} F(x) = F(\infty) = 1$

3) $\lim_{x \to -\infty} F(x) = F(-\infty) = 0$

4) $F(b) - F(a) = P\{a < X \le b\} = \int_a^b f(x)dx, \quad a < b$

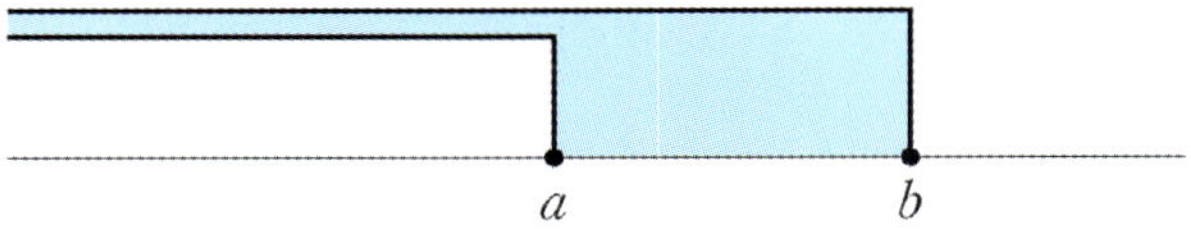

그림 10.2 누적분포함수의 속성

연속확률변수의 이해를 돕기 위해 예제를 살펴보자.

예제 10.3

확률변수 X의 누적분포함수가 다음과 같다. X의 확률밀도함수를 구하라.

$$F(x) = \begin{cases} 0, & x < 0 \\ x/4, & 0 \le x < 2 \\ 1, & x \ge 2 \end{cases}$$

풀이

누적분포함수는 확률밀도함수를 적분하여 구한 것이다. 따라서 확률변수 X의 밀도함수는 누적분포함수를 미분하여 다음과 같이 구한다.

$$f(x) = \frac{d}{dx}F(x) = \begin{cases} 0, & x < 0 \text{ 또는 } x \ge 2 \\ 1/4, & 0 \le x < 2 \end{cases}$$

예제 10.4

누적분포함수가 다음과 같을 때, 확률밀도함수를 구하여라.

(1) $F(x) = \begin{cases} 0, & x \le 0 \\ x^2, & 0 < x < 1 \\ 1, & x \ge 1 \end{cases}$ (2) $F(x) = \begin{cases} 0, & x \le 1 \\ 1 - \dfrac{1}{2x}, & x > 1 \end{cases}$

풀이

(1) $f(x)=\begin{cases}2x, & 0<x<1\\ 0, & otherwise\end{cases}$ (2) $f(x)=\begin{cases}\dfrac{1}{2x^2}, & x>1\\ 0, & x\le 1\end{cases}$

예제 10.5

확률변수 X의 확률밀도함수가 다음과 같다.

$$f(x)=\begin{cases}Bx^2(x-3)^2, & 0\le x<2\\ 0, & otherwise\end{cases}$$

(1) 누적분포함수를 구하라

(2) $P(X<3/4)$ 및 $P(X>1/4)$를 구하라

풀이

(1) 누적분포함수는 확률밀도함수를 적분하여 구한다. 따라서

$$\int_0^2 f(x)dx = B\int_0^2 x^4-6x^3+9x^2dx = B\left[\frac{1}{5}x^5-\frac{3}{2}x^4+3x^3\right]_0^2=\frac{32}{5}B=1$$

$$\therefore B=\frac{5}{32}$$

$$F(x)=\begin{cases}0, & x<0\\ \dfrac{5}{32}\displaystyle\int_0^x x^4-6x^3+9x^2dx=\dfrac{1}{32}\left(x^5-\dfrac{15}{2}x^4+15x^3\right), & 0\le x<2\\ 1, & x\ge 2\end{cases}$$

(2) $P\left\{X<\dfrac{3}{4}\right\}=F\left(\dfrac{3}{4}\right)\approx 0.1237,\quad P\left\{X>\dfrac{1}{4}\right\}=1-F\left(\dfrac{1}{4}\right)\approx 0.9936$

D+11

평균과 분산

기댓값과 평균

기댓값과 평균은 종종 같은 의미로 사용된다. 그러나 엄밀히 따지자면 기댓값과 평균은 다른 개념이다.

먼저, 기댓값이 무엇인지 알아보자. 기댓값은 확률적 사건에 대한 평균으로서 전체 사건에 대해서 각각의 사건이 발생했을 때 얻어지는 값과 각각의 사건이 발생할 확률을 곱하여 나오는 값을 모두 합한 값이다. 즉, N개의 사건이 있고, i 번째 사건의 값을 x_i라고 하고, x_i에 대한 확률값을 $p(x_i)$라고 한다면, 기댓값 $E(x)$는 다음과 같이 표현할 수 있다.

$$E(x) = \sum_{i-1}^{N} x_i p(x_i) \tag{11.1}$$

반면에 평균은 전체 각각의 사건의 값을 모두 합한 값을 전체 사건의 개수로 나눈 값이다. N개의 사건이 있고, i 번째 사건의 값을 x_i라고 할 때, 평균(mean; m)은 다음과 같이 표현할 수 있다.

$$m = \frac{1}{N}\sum_{i=1}^{N} x_i \tag{11.2}$$

이처럼 평균에는 확률의 개념이 없다. 단지 데이터의 값이 있고 이 값들을 전부 합산하여 데이터의 전체 개수로 나눈 것이다. 반면에 기댓값은 앞서 설명한 것처럼 확률적 사건에 대해서 어떤 사건이 발생할 것에 대해 기대되는 값(expected value)이다.

기댓값과 평균 개념의 차이를 주사위 게임을 예로 들어 좀 더 자세히 알아보자.

공정한 주사위를 6회 던졌을 때 나올 수 있는 숫자를 확률변수 X라고 하자. 확률변수 X는 나올 수 있는 값이 X={1, 2, 3, 4, 5, 6}이다. 각각의 값이 나올 확률은 1/6이다. 따라서 확률변수 X의 기댓값은 아래와 같다.

$$E(X) = 1 \cdot \frac{1}{6} + 2 \cdot \frac{1}{6} + 3 \cdot \frac{1}{6} + 4 \cdot \frac{1}{6} + 5 \cdot \frac{1}{6} + 6 \cdot \frac{1}{6} = \frac{7}{2} = 3.5$$

그리고 확률변수 X의 평균은 아래와 같이 구할 수 있다.

$$m = \frac{1+2+3+4+5+6}{6} = \frac{7}{2} = 3.5$$

확률변수 X의 기댓값과 평균은 3.5로 동일한 값으로 계산되었다. 그러나 전개식에서 알 수 있듯이 기댓값과 평균의 계산 메커니즘은 차이가 있다. 여기서 이 둘의 계산 결과가 같을 수 있는 이유는 주사위의 개별 숫자가 나올 확률이 1/6로 동일하기 때문이다. 만약 주사위의 개별 숫자들이 나올 확률이 다르다면 기댓값과 평균은 다르게 계산될 것이다.

예를 들어, 짝수가 나올 확률이 홀수가 나올 확률의 2배라고 가정하자. 확률변수 X의 기댓값은 다음과 같이 계산될 것이다.

$$E(X) = 1 \cdot \frac{1}{9} + 2 \cdot \frac{2}{9} + 3 \cdot \frac{1}{9} + 4 \cdot \frac{2}{9} + 5 \cdot \frac{1}{9} + 6 \cdot \frac{2}{9} = \frac{11}{3} = 3.67$$

이제 기댓값과 평균이 개념적으로 어떠한 차이가 있는지 이해할 수 있을 것이다. 즉, 기댓값은 확률적 평균을 의미하고, 우리가 일반적으로 사용하는 용어인 평균은 산술평균이라고 정의할 수 있다.

우리가 산술평균을 평균이라는 용어로 사용하게 된 이유는 표본평균을 구하는 공식 때문이다. 표본평균을 구하는 공식은 다음과 같다.

$$\bar{x} = \frac{1}{N}\sum_{i=1}^{N} x_i \tag{11.3}$$

수식에서 알 수 있듯이 앞의 수식에서 평균을 대체해서 사용한 기호 m 대신에 $\bar{x}$(x-bar 라고 읽는다)가 쓰였다. $\bar{x}$는 표본의 평균을 의미하는 수학 기호이다. 또한 이 수식에서 사용된 x_i는 기댓값에서 사용된 x_i와는 다른 의미를 갖는 기호이다. 기댓값 공식에서 x_i는 표본공간의 모든 원소를 의미하지만, 표본평균 공식에서 x_i는 선택된 표본만을 의미한다.

표본평균 공식에서 x_i가 선택된 표본만을 의미한다는 것은 표본값이 선택되는 빈도가 확률에 비례한다는 점을 상기했을 때 선택된 개별 표본에 확률 가중치를 계산할 필요가 없음을 의미한다. 즉, 기댓값 공식의 x_i는 표본공간의 모든 원소 중에 가능한 값을 의미하는 것이고, 표본평균 공식의 x_i는 이미 개별 원소에 확률값(선택될 가능성)이 적용된 것이라고 할 수 있다. 따라서 표본평균을 계산할 때는 선택된 표본 값들을 합산하여 표본의 수로 나누어주는 것이다.

지금까지는 이산확률변수의 기댓값에 대해서 알아봤다. 연속확률변수의 기댓값은 확률밀도함수 $p(x)$를 가중치로 하여 모든 가능한 표본 x를 적분한 값이다.

$$\mu_X = E(X) = \int_{-\infty}^{\infty} x f(x) dx \tag{11.4}$$[1]

연속확률변수의 기댓값은 여러 가능한 x값을 확률(또는 확률밀도)값에 따라 가중합을 한 것이므로 가장 확률(또는 확률밀도)이 높은 x값 근처의 값이 된다. 즉, 확률 또는 확률밀도가 모여 있는 곳의 위치를 나타내는 것이 연속확률변수의 기댓값이다.

수식에서 가중치에 해당하는 확률밀도함수 $f(x)$의 단위가 $\frac{\text{확률}(probability)}{unit\,x}$인 것을 알면 $f(x)dx = \frac{\text{확률}(probability)}{unit\,x} \cdot unit\,x$이기 때문에 $f(x)dx$는 확률을 의미하게 된다.

이제 연속확률변수의 기댓값을 이해하기 위해 다음의 문제를 살펴보자.

예제 11.1

확률변수 X의 PDF가 다음과 같이 주어졌다.

$$f(x) = \begin{cases} x/3, & 0 < x < 2 \\ 0, & otherwise \end{cases}$$

(1) $E(X)$를 구하시오.

(2) $E(3X^2 - 2X)$를 구하시오.

풀이

(1) $E(X) = \int_0^2 xf(x)dx = \int_0^2 x\frac{x}{3}dx = \left[\frac{1}{9}x^3\right]_0^2 = \frac{8}{9}$

(2) $E(3X^2 - 2X) = 3E(X^2) - 2E(X)$

$$= 3\int_0^2 x^2\frac{x}{3}dx - 2\int_0^2 x\frac{x}{3}dx = 3\left[\frac{1}{12}x^4\right]_0^2 - 2\left[\frac{1}{9}x^3\right]_0^2$$
$$= 3 \times \frac{16}{12} - 2 \times \frac{8}{9} = \frac{20}{9}$$

1 수식에서 $p(x)$를 $f(x)$로 표기하는 이유는 확률이 함수에 의해 계산되기 때문이다.

예제 11.2

어떤 기계의 수명(단위: 시간)을 확률변수 X라고 하자. 확률밀도함수가 다음과 같이 주어졌을 때, 기계의 기대수명을 구하시오.

$$f(x) = \begin{cases} \dfrac{1{,}000{,}000}{x^4}, & x > 100 \\ 0, & otherwise \end{cases}$$

풀이

$$E(X) = \int_{100}^{\infty} x \frac{1{,}000{,}000}{x^4} dx = 1{,}000{,}000 \int_{100}^{\infty} x^{-3} dx = 100{,}000 \left[-\frac{2}{x^2} \right]_{100}^{\infty}$$

$$= \frac{2{,}000{,}000}{10{,}000} = 200(hours)$$

분산

분산(variance)은 확률분포가 평균값 또는 기댓값을 중심으로 얼마나 퍼져서 분포하는가를 나타내는 수치이다. 확률밀도함수의 수식을 알고 있다면, 이론적인 분산을 구할 수 있다. 분산을 구하는 연산은 Variance의 앞 글자를 따서 $Var[\ \ ]$로 표기하고 이 연산으로 계산된 분산값을 σ^2으로 표기한다.

$$\sigma^2 = Var[X] = E[(X-\mu)^2] \tag{11.5}$$

이산확률분포의 분산은 평균으로부터 표본 데이터까지 거리의 제곱을 확률질량함수 $p(x)$로 가중하여 더한 값이다.

$$\sigma^2 = \sum_{i=1}^{N} (x_i - \mu)^2 p(x) \tag{11.6}$$

연속확률분포의 분산은 평균으로부터 표본 데이터까지 거리의 제곱을 확률밀도함수 $f(x)$로 가중하여 더한 값이다.

$$\sigma^2 = \int_{-\infty}^{\infty} (x_i - \mu)^2 f(x) dx \tag{11.7}$$

분산은 다음과 같은 성질을 갖는다.

첫째, 분산은 항상 0 또는 양수이다.

둘째, 확률변수가 아닌 상수 C에 대해 다음의 식이 성립한다.

$$Var[C] = 0$$
$$Var[CX] = C^2 Var[X]$$

기댓값의 성질을 이용하여 다음을 증명할 수 있다.

$$Var[X] = E[X^2] - (E[X])^2 = E[X^2] - \mu^2$$

[증명] $Var[X] = E[(X-\mu)^2]$

$$= E[X^2 - 2\mu X + \mu^2]$$
$$= E[X^2] - 2\mu E[X] + \mu^2$$
$$= E[X^2] - 2\mu^2 + \mu^2$$
$$= E[X^2] - \mu^2$$

분산이 중요한 이유는 분산이 확률분포의 모양을 결정하는 양이기 때문이다. 같은 평균을 가지는 분포라고 하더라도 분산이 큰 분포는 그 확률밀도함수의 높이가 낮고 넓게 퍼지며, 분산이 작으면 확률밀도함수의 모양은 평균에 가깝게 몰리게 된다.

분산에 대한 이해를 돕기 위해 다음의 문제들을 살펴보자.

예제 11.3

두 곳의 택배회사에서 개별 운송을 위해 사용한 1톤 트럭의 수를 확률변수 X로 정의하자. 다음의 표는 두 회사의 확률분포를 나타낸 것이다. A사와 B의 분산을 비교하라.

A사

x	1	2	3
f(x)	0.3	0.4	0.3

B사

x	0	1	2	3	4
f(x)	0.2	0.1	0.3	0.3	0.1

풀이

이 문제에서 확률변수 x는 사용된 1톤 트럭의 수라고 했다. 확률분포함수 f(x)는 트럭이 그 수량만큼 사용될 확률값을 나타내는 것이다. 즉, A사의 경우 1톤 트럭이 1대 사용될 확률은 0.3이다. 반면 B사의 경우 1톤 트럭이 1대 사용될 확률은 0.1이다.

확률변수 x와 확률분포함수 f(x)가 의미하는 바가 무엇인지를 명확히 이해하고 있다면 이 문제를 다음과 같이 풀이할 수 있다.

$$\mu_A = \sum_{x=1}^{3} xf(x) = 1 \cdot 0.3 + 2 \cdot 0.4 + 3 \cdot 0.3 = 2$$

$$\mu_B = \sum_{x=0}^{4} xf(x) = 1 \cdot 0.1 + 2 \cdot 0.3 + 3 \cdot 0.3 + 4 \cdot 0.1 = 2$$

분산을 구하기 위해서는 두 회사가 1톤 트럭이 사용된 수량의 평균을 알아야 한다. 평균은 트럭이 사용된 수량에 대한 가중치를 곱하여 합산해서 구할 수 있다. A사와 B사 모두 평균적으로 2대의 트럭이 사용되고 있음을 알 수 있다.

$$\sigma_A^2 = \sum_{x=1}^{3} (x-\mu_A)^2 f(x) = (1-2)^2 \cdot 0.3 + (2-2)^2 \cdot 0.4 + (3-2)^2 \cdot 0.3$$

$$= 0.6$$

$$\sigma_B^2 = \sum_{x=0}^{r} (x-\mu_A)^2 f(x)$$

$$= (0-2)^2 \cdot 0.2 + (1-2)^2 \cdot 0.1 + (3-2)^2 \cdot 0.3 + (4-2)^{2 \cdot 0.1} = 1.6$$

분산을 계산해보니 A사는 0.6, 그리고 B사는 1.6으로 나타났다. B사의 분산이 A사보다 크다는 것을 알 수 있다. 이 의미는 A와 B사는 1톤 트럭의 사용 수량에 있어서 평균이 2대로서 같지만 B사의 분산이 A사보다 큰 것으로 나타나 결과적으로 B사는 트럭의 평균 사용 수량으로부터 변동폭이 클 것으로 예상된다(즉, A사의 실제 트럭 사용 수량이 B사보다 평균 대수에서 크게 벗어날 가능성이 적다고 볼 수 있다).

이번엔 좀 다른 형태의 문제를 살펴보자.

예제 11.4

할인마트에서 저녁 7~8시 사이에 판매되는 돼지고기의 수요가 다음과 같은 랜덤변수 X라고 할 때, 그 평균과 분산은 얼마인가?

$$f(x) = \begin{cases} 1/3(x-1), & 1 < x < 3 \\ 0, & otherwise \end{cases}$$

풀이

이 문제는 주어진 확률밀도함수를 이용하여 평균과 분산을 구하는 문제이다. 앞에서 설명했듯이 확률밀도함수의 평균, 즉 기댓값은 확률변수(랜덤변수) X의 개별 값에 확률밀도함수를 가중치로 하여 계산한다.

$$\begin{aligned} \mu = E(X) &= \int_1^3 xf(x)dx = \int_1^3 x\frac{1}{3}(x-1)dx = \frac{1}{3}\int_1^3 (x^2-x)dx \\ &= \frac{1}{3}\left[\frac{1}{3}x^3 - \frac{1}{2}x^2\right]_1^3 = \frac{14}{9} \end{aligned}$$

위의 계산법으로 구한 평균을 이용하여 다음과 같이 분산을 구한다. 분산을 구하기 위해서는 먼저 확률변수 X 제곱의 기댓값을 구한 뒤 평균의 제곱을 빼주어 계산한다.

$$E(X^2)=\int_1^3 x^2 f(x)dx=\int_1^3 x^2\frac{1}{3}(x-1)dx=\frac{1}{3}\int_1^3(x^3-x^2)dx$$
$$=\frac{1}{3}\left[\frac{1}{4}x^4-\frac{1}{3}x^3\right]_1^3=\frac{34}{9}$$

이제 평균의 제곱을 빼주어 계산한다.

$$\sigma^2=E(X^2)-\mu^2=\frac{34}{9}-\left(\frac{14}{9}\right)^2=\frac{110}{81}$$

4장

이산확률분포

D+12 균등분포, 이항분포, 다항분포
D+13 기하분포와 음이항분포
D+14 초기하분포와 포아송 분포

D+12

균등분포, 이항분포, 다항분포

3장에서 우리는 확률변수와 확률분포함수에 대해서 살펴보았다. 이제부터 이를 바탕으로 여러 가지 형태의 확률분포에 대해서 알아보겠다. 확률분포(probability distribution)는 확률변수가 특정한 값을 가질 확률을 나타내는 함수를 의미한다. 확률변수가 이산확률변수와 연속확률변수로 분류되는 것과 같이 확률분포는 이산확률분포와 연속확률분포로 구분된다.

이산확률분포(discrete probability distribution)는 이산확률변수가 나타내는 확률분포를 의미한다. 확률변수가 이산형이라는 말은 확률변수가 가질 수 있는 값의 개수가 셀 수 있다는 의미이다. 앞 장에서 설명한 것처럼 이산확률분포는 확률질량함수를 통해 표현할 수 있고, 누적분포함수로 표현할 경우는 불연속적으로만 증가한다.

이산확률분포에는 균등분포, 이항분포, 다항분포, 음이항분포, 초기하분포, 그리고 포아송 분포 등이 있다.

균등분포

이산형 균등분포(discrete uniform distribution)는 확률함수가 정의된 모든 지점에서 그 값이 일정하게 나타나는 분포를 말한다. 즉, 1부터 N까지의 자연수에 확률이 고르게 분포된 분포이다. 따라서 모든 가능한 확률을 합산하면 1이 된다.

$$\mu = E(X) = \sum_{x=1}^{N} xf(x) = \frac{1}{n}\sum_{x=1}^{n} x = \frac{1}{n} \cdot \frac{n(n+1)}{2} = \frac{n+1}{2} \qquad (12.1)$$

확률변수 X가 1, 2, 3, ⋯, N과 같이 N개의 값을 가질 수 있다면, 이 분포는 이산형 균등분포이며 확률변수 X의 개별 값들은 1/n의 확률을 갖는다. 따라서 이산형 균등분포의 평균은 위의 수식과 같이 전체 개별 값들의 합을 전체 개수로 나누어 구한다.

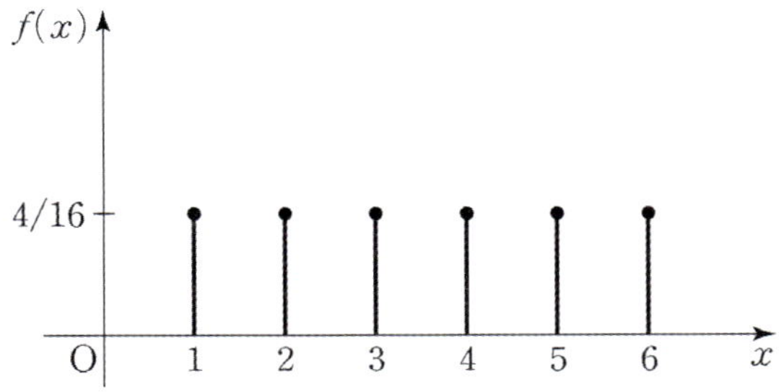

그림 12.1 이산형 균등분포

이산형 균등분포의 대표적인 예는 <그림 12.1>에 표현된 것과 같이 공정한 주사위를 던졌을 때 1부터 6까지의 개별 값이 나올 확률의 분포이다. 공정한 주사위는 각각의 개별 값이 나올 확률이 1/6이다.

이산형 균등분포의 분산은 다음과 같다.

$$E(X^2) = \sum_{x=1}^{N} x^2 f(x) = \frac{1}{n}\sum_{x=1}^{N} x^2 = \frac{1}{n} \cdot \frac{n(n+1)(2n+1)}{6} = \frac{(n+1)(2n+1)}{6} \tag{12.2}$$

먼저 확률변수 X^2의 기댓값을 구하고, 앞에서 구한 확률변수 X의 평균을 제곱하여 구한 값을 차감해서 분산을 계산한다.

$$\sigma^2 = E(X^2) - \mu^2 = \frac{(n+1)(2n+1)}{6} - \left(\frac{n+1}{2}\right)^2 = \frac{n^2-1}{12} \tag{12.3}$$

이항분포

이항분포(binomial distribution)는 n번의 독립 베르누이 실험(Bernoulli trial)에서 성공 확률이 p일 때의 확률분포를 말한다. 여기서 베르누이 실험은 동전 던지기, 질병의 진단, 찬반 투표와 같이 결과가 2가지(동전의 앞뒷면, 질병의 양성 확진과 음성, 찬반투표의 찬성과 반대)로 한정되는 시행을 말한다. 즉, 베르누이 실험을 여러 차례 반복하여 결과가 몇 번 나왔는지에 대한 분포가 이항분포이다.

n번의 베르누이 실험 중에 성공 횟수(관심 있는 사건이 일어난 횟수)가 x회일 때, 확률변수 X는 다음과 같이 정의할 수 있다.

$$f(x) = P(X = x) = \binom{n}{x} p^x (1-p)^{n-x}, \quad x = 0, 1, 2, \cdots, n \tag{12.4}$$

이 함수가 확률분포가 되려면 총합이 1이 되어야 한다. 이는 이항정리를 사용하여 증명할 수 있다.

$$\sum_{x=0}^{n} \binom{n}{x} p^x (1-p)^{n-x} = \{p + (1-p)\}^n = 1 \tag{12.5}$$

위의 증명은 D+04의 수식 (4.1)의 이항정리 공식에 p와 $(1-p)$를 대입한 것이다. 즉, $(a+b)^n = \sum_{r=0}^{n} {}_nC_r a^{n-r} b^r$의 공식에서 a와 b에 각각 p와 $(1-p)$를 대입한 것이다.

이항분포는 수학 기호로 베르누이 실험 횟수와 성공 횟수를 사용하여 $B(n, p)$로 표기하며, 이항분포 $B(n, p)$의 평균은 np이고, 분산은 $np(1-p)$이다. 즉, 실험 횟수와 성공 횟수를 곱하여 나온 값이 평균이고, 평균에 실패 횟수를 곱하여 나온 값이 분산이다.

평균에 대한 증명은 다음과 같다.

$$
\begin{aligned}
\mu = E(X) &= \sum_{x=0}^{n} x \binom{n}{x} p^x (1-p)^{n-x} \\
&= \sum_{x=1}^{n} x \frac{n!}{x!(n-x)!} p^x (1-p)^{n-x} \quad \Leftarrow x-1=k \\
&= \sum_{k=0}^{n-1} \frac{n!}{k!(n-k-1)!} p^{k+1} (1-p)^{n-k-1} \\
&= np \sum_{k=0}^{n-1} \frac{(n-1)!}{k!(n-k-1)!} p^k (1-p)^{n-k-1} = 1 \\
&= np\{p+(1-p)\}^{n-1} = np
\end{aligned}
$$

분산에 대한 증명은 다음과 같다. 먼저 확률변수 X^2의 기댓값을 구한다.

$$
\begin{aligned}
E(X^2) &= \sum_{x=0}^{n} x^2 \binom{n}{x} p^x (1-p)^{n-x} = \sum_{x=0}^{n} (x(x-1)+x) \frac{n!}{x!(n-x)!} p^x (1-p)^{n-x} \\
&= \sum_{x=2}^{n} x(x-1) \frac{n!}{x!(n-x)!} p^x (1-p)^{n-x} + \sum_{x=1}^{n} x \frac{n!}{x!(n-x)!} p^x (1-p)^{n-x} \\
&\qquad\qquad \Leftarrow x-2=k,\ x-1=r \\
&= \sum_{k=0}^{n-2} \frac{n!}{k!(n-2-k)!} p^{k+2} (1-p)^{n-2-k} + \sum_{r=0}^{n-1} \frac{n!}{r!(n-1-r)!} p^{r+1} (1-p)^{n-1-r} \\
&= n(n-1)p^2 \sum_{k=0}^{n-2} \frac{(n-2)!}{k!(n-2-k)!} p^k (1-p)^{n-2-k} \\
&\quad + np \sum_{r=0}^{n-1} \frac{(n-1)!}{r!(n-1-r)!} p^r (1-p)^{n-1-r}
\end{aligned}
$$

$$= n(n-1)p^2\{p+(1-p)\}^{n-2} + np\{p+(1-p)\}^{n-1} = n(n-1)p^2 + np$$

이어서 X^2의 기댓값에서 평균의 제곱 값을 빼서 분산을 구한다.

$$Var(X) = E(X^2) - [E(X)]^2 = n(n-1)p^2 + np - n^2p^2 = np(1-p)$$

이항분포의 개념을 이해하기 위해 다음의 예제를 살펴보자.

예제 12.1

1개의 공정한 동전을 5회 던져서 앞면(H)이 나오는 횟수를 확률변수 X라고 정의했을 때, X의 확률분포와 누적분포함수는 얼마인가?

풀이

이항분포의 확률질량함수 수식에서 $n = 5$라고 정의할 수 있고, 성공확률 $p = \frac{1}{2}$이다. 따라서 확률분포는 다음과 같다.

$$f(0) = {}_5C_0\left(\frac{1}{2}\right)^0\left(\frac{1}{2}\right)^5 = \frac{1}{32}, \quad f(1) = {}_5C_1\left(\frac{1}{2}\right)^1\left(\frac{1}{2}\right)^4 = \frac{5}{32},$$

$$f(2) = {}_5C_2\left(\frac{1}{2}\right)^2\left(\frac{1}{2}\right)^3 = \frac{10}{32}, \quad f(3) = {}_5C_3\left(\frac{1}{2}\right)^3\left(\frac{1}{2}\right)^2 = \frac{10}{32},$$

$$f(4) = {}_5C_4\left(\frac{1}{2}\right)^4\left(\frac{1}{2}\right)^1 = \frac{5}{32}, \quad f(5) = {}_5C_5\left(\frac{1}{2}\right)^5\left(\frac{1}{2}\right)^0 = \frac{1}{32}$$

누적분포함수는 다음과 같이 정의할 수 있다.

$$F(x) = \begin{cases} 0, & (x < 0) \\ \dfrac{1}{32}, & (0 \le x < 1) \\ \dfrac{6}{32}, & (1 \le x < 2) \\ \dfrac{16}{32}, & (2 \le x < 3) \\ \dfrac{26}{32}, & (3 \le x < 4) \\ \dfrac{31}{32}, & (4 \le x < 5) \\ 1, & (x \ge 1) \end{cases}$$

위의 확률분포와 누적분포함수를 다음의 〈그림 12.2〉와 같이 나타낼 수 있다.

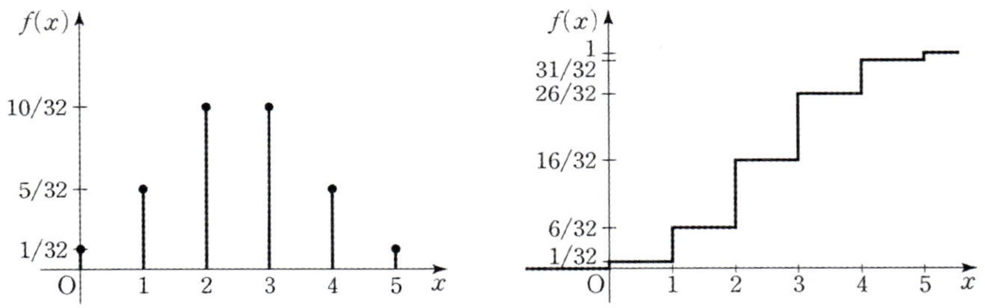

그림 12.2 확률분포와 누적분포함수

예제 12.2

렌즈를 생산하는 어느 공장에서 출하하는 렌즈의 불량률은 2%라고 한다.

(1) 출하품 중에서 30개를 임의로 선택했을 때 불량품이 1개 이상 포함되어 있을 확률은 얼마인가?

(2) 1주일에 5회의 출하를 하고 출하 시마다 30개를 선택하여 검사할 때 적어도 1개 이상의 불량품이 포함될 경우가 2번 있을 확률은 얼마인가?

풀이

(1) 출하된 30개 중에서 불량품의 개수를 랜덤변수 X라 하면, 다음과 같다.

$$P(X \geq 1) = 1 - P(X = 0) = 1 - {}_{30}C_0 (0.02)^0 (0.98)^{30} \approx 0.4545$$

(2) 5번의 출하 중에 적어도 1개의 불량품이 포함되는 횟수를 랜덤변수 Y라 하면, 다음과 같다.

$$P(Y = 2) = {}_5C_2 (0.4545)^2 (0.5455)^3 \approx 0.3353$$

다항분포

다항분포(multinomial distribution)는 여러 개의 값을 가질 수 있는 독립 확률변수들에 대한 확률분포이다. 여러 번의 독립시행에서 각각의 값이 특정 횟수가 나타날 확률을 정의한다. 다항분포에서 시행의 결과가 2개인 경우가 이항분포이고 3개 이상인 경우가 다항분포이다. 즉, 주사위를 던졌을 때 1의 눈이 나오는 경우와 1의 눈이 나오지 않는 경우의 확률분포를 따지는 것은 이항분포이고, 1의 눈이 나오는 경우, 2 이상 5 이하의 눈이 나오는 경우, 그리고 6의 눈이 나오는 경우와 같은 확률분포를 따지는 것이 다항분포이다.

따라서 어떤 시행에서 나타나는 결괏값이 $X_1, X_2, \cdots, X_k$의 k개이고, 그 값들이 나타날 확률을 각각 $p_1, p_2, \cdots, p_k$ 라고 할 때, 독립적인 n번의 시행에서 i번째 값이 x_i회 나타날 확률은 다음과 같은 확률질량함수로 표현할 수 있다.

$$P[X_1 = x_1, X_2 = x_2, \cdots, X_k = x_k] = \frac{n!}{x_1! x_2! \cdots x_k!} p_1^{x_1} p_2^{x_2} \cdots p_k^{x_k} \qquad (12.6)$$

이때, 결괏값이 나타나는 횟수의 합은 $x_1 + x_2 + \cdots + x_k = n$이 성립되어야 한다. 또한 각각의 결괏값이 나타날 확률의 합은 $p_1 + p_2 + \cdots + p_k = 1$이 성립되어야 한다.

다항분포의 평균과 분산을 구하는 방법은 두 가지가 있다. 하나는 개별 사건별의 평균과 분산을 구하는 것이고, 다른 하나는 모든 사건의 합집합을 구한 뒤 평균과 분산을 구하는 것이다.

먼저 개별 사건 x_1의 평균과 분산을 구해보자. 사건 x_1의 관점에서 어떤 시행의 결과는 사건 x_1이 발생하거나 발생하지 않거나이다. 이는 사건 x_1의 이항분포라고 해석할 수 있다. 따라서 개별 사건 x_1의 평균과 분산은 아래와 같다.

$$E(X_1) = np_1 \tag{12.7}$$

$$Var(X_1) = np_1(1 - p_1) \tag{12.8}$$

두 번째로 전체 사건의 평균과 분산을 구해보자.

전체 사건의 평균과 분산을 구하기 위해서는 개별 사건들의 합집합을 먼저 구한다. 교집합이 아니라 합집합을 구하는 이유는, 다항분포에서 개별 사건들은 동시에 발생할 수 없는 배반사건이기 때문이다. 따라서 개별 사건이 독립적으로 발생하기 때문에 합집합의 평균과 분산을 구해야 한다.

$$E(X_1 \cup X_2 \cup \cdots \cup X_3) = n(p_1 + p_2 + \cdots + p_k)$$
$$Var(X_1 \cup X_2 \cup \cdots \cup X_3) = n(p_1 + p_2 + \cdots + p_k)(1 - (p_1 + p_2 + \cdots + p_k))$$

다항분포의 개념을 이해하기 위해 다음의 예제를 살펴보자.

예제 12.3

공정한 주사위를 6회 던져서 1의 눈이 2회, 2, 3, 4의 눈이 3회, 5, 6의 눈이 1회 나올 확률은 얼마인가?

풀이

다항분포 문제를 풀이하기 위해서는 주어진 정보들과 다항분포 확률함수의 기호들을 정확하게 대입시켜야 한다. 여기서 주사위를 던진 횟수 6회는 전체 경우의 수인 n에 대입시킨다. 그리고 1의 눈이 나오는 경우의 횟수는 2회이므로 $x_1 = 2$이고, 2, 3, 4의 눈이 나오는 경우의 횟수는 3회이므로 $x_2 = 3$, 5와 6의 눈이 나오는 경우의 횟수는 1회이므로 $x_3 = 1$이 된다. 마지막으로 각각의 확률은, $p_1 = \frac{1}{6}$, $p_2 = \frac{1}{2}$, $p_3 = \frac{1}{3}$로 정의할 수 있다. 따라서 다항분포 확률함수에 각각의 정보를 대입하면 다음과 같이 문제를 풀이할 수 있다.

$$P[X_1 = 2, X_2 = 3, X_3 = 1] = \frac{6!}{2!3!1!}\left(\frac{1}{6}\right)^2\left(\frac{1}{2}\right)^3\left(\frac{1}{3}\right)^1 \approx 0.0694$$

예제 12.4

신약 성분의 테스트에서 나올 수 있는 부작용으로 구토, 설사, 오한, 두통의 4가지가 있다. 각각의 부작용이 나타날 확률은 각각 1/10, 3/10, 2/10, 4/10이라고 한다. 이 테스트에서 관측한 30개의 값에 있어서 각 부작용이 발생하는 횟수가 1, 3, 5, 2회일 확률을 구하시오.

풀이

부작용이 일어나는 사건에 대해서 다음과 같이 정의한다.

구토=A, 설사=B, 오한=C, 두통=D

이제 X_A, X_B, X_C, X_D를 각각의 부작용이 관측된 수를 의미하는 확률변수라고 할 때, 각각의 부작용이 나타날 확률이 $\frac{1}{10}$, $\frac{3}{10}$, $\frac{2}{10}$, $\frac{4}{10}$이므로 다음과 같다.

$$P(X_A = 1, X_B = 3, X_C = 5, X_D = 2) = \frac{30!}{1!3!5!9!}\left(\frac{1}{10}\right)^1\left(\frac{3}{10}\right)^3\left(\frac{2}{10}\right)^5\left(\frac{4}{10}\right)^2$$

D+ 13

기하분포와 음이항분포

기하분포

기하분포(geometric distribution)는 베르누이 시행에서 처음 성공할 때까지 시도한 시행 횟수를 확률변수 X라고 정의했을 때, 성공할 때까지 시도한 실패 횟수의 분포를 의미한다. 따라서 기하분포의 확률질량함수는 아래와 같이 정의할 수 있다.

$$P\{X = x\} = q^{x-1}p, \quad x = 1, 2, \cdots, q = 1 - p \tag{13.1}$$

기하분포가 확률분포이므로 아래와 같은 증명이 성립된다.

첫 번째 시행에서 성공 결과가 나올 경우, $P(X = 1) = f(1) = p$

두 번째 시행에서 성공 결과가 나올 경우, $P(X = 2) = f(2) = (1 - p)p$

세 번째 시행에서 성공 결과가 나올 경우, $P(X = 3) = f(3) = (1 - P)^2 P$

$$\vdots$$

n 번째 시행에서 성공 결과가 나올 경우, $P(X=n)=f(n)=(1-P)^{n-1}P$

위의 계산을 무한대(∞)로 계속하여 모두 합산하면, 아래와 같다.

$$\sum_{x=1}^{\infty} f(x)=P\sum_{x=1}^{\infty}(1-P)^{x-1}=P\frac{1}{1-(1-P)}=1$$

기하분포의 평균과 분산은 아래와 같다.

$$\mu=E(X)=\frac{1}{p},\quad \sigma^2=\frac{1-p}{p^2} \tag{13.2}$$

먼저 평균을 알아보자.

$$\mu=E(X)=\sum_{x=1}^{\infty}xq^{x-1}p=\lim_{x\to\infty}p\{1+2q+3q^2+\cdots+(x-1)q^{x-2}+xq^{x-1}\} \tag{13.3}$$

위 수식의 양변에 q를 곱해서 아래의 수식을 만든다.

$$qE(X)=\lim_{x\to\infty}p\{1q+2q^2+3q^3+\cdots+(x-1)q^{x-1}+xq^x\} \tag{13.4}$$

수식 (13.3)에서 수식 (13.4)를 빼준다.

$$(1-q)E(X)=pE(X)=\lim_{x\to\infty}p\{1+q+q^2+q^3+\cdots+q^{x-1}-xq^x\}$$

좌변과 우변의 p는 약분되어 없어져서 수식은 아래와 같이 정리된다.

$$E(X)=\lim_{x\to\infty}\{1+q+q^2+q^3+\cdots+q^{x-1}-xq^x\}$$

$1+q+q^2+q^3+\cdots+q^{x-1}$는 등비수열로 그 합을 구해 수식을 정리할 수 있다.

$$
\begin{array}{r l}
S_n = & 1 + q + q^2 + q^3 + \cdots + q^{x-1} \\
-qS_n = & \quad\ q + q^2 + q^3 + \cdots + q^{x-1} + q^x \\
\hline
(1-q)S_n = & 1 - q^x
\end{array}
$$

$$
\therefore S_n = \frac{1-q^x}{1-q}
$$

등비수열로 구한 합을 이용하여 기댓값 공식에 대입한다.

$$
\begin{aligned}
E(X) &= \lim_{x\to\infty}\{1 + q + q^2 + \cdots + q^{x-1} - xq^x\} \\
&= \lim_{x\to\infty}\left\{\frac{1-q^x}{1-q}\right\} - \lim_{x\to\infty} xq^x = \frac{1}{p} - 0 \quad \Leftarrow x\text{에 } \infty\text{를 대입}
\end{aligned}
$$

이번엔 분산을 알아보자.

$$
\begin{aligned}
E(X^2) &= \sum_{x=1}^{\infty} x^2 q^{x-1} p = p\sum_{x=1}^{\infty}(x(x-1)+x)q^{x-1} = p\left\{\sum_{x=0}^{n} x(x-1)q^{x-1} + \sum_{x=0}^{n} xq^{x-1}\right\} \\
&= p\{2 \cdot 1q + 3 \cdot 2q^2 + 4 \cdot 3q^3 + \cdots + 1 + 2q + 3q^2 + \cdots\} \\
&= p\left\{\frac{2q}{(1-q)^3} + \frac{1}{(1-q)^2}\right\} = p\frac{1+q}{(1-q)^3} = \frac{1+1}{(1-q)^2} = \frac{1+q}{p^2}
\end{aligned}
$$

$$
\therefore \sigma^2 = E(X^2) - \mu^2 = \frac{1+q}{p^2} - \frac{1}{p^2} = \frac{1-p}{p^2}
$$

위의 수식 전개에서 2번째 행 수식에서 3번째 행 수식으로 전개는 아래의 등비수열 원리를 적용한다.

$$
\begin{aligned}
&1 + q + q^2 + q^3 + q^4 \cdots = \frac{1}{1-q} \Rightarrow 1 + 2q + 3q^2 + 4q^3 + \cdots = \frac{1}{(1-q)^2} \\
&\Rightarrow 2 \cdot 1 + 3 \cdot 2q + 4 \cdot 3q + \cdots = \frac{2(1-q)}{(1-q)^4} = \frac{2}{(1-q)^3}
\end{aligned}
$$

예제 13.1

100개의 제품마다 평균적으로 2개의 불량품이 나오는 공정에서 제품을 하나씩 검사할 때마다 첫 번째 불량품이 9번째 검사에서 발견될 확률은 얼마인가?

풀이

100개의 제품마다 평균 2개의 불량품이 나온다면, 기하분포의 확률질량함수에서 성공확률 $p = 0.02$이다. 그리고 9번째에 불량품이 발견될 확률이므로 8회의 실패가 발생하고 9번째 성공이 이루어지는 것이다.

$$PX = 9 = (0.02)(0.98)^8 = 0.017$$

음이항분포

음이항분포(negative binomial distribution)는 기하분포의 확장된 형태이다. 성공확률이 p인 베르누이 시행을 r회 성공할 때까지 반복하여 발생하는 확률분포가 음이항분포이다. 확률변수 X를 r회 성공하기 위해 시행하는 횟수라고 정의했을 때 확률질량함수는 다음과 같다.

$$P\{X = n\} = \binom{n-1}{r-1} p^{r-1}(1-p)^{n-r}p, \quad n = r, r+1, \cdots \tag{13.3}$$

위의 수식은 $n-1$회의 시행까지 $r-1$회의 성공과 $n-r$회의 실패가 발생하고 마지막 n번째에 성공하는 확률을 나타낸 것이다. 만약 $r = 1$이면, 위의 수식은 기하분포의 확률질량함수가 된다.

음이항분포의 평균과 분산은 다음과 같다.

$$E(X) = \frac{r}{p}, \qquad Vax(X) = \frac{r(1-p)}{p^2} \tag{13.4}$$

음이항분포의 평균이 왜 위와 같은 값으로 나오는지 알아보자.

첫 번째 성공할 때까지의 시행 횟수를 X_1이라고 하고, 추가되는 시행에서 두 번째 성공까지의 횟수를 X_2라고 하고, $(r-1)$회 성공까지의 횟수를 X_{r-1}, 그리고 r회 성공까지의 횟수를 X_r이라고 정의하자. 각각의 확률변수 $X_1, X_2, \cdots, X_{r-1}, X_r$은 기하분포의 랜덤변수이다. 따라서 구하고자 하는 음이항분포 $NB(r, p)$의 확률변수 X는 다음과 같이 정의할 수 있다.

$$X = X_1 + X_2 + \cdots + X_{r-1} + X_r \tag{13.5}$$

따라서 확률변수 X의 기댓값은 다음과 같이 계산할 수 있다.

$$E(X) = E(X_1) + E(X_2) + \cdots + E(X_{r-1}) + E(X_r) = \frac{r}{p} \tag{13.6}$$

분산은 다음과 같이 계산할 수 있다.

$$Var(X) = Var(X_1) + Var(X_2) + \cdots + Var(X_{r-1}) + Var(X_r) = \frac{r(1-p)}{p^2} \tag{13.7}$$

즉, 각각의 확률변수 $X_i(i = 1, 2, 3, \cdots, r)$가 기하분포이므로 기댓값은 기하분포의 평균 $\frac{1}{p}$을 r회 더해준 것이고, 분산은 기하분포의 분산 $\frac{1-p}{p^2}$을 r회 더해준 것이다.

음이항분포의 이해를 돕기 위해 다음의 예제를 살펴보자.

예제 13.2

공정한 주사위 5개를 던지는데 숫자 1이 두 번 나올 확률은 얼마인가?

풀이

음이항분포의 수식에서 $n=5, r=2$로 정의할 수 있다. 여기서 성공확률 $p=1/6$이다.

$$\begin{aligned}P\{X=5\} &= \binom{n-1}{r-1}p^{r-1}(1-p)^{n-r}p \\ &= \binom{4}{1}\left(\frac{1}{6}\right)^1\left(\frac{5}{6}\right)^3\left(\frac{1}{6}\right)=\binom{4}{1}\left(\frac{1}{6}\right)^2\left(\frac{5}{6}\right)^3 = \frac{4!}{1!3!}\cdot\frac{5^3}{6^5}=\frac{500}{7776} \\ &= 0.0643\end{aligned}$$

예제 13.3

불량률이 1/10인 제품을 출하하는데 3개의 불량품이 나올 때까지 출하를 진행한다고 가정하자. 이때 출하되는 예상 수량을 확률변수 X라고 하고, 다음을 구하시오.

(1) 확률변수 X의 확률질량함수

(2) 확률변수 X의 기댓값과 분산

(3) 3번째 출하품에서 첫 번째 불량품이 나올 확률

(4) 10번째 출하품에서 3개의 불량품이 모두 나올 확률

풀이

(1) 불량률이 1/10이고, 3개의 불량품이 나올 때까지 출하되는 제품의 수량을 확률변수 X라고 하면, 모수 $r=3, p=\dfrac{1}{10}$인 음이항분포를 이루므로 확률변수 X의 확률질량함수는 다음과 같이 정의할 수 있다.

$$P\{X=x\}=\binom{x-1}{2}\left(\frac{1}{10}\right)^2\left(\frac{9}{10}\right)^{x-3}\left(\frac{1}{10}\right),\quad x=3,4,5,\cdots$$

(2) 기댓값 $E(X) = \dfrac{r}{p}$ 이고, 분산 $Var(X) = \dfrac{r(1-p)}{p^2}$ 이므로, 기댓값과 분산은 각각 다음과 같다.

$$E(X) = \frac{3}{0.1} = 30, \qquad Var(X) = \frac{3 \cdot (0.9)}{(0.1)^2} = 270$$

(3) 3번째 출하품에서 첫 번째 불량품이 나오는 확률은 기하분포이므로 다음과 같다.

$$\left(\frac{9}{10}\right)^2 \left(\frac{1}{10}\right) = \frac{81}{1000} = 0.081$$

(4) $x = 10$ 이므로 다음과 같다.

$$P\{X = 10\} = \binom{10-1}{3-1} \left(\frac{1}{10}\right)^3 \left(\frac{9}{10}\right)^7 = 0.0172$$

D+14

초기하분포와 포아송 분포

초기하분포

초기하분포(hypergeometric distribution)는 모집단의 크기가 N개이고, 이 안에 추출하고자 하는 표본의 수가 k개 있을 때, n번의 시행에서 x개의 표본이 뽑힐 확률의 분포이다. 즉, 전체 제품 N개 중에서 k개의 불량품이 들어있을 때, n개의 제품을 뽑았는데 x개의 불량품이 나올 확률분포를 말한다. n개의 시행에서 나올 불량품의 개수를 확률변수 X라고 정의한다면, 확률질량함수는 다음과 같다.

$$P\{X=x\}=\frac{\binom{k}{x}\binom{N-k}{n-x}}{\binom{N}{n}}, \quad x=0,1,2,\cdots,\min(k,n) \tag{14.1}$$

위의 수식에서 $\binom{k}{x}=(1+t)^k$, 즉 t^x의 계수이다. 그리고 $\binom{N-k}{n-x}=(1+t)^{N-k}$, 즉

t^{n-x}의 계수이다. 여기서 $(1+t)^x(1+t)^{N-k}=(1+t)^N=\binom{N}{n}$, 즉 t^n의 계수가 된다. 따라서 $\sum\binom{k}{x}\binom{N-k}{n-x}=\binom{N}{n}$이 성립된다. 그러므로 초기하분포의 확률질량함수 $\sum P(X=x)=1$이 성립되어 초기하분포는 확률분포로서의 자격이 증명된다.

초기하분포에 대한 정의는 2개의 그룹으로 나누어져 있는 유한한 모집단에서 표본을 비복원으로 추출할 때 특정 그룹에서 뽑힌 표본의 수에 대한 확률분포로도 설명할 수 있다. 즉, 전체 크기가 N인 모집단에서 크기가 k개인 그룹 A와 크기가 $N-k$개인 그룹 B가 있고, n개의 표본을 비복원추출할 때, 목표하는 그룹 A에서 추출된 표본 수의 분포를 의미하는 것으로 이해할 수 있다.

초기하분포의 평균과 분산은 각각 다음과 같다.

$$\mu=E(X)=\frac{nk}{N},\quad \sigma^2=\frac{nk}{N}\left(1-\frac{k}{N}\right)\frac{N-n}{N-1} \tag{14.2}$$

먼저 초기하분포의 평균, 즉 기댓값을 알아보자.

$$E(X)=\sum x\frac{\binom{k}{x}\binom{N-k}{n-x}}{\binom{N}{n}}=\frac{k}{\binom{N}{n}}\sum\binom{k-1}{x-1}\binom{N-k}{n-x}$$

여기서 $\sum\binom{k-1}{x-1}\binom{N-k}{n-x}=\binom{N-1}{n-1}$

$$\therefore E(X)=\frac{k\binom{N-1}{n-1}}{\binom{N}{n}}=k\frac{\frac{(N-1)!}{(n-1)!(N-n)!}}{\frac{N!}{n!(N-n)!}}=\frac{nk}{N}$$

다음은 초기하분포의 분산이다.

$$Var(X)=E(X^2)-\mu^2=\sum x^2\frac{\binom{k}{x}\binom{N-k}{n-x}}{\binom{N}{n}}-\left(\frac{nk}{N}\right)^2$$

여기서 $E(X^2)$은 다음과 같이 풀이하여 구할 수 있다.

$$\begin{aligned}
E(X^2) &= \sum x^2 \frac{\binom{k}{x}\binom{N-k}{n-x}}{\binom{N}{n}} \\
&= \frac{1}{\binom{N}{n}}\left[\sum x(x-1)\binom{k}{x}\binom{N-k}{n-x} + \sum x\binom{k}{x}\binom{N-k}{n-x}\right] \\
&= \frac{1}{\binom{N}{n}}\left[k(k-1)\sum\binom{k-2}{x-2}\binom{N-2-(k-2)}{n-2-(x-2)} + k\binom{N-1}{n-1}\right] \\
&= \frac{1}{\binom{N}{n}}\left[k(k-1)\binom{N-2}{n-2} + k\binom{N-1}{n-1}\right] = \frac{nk}{N}\left[(k-1)\frac{n-1}{N-1}+1\right]
\end{aligned}$$

이제 위의 해에서 기댓값의 제곱을 차감하여 분산을 구한다.

$$\begin{aligned}
Var(X) &= \frac{nk}{N}\left[(k-1)\frac{n-1}{N-1}+1\right] - \left(\frac{nk}{N}\right)^2 \\
&= \frac{nk}{N}\left[1+(k-1)\frac{n-1}{N-1} - \frac{nk}{N}\right] = \frac{nk}{N}\left(1-\frac{k}{N}\right)\frac{N-n}{N-1}
\end{aligned}$$

초기하분포에 대한 이해를 돕기 위해 다음의 예제를 풀어보자.

예제 14.1

남성 3명과 여성 6명으로 구성된 집단에서 2명의 위원을 선출하여 위원회를 구성하려는데 남성 1명과 여성 1명으로 위원회가 구성될 확률은 얼마인가?

풀이

남성 그룹과 여성 그룹으로 이루어진 모집단에서 2명을 비복원추출할 때, 남성 그룹에서 1명, 여성 그룹에서 1명이 뽑히는 초기하분포 확률함수를 사용하여 계산한다.

$$P\{X=1\} = \frac{\binom{3}{1}\binom{6}{1}}{\binom{9}{2}} = \frac{18}{36} = 0.5$$

포아송 분포

포아송 분포(poisson distribution)는 단위 시간 내에서 어떤 사건이 몇 번 발생할 것인지를 표현하는 확률분포이다. 19세기 시메옹 드니 포아송(Siméon Denis Poisson)이 최초로 사용한 확률계산 모형이다.

정해진 시간 안에 어떤 사건이 일어날 횟수에 대한 기댓값을 λ라고 할 때, 그 사건이 x회 일어날 확률을 구하는 것이다.

포아송 분포의 확률밀도함수는 다음과 같다.

$$P\{X=x\}=\frac{e^{-\lambda}\lambda^x}{x!}, \quad (x=0, 1, 2, \cdots) \tag{14.3}$$

이 함수에서 e는 자연상수[1]이다. 포아송 분포는 이항분포에서 성공확률 p가 충분히 작은 경우 시행 횟수 n을 한없이 크게 할 때의 극한분포이다. 예를 들어서 하루 동안 발생하는 출생자 수나 사망자 수, 특정 시간대에 할인매장을 방문하는 고객의 수, 또는 어느 기간 동안 고속도로 톨게이트를 통과하는 차량의 수를 예측하는 데 활용 가능한 확률분포함수이다.

포아송 분포의 평균과 분산은 각각 다음과 같다.

$$E(X)=\lambda, \quad \sigma^2=\lambda \tag{14.4}$$

위에서 알 수 있듯이 포아송 분포의 평균과 분산은 같다.

먼저 평균을 살펴보자.

---

1 자연상수 e의 값은 2.7182818284…의 순환하지 않는 무한소수이다. 자연상수를 처음 발견한 이는 log(로그)를 창안한 네이피어였다. 그는 지수와 지수거듭제곱의 관계를 통해 자연상수의 존재를 알게 되었다. 그러나 e의 값 자체를 언급하지 않았다. 자연상수를 처음으로 직접 언급한 사람은 베르누이였다. 그는 복리에 의한 계산방식을 통해 자연상수를 알게 되었다. 그 이후에 오일러가 이 값을 상수로 명명하였다. 그래서 자연상수 e를 "오일러 수(Euler's Number)"라고도 부른다.

$$E(X)=\sum_{x=0}^{\infty}x\cdot f(x)=\sum_{x=0}^{\infty}x\cdot\frac{e^{-\lambda}\lambda^x}{x!}=\sum_{x=0}^{\infty}\lambda\cdot\frac{e^{-\lambda}\lambda^{x-1}}{(x-1)!}$$

여기서 $x-1=y$로 치환하면,

$$=\sum_{x=0}^{\infty}\lambda\cdot\frac{e^{-\lambda}\lambda^y}{y!}=\lambda\sum_{x=0}^{\infty}\frac{e^{-\lambda}\lambda^y}{y!}=\lambda$$

분산은 다음과 같다.

$$\begin{aligned}E(X^2)&=\sum_{x=0}^{\infty}x^2\cdot f(x)=\sum_{x=0}^{\infty}x^2\cdot\frac{e^{-\lambda}\lambda^x}{x!}=\sum_{x=0}^{\infty}(x(x-1)+x)\cdot\frac{e^{-\lambda}\lambda^x}{x!}\\&=\sum_{x=2}^{\infty}x(x-1)\cdot\frac{e^{-\lambda}\lambda^x}{x!}+\sum_{x=1}^{\infty}x\cdot\frac{e^{-\lambda}\lambda^x}{x!}\\&=\lambda^2\sum_{x=2}^{\infty}\cdot\frac{e^{-\lambda}\lambda^{x-2}}{(x-2)!}+\lambda\sum_{x=1}^{\infty}\frac{e^{-\lambda}\lambda^{x-1}}{(x-1)!}=\lambda^2+\lambda\end{aligned}$$

따라서 분산은 $E(X^2)-\mu^2=\lambda^2+\lambda-\lambda^2=\lambda$이다.

포아송 분포에 대한 이해를 돕기 위해 다음의 예제를 살펴보자.

예제 14.2

어느 편의점에는 오전 10시~11시 사이에 평균 60명의 손님이 방문한다. 1분에 평균 1명이 방문하는 셈이다.

(1) 오전 10시~11시 사이의 어떤 1분 동안 2명의 손님이 방문할 확률은 얼마인가?

(2) 오전 10시~11시 사이의 어떤 1분 동안 3명 이하의 손님이 도착할 확률은 얼마인가?

풀이

평균 $\lambda=1$로 정의하고, 포아송 분포의 확률밀도함수 수식에 대입하여 확률을 계산한다.

(1) 확률변수 X를 오전 10시~11시 사이의 어떤 1분 동안 방문하는 손님의 숫자로 정의하면, $P(X=2)=\frac{\lambda^x e^{-\lambda}}{2!}=\frac{1^2 e^{-1}}{2}=\frac{1}{2e}\approx 0.184$이다.

(2) $P(X \leq 3) = P(X=0) + P(X=1) + P(X=2) + P(X=3)$

$$= \frac{1^0}{0!}e^{-1} + \frac{1^1}{1!}e^{-1} + \frac{1^2}{2!}e^{-1} + \frac{1^3}{3!}e^{-1}$$

$$= e^{-1}\left(1 + 1 + \frac{1}{2} + \frac{1}{6}\right) \approx 0.981$$

예제 14.3

어떤 교차로에서 매달 평균 3건의 교통사고가 발생한다고 한다. 이 교차로에서 한 달 동안 3건 이상의 교통사고가 발생할 확률은 얼마인가?

풀이

이 문제는 확률변수 X를 한 달 동안 교차로에서 교통사고가 발생할 횟수로 정의하고, 3건 미만의 교통사고가 발생할 확률을 구한 다음 전체 확률 1에서 빼주어 계산한다. 즉, 다음과 같다.

$$p(X \geq 3) = 1 - P(X < 3)$$

$$P(X < 3) = P(X=0) + P(X=1) + P(X=2)$$

$$= \frac{3^0}{0!}e^{-3} + \frac{3^1}{1!}e^{-3} + \frac{3^2}{2!}e^{-3} = e^{-3}\left(1 + 3 + \frac{9}{2}\right) \approx 0.4232$$

따라서 $P(X \geq 3) = 1 - P(X < 3) \approx 1 - 0.4232 = 0.5768$

5장

연속확률분포

D+15 연속형 균등분포와 지수분포
D+16 정규분포와 표준정규분포
D+17 t-분포, 카이제곱(χ^2)분포, F-분포

D+15

연속형 균등분포와 지수분포

연속확률분포(continuous probability distribution)는 연속확률변수가 나타내는 확률분포를 의미한다. 확률변수가 연속형이라는 말은 확률변수가 가질 수 있는 값의 개수가 셀 수 없이 무한하다는 의미이다. 앞 장에서 설명한 것과 같이 연속확률분포는 확률밀도함수를 통해 표현할 수 있고, 누적분포함수로 표현할 경우는 연속적으로 증가한다. 연속확률분포에는 연속형 균등분포, 지수분포, 정규분포, t−분포, 카이제곱(χ^2)분포, 그리고 F−분포 등이 있다.

연속형 균등분포

연속형 균등분포(continuous uniform distribution)는 확률함수가 정의된 모든 구간에서 그 값이 일정하게 나타나는 분포를 말한다. 즉, a에서부터 b까지 임의의 구간에서 확률이 고르게 분포되어 있는 분포이다. 모든 가능한 확률을 합산하면 1이 된다.

다음의 <그림 15.1>을 보자.

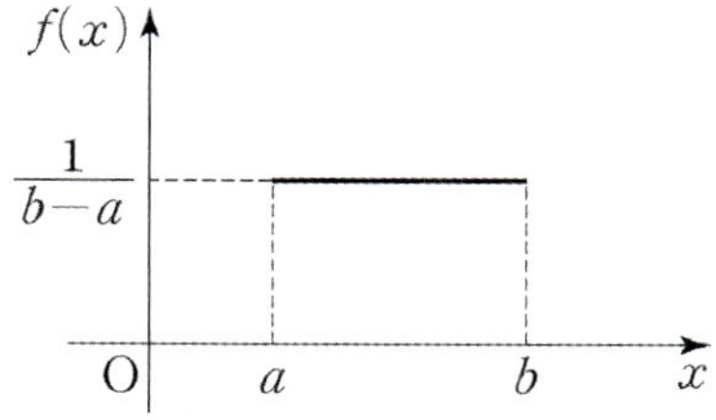

그림 15.1 연속형 균등분포

그림을 보면, 밑변이 $b-a$이고 높이는 $\frac{1}{b-a}$의 직사각형 모양을 하고 있다. 여기서 높이가 $\frac{1}{b-a}$인 이유는 앞에서 설명한 바와 같이 구간 $[a, b]$에 고르게 분포되어 있는 확률의 합계가 1이므로 직사각형의 넓이, 즉 밑 변 × 높 이 $=(b-a)\times\frac{1}{(b-a)}=1$이 성립되기 때문이다.

따라서 연속형 균등분포의 확률밀도함수는 다음과 같이 정의된다.

$$f(x)=\begin{cases}\frac{1}{b-a}, & a \le x < b \\ 0, & elsewhere\end{cases} \tag{15.1}$$

연속형 균등분포의 평균과 분산은 각각 다음과 같다.

$$\mu=\frac{a+b}{2}, \quad \sigma^2=\frac{(b-a)^2}{12} \tag{15.2}$$

먼저 평균을 구해보자.

$$\mu=E(X)=\int_a^b x\cdot f(x)dx=\int_a^b x\cdot\frac{1}{b-a}dx=\frac{1}{2(b-a)}\left[x^2\right]_a^b=\frac{a+b}{2} \tag{15.3}$$

즉, $\int$ 안에 있는 수식 $x \cdot f(x)dx$를 적분하여 기댓값을 구했을 때, 평균이 $\dfrac{a+b}{2}$가 됨을 알 수 있다.

다음으로 분산을 구해보자. 먼저 $E(X^2)$을 구하면,

$$E(X^2) = \int_a^b x^2 f(x)dx = \int_a^b \frac{x^2}{b-a}dx = \frac{1}{3(b-a)}\left[x^3\right]_a^b = \frac{b^2+ab+a^2}{3} \qquad (15.4)$$

이다. 이제 분산을 구하는 공식에 대입하면 아래와 같다.

$$\sigma^2 = E(X^2) - \mu^2 = \frac{b^2+ab+a^2}{3} - \left(\frac{a+b}{2}\right)^2 = \frac{(b-a)^2}{12} \qquad (15.5)$$

연속형 균등분포에 대한 이해를 돕고자 다음의 예제를 풀이해보자.

예제 15.1

도로를 포장하는데 10 m당 5시간 이내에 공사를 완료해야 예정된 공사기간 내에 전체 공사를 마무리할 수 있다고 한다. 도로포장 공사에 걸리는 시간인 확률변수 X를 균등분포로 가정하고 다음의 문제를 풀이하라.

(1) 확률변수 X의 확률밀도함수를 구하시오.

(2) 10 m의 도로를 포장하는데 최소 4시간 이상이 소요될 확률은 얼마인가?

풀이

(1) 균등분포이므로 $f(x) = \dfrac{1}{5}, \quad 0 \le x < 5$

(2) $P(X \ge 4) = \displaystyle\int_4^5 \frac{1}{5}dx = \left[\frac{1}{5}x\right]_4^5 = \frac{1}{5}$

예제 15.2

확률변수 X가 구간 $[0, 20]$ 에서 균등분포를 이룰 때, X가 5에서 15 사이에 있을 확률은 얼마인가?

풀이

확률변수 X의 확률밀도함수는 $f(x) = \frac{1}{20}$, $0 \le x < 20$이다. 따라서

$$P(5 \le X < 15) = \int_5^{15} \frac{1}{20} dx = \left[\frac{1}{20} x \right]_5^{15} = \frac{1}{2}$$

지수분포

사건이 서로 독립적일 때, 일정 시간 동안 발생하는 사건의 횟수가 포아송 분포를 따른다면 다음 사건이 일어날 때까지의 대기시간은 지수분포(exponential distribution)를 따른다. 예를 들어서 평균적으로 10분에 한 번씩 도착하는 버스가 있을 때, 그 버스를 놓친 후 다음 버스가 올 때까지 기다리는 시간은 지수분포를 따른다고 할 수 있다.

그런데 이렇게 다음 사건이 발생할 때까지 기다려야 하는 시간을 구하려면 어떤 시간 단위에서 그 사건이 평균적으로 몇 번 발생하는지 알아야 한다. 다시 말해 특정한 단위 구간에서 그 사건의 발생 횟수에 대한 분포를 알아야 한다. 이 분포가 바로 포아송 분포이다.

$$P\{X = x\} = \frac{e^{-\lambda} \lambda^x}{x!}, \quad (x = 0, 1, 2, \cdots) \tag{15.6}$$

위의 수식은 앞에서 설명했던 포아송 분포의 확률질량함수이다. 수식이 말하는 것은 단위 시간 동안 어떤 사건이 평균적으로 λ회 발생한다고 했을 때, 단위 시간 동안 사건이

x회 발생할 확률에 대한 분포이다.

지수분포의 확률밀도함수는 다음과 같이 정의할 수 있다.

$$f(x) = \lambda e^{-\lambda x}, \quad x \geq 0 \tag{15.7}$$

지수분포의 확률밀도함수는 포아송 분포의 확률질량함수를 사용하여 유도할 수 있다.

지수분포는 어떤 사건이 처음 발생할 때까지 걸리는 시간이 T 시간 이하일 확률에 관한 문제이다. 이 분포를 $f(t)$라고 한다면, T 단위 시간에 첫 번째 사건이 일어날 확률은 다음과 같이 구할 수 있다.

$$P(0 \leq t \leq T) = \int_0^T f(t)dt \tag{15.8}$$

여기서 포아송 분포를 이용해 T 단위 시간 동안 사건이 발생하지 않을 확률을 구하여 전체 확률값 1에서 빼주면 그 결과가 바로 T 시간 만에 해당 사건이 발생할 확률이 된다.

$$1-(P(K=0))^T \tag{15.9}$$

위의 수식에서 $(P(K=0))^T$는 사건이 발생하지 않을 확률이 T회 반복된다는 의미이다. 따라서 T 시간 만에 해당 사건이 발생할 확률은 다음과 같다.

$$1-(P(K=0))^T = 1-\left(\frac{\lambda^k e^{-\lambda}}{k!}\right)_{k=0}^T = 1-e^{-\lambda T} \tag{15.10}$$

즉, $\int_0^T f(t)dt = 1-e^{-\lambda t}$가 성립되는데, 이는 지수분포의 누적분포함수를 의미하므로 이를 적분하여 다음과 같이 지수분포의 확률밀도함수를 유도할 수 있게 된다.

$$f(t) = \frac{d}{dt}(1-e^{-\lambda t}) = \lambda e^{-\lambda t} \tag{15.11}$$

지수분포의 평균과 분산은 각각 다음과 같다.

$$\mu = E(X) = \frac{1}{\lambda}, \quad \sigma^2 = \frac{1}{\lambda^2} \tag{15.12}$$

먼저 평균을 유도해보자.

$$\mu = E(X) = \int_0^\infty x f(x) dx = \lambda \int_0^\infty x e^{-\lambda x} dx = \lambda \left[\frac{e^{-\lambda x}}{\lambda^2}(-\lambda x - 1) \right]_0^\infty = \frac{1}{\lambda} \tag{15.13}$$

다음은 분산에 대한 유도이다. 먼저 $E(X^2)$을 구한다.

$$E(X^2) = \int_0^\infty x^2 \lambda e^{-\lambda x} dx = \lambda \int_0^\infty x^2 e^{-\lambda x} dx = \lambda \left[\frac{e^{-\lambda x}}{-\lambda^3}(\lambda^2 x^2 + 2\lambda x + 2) \right]_0^\infty = \frac{2}{\lambda^2} \tag{15.14}$$

따라서 분산은 다음과 같다.

$$\sigma^2 = E(X^2) - \mu^2 = \frac{2}{\lambda^2} - \left(\frac{1}{\lambda} \right)^2 = \frac{1}{\lambda^2} \tag{15.15}$$

다음의 예제를 풀이하면서 지수분포에 대한 이해를 심화시키자.

예제 15.3

확률변수 X를 무선 센서의 반응시간이라고 하자. 반응시간은 평균 4초인 지수분포를 따른다. 반응시간이 8초보다 작을 확률과 반응시간이 4초와 8초 사이일 확률은 얼마인가?

풀이

먼저 지수분포의 평균은 $1/\lambda = 4$초로 정의할 수 있다. 따라서 확률밀도함수는 다음과 같이 정의할 수 있다.

$$f(x) = \frac{1}{4}e^{-\frac{1}{4}x} \ (x \geq 0)$$

반응시간이 9초보다 작을 확률을 구하면 다음과 같고,

$$P(X < 8) = \int_0^8 f(x)dx = \int_0^8 \frac{1}{3}e^{-\frac{1}{4}x}dx = \left[e^{-\frac{1}{4}x}\right]_0^8 = 1 - e^{-2} \approx 0.8647$$

반응시간이 4초와 8초 사이일 확률은 다음과 같이 구할 수 있다.

$$P(4 < X < 8) = \int_4^8 \frac{1}{4}e^{-\frac{1}{4}x}dx = \left[e^{-\frac{1}{4}x}\right]_4^8 = e^{-1} - e^{-2} = 0.2325$$

예제 15.4

자동차의 품질 테스트 결과 이 자동차는 평균 10년 동안 고장이 발생하지 않을 것이라 한다. 회사에서는 이 자동차의 무상보증기간을 5년으로 설정했다. 이 자동차가 고장이 날 때까지 기다리는 시간이 지수분포를 따를 때, 실제 5년 이내에 고장이 발생할 확률은 얼마인가?

풀이

먼저 지수분포의 평균은 $1/\lambda = 10$년 으로 정의할 수 있다. 확률밀도함수는 다음과 같다.

$$f(x) = \frac{1}{10}e^{-\frac{1}{10}x} \ (x \geq 0)$$

5년 이내에 자동차가 고장이 날 확률은 다음과 같이 구할 수 있다.

$$P(X \leq 5) = \int_0^5 \frac{1}{10}e^{-\frac{1}{10}x}dx = -\left[e^{-\frac{1}{10}x}\right]_0^5 = 1 - e^{-0.5} \approx 0.3935$$

D+16

정규분포와 표준정규분포

정규분포

정규분포(normal distribution)는 통계학에서 가장 중요하게 대표적으로 사용되고 있는 연속확률분포이다. 수학자 가우스(C. F. Gauss: 1777∼1855)가 정립한 개념이기 때문에 가우스 분포(Gaussian distribution)라고도 하며, 다음의 그림과 같이 종 모양(bell-shaped)의 그래프로 형성된다.

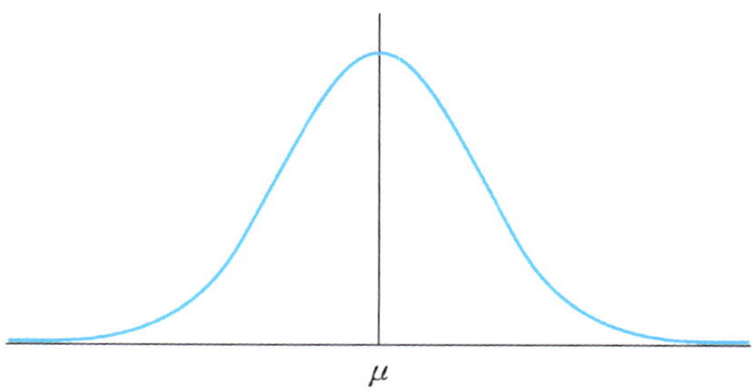

그림 16.1 정규분포곡선

<그림 16.1>에 표현된 것과 같이 정규분포곡선은 다음과 같은 특성을 갖는다.

첫째, 정규분포는 평균을 중심으로 좌우 대칭인 종 모양(bell-shaped)인 확률밀도함수의 그래프를 띤다.

둘째, 정규분포의 모양과 위치는 평균과 분산에 의해 결정된다.

셋째, 분포의 평균과 분산이 어떤 값을 갖더라도 정규곡선과 X축 사이의 전체 면적은 1이다.

넷째, 정규분포를 가지는 확률변수는 평균 주위의 값을 많이 취하고 평균으로부터 좌우로 표준편차의 3배 이상 떨어져 있는 값은 거의 취하지 않는다.

다섯째, 정규분포곡선은 X축에 맞닿지 않으므로 확률변수 X가 취할 수 있는 값의 범위는 $-\infty < X < \infty$ 이다.

정규분포는 통계 분야에서 가장 많이 이용되는 확률분포이다. 대표적인 정규분포 데이터로는 키와 몸무게 등을 들 수 있다. 만약 우리나라 성인 남성의 평균 키가 175cm이면, 자신의 키가 175cm인 사람의 수가 가장 많고, 그보다 작은 165cm이거나 그보다 큰 185cm인 사람의 수는 상대적으로 적을 것이다. 이처럼 평균의 주변에 많은 데이터 표본이 존재하고 평균으로부터 멀어질수록 데이터의 표본이 줄어드는 것을 정규분포라고 한다.

제품의 무게나 수치와 같이 고도의 정밀성이 요구되는 품질측정 데이터나 소비자의 기호와 브랜드 선호도 같은 마케팅 데이터들의 대다수가 정규분포의 형태를 띠고 있고, 설사 정규분포를 하지 않는 확률변수들도 변수들의 변환을 통해서 적절한 조건을 부여할 경우 근사적인 정규분포를 띠기 때문에 정규분포는 추론통계에서 매우 중요한 모형으로 활용된다.

정규분포의 확률밀도함수는 다음과 같이 정의할 수 있다.

$$f(x) = \frac{1}{\sqrt{2\pi\sigma}} e^{-\frac{(x-\mu)^2}{2\sigma^2}}, \quad -\infty < x < \infty \tag{16.1}$$

확률변수 X의 확률밀도함수가 위와 같이 주어질 때, X는 정규분포를 따른다고 하며, $X \sim N(\mu, \sigma^2)$으로 나타낸다.

앞에서 설명한 것과 같이 평균과 분산에 따라 정규분포곡선의 모양이 결정된다. 평균은 곡선의 중심이 어디에 있는지를 결정하고, 분산은 곡선의 모양을 결정한다.

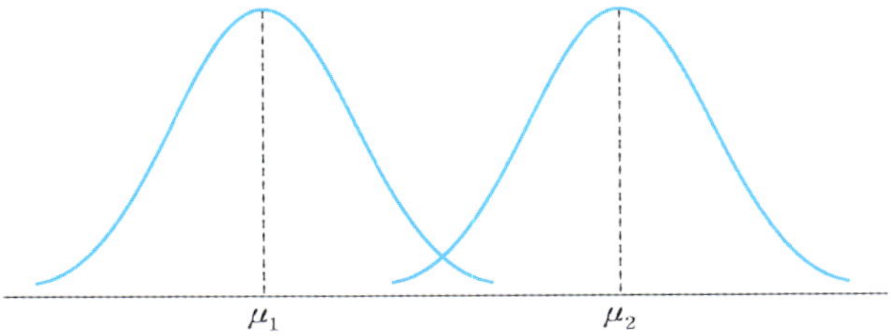

그림 16.2 평균이 다른 정규분포곡선

<그림 16.2>는 평균이 다른 정규분포곡선을 나타낸 것이다. 그림에서 알 수 있듯이 평균이 상대적으로 작은 값이면 곡선의 중앙은 좌측에 위치하게 된다.

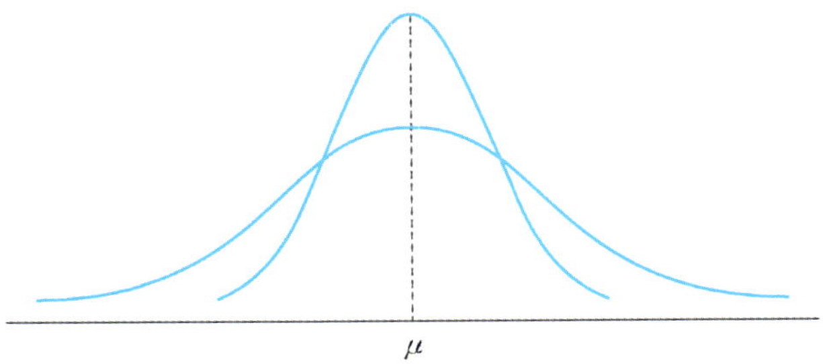

그림 16.3 분산이 다른 정규분포곡선

<그림 16.3>은 분산이 다른 정규분포곡선을 나타낸 것이다. 두 곡선은 평균이 같으므로 중심이 동일한 위치에 있지만, 분산이 다르기 때문에 곡선의 높낮이가 다르다. 분산이 크면 곡선은 평균을 중심으로 낮고 넓게 퍼지게 되고 분산이 작으면 상대적으로 높고 좁게 퍼진 모양을 하게 된다.

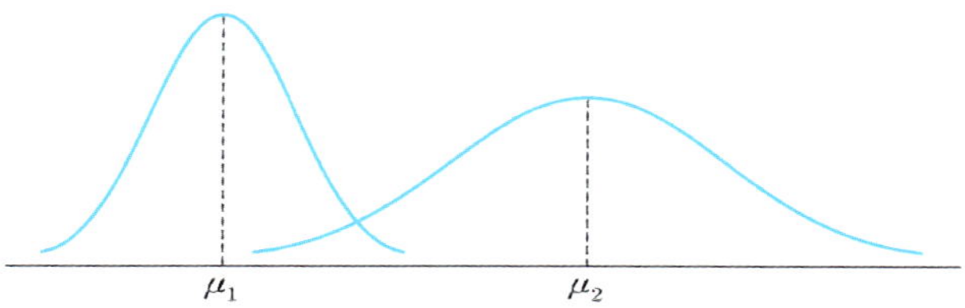

그림 16.4 평균과 분산이 다른 정규분포곡선

<그림 16.4>는 평균과 분산이 모두 다른 정규분포곡선을 나타낸 것이다. 평균과 분산이 모두 달라서 두 곡선의 중심과 높낮이가 모두 다르다.

이상과 같이 정규분포곡선은 평균과 분산에 따라서 곡선의 모양이 달라지고 그 위치도 달라진다. 그러나 곡선의 모양과 위치가 어떠한 형태를 띠더라도 그 넓이는 항상 1이라는 점에 유의해야 한다.

이제 정규분포에서 확률을 구하는 문제를 살펴보자. 만약 어떤 기계에서 생산되는 부품의 지름이 평균적으로 60mm, 분산이 9mm인 정규분포를 이루고 있다고 하자. 이 기계에서 생산된 부품들이 지름 54mm부터 66mm 사이에 속할 확률을 구하려고 한다. 이때 $\mu = 60, \sigma^2 = 9$인 정규분포의 확률밀도함수는 다음과 같다.

$$f(x) = \frac{1}{\sigma\sqrt{2\pi}} e^{-\frac{(x-\mu)^2}{2\sigma^2}} = \frac{1}{3\sqrt{2\pi}} e^{-\frac{(x-60)^2}{2(9)}}, \quad -\infty < x < \infty$$

위의 확률함수를 이용해서 지름이 55mm부터 65mm 사이에 속할 확률을 구할 수 있는데,

$$P(54 < x < 66) = \int_{54}^{66} \frac{1}{3\sqrt{2\pi}} e^{-\frac{(x-60)^2}{2(9)}} dx$$

이 계산은 매우 복잡하다는 문제가 있다. 그래서 정규분포에서의 확률계산을 좀 더 빠르고 정확히 하기 위해서 평균이 0이고, 분산이 1인 표준정규분포의 개념을 이용하여 확률을 구한다.

표준정규분포

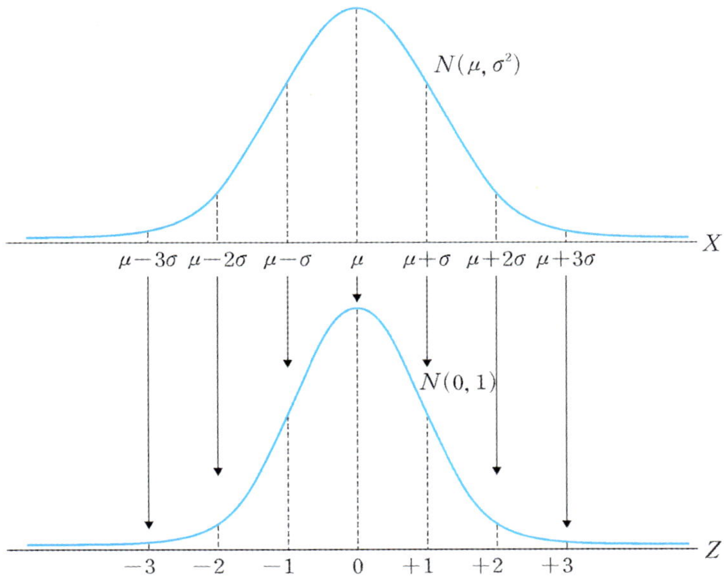

그림 16.5 표준정규분포

표준정규분포는 평균이 어떠한 값을 갖더라도 평균을 0으로 표준화하여 그 확률을 구하기 쉽게 만든 것이다. <그림 16.5>에서 상단에 그려져 있는 정규분포곡선의 평균 μ는 하단에 그려져 있는 표준정규분포곡선에서 0으로 표기된 것을 알 수 있다. 그리고 정규분포곡선에서 분산 σ^2은 표준정규분포곡선에서 모두 1로 계산되었다.

이처럼 서로 다른 평균과 분산을 갖는 정규분포를 평균이 0, 그리고 분산이 1인 표준정규분포로 바꿔주는 것을 '정규분포의 표준화'라고 한다.

$$N(\mu, \sigma^2) \rightarrow N(0, 1^2) \qquad (16.2)$$

정규분포의 표준화는 <그림 16.5>의 그래프에서 X축의 값이 Z값으로 변환된 것으로 표시된 것과 같이 확률변수 X의 개별 값을 Z값으로 변환해주는 표준화 공식을 사용하여 계산하는 과정을 거친다.

$$Z = \frac{X - \mu}{\sigma} \tag{16.3}$$

정규분포의 표준화 공식이 어떻게 성립되는지를 알아보자.

먼저 확률변수 X의 평균을 구하는 공식의 X를 Z값으로 변환하여 계산해준다.

$$\begin{aligned} E(Z) &= E\left(\frac{X - \mu}{\sigma}\right) \\ &= \frac{1}{\sigma}E(X - \mu) \\ &= \frac{1}{\sigma}\{E(X) - \mu\} = 0 \end{aligned} \tag{16.4}$$

다음으로 분산을 계산해준다.

$$\begin{aligned} Var(Z) &= Var\left(\frac{X - \mu}{\sigma}\right) \\ &= \frac{1}{\sigma^2}Var(X - \mu) \\ &= \frac{1}{\sigma^2}\{E[(X - \mu)^2] - [E(X - \mu)]^2\} \\ &= \frac{1}{\sigma^2}\{E(X^2) - \mu^2\} \\ &= \frac{1}{\sigma^2}Var(X) = \frac{1}{\sigma^2}\sigma^2 = 1 \end{aligned} \tag{16.5}$$

이제 위에서 보았던 정규분포의 확률밀도함수를 $\sigma = 1$을 대입하여 아래와 같이 표준화하여 표현할 수 있다.

$$\Phi(Z) = \frac{1}{\sqrt{2\pi}}e^{-\frac{z^2}{2}}, \quad -\infty < Z < \infty \tag{16.6}$$

표준화된 정규분포의 확률밀도함수에 각각의 Z값에 따른 곡선의 면적을 구해놓은 것이 [부록 2]의 표준정규분포표이다. 표준정규분포표를 사용하여 좀 더 쉽게 정규분포곡선의 넓이(확률)를 구할 수 있다.

이제 정규분포의 표준화 공식을 이용하여 앞에서 예를 들었던 부품의 지름과 분산에 관한 문제를 풀이해보자. 앞에서 어떤 기계에서 생산되는 부품의 지름이 평균적으로 60mm, 분산이 9mm인 정규분포를 이루고 있다고 했다. 우리가 알고자 하는 것은 이 기계에서 생산된 부품들이 지름 54mm부터 66mm 사이에 속할 확률을 구하는 것이다.

먼저 정규분포의 확률밀도함수를 적용하면, $X: N(60, 9) \Rightarrow \frac{1}{3\sqrt{2\pi}}e^{-\frac{(x-60)^2}{18}}$ 이다. 이를 표준화 공식을 사용하여 Z값으로 변환하면 다음과 같다.

$$Z = \frac{X-\mu}{\sigma} = \frac{X-60}{3}$$

문제에서 주어진 확률분포의 구간은 지름 54mm에서부터 66mm이다. 따라서 이 구간의 면적을 구하면 확률을 알 수 있다. 각각의 Z값에 해당하는 면적을 표준정규분포표에서 찾아서 구하면 된다.

$$P(54 < X < 66) = P\left(\frac{54-60}{3} < Z < \frac{66-60}{3}\right) = P(-2 < Z < 2)$$
$$= \Phi(2) - \Phi(-2) = 0.9772 - 0.0228 = 0.9544$$

위의 수식은 확률변수 X가 지름 54mm와 66mm 사이에 있을 확률을 구하는 것인데, 표준화 공식에 의해 54mm는 Z값 −2로 변환되었고, 66mm는 2로 변환되었다. 이를 곡선으로 나타내면 다음과 같다.

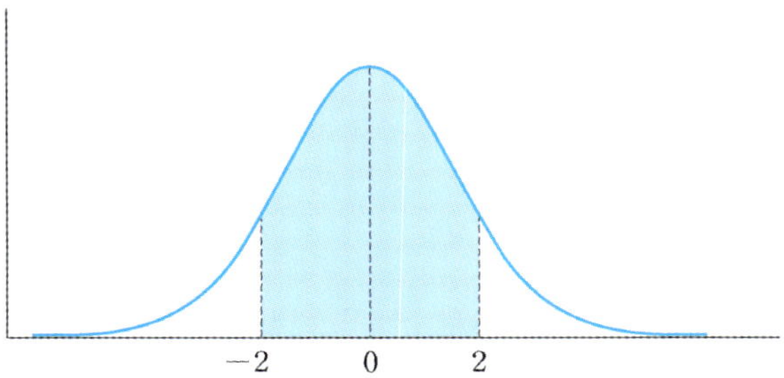

그림 16.6 표준정규분포의 확률계산

<그림 16.6>의 빗금이 칠해진 영역의 Z값을 보면 −2에서 2까지인 것을 알 수 있다. 이 영역의 면적은 표준정규분포표를 이용하여 구할 수 있다. 먼저 $\Phi(2)$의 면적은 표준정규분포표의 Z값이 2에 해당하는 값으로 구한다. 표에서 값은 0.9772로 나와 있다. 그리고 $\Phi(-2)$에 해당하는 면적은 표에 0.0228로 나와 있다. 여기서 $\Phi(2)$의 면적은 Z값이 $-\infty \sim 2$ 사이의 값이므로 $-\infty \sim -2$의 영역에 해당하는 $\Phi(-2)$의 면적 0.0228을 빼서 계산한다. 따라서 이 문제의 풀이는 0.9544, 즉 생산되는 부품의 지름이 54mm~66mm 사이에 있을 확률은 95.44%가 된다.

다음의 예제 풀이를 통해 표준정규분포에 대한 이해를 심화시켜보자.

예제 16.1

표준정규분포표를 이용하여 다음의 확률을 구하시오.

(1) $P(0 < Z < 1.65)$　　(2) $P(-1.15 < Z < 1.15)$

(3) $P(Z < -1.55)$　　(4) $P(Z > -1.43)$

풀이

이 문제는 확률변수 X가 이미 표준화되어있는 경우이다. 따라서 Z값에 해당하는 면적은 표준정규분포표를 이용하여 구할 수 있다.

(1) $P(0 < Z < 1.65) = \Phi(1.65) - \Phi(0) = 0.9505 - 0.5000 = 0.4505$

(2) $P(-1.15 < Z < 1.15) = \Phi(1.15) - \Phi(-1.15) = 0.5596 - 0.1251$
$= 0.4345$

(3) $P(Z < -1.55) = \Phi(-1.55) = 0.0606$

(4) $P(Z > -1.43) = 1 - \Phi(-1.43) = 1 - 0.0764 = 0.9236$

예제 16.2

평균이 50이고 분산이 100인 정규분포에서 확률변수 X가 55~65 사이에 있을 확률은 얼마인가?

풀이

이 문제는 확률변수 X를 표준화 Z값으로 변환한 후 표준정규분포표를 이용하여 확률을 구하는 문제이다.

먼저, 확률변수 X를 Z값으로 변환시키는 공식을 적용한다.

$$Z = \frac{X-\mu}{\sigma} = \frac{X-50}{10}$$

다음으로 확률변수 X의 구간에 해당하는 55와 65를 Z값으로 변환시킨다.

$$P(55 < X < 65) = P\left(\frac{55-50}{10} < Z < \frac{65-50}{10}\right) = P(0.5 < Z < 1.5)$$

이제 표준정규분포표를 이용하여 Z값에 대응되는 면적을 구해서 확률을 계산한다.

$$\Phi(1.5) - \Phi(0.5) = 0.9332 - 0.6915 = 0.2417$$

위와 같이 확률변수 X가 55와 65 사이에 있을 확률은 24.17%이다.

예제 16.3

어느 공장에서 생산하는 배터리의 평균 수명은 1,500시간이고, 표준편차는 50시간의 정규분포를 이룬다고 한다.

(1) 배터리의 수명이 1,400시간보다 짧을 확률은 얼마인가?

(2) 배터리의 수명이 1,580~1,650시간 사이일 확률은 얼마인가?

풀이

먼저 Z값으로의 표준화 공식을 정의한다.

$$Z = \frac{X - \mu}{\sigma} = \frac{X - 1500}{50}$$

(1) $P(X < 1400) = P\left(Z < \frac{1400 - 1500}{50}\right) = P(Z < -2) = 0.0228$

(2) $P(1580 < X < 1650) = P\left(\frac{1580 - 1500}{50} < Z < \frac{1650 - 1500}{50}\right)$

$$= P(1.6 < Z < 3)$$

$$= \Phi(3) - \Phi(1.6) = 0.99865 - 0.9452 = 0.05345$$

D+17

t-분포, 카이제곱(χ^2)분포, F-분포

t-분포

앞에서 살펴본 표준정규분포의 표준화 공식은 이미 알려진 모분산 σ^2을 사용하여 모집단의 평균을 추정할 때 사용할 수 있다. 그러나 현실에서 모분산이 얼마인지 모르는 경우가 대부분이다. 따라서 모집단의 분산을 모르는 경우에는 표준정규분포의 표준화 공식을 사용할 수 없다.

모분산을 모를 때 모집단의 평균은 어떻게 추정해야 할까? 이 경우에는 모분산 σ^2 대신에 표본분산 s^2을 구하여 모평균을 추정해야 한다.

모분산을 모르기 때문에 추출된 표본으로부터 계산한 표본분산 s^2을 사용하게 되지만, 만약 표본이 크기가 충분하다면 모분산 대신에 표본분산을 사용해도 표준정규분포에 근사하게 된다.

$$Z = \frac{\overline{X} - \mu}{\sigma / \sqrt{n}} \approx N(0, 1) \qquad (17.1)$$

그러나 표본의 크기가 작은 경우에는 표준화된 확률변수의 분포는 표준정규분포와 달라지게 된다. 표본 n이 작다면, 변수 $X_1, X_2, X_3, \cdots, X_n$이 정규분포 $N(\mu, \sigma^2)$에서 확률분포일 때, $T = \frac{\overline{X} - \mu}{s / \sqrt{n}}$은 자유도 $n-1$인 t-분포를 따른다.

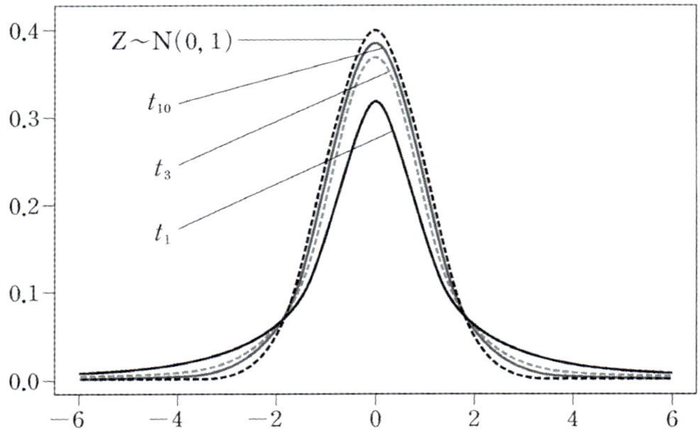

그림 17.1 t-분포와 정규분포곡선

t-분포의 모양은 표준정규분포처럼 0을 중심으로 좌우 대칭이다. 그러나 <그림 17.1>에서 알 수 있듯이 t-분포의 곡선은 표준정규분포와 일치하지는 않는다. 그림에서 나타난 것처럼 t-분포 곡선은 표준정규분포곡선보다 중앙의 높이가 더 낮고 꼬리 부분은 더 두터운 모양을 갖는다. 단, 자유도가 증가할수록 t-분포 곡선은 표준정규분포곡선에 근사하게 된다. 즉, 자유도가 1인 t-분포의 곡선보다 자유도가 3인 t-분포의 곡선은 상대적으로 중앙의 높이가 더 높고 꼬리 부분은 더 가늘다. 자유도가 10인 t-분포의 곡선은 자유도가 3이거나 1인 경우보다 중앙이 더 높고 꼬리가 더 가는 모양을 하게 된다.

t-분포는 [부록 4]의 스튜던트 t-분포표[1]를 이용하여 t-값에 따른 곡선의 면적을 구한다.

먼저 t−분포표를 이용하기 위해서는 자유도(degree of freedom; d.f.)[2]와 유의수준 α[3]를 알아야 한다.

만약 자유도 $n = 10$이고, 유의수준 $\alpha = 0.05$를 만족하는 t−분포라면, t−값은 <그림 17.2>에서 1.812임을 알 수 있다. 여기서 t−값 1.812는 <그림 17.2>의 빗금 영역이 된다. t−값을 자유도와 유의수준과 함께 기호로 표기할 때, 그림에서처럼 $t_{\alpha(n)}$의 표기법을 따른다.

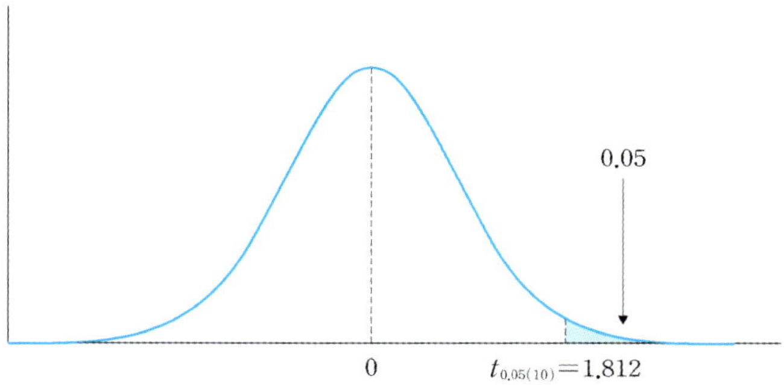

그림 17.2 t−분포 곡선의 우측 꼬리 영역

---

1 t−분포는 프리드리히 로베르트 헬메르트(Friedrich Robert Helmert)가 1875년에 도입하였고, 그 이듬해 야코프 뤼로트(Jacob Lüroth)도 같은 분포를 발견했다. 그러나 이들의 논문은 영문 학계에서 널리 알려지지 않았다. 1908년 윌리엄 실리 고셋(William Sealy Gosset)에 의해 알려졌다. 당시 고셋은 기네스 양조 공장에서 근무하면서 맥주에 사용되는 보리의 품질을 시험하기 위해 이 분포를 도입하였다. 경쟁사들에게 기네스의 획기적인 통계기법을 숨기기 위해 스튜던트(Student)라는 필명을 사용했다고 한다. 이후 통계학자인 로널드 피셔(Ronald Aylmer Fisher)가 이 분포를 스튜던트 분포라고 불렀고, t 기호를 사용했다. 이후 이 분포는 고셋의 필명을 인용하여 "스튜던트 t−분포"로 알려지게 되었다.

2 자유도는 통계적 추정을 할 때 표본자료 중에 모집단에 대한 정보를 주는 독립적인 자료의 수를 의미한다. 자유도가 필요한 이유는 모분산을 모르기 때문이다. 표본의 분산은 모분산보다 작아지는 경향이 있어서 표본의 분산을 구할 때 모집단의 분산에 근사해지도록 하기 위해 수식의 분모에 해당하는 표본의 개수에서 분자에 사용된 표본평균의 개수만큼을 빼주게 된다. 따라서 표본평균이 1개 사용되었을 때 자유도는 n−1이 된다.

3 유의수준(significance level)은 통계적인 가설검정에서 사용되는 기준값이다. 일반적으로 유의수준은 α로 표기하고 95%의 신뢰도를 기준으로 한다면 유의수준 $\alpha = (1 - 0.95) = 0.05$가 된다.

t−분포표의 사용과 t−값의 계산과 관련한 예제들을 풀이해보자.

예제 17.1

다음을 구하여라.

(1) 자유도가 20이고, $\alpha = 0.05$일 때, $P(T \geq t_0) = 005$인 t_0는 얼마인가?

(2) $P(T \leq 2.228) = 0.975$ 일 때, $P(T \geq 2.228)$는 얼마인가?

풀이

(1) t−분포표에서 자유도 d.f=20, $\alpha = 0.05$을 만족하는 t−값은 1.725임을 알 수 있다.

(2) $P(T \leq 2.228)$은 t−값이 2.228 이하인 영역의 확률, 즉 면적을 의미한다. 문제에서 이 영역의 면적은 0.975로 주어졌다. 따라서 t−값이 2.228 이상인 영역의 면적은, $1 - 0.975 = 0.025$로 계산된다.

예제 17.2

다음 그림은 d.f.=12인 t−분포 그래프이다.

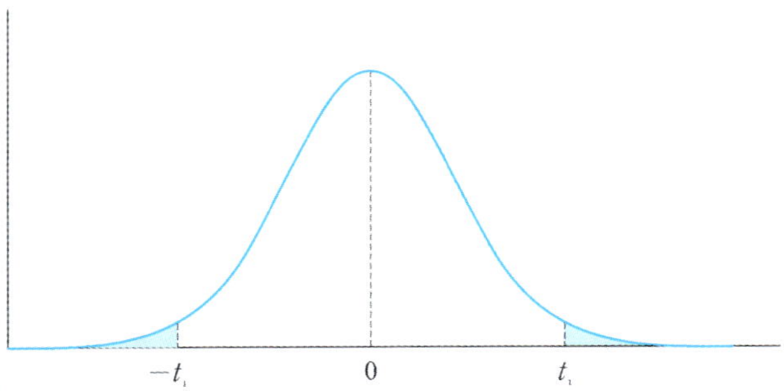

(1) 오른쪽 빗금 부분의 면적 = 0.05가 되는 t_1의 값은 얼마인가?

(2) 왼쪽 빗금 부분의 면적 = 0.1이 되는 t_1의 값은 얼마인가?

(3) 양쪽 빗금 부분의 면적 = 0.05가 되는 t_1의 값은 얼마인가?

풀이

(1) t-분포표에서 d.f.=12인 행렬에서 유의수준 $\alpha = 0.05$에 해당하는 t-값을 확인하면 된다. t-값은 1.782이다.

(2) 먼저 d.f.=12인 행렬에서 유의수준 $\alpha = 0.1$에 해당하는 t-값을 구하고, t-값 앞의 부호를 반대로 바꾸면 된다. t-분포표에서 확인해보면, 유의수준 $\alpha = 0.1$의 t-값은 1.356이다. 이는 우측 꼬리 영역에 해당하는 면적이 되므로 좌측 영역의 면적이 0.1이 되는 t-값은 -1.356이 된다.

(3) 양쪽 꼬리 영역의 면적이 0.05이므로 t-분포표에서 d.f.=12인 행렬에서 유의수준 $\alpha = 0.025$에 해당하는 t-값을 구하면 된다. 따라서 t-값은 ± 2.179이다.

카이제곱(χ^2)분포

카이제곱분포(chi-squared distribution, χ^2-분포)는 n개의 서로 독립적인 표준정규 확률변수를 각각 제곱한 다음 합산해서 얻어지는 분포이다. 카이제곱분포는 통계학이나 사회조사방법론에서 모집단의 분산에 대한 추정과 검정, 적합도 검정, 독립성 및 동질성 검정 등에 사용된다.

예를 들어서 어느 학년의 구성원 집단 내에 있는 남성과 여성의 비율에 통계적으로 유의한 차이가 있는지, 또는 유권자 집단 내에서 보수 성향과 진보 성향의 유권자 구성 비율에 유의한 차이가 있는가, 등을 검증할 때 카이제곱분포를 사용할 수 있다.

정규모집단 $N(\mu, \sigma^2)$으로부터 크기가 n인 표본($X_1, X_2, \cdots, X_n$)을 추출했을 때, 확률변수 $\chi^2 = \dfrac{\sum_{i=1}^{n}(X_i - \overline{X})^2}{\sigma^2} = \dfrac{(n-1)S^2}{\sigma^2}$은 자유도 d.f.=n−1인 χ^2-분포를 한다.

<그림 17.3>은 카이제곱분포를 나타낸 것이다. 그림에서 알 수 있듯이 자유도의 변화

에 따라 곡선의 모양이 변한다. 즉, 자유도 n이 커질수록 곡선은 정규분포곡선처럼 좌우 대칭에 근사하게 됨을 알 수 있다.

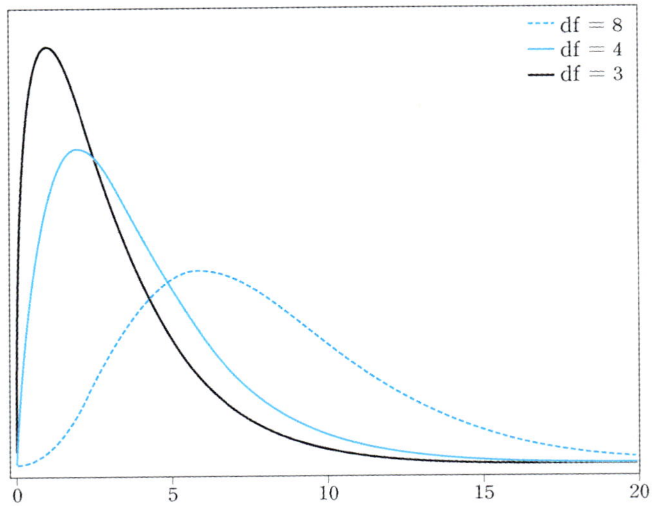

그림 17.3 카이제곱분포곡선

확률변수 X가 자유도 n인 카이제곱분포를 따르면, 그 확률은 다음과 같이 표현할 수 있다.

$$P\left[X \geq \chi^2_{\alpha(n)}\right] = \alpha \tag{17.2}$$

카이제곱분포의 χ^2−값은 t−분포의 t−값을 구하는 것처럼, [부록 5]의 카이제곱 분포표를 이용하여 구할 수 있다. 예를 들어서 자유도가 10이고 유의수준 $\alpha = 0.05$이면, $\chi^2_{0.05(10)} = 18.31$이다. 그리고 χ^2−값은 t−값과 마찬가지로 우측 꼬리 값이다.

다음의 예제를 풀이해보자.

예제 17.3

아래의 그림은 d.f.=15인 χ^2–분포 그래프이다.

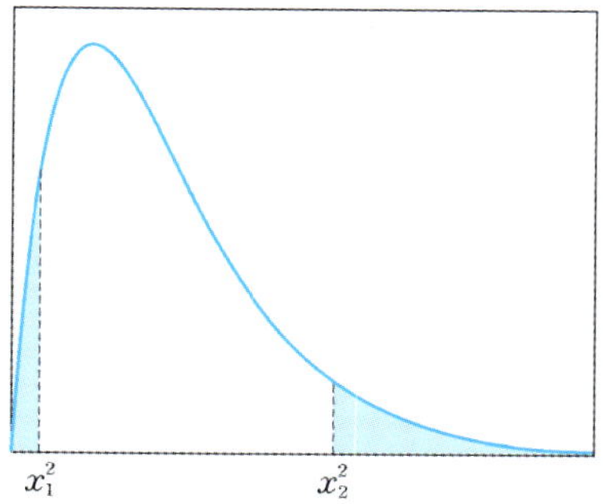

(1) 오른쪽 빗금 영역의 면적 = 0.05가 되는 χ_2^2의 값은 얼마인가?

(2) 왼쪽 빗금 영역의 면적 = 0.10이 되는 χ_1^2의 값은 얼마인가?

(3) 양쪽 빗금 부분의 면적 = 0.05가 되는 χ_1^2, χ_2^2의 값은 얼마인가?

풀이

(1) 오른쪽 빗금 영역의 면적이 0.05가 된다는 것은 우측 꼬리의 유의수준 $\alpha = 0.05$임을 의미한다. 따라서 카이제곱분포표에서 d.f.=15이고 $\alpha = 0.05$인 값을 구하면 된다. $\chi_2^2 = 25.00$이다.

(2) 왼쪽 빗금 영역의 면적이 0.10이 된다는 것은 우측 꼬리의 $\alpha = 1 - 0.10 = 0.90$임을 의미한다. 따라서 카이제곱분포표에서 d.f.=15이고 $\alpha = 0.90$인 값을 구하면 된다. $\chi_1^2 = 8.547$이다.

(3) 양쪽 빗금 영역의 면적이 0.05가 된다는 것은 χ_2^2의 기준에서 우측 꼬리 $\alpha = 0.025$이고 χ_1^2의 기준에서 우측 꼬리 $\alpha = 0.975$가 됨을 의미한다. 따라서 카이제곱분포표에서 d.f.=15에 해당하는 각각의 카이제곱값을 구하면, $\chi_1^2 = 27.49$, $\chi_2^2 = 6.262$이 된다.

F-분포

F-분포는 카이제곱분포와 마찬가지로 분산을 다룰 때 사용하는 분포이다. 통계학자 Ronald A. Fisher(1890~1962)가 제안하였다.

카이제곱분포가 한 집단의 분산을 다룬다면, F-분포는 두 집단의 분산을 다룬다는 점에서 차이가 있다. 그리고 두 집단의 분산이 서로 같은지 아니면 서로 다른지를 비교하는 데 있어서 두 개의 분산 중 하나를 분자에 두고 다른 하나를 분모에 두어 나누어 계산한 값을 활용하여 두 집단의 분산을 비교한다. 즉, 두 분산의 비율을 구하여 그 값이 1에 가까운 값이 나올수록 두 집단의 분산은 같거나 비슷한 것으로 해석하고, 1에서 매우 작거나 매우 큰 값이 나오면 두 집단의 분산은 다른 것으로 해석하게 된다.

두 확률변수 X와 Y가 각각 자유도 n_1, n_2이고 서로 독립인 카이제곱분포를 따른다고 할 때 확률변수 F는 자유도가 (n_1, n_2)인 F-분포를 따른다고 정의한다. 즉, $X_1, X_2, \cdots, X_n$이 정규분포 $N(\mu, \sigma_1^2)$에서 뽑은 확률표본이고, $Y_1, Y_2, \cdots, Y_n$이 $N(\mu, \sigma_2^2)$에서 뽑은 확률표본일 때, 표준화한 변수들의 제곱합의 비율의 분포는 다음과 같다.

$$\frac{\dfrac{\sum_{i=1}^{n}(X_i-\mu_1)^2}{\sigma_1^2}/n_1}{\dfrac{\sum_{i=1}^{n}(Y_i-\mu_2)^2}{\sigma_2^2}/n_2} = \frac{\chi^2_{(n_1)}/n_1}{\chi^2_{(n_2)}/n_2} \tag{17.3}$$

위의 수식에서 알 수 있듯이 F-분포의 확률변수는 카이제곱분포를 따르는 두 확률변수를 각각의 자유도로 나누어 그 비율을 구한다. F-분포의 확률은 다음과 같이 정의할 수 있다.

$$P\left(F \geq f_{\alpha,(n_1-1,\, n_2-1)}\right) = \alpha \tag{17.4}$$

다음의 예제를 풀이해보자.

예제 17.4

F-분포표를 이용하여 다음을 구하여라.

(1) $f_{0.1,(10,8)}$ (2) $f_{0.05,(10,8)}$

(3) $f_{0.25,(10,8)}$ (4) $f_{0.01,(10,8)}$

풀이

(1) 2.54

(2) 3.35

(3) 4.30

(4) 5.81

F-분포는 뒤에서 나올 분산분석과 회귀분석에서 주로 사용되는 분포이다. F-통계량이 두 표본분산의 비율로 단순화되기 때문에 두 집단의 모분산이 같은지, 즉 등분산 가정을 검정하는 데 유용하게 사용된다.

6장

통계의 기본원리

D+18 변수와 데이터

D+19 표본추출과 오차

D+20 빈도분포와 히스토그램

D+21 다양한 데이터 시각화 도구

D+22 공분산과 상관계수

D+23 중심과 변동성

D+24 중심극한정리

D+25 신뢰구간: z-값과 표본평균의 범위

D+26 신뢰구간: z-분포, t-분포, 모비율

D+18

변수와 데이터

통계는 모집단에서 일부 표본을 추출하여 수집한 표본 데이터를 기반으로 모집단의 특성을 추론하거나 추정된 모수를 비교하고 불확실한 미래를 예측하는 학문이다. 최근 들어 빅데이터 분석과 인공지능 등 데이터를 다루는 산업이 떠오르면서 데이터 분석의 가장 근원이 되는 통계학에 대한 관심이 날로 커지고 있다.

다른 학문 분야도 마찬가지겠지만, 통계에 대한 지식을 습득하기 위해서는 관련 용어의 개념부터 익혀야 한다. 여기서는 가장 기초적인 용어를 살펴보도록 하겠다.

용어의 정리

데이터 분석의 영역에서 사용되는 용어는 여러 가지가 있다. 이 중에서 먼저 관측치, 변수, 데이터 세트, 단일변량, 이변량, 다변량 등에 대해서 알아보자.

1) 관측치(observation)

기업이나 지역과 같은 집단에서 어떤 하나의 개체를 의미한다. 예를 들어서 유가증권 거래소에 상장한 특정 회사나 그 회사에서 근무하는 종업원, 또는 경기도에 주거하는 가구과 같이 개별적인 관측 대상을 말한다.

2) 변수(variable)

관측치의 특성을 의미한다. 예를 들어서 유가증권 거래소에 상장한 특정 회사의 업종, 매출액이나 그 회사에 근무하는 종업원의 성별, 급여, 또는 경기도에 주거하는 가구의 가구 수 및 총소득과 같은 것이다.

3) 데이터 세트(data set)

모든 변수의 모든 값으로 이루어진 것으로 선택한 모든 관측치를 의미한다. 일반적으로 데이터 세트는 <표 18.1>과 같이 $n \times m$ 행렬의 형태로 입력할 수 있다.

표 18.1 데이터 세트의 행렬 예시

ID	성별	나이	키	월소득	주거형태
이상민	남	37	180	400	자가
고병욱	남	35	178	350	전세
이지현	여	33	168	420	자가
박희진	여	34	165	280	월세

<표 18.1>에서 각 행은 관측치(n행)이고, 각 열은 변수(m열)이다. 이 표의 데이터 세트는 4개의 관측치(4행)와 5개의 변수(5열)로 이루어져 있다.

데이터 세트에는 여러 개의 변수가 있을 수 있는데, 변수가 1개인 경우를 단일변량이라고 하고 2개인 경우는 이변량, 그리고 3개 이상인 경우를 다변량이라고 한다.

데이터는 그 형태에 따라 범주형 데이터와 숫자형 데이터로 분류할 수 있다.

4) 범주형 데이터(categorical data)

성별이나 주거 형태와 같이 숫자가 아닌 단어 그 자체로 설명될 수 있는 정성적(qualitative) 데이터이다. 예를 들어서 기업을 대기업, 중견기업, 중소기업과 같이 기업의 규모에 따라 분류하고, 자동차의 경우 세단, SUV, 트럭, 버스와 같이 용도에 따라 분류하는 것을 말한다. 범주형 데이터가 반드시 숫자가 아닌 단어로만 설명되는 것은 아니다. 각 범주에 숫자를 부여하는 코딩을 통해서 범주형 데이터를 숫자로 표현할 수도 있다. 예를 들어서 기업을 입력할 때, 대기업을 1, 중견기업을 2, 그리고 중소기업을 3으로 표현하거나 주거 형태를 입력할 때, 자가를 1, 전세를 2, 그리고 월세를 3으로 표현할 수 있다. 다만, 범주형 데이터를 표현한 숫자는 어떤 순서나 크기의 차이를 의미하는 것은 아니다.

5) 숫자형 데이터(numerical data)

변수를 설명하고 표현하는 데에 있어서 수치로 측정하거나 수학적 계산을 통해 얻어지는 정량적(quantitative) 데이터를 말한다. 예를 들어서 올해 입학한 학생들의 체중이나 키, 경기도에 거주하는 전체 가구의 월 소득과 같은 데이터이다. 숫자형 데이터는 셀 수 있는 값을 가지는 이산형 데이터와 특정 구간 사이의 모든 값을 취하는 연속형 데이터로 분류할 수 있다.

이산형 데이터는 대부분 정수의 값을 갖는다. 예를 들어 오늘 하루 동안 배송한 상품의 수량이나 진료한 환자의 수와 같이 특정하여 셀 수 있는 데이터이다. 이러한 데이터는 소수점으로 표현될 수 없으므로 정수 변수로 표현된다.

연속형 데이터는 소수점 이하의 값을 갖는다. 예를 들어 이번에 출시된 신형 자동차의 제로백(정지상태에서 시속 100 km까지 가속에 걸리는 시간)이나 국내 제조기업들의 매출액 증가율과 같은 데이터를 말한다. 즉, 길이, 무게. 시간, 속도 등과 같은 물리적 측정치나 매출, 자산과 같은 재무변수 등이 연속형 데이터에 해당한다.

예제 18.1

다음 변수들의 데이터 형태를 쓰시오.

(1) 시장점유율 1위인 노트북 브랜드
(2) 이번 학기에 수강할 수 있는 교과목 수
(3) 우리 동네에서 거주한 기간
(4) 오늘 점심 식사 때 섭취한 칼로리
(5) 서울에서 제주까지 가장 저렴한 항공편의 이름
(6) 어제 구매한 자동차의 브랜드

풀이

(1) 범주형 데이터
(2) 이산형 데이터
(3) 연속형 데이터
(4) 연속형 데이터
(5) 범주형 데이터
(6) 범주형 데이터

6) 시계열 데이터와 횡단면 데이터

데이터의 유형은 관측치를 측정한 시점에 따라 시계열 데이터와 횡단면 데이터로 분류할 수도 있다. **시계열 데이터(time series data)**는 모든 관측치가 년, 월, 일과 같이 동일한 간격으로 서로 다른 시점에서 측정된 것을 말한다. 여기서 관측치 간의 시간을 주기(periodicity)라고 하며, 연간, 분기, 월, 주, 일, 시간 등의 주기가 있다. GDP, 소비자 물가지수, 실업률과 같은 경제지표나 기업의 매출액, 시장점유율 등과 같은 재무지표 등을 시간의 경과에 따른 추세와 패턴을 분석하는 데에 사용된다. **횡단면 데이터(cross-section data)**는 동일 시점에서 측정한 서로 다른 개별 관측치의 특성을 표현하는 것을 말한다. 예를 들어서 지난 한 해 동안의 프랜차이즈 매장별 영업이익율을 비교한다든지 매장의 지점별 점포의 면적과 매출액 간의 상관관계를 분석할 때 유용하다.

<그림 18.1>은 시계열 데이터와 횡단면 데이터를 시각적으로 표현한 것이다.

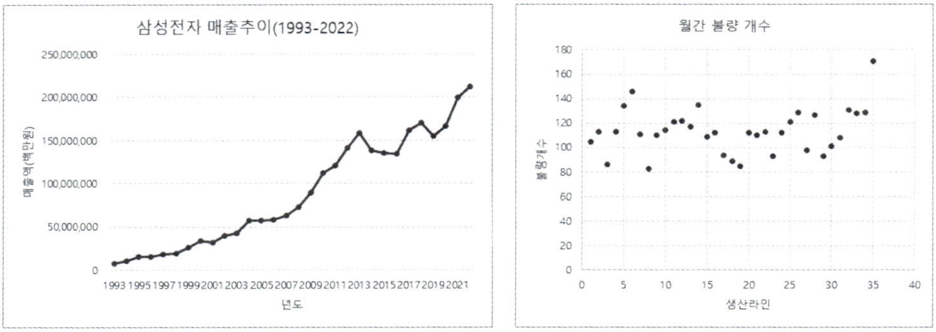

그림 18.1 시계열 데이터와 횡단면 데이터

좌측의 그래프는 삼성전자의 매출실적을 나타낸 것이다. 1993년부터 2022년까지 20년간의 매출실적을 시간의 흐름에 따라 보여주고 있다. 이러한 그래프가 시계열 데이터를 보여주는 전형적인 방법이다. 반면 우측의 그래프는 어느 공장의 생산라인마다 발생하는 불량품의 개수를 나타낸 것이다. 특정 시점에서 발생한 서로 다른 관측치의 데이터를 보여주고 있다. 이러한 그래프가 횡단면 데이터를 보여주는 전형적인 방법이다.

데이터의 측정

앞에서 데이터의 유형에 대해서 알아보았다. 데이터는 형태에 따라서 범주형 데이터와 숫자형 데이터로 구분한다고 했고, 측정 시점에 따라서 시계열 데이터와 횡단면 데이터로 구분한다고 하였다. 여기에 더해서 데이터는 측정 수준에 의해서도 구분할 수 있다. 통계학에서 데이터의 측정 수준은 <표 18.2>와 같이 명목척도, 서열척도, 등간척도, 그리고 비율척도로 구분된다.

표 18.2 측정 수준에 따른 데이터 유형

측정 수준	특징	예
명목척도	변수의 범주만 구별 정성적, 범주형, 분류형과 동일한 의미 숫자로 코딩(1=합격, 2=불합격)	통신사(SK, KT, U+) 도시명(서울, 인천, 부산)
서열척도	데이터값이 순서 또는 순위를 의미 서열 간의 간격은 분명한 차이가 없음 즉, 자동차 대형과 중형 사이엔 의미가 없음	자동차(대형, 중형, 소형) 신용등급(A+, A, B+, B…)
등간척도	만족도를 숫자로 평가할 때 사용 척도 사이의 거리에 의미가 있음 4등급~6등급 차이 = 7등급~9등급 차이 0은 의미가 없고, 차이가 비율의 의미는 아님	등급(1등급, 2등급, 3등급) 온도(10℃, 20℃, 30℃)
비율척도	명목형, 순서형, 구간형의 성질을 모두 보유 의미 있는 0이 존재 척도 간의 차이에 비율의 의미가 있음	매출액 200억 원과 400억 원

명목척도(nominal scale)는 단지 범주만을 구분한다. 정성적 데이터, 범주형 데이터, 분류형 데이터와 동일한 의미를 갖는다. 일반적으로 숫자로 코딩하지만 임의로 부여된 것이기에 숫자가 어떠한 의미를 갖는 것은 아니다. 따라서 부여된 숫자를 갖고 평균을 계산하는 등의 수학적 분석은 의미가 없다.

서열척도(ordinal scale)는 데이터의 값이 순서나 순위를 의미한다. 예를 들어서 판매 중인 자동차의 크기를 대형, 중형, 소형으로 구분함으로써 어떠한 자동차가 더 크고 더 작은지를 표현하는 것이다. 다만 크기 간의 간격에 의미를 부여할 수는 없다. 즉, 크다 작다의 의미이지 얼마만큼 크고 작은지를 가늠할 수는 없다는 것이다. 따라서 서열척도는 순서 간의 간격이 분명한 의미가 없다.

등간척도(interval scale) 또는 구간척도는 어떤 제품이나 서비스에 대한 만족도를 숫자로 평가하는 조사에서 자주 사용된다. 척도로 사용되는 숫자 간의 거리는 의미를 지닌다. 즉, 1등급과 2등급 간의 차이는 3등급과 4등급 간의 차이와 같은 의미를 갖는다. 따라서 평균과 같은 수학적 분석이 가능하다. 다만 등간척도에서 숫자 0의 의미는 임의적이기 때문에 명확한 의미가 없고, 숫자 간의 차이는 비율을 의미하지는 않는다. 등간척도의 대표적인 측정도구로 리커트 척도(Likert scale)가 있다. <그림 18.2>가 리커트 척도의 예이며, 설문조사지의 측정 문항을 설계할 때 보편적으로 사용된다.

질문. 우리 회사는 수평적 기업문화를 갖고 있는 편이다.

□	□	□	□	□
매우 아니다	대체로 아니다	보통이다	대체로 그렇다	매우 그렇다

그림 18.2 리커트 척도로 설계된 설문 문항의 예시

비율척도(ration scale)는 4개의 척도 중에 가장 강한 측정 수준을 갖고 있다. 앞에서 기술한 3개 척도의 성질을 모두 갖고 있으며 숫자 0은 의미가 있다. 0이 의미를 갖기 때문에 데이터값의 비율이 의미를 갖는 것이다. 기업의 재무 데이터, 공학의 대부분 데이터가 비율형 데이터이다. 예를 들어 매출액 200억 원과 400억 원은 2배의 차이가 있다. 그리고 매출액 0원도 의미가 있는 숫자이다. 매출액 성장률 데이터를 측정한다면, 음수(−)도 관찰될 수 있다. 다만, 0이 반드시 관찰되어야 하는 것은 아니다. 예를 들어 어느 초등학교 6학년에 재학 중인 학생들의 몸무게를 측정할 때, 0kg인 학생은 없을 것이다. 체중 데이터에 있어서 숫자 0은 의미가 없지만, 학생들 간의 몸무게 차이는 비율로 측정할 수 있다.

D+19

표본추출과 오차

매년 선거철이 되면 방송에서는 후보자들에 대한 지지율을 조사하고 특정 후보에 대한 당선 가능성을 점친다. 그런데 여론기관마다 조사 결과에 차이가 있고 간혹 여론조사에서의 당선예측과 실제 선거 결과가 다른 경우도 있다. 왜 이런 차이가 발생할까? 그 이유는 여론조사가 전체 유권자를 대상으로 전수조사(census; 센서스)하는 방식이 아니라 표본을 추출해서 조사하는 방식이기 때문이다. 따라서 표본을 추출하여 데이터를 분석하는 과정에서 항상 오차라는 것이 발생한다.

기술통계학과 추론통계학

통계학(statistics)은 데이터를 모으고, 정리하고, 분석하고, 해석해서 그 결과를 제시하는 학문이다. 앞에서 기술한 바와 같이 표본 데이터 세트를 분석하는데, 분석에 사용하기 위해 숫자로 표현되는 측정 수단을 통계량(statistic)이라고 한다. 예를 들어 '신학기에 입학한 신입생들의 평균 키'가 통계량에 해당한다.

통계학은 크게 두 종류로 분류할 수 있다. 하나는 기술통계학이고 다른 하나는 추론통계학이다.

기술통계학(descriptive statistics)은 도표나 그래프 또는 숫자를 활용하여 수집된 데이터에 대한 특성을 요약하여 제시하는 것을 의미한다. 표본을 추출하여 설문조사를 시행하거나 수집된 데이터를 그래프와 같은 시각적 도구로 표현하거나, 또는 변수의 특성을 숫자로 기술한 것을 말한다.

추론통계학(infrerential statistics)은 표본으로부터 모집단으로 일반화하거나 알려지지 않는 모수에 대한 추정을 통해 어떠한 결론을 도출하고 의사결정하는 것을 의미한다. 즉, 앞에서 얘기한 것처럼, 선거철에 표본을 추출하여 설문조사를 통해서 지지율이 높은 후보의 당선가능성을 점치거나 공장에서 출하되는 제품 중에서 일부를 무작위로 선택하여 당일 생산품들의 불량률을 가늠하는 것을 말한다. 분산분석이나 회귀분석 같은 통계모형을 사용하는 것이 이에 해당한다.

표본추출과 추정

통계학에서 관심을 두는 항목은 모집단의 특성이다. 모집단은 모든 항목이 유한할 수도 있고 그와 반대로 셀 수 없이 무한할 수도 있으며 때로는 항목의 수가 유한하더라도 현실적으로는 그 수를 셀 수 없을 정도로 많은 경우도 있다. 예를 들어 이번 학기에 통계학을 수강한 학생의 수는 유한한 모집단을 이룬다고 할 수 있지만, 밤하늘에서 빛을 발하는 행성의 수는 무한하다고 할 수 있다.

모집단이 유한한 개수의 항목으로 구성되어 있다면, 표본추출을 통한 통계분석이 아니라 전수조사를 통해서 데이터를 수집하여 분석할 수 있다. 그러나 모집단이 유한하더라도 전체 관측치를 수집하여 분석하는 데에는 상당한 시간과 비용이 소요되기 때문에 표본추출을 통해 분석하는 것이 일반적이다.

표본의 추출 방법에는 임의추출(random sampling)과 비임의 추출(non-random sampling)이 있다. 임의추출 방법에는 단순 임의표본 추출, 계통표본 추출, 층화표본 추출, 그리고 군집표본 추출 등이 있다. 반면 비임의 추출에는 판단표본 추출, 편의표본 추출, 그리고 포커스 그룹 인터뷰 등이 있다.

표 19.1 임의추출

구분	내용
단순임의추출	바구니에 담긴 여러 개의 공 중에서 임의로 선택하는 것처럼 모집단의 모든 항목은 선택될 확률이 균일하다. 그러나 편의를 방지하기 위해 난수를 사용하기도 한다.
계통추출	생산되어 출하되는 제품 중에 매 1000번째 나오는 제품을 선택하여 품질 테스트를 하는 것처럼 모집단이 무한하거나 그 목록을 만들기 어려울 때 표본을 추출하는 방법이다.
층화추출	모집단 내에 속성이 동일하고 크기가 알려진 계층이 있을 때 각 계층 내에서 원하는 크기의 표본을 단순임의추출하는 방법을 말한다. 예를 들어 연령이나 성별을 계층으로 하여 계층 간의 인구수 비중을 고려하여 표본을 추출하는 것을 말한다.
군집추출	모집단의 계층이 기본적으로 지리적 영역으로 이루어져 있을 경우 군집추출을 한다. 임의로 k개의 하위지역을 골라 그 속에 포함된 모든 항목들로 표본을 만드는 단일단계 군집추출과 k개의 하위지역 내에서 다시 임의표본을 추출하는 2단계 군집추출이 있다.

<표 19.1>은 임의추출 방법에 대한 설명을 기술한 것이다.

임의추출에는 복원추출(임의의 숫자가 또다시 표본으로 추출되도록 하는 방법)과 비복원추출(표본으로 선택된 항목이 다시 표본으로 고려되지 않도록 하는 방법)이 있다. 만약 모집단이 무한하다면, 복원추출이나 비복원추출 모두 큰 문제가 없으나 표본의 크기(n)가 모집단의 크기(N)에 가까울 경우 비복원추출은 문제를 야기할 수 있다. 즉, 표본추출이 진행되면서 모집단에 남아있는 항목이 줄어들게 되는데, 표본추출 과정의 초기에 뽑힌 항목들이 제외되면서 표본 자체가 초기의 항목들과 일치하지 않게 되면서 표본에 편의(bias)를 발생시킨다.

표 19.2 비임의 추출

구분	내용
판단추출	의료기관의 회계정책에 대한 개선안을 수립하는 연구를 진행한다고 가정한다면, 이와 관련한 서베이 대상은 일반인보다는 의료기관 종사자나 회계전문가 집단이 될 수 있다. 이처럼 전형적이거나 전문적 항목 선택에 전문가적 지식을 활용할 필요가 있을 때 판단추출을 할 수 있다.
편의추출	빠르게 정보를 취합하고 분석할 수 있다는 장점이 있는 방법이다. 예를 들어서 경영학과 2학년 학생 중에서 체육대회에 참석할 인원수를 파악하려는데 2학년 전공과목인 경영학원론 수강자들을 대상으로 예상인원을 조사하는 경우가 이에 해당한다. 비록 2학년 학생 전체를 대상으로 임의추출한 것은 아니지만 매우 빠르게 정보를 얻을 수 있다.
포커스 그룹	특정 주제에 대해서 전문가적인 통찰을 얻기 위하여 5~10명 정도의 전문가 집단을 뽑아 훈련된 사회자가 포커스 그룹의 인터뷰나 토론을 진행하는 방식을 말한다. 예를 들어서 의료기관의 회계정책 개선안은 판단추출과 같이 다수의 의료기관 종사자나 회계법인의 회계사들을 대상으로 서베이할 수 있으나 의료기관에서 근무하는 회계책임자들을 선별하여 포커스 그룹 인터뷰를 진행하는 것이 유효할 수도 있다.

<표 19.2>는 비임의 추출 방법에 대한 설명을 기술한 것이다.

표본 통계량은 모집단으로부터 추출한 표본의 특성이다. 모집단의 전체 관측치 중에서 임의로 추출한 것이기 때문에 어떠한 개체가 포함되었는지에 따라 그리고 표본의 수를 얼마만큼 많이 선택했는지에 따라 달라질 수 있는 확률변수이다.

<그림 19.1>은 통계학을 수강한 학생들의 성적 데이터를 수집하여 시각화한 막대도표이다. 수강생 수는 모두 545명이고, 최저 점수를 기록한 학생의 성적은 53점이고 가장 높은 성적을 기록한 학생의 성적은 99점이다. 545명 수강생 성적의 평균점수는 80.76점이고 표준편차는 29.06점이다. 모집단 전체에 대한 평균이고 모집단 전체에 대한 표준편차이므로 수학 기호를 사용하여 모평균 $\mu = 80.76$, 모표준편차 $\sigma = 29.06$ 로 표현할 수 있다.

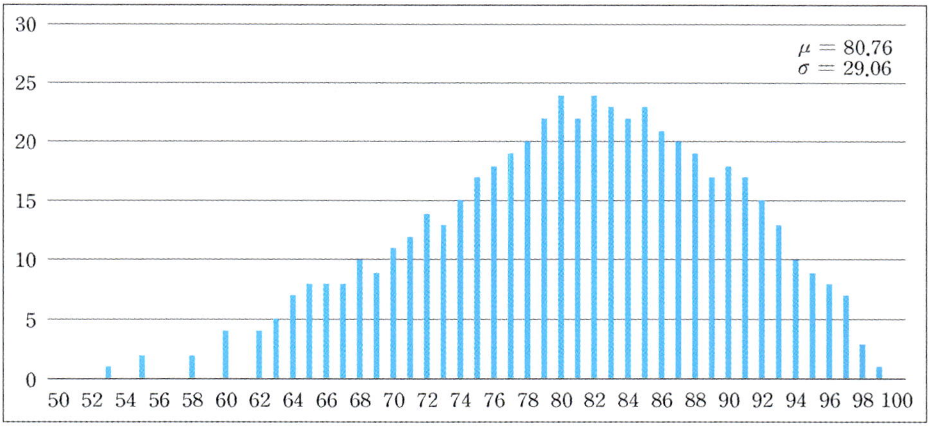

그림 19.1 통계학 수강생 545명의 성적분포

이제 545명의 통계학 수강생 모집단에서 5명씩 6회에 걸쳐서 표본을 추출한다고 가정하자. <그림 19.2>는 표본을 추출하였을 때 총 30명의 통계학 시험성적의 분포를 나타낸 것이다. 그림에서 알 수 있듯이 개별 표본 값들의 변동은 크지만, 표본평균은 모평균(수직의 점선)에 근사하는 성향을 보인다. 만약 표본이 더 커진다면, 표본평균은 모평균(μ)에 더욱 가까워질 것이다.

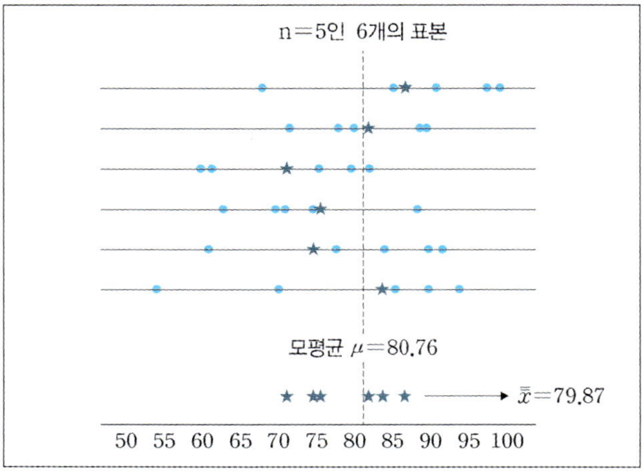

그림 19.2 모평균과 표본평균

선거철에 여론조사기관들이 발표하는 선거 결과에 대한 예측도 이러한 표본추출 방식을 사용하는 것이다. 그런데 표본을 추출하여 측정한 평균은 실제 모집단의 평균과 차이가 있다. 더욱이 <그림 19.2>에서 알 수 있듯이 표본그룹 간에도 평균의 차이가 발생한다. 앞에서 여론기관마다 조사 결과에 차이가 발생하고 실제 선거 결과와도 차이가 발생하는 이유는 여기에 있는 것이다. 그래서 어떠한 방식으로 표본을 추출하고 얼마나 많은 표본을 추출하느냐에 따라 모집단에 대한 추정에 영향을 미친다.

1) 통계적 추정과 추론

모집단으로부터 여러 개의 표본그룹을 추출하여 모집단의 정보에 근사한 정보를 얻는 것이 통계적 추정의 원리이다. 통계적 추정량을 기초로 하여 통계적 추론(inference)을 할 수 있다. 즉, 표본으로부터 얻은 정보를 바탕으로 모집단의 특성을 추측하는 것이다. 통계적 추론을 위해서는 표본의 크기와 추정치의 신뢰수준(confidence level)을 통제해야 한다.

2) 추정량과 추정치

추정량(estimator)은 모집단의 특성인 모수(parameter)의 추론을 위해 표본으로부터 얻은 통계량을 의미한다. 이에 반해 **추정치**(estimate)는 특정 표본으로부터 얻은 추정량의 구체적인 값이다. 좀 더 명확히 설명하자면, 표본평균, 표본의 표준편차, 표본비율이 추정량이다. 그리고 추정량의 공식에 의해 구해지는 구체적인 값이 추정치이다. 이를 시각적으로 표현하면 <그림 19.3>과 같다.

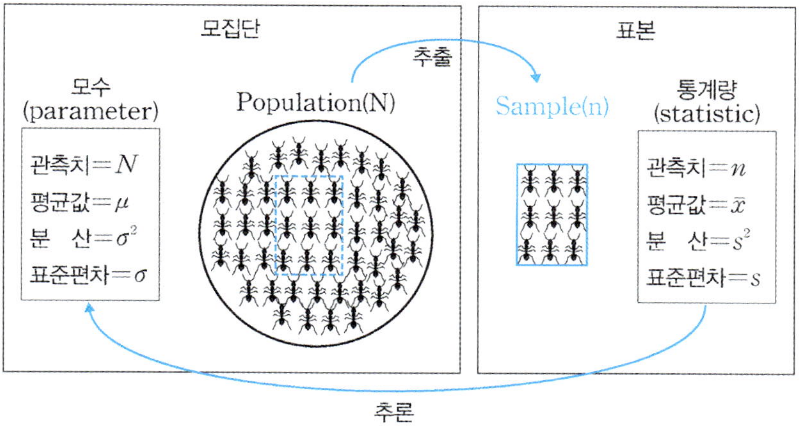

그림 19.3 통계적 추론

모수와 추정량에 대한 표기법은 통계학 교과서마다 다소 다르게 기술되어 있는 경우가 있으나 대체로 모집단의 특성인 모수는 그리스 문자(μ, σ, π)로 표기하고 이에 대한 표본 추정량은 로마자($\bar{x}, s, p$) 또는 문자 위에 "hat(^)"을 넣은 그리스 문자($\hat{\mu}, \hat{\sigma}, \hat{\pi}$)로 표기한다.

표본오차

앞의 <그림 19.2>에서 나타난 것처럼 임의로 추출하는 표본의 그룹은 추출할 때마다 변동하며 따라서 추정량은 확률변수이다. 표본오차는 추정치와 그에 대응하는 모수 간의 차이를 의미한다. 이를 수식으로 표현하면 다음과 같다.

$$\text{표본오차} = \bar{x} - \mu \tag{19.1}$$

<그림 19.2>에서는 표본을 추출할 때마다 5명씩 총 6회 추출하였다. 세 번째 추출과 네 번째, 그리고 다섯 번째 추출된 표본의 평균은 모평균(80.76)보다 작다. 따라서 이들의

표본오차는 음수(−)가 된다. 반면 첫 번째 추출과 두 번째, 그리고 여섯 번째 추출된 표본의 평균은 모평균보다 크다. 따라서 이들의 표본오차는 양수(+)가 될 것이다. 이처럼 표본을 추출할 때마다 표본오차가 발생한다. 하지만 이들 표본평균의 평균을 구한다면 모평균에 근사한 값($\bar{\bar{x}} = 79.87$)이 나오게 된다. 그리고 표본의 수가 늘어나면 늘어날수록 표본평균은 모평균에 더욱 근사하게 된다. 그래서 이론적으로 표본평균의 평균은 모수에 대한 정확한 추정이 가능하게 된다.

1) 편의(bias)

추정량의 기댓값과 실제 모수와의 차이를 편의 또는 편향이라고 한다.

$$bias = E(\overline{X}) - \mu \tag{19.2}$$

만약 추정량의 기댓값과 실제 모수 간에 차이가 없다면, 표본평균은 모평균의 불편추정량(unbiased estimator)이다. 불편추정량은 특정 표본에서 표본오차가 존재하나 평균적으로는 실제 모수를 과대추정하거나 과소추정하지 않는다는 의미이다.

편의와 표준오차는 동일한 개념은 아니다. 편의는 체계적으로 발생하고 표준오차는 무작위적으로 발생한다. <그림 19.4>는 불편추정량과 편의에 대한 이해를 돕기 위한 것이다.

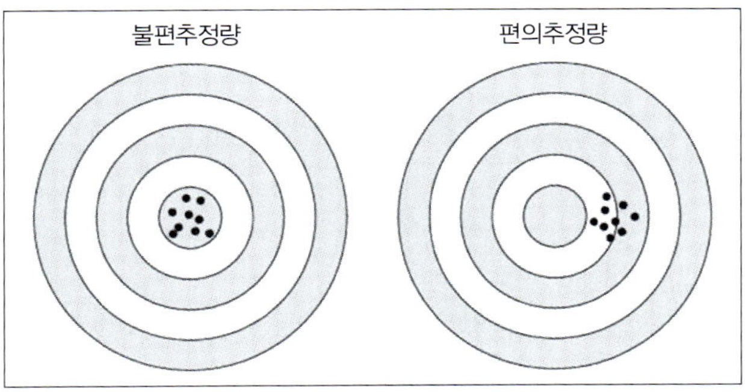

그림 19.4 불편추정량과 편의

<그림 19.4>의 좌측 그림은 과녁 중앙을 중심으로 사격 결과가 모여있는 것을 알 수 있다. 비록 정중앙에 일치하는 결과는 극히 적지만 대부분의 탄흔이 과녁 중앙에 있는 것이다. 이러한 결과를 불편추정량이라고 한다. 반면 우측 그림은 과녁 중앙으로부터 오른쪽으로 치우쳐 탄흔이 모여있는 것을 알 수 있다. 우측 그림은 편의가 있는 추정량을 의미한다. 이처럼 편의가 있는 추정량은 무작위적이지 않고 체계적으로 발생한다. 즉, 소총의 영점을 제대로 설정하지 못한 경우와 같다.

2) 효율성(efficiency)

<그림 19.2>에서 나타난 것과 같이 표본은 추출할 때마다 평균이 달라지는 것처럼 분산이 달라진다. 분산이 큰 표본과 분산이 작은 표본 중에 어느 것이 더 좋은 표본일까? 다른 조건이 같다면, 추정량의 분산이 작은 것이 더 좋은 표본이라고 할 수 있다. 그만큼 그 표본은 변동성이 적고 모수를 추정하는 데에 효율적인 데이터를 보여주는 것이기 때문이다. <그림 19.5>는 추정량의 효율성에 대한 이해를 돕기 위한 그림이다.

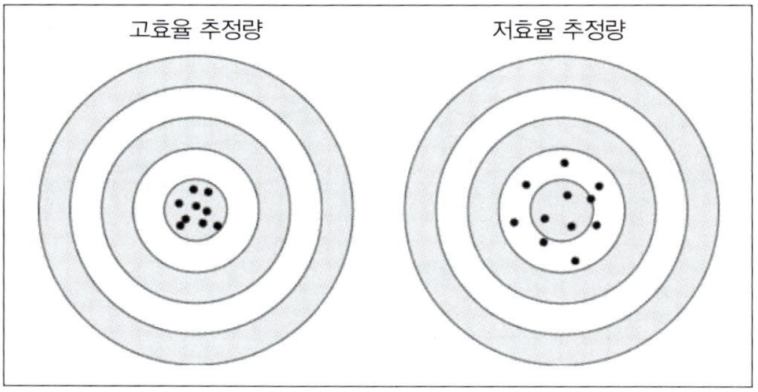

그림 19.5 추정량의 효율성

<그림 19.5>의 좌측 그림은 탄흔의 분포가 우측 그림보다 과녁 중앙에 상대적으로 가까운 거리에 몰려있다. 즉, 중심으로부터의 변동이 작은 것이다. 반면에 우측 그림은 변

동이 큰 분포로 탄흔이 나타나 있다. 이를 사격으로 비유하자면, 좌측 그림의 사격수가 목표물을 명중시키는 데에 더 효율적이라고 할 수 있을 것이다. 즉, 중심으로부터의 변동이 큰 우측 그림의 사격수보다 더 적은 격발 수로 목표물을 명중시킬 수 있기 때문이다.

3) 일치성(consistency)

앞에서 표본의 크기가 늘어나면 늘어날수록 표본평균은 모평균에 근사하게 된다고 하였다. 즉, 표본이 커질수록 추정량은 모수에 근접하게 된다. 다시 말해서 표본이 늘어나면 표본평균($\bar{x}$)은 모평균(μ)에 근접하고 표본의 표준편차(s)는 모집단의 표준편차(σ)에 가까워진다. <그림 19.6>은 추정량의 일치성을 표현한 것이다.

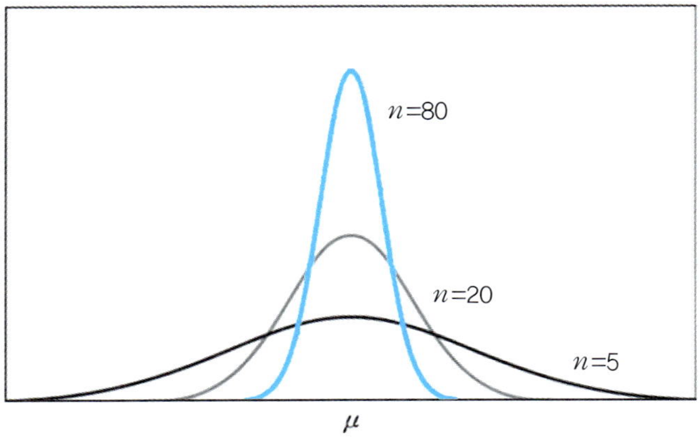

그림 19.6 추정량의 일치성

<그림 19.6>에 표현된 것처럼 표본의 수 n의 크기가 커질수록 모평균(μ)을 중심으로 분산이 작아지고 모수에 수렴하고 있는 것을 알 수 있다. 즉, 표본의 수가 5일 때보다 표본의 수가 20일 때의 산포가 모평균(μ)에 더 가깝게 분포하게 되고 표본의 수가 80으로 증가하면서 데이터의 산포가 모평균(μ)에 더욱 가깝게 분포하게 된다.

이상과 같이 통계학은 모집단으로부터 추출한 표본의 추정량으로 모수를 추론하는 것이다. 표본 추정량은 확률변수이므로 추정량과 모수 사이에는 표준오차가 발생하나 표본의 크기가 늘어날수록 추정량은 모수에 근사하게 되어 이론적으로는 표본 추정량은 모수를 정확하게 예측할 수 있게 된다.

D+20

빈도분포와 히스토그램

통계분석 결과를 숫자가 아닌 그래프와 같은 시각화 도구로 표현한다면 좀 더 직관적으로 데이터의 형태를 인식할 수 있다. 그래서 연구논문이나 보고서에서는 다양한 시각화 도구를 사용하여 데이터 분석 결과를 보여주곤 한다.

앤스콤 4분할 그래프

데이터를 시각화하는 것은 단순히 분석 결과를 보기 좋게 하기 위해서만은 아니다. 영국의 앤스콤(Frank Anscombe)은 데이터를 시각화하지 않고 수치만 확인할 때 발생할 수 있는 함정을 보여주기 위해 4분할 그래프를 제시했다.

앤스콤 그래프를 구성하는 데이터 세트는 4개의 그룹으로 구성되어 있는데, 모든 데이터 그룹은 <표 20.1>과 같이 x열과 y열을 갖고 있다.

표 20.1 앤스콤의 데이터 세트

ID	Dataset 1		Dataset 2		Dataset 3		Dataset 4	
	X	Y	X	Y	X	Y	X	Y
1	10.0	8.04	10.0	9.14	10.0	7.46	8.0	6.58
2	8.0	6.95	8.0	8.14	8.0	6.77	8.0	5.76
3	13.0	7.58	13.0	8.74	13.0	12.74	8.0	7.71
4	9.0	8.81	9.0	8.77	9.0	7.11	8.0	8.84
5	11.0	8.33	11.0	9.26	11.0	7.81	8.0	8.47
6	14.0	9.96	14.0	8.10	14.0	8.84	8.0	7.04
7	6.0	7.24	6.0	6.13	6.0	6.08	8.0	5.25
8	4.0	4.26	4.0	3.10	4.0	5.39	8.0	12.5
9	12.0	10.84	12.0	9.13	12.0	8.15	8.0	5.56
10	7.0	4.82	7.0	7.26	7.0	6.42	19.0	7.91
11	5.0	5.68	5.0	4.74	5.0	5.73	8.0	6.89
평균	9.0	7.50	9.0	7.50	9.0	7.50	8.0	7.50
분산	10.0	3.75	10.0	3.75	10.0	3.75	8.0	3.75

이 4개의 데이터 세트는 수치적으로는 각각 평균, 분산, 상관관계, 회귀선이 모두 같다. 수치적인 결과로만 본다면, 이 4개의 데이터 세트를 동일한 데이터라고 생각할 수 있다. 하지만 실제로 데이터들을 이용하여 엑셀 프로그램에서 산포도 그래프를 그리면 <그림 20.1>과 같이 서로 다른 형태로 나타나는 것을 알 수 있다.

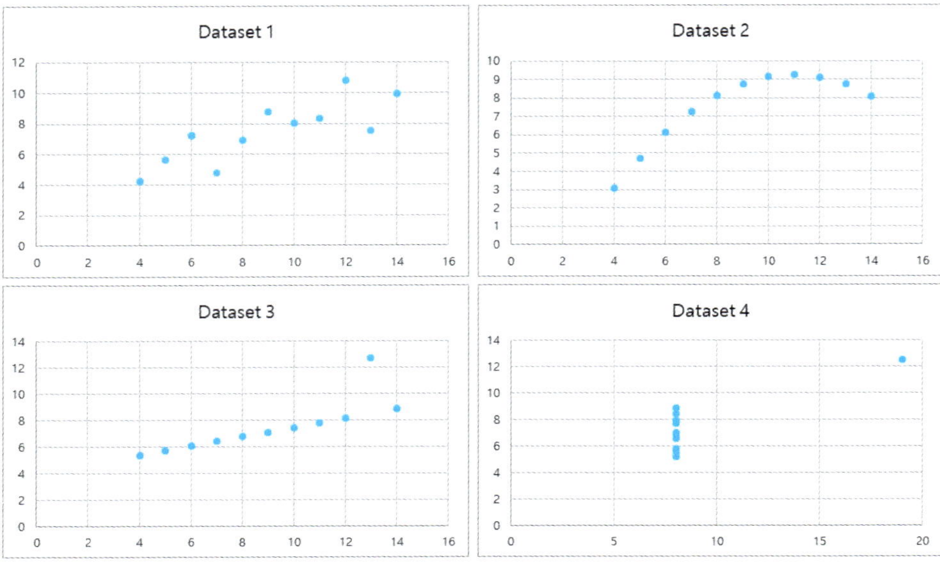

그림 20.1 앤스콤 4분할 그래프

빈도분포와 히스토그램

빈도분포는 여러 개의 데이터 값을 여러 계급(class; 또는 등급)으로 분류한 표를 말한다. 여기서 계급의 폭은 모두 동일해야 한다. 빈도분포표는 각 계급 내에 들어가는 데이터 값들의 빈도수(frequency)를 나타낸다.

빈도분포를 만드는 절차는 다음과 같다.

(1) 데이터를 오름차순으로 정렬시킨다.

(2) 계급의 개수를 정한다.

(3) 계급 간의 경계를 정한다.

(4) 데이터들을 해당 계급으로 분류한다.

위의 절차 중에서 계급의 개수를 정하는 것이 중요하다. 계급의 개수가 많을수록 히스토그램 막대의 개수가 늘어나고 계급의 개수가 적을수록 히스토그램 막대의 개수가 줄어든다. 계급의 개수가 너무 많으면 하나의 계급 내에 들어가는 데이터의 수가 적어져 그래프가 밋밋해지거나 어떤 계급에는 대응되는 데이터가 하나도 없게 될 수도 있고, 반면에 계급의 개수가 너무 적으면 하나의 계급 내에 들어가는 데이터 수가 너무 많아지고 그래프가 세로로 너무 긴 형태가 될 수도 있다.

계급 간의 폭과 경계는 데이터의 최솟값과 최댓값을 사용하여 다음과 같은 수식으로 구한다.

$$\text{계급의 폭} \approx \frac{X_{\max} - X_{\min}}{\text{계급의 수}} \tag{20.1}$$

통계학자 허버트 스터지스(Herbert Sturges)는 <표 20.2>와 같이 표본의 크기에 따라 적절한 계급의 개수를 제안하였다. 다만 스터지스의 가이드라인은 참고사항이지 절대적인 것은 아니다.

표 20.2 스터지스의 가이드라인

표본 크기(n)	바람직한 계급 개수
16	5
32	6
54	7
128	8
256	9
512	10
1,024	11

엑셀 프로그램을 사용하여 계급의 개수를 설정하여 히스토그램을 만들어 보도록 하겠다.

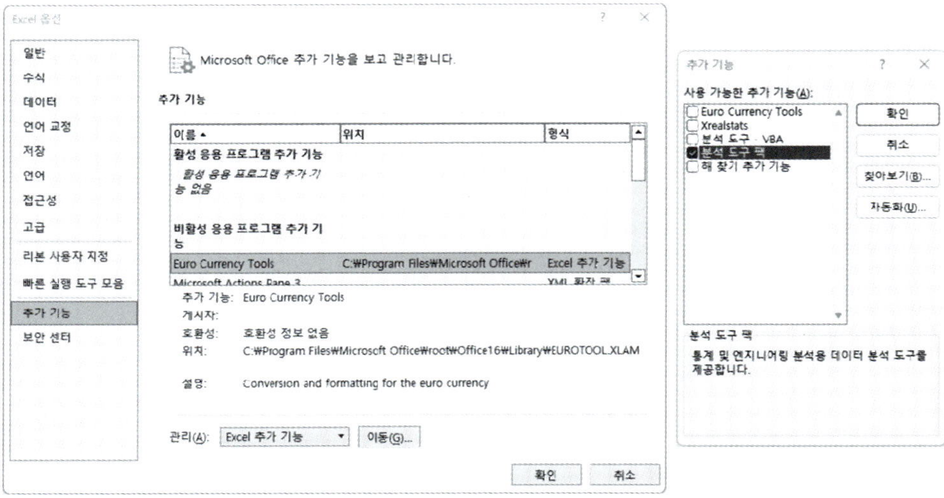

그림 20.2 데이터 분석 도구 추가하기

엑셀로 히스토그램을 그리려면, 먼저 추가기능에서 데이터 분석 도구를 불러와야 한다. 데이터 분석 도구는 엑셀 프로그램의 '파일 > 옵션'을 실행하면 <그림 20.2>와 같이 '추가기능'에서 '분석 도구 팩'을 선택할 수 있게 된다.

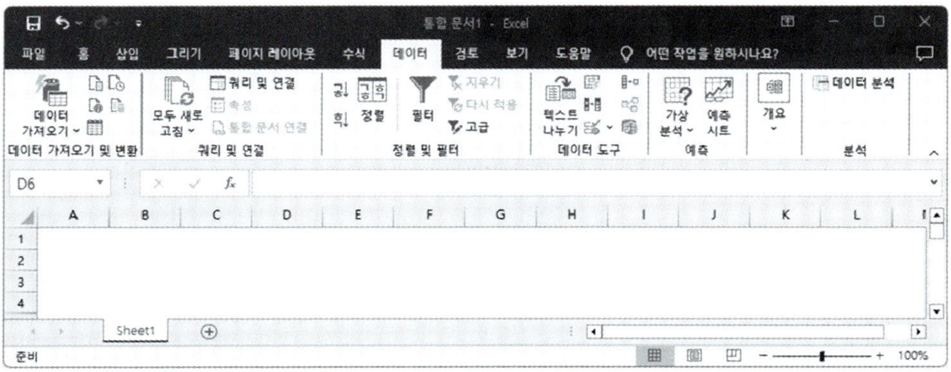

그림 20.3 데이터 분석 메뉴의 생성

데이터 분석 도구 팩을 선택하면, <그림 20.3>과 같이 엑셀 프로그램의 '데이터' 메뉴 탭에서 '데이터 분석'이라는 메뉴와 아이콘이 생성된 것을 확인할 수 있다.

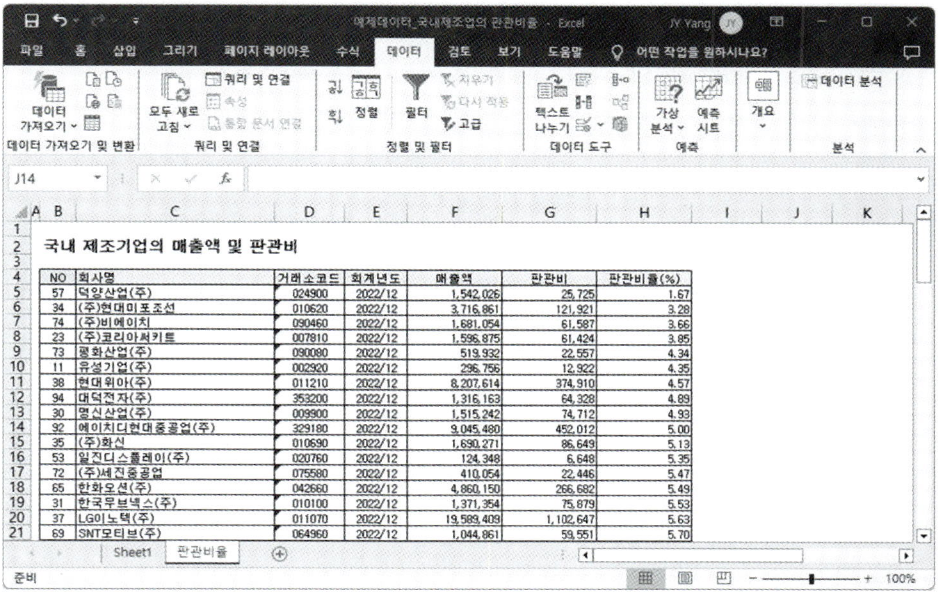

국내 제조기업의 매출액 및 판관비

NO	회사명	거래소코드	회계년도	매출액	판관비	판관비율(%)
57	덕양산업(주)	024900	2022/12	1,542,026	25,725	1.67
34	(주)현대미포조선	010620	2022/12	3,716,861	121,921	3.28
74	(주)비에이치	090460	2022/12	1,681,054	61,587	3.66
23	(주)코리아써키트	007810	2022/12	1,596,875	61,424	3.85
73	평화산업(주)	090080	2022/12	519,932	22,557	4.34
11	유성기업(주)	002920	2022/12	296,756	12,922	4.35
38	현대위아(주)	011210	2022/12	8,207,614	374,910	4.57
94	대덕전자(주)	353200	2022/12	1,316,163	64,328	4.89
30	명신산업(주)	009900	2022/12	1,515,242	74,712	4.93
92	에이치디현대중공업(주)	329180	2022/12	9,045,480	452,012	5.00
35	(주)화신	010690	2022/12	1,690,271	86,649	5.13
53	일진디스플레이(주)	020760	2022/12	124,348	6,648	5.35
72	(주)세진중공업	075580	2022/12	410,054	22,446	5.47
65	한화오션(주)	042660	2022/12	4,860,150	266,682	5.49
31	한국무브넥스(주)	010100	2022/12	1,371,354	75,879	5.53
37	LG이노텍(주)	011070	2022/12	19,589,409	1,102,647	5.63
69	SNT모티브(주)	064960	2022/12	1,044,861	59,551	5.70

그림 20.4 국내 제조기업의 매출액과 판관비

이제 "Data01_국내제조기업의 매출액과 판관비" 파일을 불러오자. 이 데이터는 2022년 결산 기준 국내 제조기업 95개 회사의 매출액과 판관비 자료를 수집한 것이다. 이 파일을 불러와서 <그림 20.4>와 같이 판관비율(%)을 기준으로 오름차순 정렬한다.

계급 수	6
min	1.67
max	35.07
계급 폭	5.57

하한값	상한값
1.65	7.22
7.23	12.79
12.80	18.37
18.38	23.95
23.96	29.52
29.53	35.10

그림 20.5 계급 폭과 상한값 구하기

다음으로 계급 폭과 계급의 상한값을 구한다. <그림 20.5>와 같이 계급 수를 6개로 설정해 보자. 앞에서 계급의 폭은 데이터의 최댓값(max)과 최솟값(min)의 차이를 구한 뒤 계급 수로 나누어 계산한다고 했다. 계산 결과로 계급 폭은 5.57로 나왔다. 이제 하한값을 최솟값인 1.67보다 다소 작은 1.65로 임의 설정하고 하한값에 계급 폭을 더하여 첫 번째 계급구간의 상한값을 구한다. 그리고 다음 구간의 하한값을 첫 번째 구간의 상한값보다 0.01 큰 숫자로 설정한다(각 계급구간은 중복되지 않아야 한다). 이러한 방식으로 모두 6개 계급의 구간을 구한다. 마지막 구간의 상한값이 최댓값 35.07보다 큰 35.10으로 설정되었다.

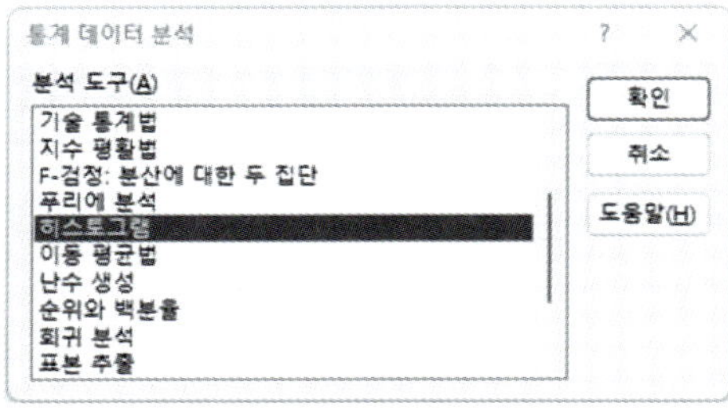

그림 20.6 히스토그램 기능 실행하기

다음으로 '데이터 메뉴'에서 '히스토그램' 기능을 실행시킨다. '데이터 메뉴' 아이콘을 클릭하면, <그림 20.6>의 화면이 나타난다. 분석도구 목록에서 '히스토그램'을 선택한다.

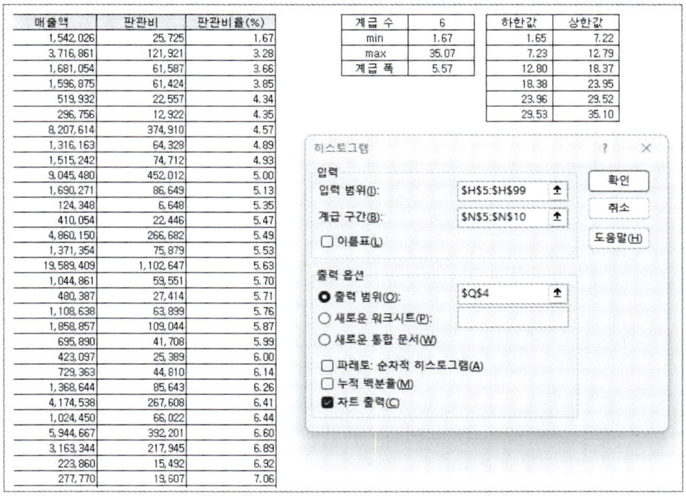

매출액	판관비	판관비율(%)
1,542,026	25,725	1.67
3,716,861	121,921	3.28
1,681,054	61,587	3.66
1,596,875	61,424	3.85
519,932	22,557	4.34
296,756	12,922	4.35
8,207,614	374,910	4.57
1,316,163	64,328	4.89
1,515,242	74,712	4.93
9,045,480	452,012	5.00
1,690,271	86,649	5.13
124,348	6,648	5.35
410,054	22,446	5.47
4,860,150	266,682	5.49
1,371,354	75,879	5.53
19,589,409	1,102,647	5.63
1,044,861	59,551	5.70
480,387	27,414	5.71
1,108,638	63,899	5.76
1,858,857	109,044	5.87
695,890	41,708	5.99
423,097	25,389	6.00
729,363	44,810	6.14
1,368,644	85,643	6.26
4,174,538	267,608	6.41
1,024,450	66,022	6.44
5,944,667	392,201	6.60
3,163,344	217,945	6.89
223,860	15,492	6.92
277,770	19,607	7.06

계급 수	6
min	1.67
max	35.07
계급 폭	5.57

하한값	상한값
1.65	7.22
7.23	12.79
12.80	18.37
18.38	23.95
23.96	29.52
29.53	35.10

그림 20.7 입력 범위 및 계급구간 설정

히스토그램 기능을 실행시키면, <그림 20.7>과 같이 히스토그램 창이 열린다. 입력 범위에는 판관비율(%)의 수치들이 있는 열의 첫 번째 행부터 마지막 행까지 빠짐없이 지정하고, 계급구간은 조금 전에 구한 계급구간의 상한값들이 있는 셀의 첫 번째 행부터 마지막 행까지 빠짐없이 지정한다(엑셀에서는 히스토그램을 만들 때, 계급구간의 상한값들만 있으면 된다).

계급	빈도수
7.22	30
12.79	41
18.37	12
23.95	8
29.52	3
35.10	1
기타	0

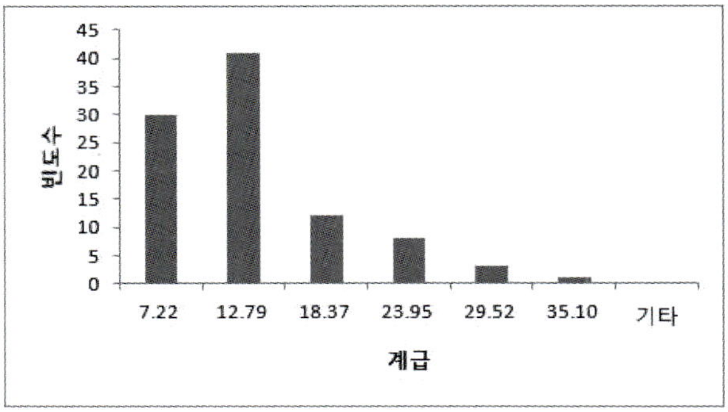

그림 20.8 빈도분포표와 히스토그램

입력 범위와 계급구간을 지정했으면, 다음으로 히스토그램 창 하단에 있는 '차트 출력'에 체크한다. 그리고 출력 범위를 지정하고 '확인'을 누른다. 출력 범위는 여백의 셀 중에 적절한 위치를 입력한다. 그러면 <그림 20.8>과 같이 출력 결과로 빈도분포표(왼쪽)와 히스토그램이 나올 것이다.

이러한 방식으로 계급 수를 추가로 7개, 8개, 그리고 12개를 만들어 히스토그램을 출력해 보자.

<그림 20.9>는 계급 수에 따라 동일한 데이터의 히스토그램 형태가 어떻게 차이가 생기는지를 비교한 것이다.

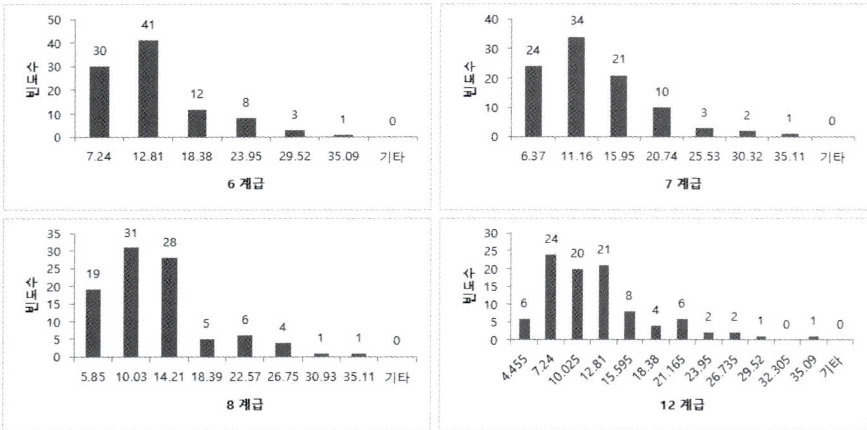

그림 20.9 계급의 개수와 히스토그램

<그림 20.9>에서 알 수 있듯이 계급을 몇 개의 구간으로 구분하였는지에 따라서 히스토그램의 형태가 달라진다. 스터지스의 가이드라인을 기준으로 한다면, 표본의 수가 95개이므로 계급의 수는 7~8개 정도가 적절한 것이라고 할 수 있으나 실제로 계급의 개수는 데이터 분석가가 판단해서 정하면 된다.

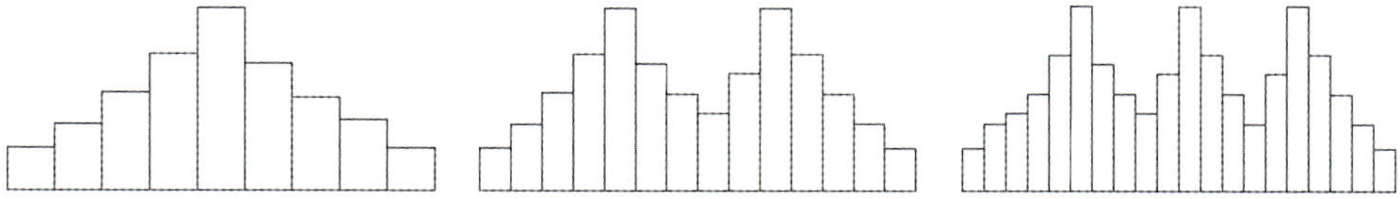

단봉 (unimodal) 이봉 (bimodal) 다봉 (munitimodal)

그림 20.10 최빈계급과 히스토그램

<그림 20.10>에서 히스토그램의 막대 중에 가장 높은 구간을 최빈계급(modal class)이라고 한다. 최빈계급은 그래프상에서 한 개일 수도 있고, 두 개 또는 그 이상일 수도 있다. 최빈계급이 한 개인 경우를 단봉(unimodal)이라 하고, 두 개인 경우는 이봉(bimodal), 그리고 그 이상의 경우는 다봉(multimodal)이라 한다.

D+21

다양한 데이터 시각화 도구

데이터를 시각화하는 도구는 히스토그램 외에도 다양한 방법이 있다. 대부분의 통계 소프트웨어에는 데이터 시각화 기능이 있다. 여기서는 가장 접근성이 좋은 엑셀의 차트 기능을 활용하여 데이터를 시각화하는 방법에 대해서 알아보겠다. 다만 여기서는 엑셀 차트 기능을 사용하는 방법에 대해서는 구체적으로 설명하지는 않았다. 시중에 판매되고 있는 엑셀 사용법 도서나 블로그 등을 검색해보면 관련 기능들에 대해서 상세하게 설명된 내용들을 찾아볼 수 있다.

막대도표(bar chart)

앞에서 살펴본 히스토그램은 막대도표의 하나이다. 막대도표는 학술논문이나 비즈니스 보고서에서도 가장 보편적으로 사용하는 그래프이다. 다음의 <그림 21.1>과 <그림 21.2>는 국내 주요 대기업의 2022년도 매출액을 막대도표로 표현한 것이다.

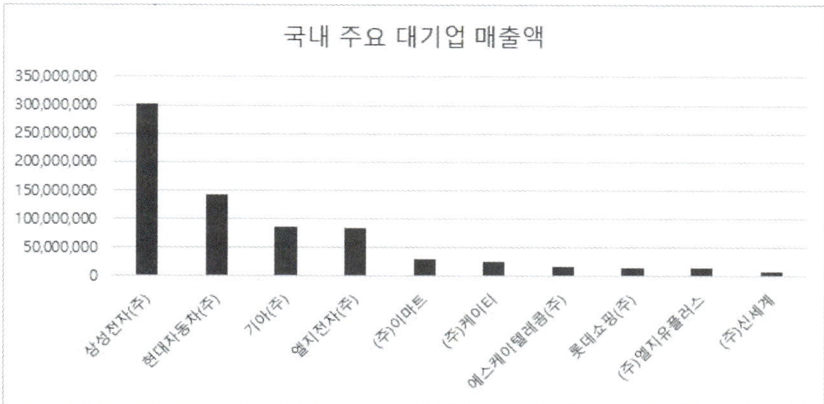

그림 21.1 세로막대도표

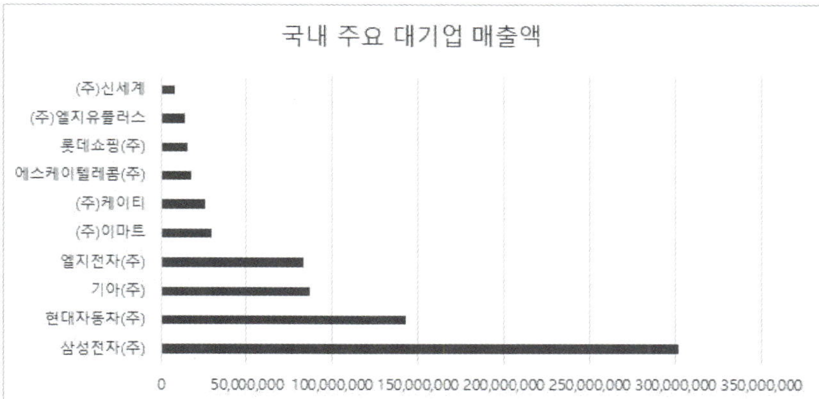

그림 21.2 가로막대도표

그림에서 알 수 있듯이 막대도표는 동일한 데이터를 세로막대와 가로막대의 서로 다른 형태로 표현할 수 있다. 하나하나의 막대는 매출액의 크기를 나타낸다. 즉, 막대의 길이는 변수의 크기나 빈도수를 의미한다. 이처럼 어떠한 속성을 나타내는 데이터는 막대도표로 표현하면 매우 직관적으로 비교 분석할 수 있다.

누적막대도표는 하나의 그룹에 여러 개의 변수 속성을 합쳐서 표현할 때 유용한 시각화 도구이다. <그림 21.3>을 살펴보자.

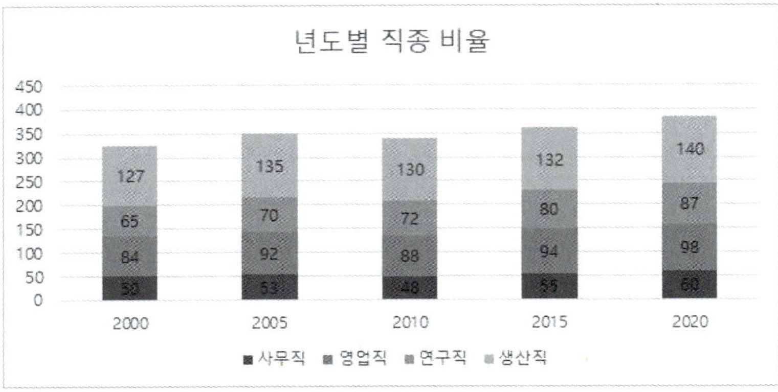

그림 21.3 누적막대도표

<그림 21.3>은 어느 기업의 직종별 직원 수를 5년마다 측정하여 막대도표로 나타낸 것이다. 이 막대도표는 X축을 년도로 설정하고 Y축을 직원 수로 설정하여 표현했고, 하나의 년도를 하나의 그룹으로 하여 그룹 내에 4개 직종의 직원 수를 누적하여 나타낸 것이다.

선도표(line chart)

선도표는 시계열이나 추세(trend)를 표현하는 데에 유용한 시각화 도구이다. 단일 기업의 지난 여러 해 동안의 매출 성장 추이를 분석하거나 공장에서 출하되는 제품들의 불량 개수 또는 불량률을 일정 기간 단위로 분석할 때 선도표를 사용하면 효과적으로 시각화할 수 있다.

<그림 21.4>는 삼성전자가 신경영을 선포했던 1993년부터 2022년까지 지난 20년 동안의 매출액 추세를 선도표로 나타낸 것이다. X축에는 1년 단위로 년도 시점을 표기하고 Y축에는 매출액을 숫자로 표기하였다.

삼성그룹의 故이건희 회장은 1993년 6월 7일, 독일의 프랑크푸르트에서 삼성그룹 전

체 사장단과 임원들을 소집하여 '신경영'을 선언하면서 "국제화 시대에 변하지 않으면 영원히 2류나 2.5류가 된다. 마누라와 자식 빼고 모두 바꾸자"라고 강도 높은 혁신을 요구하였다. <그림 21.4>의 매출액 추세를 보면, 신경영 선언 이후 지난 20년 동안 삼성전자는 연평균성장률 18.7%의 지속적인 성장을 한 것으로 나타난다.

이 그래프에 표기된 연평균성장률(compound annual growth rate, CAGR)은 엑셀 수식을 사용하여 별도로 계산하여 붙인 것이다. CAGR을 구하는 엑셀 수식은 2개의 방법이 있다. 하나는 "= (최종연도의 값/최초연도의 값)^(1/연도간격)−1"이다. 다른 하나는 RATE() 함수를 사용하는 것이다. 즉, "= RATE(연도 간격, 0, −최초연도의 값, 최종연도의 값)"의 수식에 적합한 수치들을 대입하여 구한다.

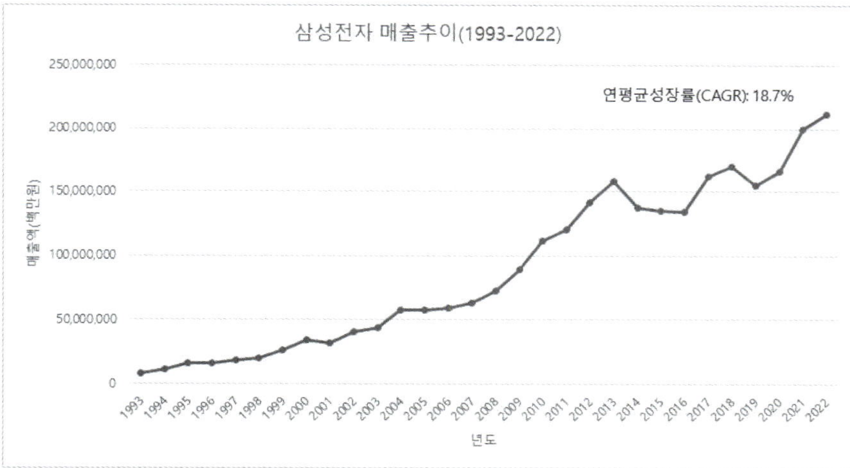

그림 21.4 선도표

선도표는 여러 변수를 하나의 그림으로 표현하는 데에도 사용할 수 있다. <그림 21.5>는 삼성전자가 지난 20년 동안 투입했던 판관비와 연구개발비를 매출액 대비 비율로 계산하여 그래프로 표현한 것이다.

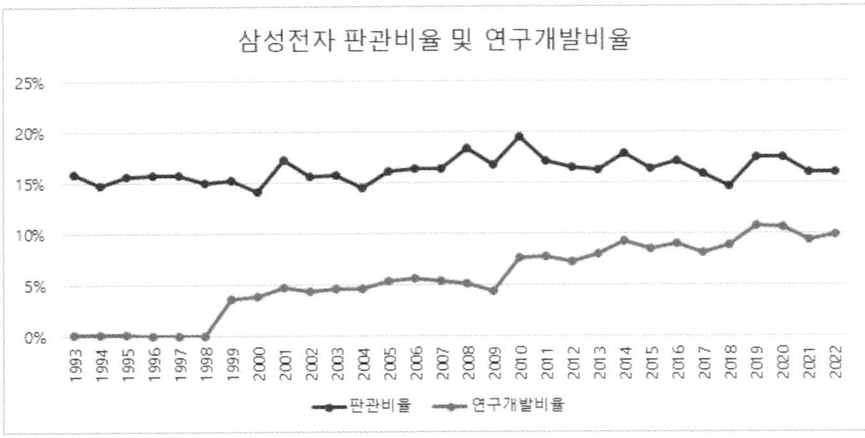

그림 21.5 2개 변수를 사용한 선도표

다만 여러 변수를 하나의 선도표에 표현할 때는 너무 많은 변수를 사용하거나 서로 다른 단위의 수치를 비교하는 것은 지양하는 편이 좋다. 경험상 변수의 개수는 2~3개 정도가 적절하다.

다시 <그림 21.4>의 삼성전자 매출 추이로 돌아가보자. 그래프 추세를 보면 매우 급격하게 매출이 성장한 것으로 보인다. 1993년 삼성전자의 매출액은 8조1천억 원이었다. 반면 20년이 경과된 2022년도의 매출액은 211조8천억 원대를 기록하였다. 즉, 삼성전자는 신경영 선포 이후 20년 동안 26배가 넘는 성장을 한 것이다. 그러나 26배라는 비율 수치는 20년이라는 짧지 않은 기간의 성장률이 누적된 것이란 점을 감안한다면, <그림 21.4>에 사용된 Y축의 산술척도는 가파른 성장을 하였다는 착시현상을 불러일으키는 것이라고 할 수 있다. 그래서 장기간에 걸쳐 최초의 데이터 값이 10배 이상 크게 변하는 때에는 Y축을 산술척도가 아닌 로그척도로 변환하여 추세를 살펴볼 필요가 있다.

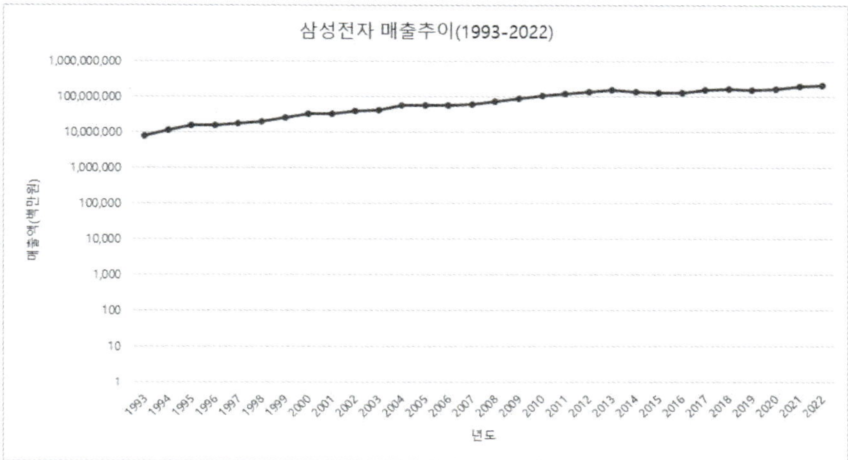

그림 21.6 로그척도를 사용한 선도표

<그림 21.6>의 Y축을 보면, 수치가 10배씩 늘어나도록 설정된 것을 알 수 있다. Y축의 수치를 로그척도로 변환함으로써 그래프의 추세가 완만해졌다. 이처럼 로그척도는 데이터값의 증가가 누적적으로 지속되는 시계열 데이터에 유용하다. 예를 들어서 국내총생산(GDP)이나 국가부채와 같은 금융 시계열 차트에 로그척도를 사용하면 좋다.

파이도표(pie chart)

막대도표나 선도표보다는 자주 사용되지는 않지만, 변수 간의 양적 차이를 직관적으로 표현하는 데에 효과적이기 때문에 뉴스 기사문이나 기업의 보고서에서 파이도표가 시각화 도구로 자주 사용된다.

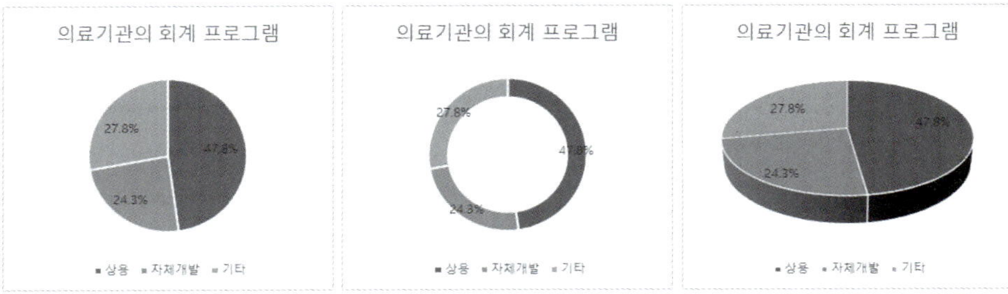

그림 21.7 파이도표

파이도표는 <그림 21.7>의 좌측에 표현된 것처럼 주로 원형 형태의 도표가 많이 사용되지만, 디자인적인 요소를 활용하여 중앙에 표현된 도넛 형태의 도표가 사용되기도 한다. 그 외에 우측에 표현된 3차원 파이도표가 사용될 수 있다.

막대도표나 선도표와 달리 파이도표는 변수 영역별 조각의 크기를 통해 직관적인 시각적 효과를 줄 수 있다. 그러한 측면에서 3차원 파이도표는 반드시 3차원 형상이 필요할 때만 사용하는 것이 좋다. 왜냐하면 변수 영역별 조각의 크기가 왜곡되어 나타나기 때문이다.

산포도(scatter plot)

산포도는 X와 Y 변수로 이루어진 여러 쌍(pair)의 관측치들을 점이나 기호를 사용하여 그래프에 표현한 것이다. 앞에서 살펴보았던, 앤스콤 4분할 그래프가 산포도라고 할 수 있다. <그림 21.8>은 전형적인 산포도의 형태이다.

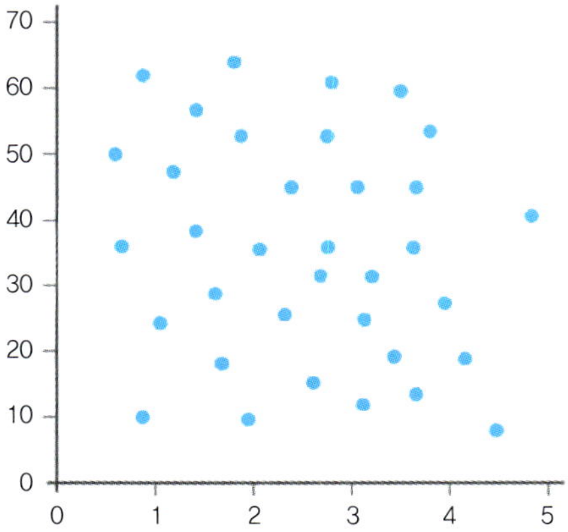

그림 21.8 산포도

산포도는 앞에서 살펴본 막대도표나 선도표, 그리고 파이도표와는 달리 두 변수 간의 관계를 분석하는 데에 사용되기 때문에 통계학에서 매우 중요한 시각화 도구이다.

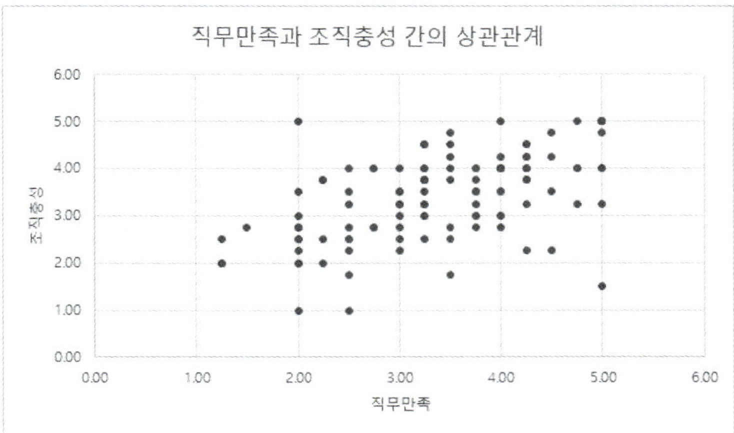

그림 21.9 직무만족과 조직충성

<그림 21.9>는 "Data02_직무만족과 조직충성"을 사용하여 만든 산포도이다. X축은 '직무만족'의 데이터값이고, Y축은 '조직충성' 데이터값이다. 엑셀 프로그램을 사용하

여 다음의 단계에 따라 산포도를 만들고 그 결과를 분석해보도록 하자.

1단계: 두 개의 데이터 열(x: 직무만족, y: 조직충성)을 블록으로 지정한 다음 '삽입' 메뉴에서 분산형 아이콘을 클릭하여 원하는 산포도 형태를 선택한다.

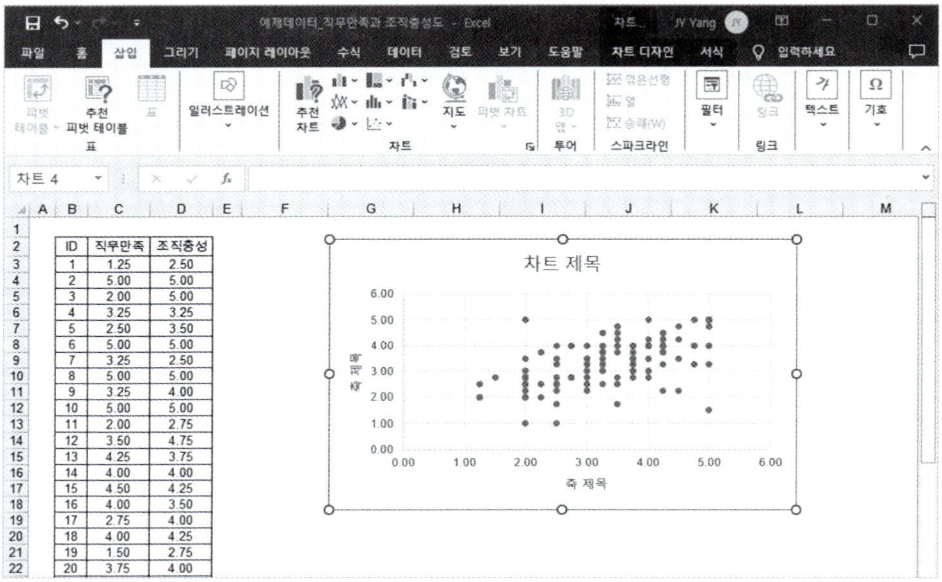

그림 21.10 산포도 그리기 1단계

2단계: 그래프 위에 커서를 놓고 클릭하면 우측 상단에 3개의 도구 아이콘이 생기는데 이 중에서 '+' 아이콘을 클릭하면, '차트 요소' 창이 뜬다. 이 창에서 필요한 차트 요소를 선택하는데, 여기서는 '축 제목'과 '추세선'을 선택한다.

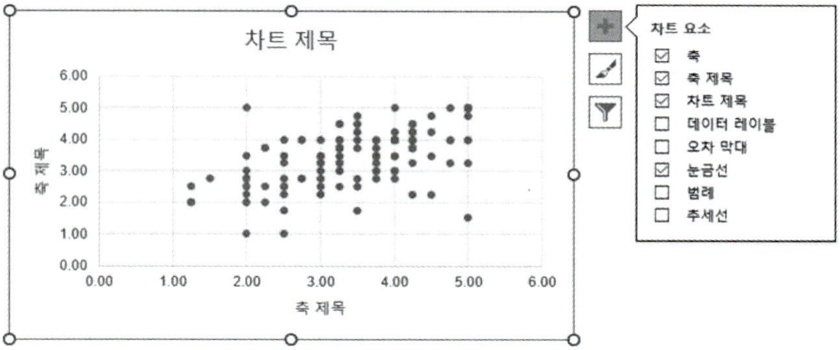

그림 21.11 산포도 그리기 2단계

3단계: 차트 제목, 축 제목에 적합한 단어를 입력하면 산포도 그리기가 완료된다. 최종 결과물은 <그림 21.12>와 같다.

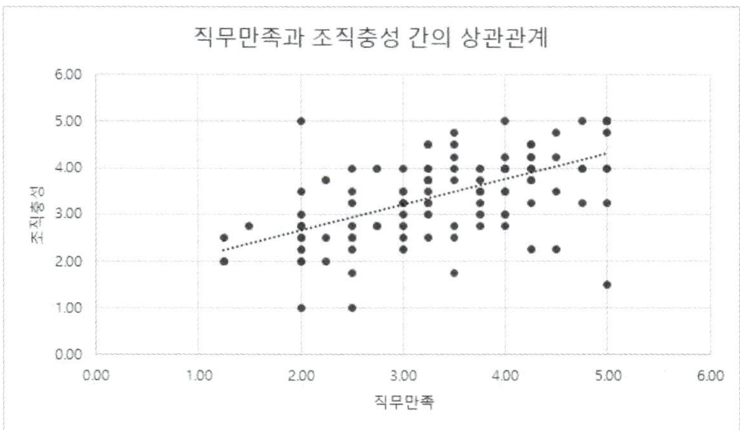

그림 21.12 산포도의 최종 결과물

<그림 21.12>의 최종 결과물을 보면, 추세선이 그려져 있어서 앞의 <그림 21.9>의 산포도보다 전체 데이터의 추세를 판단하기가 훨씬 수월해졌다. 추세선의 방향에서 알 수 있듯이 직무만족도가 높아지면 조직충성도 또한 높아지는 것으로 판단할 수 있다. 따라

서 직무만족도와 조직충성도 간에는 유의한 상관관계가 있는 것으로 보인다. 다만 이러한 상관관계가 통계적으로도 의미가 있는지는 더 구체적인 정보를 파악해야 한다. 이와 관련해서는 D+22와 9장 회귀분석에서 다루도록 하겠다.

이처럼 산포도는 두 변수 간의 관계를 분석하는 데에 유용한 시각화 도구이다. 앞으로 산포도 그리는 작업을 자주 하게 될 것이니 지금까지 설명한 내용을 잘 기억하자.

D+22

공분산과 상관계수

공분산과 상관계수는 확률변수 X와 Y가 어떠한 상관관계를 가지며 변화하는가를 나타내는 통계량이다. 공분산이 두 변수의 변화하는 방향에 관한 것이라면, 상관계수는 두 변수가 영향을 주고받는 세기(강도)에 관한 것이다.

공분산(Covariance)

공분산은 두 변수 간의 분산을 의미하며 수학 기호로는 $Cov(X, Y)$ 또는 σ_{XY} 또는 s_{XY}로 표기한다.

확률변수 X의 평균이 μ_X이고 Y의 평균이 μ_Y라고 한다면, X와 Y의 공분산은 다음과 같다.

$$\sigma_{XY} = E[(X-\mu_X)(Y-\mu_Y)] \tag{22.1}$$
$$= E[(XY-\mu_X Y-\mu_Y X+\mu_X\mu_Y)]$$
$$= E(XY)-\mu_X E(Y)-\mu_Y E(X)+\mu_X\mu_Y$$
$$= E(XY)-\mu_X\mu_Y-\mu_Y\mu_X+\mu_X\mu_Y$$
$$= E(XY)-\mu_X\mu_Y$$

확률변수 X와 Y의 공분산은 $(X-\mu_X)(Y-\mu_Y)$의 기댓값으로 정의할 수 있다. 수식을 살펴보면, 확률변수 X의 개별 관측치와 평균 간의 차이, 그리고 확률변수 Y의 개별 관측치와 평균 간 차이의 결합확률분포이다. 만약 한 확률변수의 값이 상승하는 경향을 보일 때 다른 변수의 값도 상승하는 선형관련성이 있다면, 양(+)의 공분산을 가진다고 해석된다. 반면에 한 확률변수의 값이 상승하는 데 다른 변수의 값이 감소한다면, 음(−)의 공분산을 가진다고 할 수 있다.

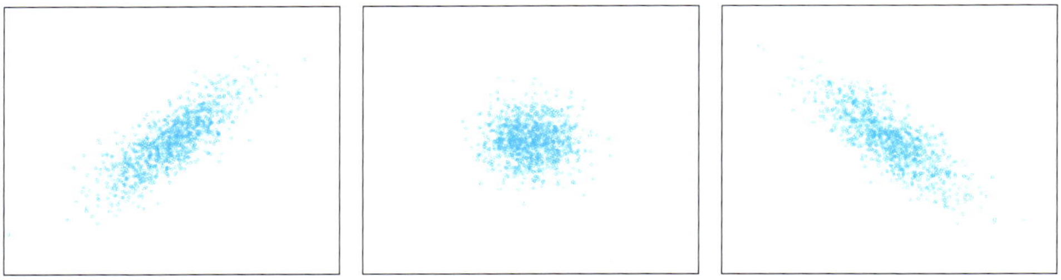

그림 22.1 산포도와 공분산

<그림 22.1>은 확률변수 X와 Y의 산포도를 그린 것이다. 왼쪽의 그래프는 X 변수의 값이 상승할수록 Y 변수의 값도 상승하는 형태를 보인다. 따라서 양(+)의 공분산이다. 반면 오른쪽의 그래프는 X 변수의 값이 상승할수록 Y 변수의 값이 감소하는 형태를 보인다. 따라서 음(−)의 공분산이다. 중앙에 있는 그래프는 산포도가 원의 형태에 가깝게 모여있다. 이 경우 공분산을 계산하면 0에 수렴하게 된다.

여기서 예제 풀이를 통해 공분산의 수식에 대한 이해를 심화해보자.

예제 22.1

확률변수 X와 Y가 다음의 표와 같은 결합확률분포를 가질 때, X와 Y의 공분산은 얼마인가?

$f(x, y)$		y			행의 합
		0	1	2	
x	0	0.15	0.05	0.10	0.30
	1	0.10	0.15	0.20	0.45
	2	0.10	0.05	0.10	0.25
열의 합		0.35	0.25	0.40	1

풀이

이 문제는 $E(XY) - \mu_X\mu_Y$ 의 수식을 사용하여 구할 수 있다. 먼저 확률변수 X와 Y의 결합확률분포의 기댓값을 구한다.

$$E(XY) = \sum_{x=0}^{2}\sum_{y=0}^{2} xy \cdot f(x, y)$$

$$= 1 \cdot 0.15 + 2 \cdot 0.20 + 2 \cdot 0.05 + 4 \cdot 0.10$$

$$= 1.35$$

확률변수 X와 Y의 결합확률분포 기댓값은 1.35로 계산되었다. 다음으로 X와 Y 변수의 평균을 각각 구한다.

$$\mu_x = \sum_{x=0}^{2} xf(x) = 1 \cdot 0.45 + 2 \cdot 0.25 = 0.95$$

$$\mu_Y = \sum_{y=0}^{2} yf(y) = 1 \cdot 0.25 + 2 \cdot 0.40 = 1.05$$

확률변수 X의 평균은 0.95, 그리고 확률변수 Y의 평균은 1.05로 계산되었다. 이제 두 변수의 평균을 곱하여 X와 Y의 결합확률분포 기댓값에서 빼주면 공분산이 된다.

$$E(XY) - \mu_X\mu_Y = 1.35 - (0.95 \times 1.05) = 0.3525$$

공분산은 0.3525이고, 확률변수 X와 Y는 양(+)의 공분산을 갖고 있어 X 변수의 값이 증가하면, Y 변수의 값도 증가하는 데이터 분포 형태인 것을 알 수 있다.

공분산이 $(X-\mu_x)(Y-\mu_y)$의 기댓값이므로, 모집단과 표본의 공분산 수식과 엑셀 함수는 <표 22.1>과 같다.

표 22.1 모집단과 표본의 공분산

통계량	수리모형	엑셀함수
모집단의 공분산	$\sigma_{XY} = \frac{\sum_{i=1}^{N}(x_i - \mu_X)(y_i - \mu_Y)}{N}$	= COVARIANCE.P(XData, YData)
표본의 공분산	$s_{XY} = \frac{\sum_{i=1}^{n}(x_i - \overline{x})(y_i - \overline{y})}{n-1}$	= COVARIANCE.S(XData, YData)

상관계수(Correlation)

공분산은 확률변수 X와 Y의 단위가 다를 경우 측정 단위가 애매해지는 문제가 있다. 이 때문에 일반적으로는 상관계수의 개념을 도입하여 공분산을 표준화하여 두 변수 간의 상관관계를 분석한다. 이를 피어슨 상관계수라고 한다.

상관계수는 다음의 수식과 같이 공분산을 확률변수 X와 Y의 표준편차의 곱으로 나누어서 구한다. 즉, 두 변수 X와 Y의 평균과의 거리인 표준편차를 각각 측정하여 곱한 값으로 나누어줌으로써 공분산을 표준화하여 변수의 측정 단위에 상관없이 변수 간의 관계를 파악하는 것이다.

$$\rho = \frac{\sigma_{XY}}{\sigma_X \sigma_Y} = \frac{Cov(X,\ Y)}{\sigma_X \sigma_Y} = \frac{E[(X-\mu_X)(Y-\mu_Y)]}{\sigma_X \sigma_Y} \tag{22.2}$$

상관계수의 수학적 기호는 ρ(rho; 로)이다. 상관계수 값은 항상 -1에서 $+1$ 사이의 값을 갖는다. 상관계수가 -1 또는 $+1$에 가까우면 두 변수가 서로 강한 영향을 주고받는 것으로 해석하게 되고, 상관계수가 0에 가까우면 두 변수 사이의 영향도는 상대적으로 약한 것으로 해석한다.

위의 수식을 이용하여 예제를 풀이해보자.

예제 22.2

앞의 [예제 22.1]의 표에 나타난 확률변수 X와 Y의 데이터값을 이용하여 상관계수는 얼마인가?

풀이

이미 [예제 22.1]의 풀이에서 확률변수 X와 Y의 공분산을 구하였다. 따라서 두 변수의 표준편차를 구하면 상관계수를 구할 수 있다.
먼저 확률변수 X와 Y의 분산을 구하면,

$$E(X^2) = \sum_{x=0}^{2} x^2 f(x) = 1 \cdot 0.45 + 4 \cdot 0.25 = 1.45$$
$$\therefore \sigma_X^2 = E(X^2) - \mu_X^2 = 1.45 - 0.95^2 = 0.5475$$

$$E(Y^2) = \sum_{y=0}^{2} y^2 f(y) = 1 \cdot 0.25 + 4 \cdot 0.40 = 1.85$$
$$\therefore \sigma_Y^2 = E(Y^2) - \mu_Y^2 = 1.85 - 1.05^2 = 0.7475$$

다음으로 상관계수를 구한다.

$$\rho = \frac{\sigma_{XY}}{\sigma_X \sigma_Y} = \frac{0.3525}{\sqrt{0.5475}\sqrt{0.7475}} \approx 0.5510$$

확률변수 X와 Y의 상관계수는 0.5510이다. 두 변수 간에는 양(+)의 상관관계가 있고, X의 값이 증가하면 Y의 값도 증가하는 다소 강한 상관관계를 갖고 있다.

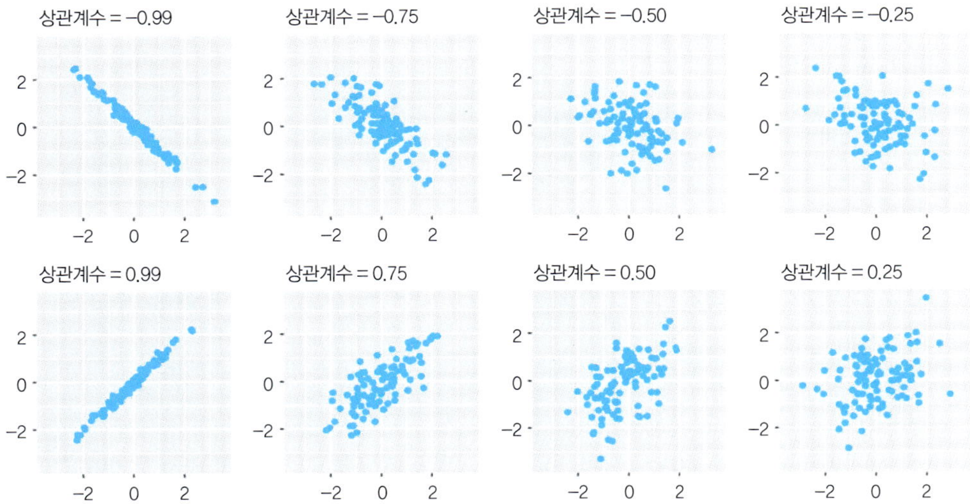

그림 22.2 산포도와 상관계수

<그림 22.2>는 상관계수에 따른 산포도를 나타낸 것이다. 그림에서 알 수 있듯이 상관계수가 ±1에 가까울수록 데이터의 분포는 선형에 가까워진다. 상관계수의 부호가 양(+) 또는 음(−)이냐에 따라 데이터의 방향이 공분산과 마찬가지로 상향 또는 하향의 형태를 보인다.

표본의 상관계수는 r로 표기하고 모집단의 상관계수와 동일한 수식으로 계산된다. 다만 분자에는 표본의 공분산이, 분모에는 표본의 표준편차 수치가 대응된다.

$$r = \frac{s_{XY}}{s_X s_Y} \tag{22.3}$$

수식 (22.3)을 자세하게 풀어놓으면, <표 22.2>와 같다.

표 22.2 표본의 상관계수

통계량	수리모형	엑셀함수
표본의 상관계수	$r = \frac{\sum_{i=1}^{n}(x_i - \overline{x})(y_i - \overline{y})}{\sqrt{\sum_{i=1}^{n}(x_i - \overline{x})^2}\sqrt{\sum_{i=1}^{n}(y_i - \overline{y})^2}}$	= CORREL(XData, YData)

"Data02_직무만족과 조직충성" 파일을 열어 엑셀함수를 사용하여 두 변수 간의 상관관계를 살펴보자.

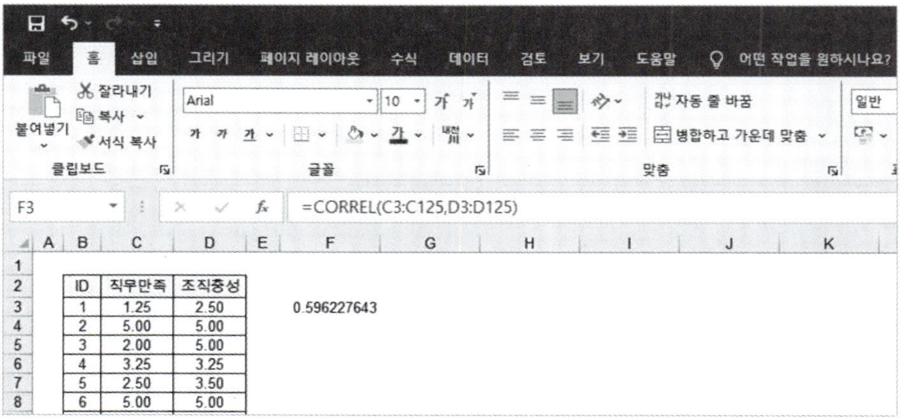

그림 22.3 엑셀함수를 사용한 상관계수 구하기

엑셀함수 = CORREL( )을 입력하고 X축의 데이터와 Y축의 데이터 블록을 지정하고 실행시키면 <그림 22.3>과 같이 그 결괏값이 출력되는 것을 알 수 있다.

D+23

중심과 변동성

통계학에서 다루는 데이터의 정보 중에 '중심'과 '변동성'이 가장 중요한 정보라고 할 수 있다. 즉, 분석하고 있는 데이터값들의 중심이 어디인지, 전형적인 데이터 값이 무엇인지, 전체 데이터 중에 중간값에 해당하는지, 그리고 데이터에 중심경향이 있는지 등이 '중심'과 관련한 개념이 되겠다. 그리고 데이터의 분포가 어느 정도인지, 즉 어느 정도 퍼져있는지 그리고 중심으로부터 특이하게 떨어져 있는 특이값이 있는지 등이 변동성에 해당하는 개념이다. 여기에 데이터 시각화 도구를 사용하여 도표로 표현했을 때, 데이터값들의 분포가 대칭적인지, 아니면 비대칭적인지, 그리고 중심이 뾰족한 형태인지 아니면 평평한 형태를 이루고 있는지, 최빈계급이 한 개인지, 두 개인지, 또는 여러 개인지 등등 그래프의 형태 등도 데이터를 분석하는 데 있어서 중요한 정보이다.

중심에 대한 측정도구

데이터의 중심을 측정하는 도구는 크게 6가지 방법으로 분류할 수 있다. <표 23.1>은 중심에 대한 대표적인 6개 측정도구를 정리한 것이다.

표 23.1 데이터의 중심에 대한 측정도구

통계량	측정공식	엑셀함수
평균	$\frac{1}{n}\sum_{i=1}^{n} x_i$	= AVERAGE(Data)
중앙값	정렬된 열에서 중앙값	= MEDIAN(Data)
최빈값	가장 발생빈도가 높은 값	= MODE.SNGL(Data)
범위의 중앙	$\frac{x_{\min} + x_{\max}}{2}$	= 0.5*(MIN(Data)+MAX(Data))
기하평균(G)	$\sqrt[n]{x_1 x_2 \cdots x_n}$	= GEOMEAN(Data)
절사평균	상하위 일부 값을 제거한 평균값	= TRIMMEAN(Data, Percent)

평균(mean)은 데이터값의 합을 데이터 개수로 나눈 것이다. 모집단의 평균은 μ(뮤:)로 표기하고, 표본의 평균에 대해서는 $\bar{x}$(x−bar)로 표기한다. 평균은 매우 익숙한 정보이고 데이터의 모든 값의 영향을 받는 정보이다. 평균은 그래프의 X축에서 균형점이 되기도 하는데 그 이유는 평균에서 모든 개별 데이터들까지의 거리를 합하면 항상 0이 되기 때문이다. 다만 평균은 데이터 중에 극단값이 존재할 경우 그로부터 영향을 받는다는 특성이 있다.

중앙값(median)은 전체 데이터를 정렬한 다음 50백분위수 또는 중간지점에 있는 값을 말한다. 중앙값은 전체 데이터의 개수가 홀수일 때는 데이터의 중앙 관측치로 측정하면 되고, 만약 데이터의 개수가 짝수일 때는 중앙에 있는 2개 관측치의 평균값으로 구한다.

중앙값은 평균과 달리 극단값의 영향을 받지 않으며 개별 데이터값 간의 간격으로부터 영향을 받는 특성이 있다.

최빈값(mode)은 가장 자주 발생한 데이터값을 말한다. 만약 최빈값이 데이터 정렬의 중앙 부근에 있는 값들에서 자주 발생한다면, 최빈값은 평균이나 중앙값과 유사할 것이다. 최빈값은 하나가 아니라 둘 이상이 있을 수 있다. 이는 앞에서 설명한 단봉, 이봉, 다봉 히스토그램을 떠올리면 이해될 것이다. 최빈값이 의미 있는 정보가 되려면 데이터 세트가 이산형 데이터일 경우이다. 즉, 연속형 데이터에서는 부적절한 정보가 될 수 있다.

범위의 중앙(midrange)은 데이터 중에서 최솟값과 최댓값의 중간값이다. 계산이 간단하지만 극단값의 영향을 크게 받기 때문에 중심에 대한 안정적인 측정도구라고 하기에는 어렵다.

기하평균(geometric mean)은 데이터값들을 전부 곱하여 그것에 대해 n제곱근을 취한 값이다. 이 값은 중심에 대한 측도로서 매우 비대칭적인 데이터에 사용된다. 예를 들어 성장률의 평균을 구하는 데 유용하다. 그리고 큰 극단값의 영향을 완화시키는 측정도구이다. 양(+)의 데이터에서만 사용할 수 있는 특성이 있다.

절사평균(trimmed mean)은 평균과 계산 방법이 같으나 최상위와 최하위에 분포하는 데이터값의 일부(예를 들어 최상위와 최하위의 5%씩)를 제거한 뒤에 계산한 값이다. 최상위와 최하위에서 일부 데이터를 제거하는 이유는 극단값의 영향을 완화하기 위한 것이다. 그러나 극단값의 배제가 항상 바람직하다고 볼 수는 없다. 만약 한국 기업들의 연간 매출액 평균을 구한다고 할 때, 삼성전자와 같은 최상위 기업들을 제거하고 평균을 구한다면, 그 값을 한국 기업들의 연간 매출액 평균이라고 하기에는 어려울 것이다. 따라서 절사평균을 사용하려면 데이터를 분석하려는 목적 등을 충분히 고려해야 한다.

히스토그램을 그려서 평균과 중앙값을 비교하여 데이터 분포의 형태를 판단할 수 있다.

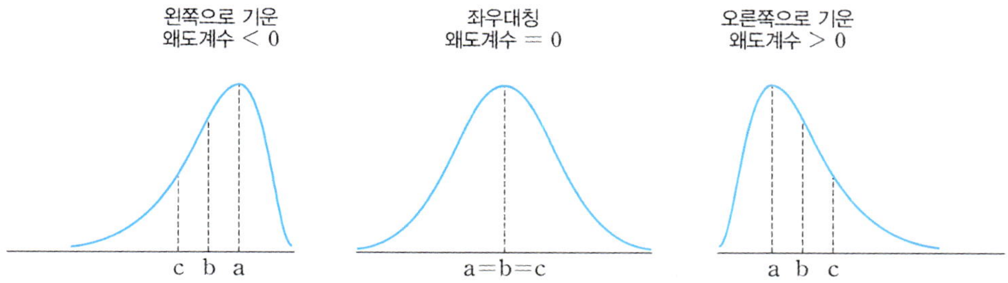

a: 평균, b: 중앙값, c: 최빈값

그림 23.1 왜도와 데이터 분포

<그림 23.1>에서 알 수 있듯이 실제 데이터의 형태는 완전 대칭인 경우가 드물고 데이터가 왼쪽이나 오른쪽으로 길게 분포된 경우가 많다. 만약 데이터가 왼쪽으로 긴 형태라면 평균보다 중앙값이 크고, 중앙값보다 최빈값이 크다. 반대로 데이터가 오른쪽으로 긴 형태라면 평균이 중앙값보다 크고, 중앙값이 최빈값보다 크다. 실제 데이터 형태에서는 드물지만, 만약 데이터의 분포가 좌우대칭인 형태일 경우에는 평균과 중앙값, 그리고 최빈값은 같다.

여기서 데이터가 좌우 대칭인지 아니면 왼쪽이나 오른쪽으로 기울었는지를 판단하는 통계수치가 있다. 이를 왜도(skewness; 비대칭도)라고 한다. 이처럼 왜도는 데이터의 분포 형태를 그래프로 그려 판단할 수 있지만, 더 정확하게 확인하려면 왜도계수(skewness coefficient)를 계산해야 한다. 왜도는 왜도계수가 0을 기준으로 하여 0보다 크면 오른쪽으로 기운 데이터 분포를 의미하고 0보다 작으면 왼쪽으로 기운 데이터 분포를 의미한다. 만약 왜도계수가 0이면 데이터는 좌우대칭 형태이다.

왜도계수는 다음과 같은 수식을 사용하여 계산할 수 있다.

$$Cs = \frac{3 \times (mean - median)}{standard\,deviation} \tag{23.1}$$

위의 수식은 피어슨의 비대칭 계수를 구하는 계산법이다. 앞에서 평균과 중앙값, 그리고 최빈값이 일치하면 데이터 분포는 대칭을 이룬다고 했다. 따라서 위의 수식에 평균(mean)과 중앙값(median)에 수치를 대응했을 때 Cs값이 0이 나오면 해당 데이터의 분포는 좌우대칭이다. 만약 Cs값이 0보다 크면 데이터는 왼쪽으로 치우치고 오른쪽으로 긴 꼬리를 가지는 분포를 이룬다. 반대로 Cs값이 0보다 작으면 데이터는 오른쪽으로 치우치고 왼쪽으로 긴 꼬리를 가지는 분포를 이룬다.

왜도계수는 엑셀함수를 사용하여 쉽게 계산할 수 있다.

엑셀함수 = skew(Data)

데이터 분포 형태를 정의하는 데에 왜도 외에 첨도(kurtosis)라는 개념이 있다.

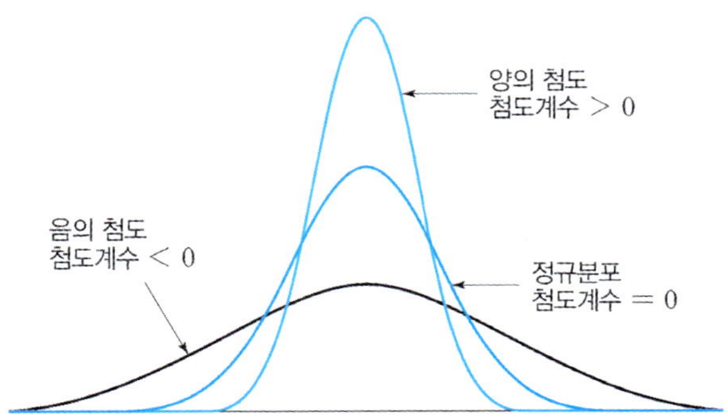

그림 23.2 첨도와 데이터 분포

<그림 23.2>에 표현된 것과 같이 첨도는 최빈값의 봉우리가 얼마나 솟아있는지를 가늠하는 측도이다. 왜도와 마찬가지로 데이터 분포를 시각화하여 첨도를 판단할 수 있으나 더 정확한 확인을 위해서는 첨도계수(kurtosis coefficient)를 계산하여 나온 값으로 판단한다. 첨도는 첨도계수가 0을 기준으로 하여 0보다 큰 양의 첨도이면 정규분포보다 상

대적으로 높게 솟은 형태로 나타나고 0보다 작은 음의 첨도이면 정규분포보다 상대적으로 낮은 형태로 나타난다. 첨도계수가 0인 데이터의 분포를 정규분포라고 한다.

첨도계수는 다음과 같은 수식을 사용하여 계산할 수 있다.

$$Kurt = \frac{\frac{\sum_{i=1}^{n}(x_i - \overline{x})^4}{n}}{s^2} - 3 \tag{23.2}$$

수식에 표현된 것과 같이 첨도계수는 개별 관측치와 표본평균의 차이를 구하여 4제곱한 후 관측치의 수로 나눈 값을 다시 표본의 분산으로 나누어 나온 값에서 3을 차감하여 구한다. 여기서 3을 차감해주는 이유는 첨도계수 또한 피어슨에 의해 제안된 공식을 응용한 것인데, 피어슨의 공식을 그대로 사용할 경우 첨도계수의 기준값은 3이 되기 때문이다.

첨도계수도 엑셀함수를 사용하여 쉽게 계산할 수 있다.

엑셀함수 = kurt(Data)

변동성에 대한 측정도구

통계학에서 변동성은 데이터값들이 중심으로부터 퍼져있는 정도를 의미한다. 앞에서 얘기한 바와 같이 통계학에서 중심과 변동성의 개념은 매우 중요하다. 다소 과장해서 말한다면, 중심과 변동성의 개념이 통계이론의 근본원리라고 할 수 있다.

데이터의 변동성을 측정하는 대표적인 도구는 분산(variance)과 표준편차(standard deviation)이다.

표 23.2 분산과 표준편차

통계량		모집단	표본
분산	수식	$\sigma^2 = \frac{\sum_{i=1}^{n}(x_i - \mu)^2}{N}$	$s^2 = \frac{\sum_{i=1}^{n}(x_i - \overline{x})^2}{n-1}$
	엑셀함수	VAR.P(Data)	VAR.S(Data)
표준편차	수식	$\sigma = \sqrt{\frac{\sum_{i=1}^{n}(x_i - \mu)^2}{N}}$	$s = \sqrt{\frac{\sum_{i=1}^{n}(x_i - \overline{x})^2}{n-1}}$
	엑셀함수	STDEV.P(Data)	STDEV.S(Data)

분산과 표준편차는 개별 관측치와 평균 간의 거리를 측정하는 개념으로 이루어졌다. 그런데 각 관측치의 데이터값과 평균 간의 차이인 편차(deviation)를 계산하면 양(+)의 값도 있고 음(−)의 값도 있다. 앞에서 설명한 것처럼, 평균은 전체 데이터의 중심 균형점이기 때문에 편차들을 모두 합하면 항상 0이 된다. 이는 데이터의 분포 형태가 양(+)의 왜도이든 음(−)의 왜도이든, 그리고 양(+)의 첨도이든 음(−)의 첨도이든 똑같다. 따라서 편차를 구하는 것은 변동성을 측정하는 데에 유용한 도구가 되지 못한다.

이 문제를 해결하기 위해서 <표 23.2>에 표기된 분산의 수식처럼, 전체 관측치의 개수로 나누어주기 전에 개별 관측치의 데이터값과 평균 간의 차이를 구한 뒤 제곱하여 합산한다. 다만 데이터 세트가 모집단이냐 표본이냐에 따라서 분모에 해당하는 관측치의 개수를 계산하는 방법에 차이가 있다. 모집단의 분산을 구하는 경우는 모집단 전체 관측치의 개수(N)를 사용하면 되고 표본의 분산을 구하는 경우는 표본의 개수가 아니라 자유도(n−1)를 사용한다.

자유도(degree of freedom; d.f.)는 통계학에서 매우 중요한 개념이다. 그러나 단번에 이해하기에는 매우 모호한 개념이기도 하다. 통계학에서는 자유도의 개념을 "추정해야 할 미지수의 개수를 분석자가 가진 정보의 수에서 뺀 값"이라고 다소 어려운 문장으로 정의한다. 그래서 각종 통계학 교재에서는 이 자유도의 개념을 다양한 예시로 설명하고 있는

데, 여기서 대표적인 예시를 하나 들어보겠다.

5개 숫자의 평균이 3이라고 가정하자. 5개의 숫자가 무엇인지를 정할 때, 첫 번째 숫자부터 네 번째 숫자까지는 자유롭게 정할 수 있지만, 마지막 하나의 숫자는 앞의 4개의 숫자가 무엇인지에 따라 결정된다. 만약 4개의 숫자를 1, 2, 3, 4로 정했다면, 마지막 숫자는 5가 될 것이다. 이와 달리 만약 4개의 숫자를 3, 4, 5, 6으로 정했다면, 마지막 숫자는 −3이 될 것이다. 즉, 5개의 숫자 중에서 자유롭게 결정할 수 있는 숫자가 4개이므로 자유도는 4가 된다.

위의 예시와 유사한 설명으로, 피자의 조각을 선택하는 문제, 7개의 모자를 요일마다 선택하는 문제 등 다양한 예시가 있다. 그러나 이러한 설명만으로 자유도의 개념이 온전히 이해되지는 않을 것이다. 그래서 자유도의 개념을 수학적으로 증명하는 수식을 살펴보겠다.

자유도를 수학적으로 증명하는 방법은 모분산과 표분분산이 같은 수리적 결과를 만들어 내는지를 파악하는 것이다.

자유도의 수학적 증명은 모분산과 표분분산의 기댓값이 같은지를 살펴보는 방법을 사용한다. 아래의 수식을 보자.

$$\sigma^2 = E(s^2) = E\left[\frac{\sum_{i=1}^{n}(x_i - \overline{x})^2}{n-1}\right] \tag{23.3}$$

위의 수식에서 우변의 분자에 해당하는 수식을 전개해 보도록 하겠다.

$$\begin{aligned} E\left[(\sum_{i=1}^{n}(X_i - \overline{X})^2\right] &= E\left[\sum_{i=1}^{n}(X_i^2 - 2X_i\overline{X} + \overline{X}^2\right] = E\left[\sum_{i=1}^{n}X_i^2 - 2\overline{X}\cdot n\overline{X} + n\overline{X}^2\right] \\ &= \sum_{i-1}^{n}E(X_i^2) - nE(\overline{X}^2) = \sum_{i=1}^{n}(\sigma^2 - \mu^2) - n(\frac{\sigma^2}{n} + \mu^2) \\ &= n\sigma^2 - \sigma^2 = (n-1)\sigma^2 \end{aligned} \tag{23.4}$$

분자에 해당하는 수식의 전개로 나온 값을 처음의 수식에 대입해본다.

$$\sigma^2 = E(s^2) = E\left[\frac{\sum_{i=1}^{n}(X_i - \overline{X})^2}{n-1}\right] = \frac{1}{n-1}E\left[\sum_{i=1}^{n}(X_i - \overline{X})^2\right] = \frac{1}{n-1}(n-1)\sigma^2 = \sigma^2 \tag{23.5}$$

수식 (23.5)와 같이 전개되어 나온 결과를 보면, 모분산(σ^2)과 표본분산의 기댓값($E(s^2)$)이 같다. 따라서 표본분산을 구할 때 관측치의 개수는 자유도를 사용해야 정확한 계산법이 된다는 것이 증명되었다.

앞에서 분산은 개별 관측치의 데이터값과 평균 간의 거리를 제곱하여 계산한다고 했다. 따라서 분산은 관측치와 평균 간의 거리보다 더 크게 계산된 값이다. 데이터의 변동성 기술을 위해서 관측치와 평균 간의 실제 차이를 구하기 위해서 <표 23.2>에 기술한 것처럼 분산의 제곱근을 이용하여 표준편차를 구하여 사용하기도 한다.

여러 데이터 세트를 비교할 때, 평균 외에 분산이나 표준편차를 사용한다. 예를 들어서 기업에서 설계한 제품을 A와 B의 서로 다른 생산라인에서 생산할 때, 두 생산라인의 품질수준을 비교한다고 가정하자. 생산라인 A와 생산라인 B에서 출하된 제품들의 규격이 설계기준과 비교했을 때 평균이 같다고 하더라도 A의 분산(또는 표준편차)이 B의 분산보다 크다면, 생산라인 A의 품질 변동성이 더 크다고 할 수 있다. 품질의 변동성이 크다는 것은 생산된 제품 품질의 균일성이 낮다고 볼 수 있는 것이다.

엑셀을 사용한 중심과 변동성 측정

데이터의 중심과 변동성은 수학 공식을 사용하거나 엑셀함수를 사용하여 측정할 수 있다. 그런데 엑셀에는 이보다 더 손쉽게 중심과 변동성의 통계량을 구하는 방법이 있다. 바로 데이터 분석 메뉴를 사용하는 것이다.

엑셀 프로그램을 활용하여 중심과 변동성의 주요 데이터값을 확인해보자.

"Data03_월간불량개수" 파일을 열어보면, A공장부터 G공장까지 모두 7개 공장이 보유하고 있는 생산라인에서 생산되는 제품의 월간 불량품 개수 데이터가 있다. 공장별로 5개의 생산라인이 있고, 생산라인별로 한 달 동안 발생한 불량품의 개수를 기록한 것이다.

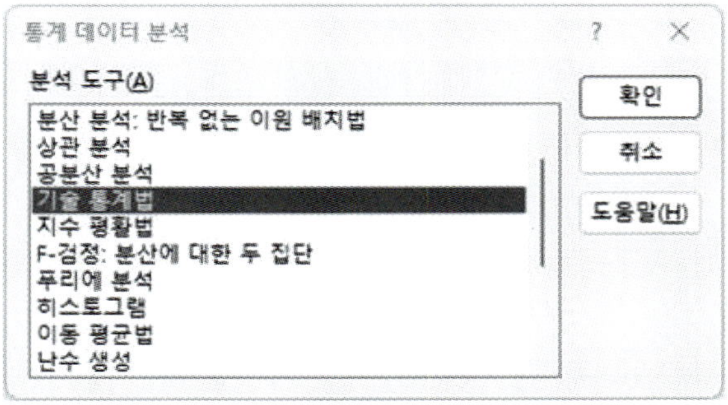

그림 23.3 기술 통계법 선택하기

엑셀 메뉴에서 데이터 탭을 선택한 다음 '데이터 분석' 아이콘을 실행한다. <그림 23.3>과 같이 분석 도구 창이 열리면 '기술 통계법'을 선택한다.

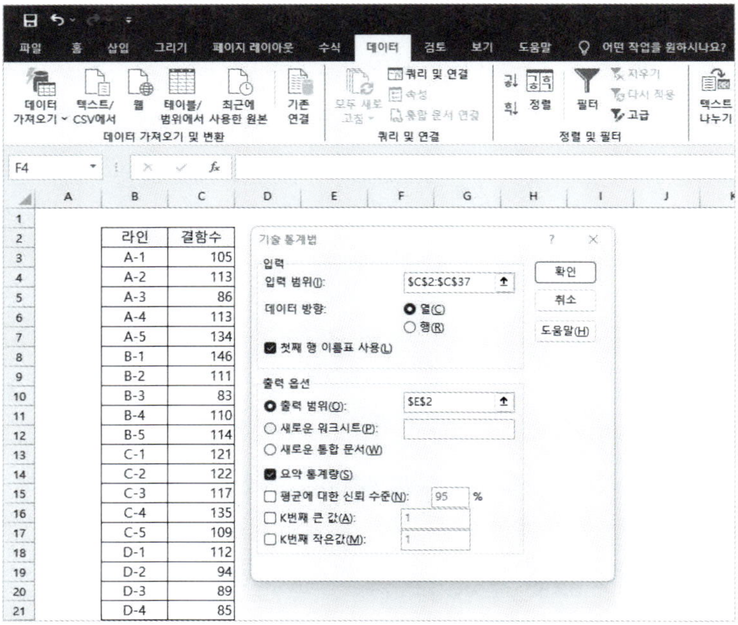

그림 23.4 데이터 입력하기

'기술 통계법'을 선택하면, <그림 23.4>와 같이 데이터 셀을 선택하여 입력할 수 있는 창이 나타난다. '입력 범위'에 전체 '결함수' 열을 선택한다. 열 제목까지 선택했다면, '첫째 행 이름표 사용'에 체크하고 '요약 통계량'을 선택한다. 그리고 '출력 범위'에 결괏값을 출력할 셀을 선택하여 지정한다.

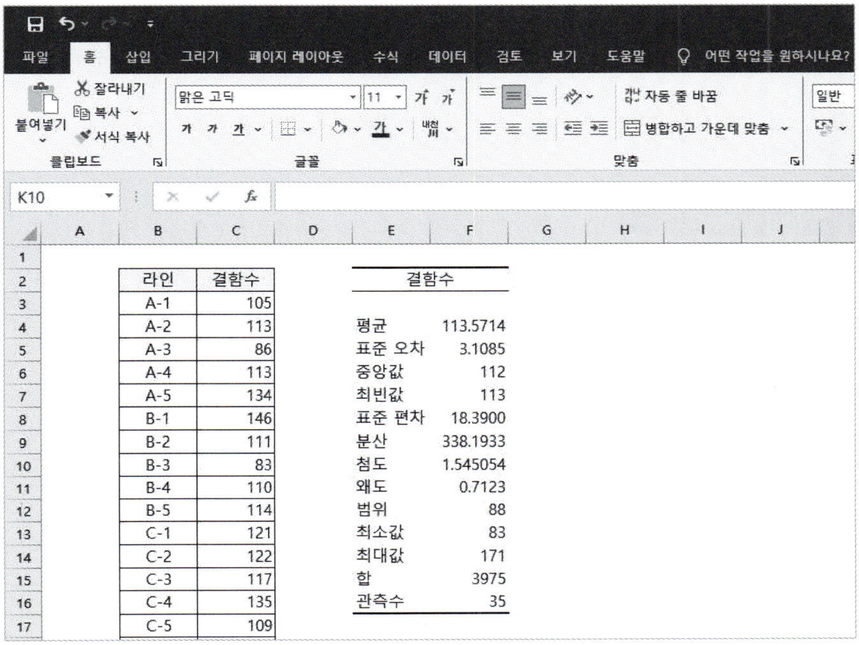

라인	결함수
A-1	105
A-2	113
A-3	86
A-4	113
A-5	134
B-1	146
B-2	111
B-3	83
B-4	110
B-5	114
C-1	121
C-2	122
C-3	117
C-4	135
C-5	109

결함수	
평균	113.5714
표준 오차	3.1085
중앙값	112
최빈값	113
표준 편차	18.3900
분산	338.1933
첨도	1.545054
왜도	0.7123
범위	88
최소값	83
최대값	171
합	3975
관측수	35

그림 23.5 엑셀의 기술 통계량

'확인'을 누르면, <그림 23.5>와 같이 기술 통계량이 출력된다. 그림에서 볼 수 있듯이 엑셀에서는 평균, 표준오차, 중앙값, 최빈값, 표준편차, 분산, 첨도, 왜도, 범위, 최솟값, 최댓값 등의 값을 기술 통계량으로 출력해준다.

이상과 같이 엑셀에서는 앞에서 살펴봤던 수식이나 엑셀함수들을 사용하지 않고도 데이터 메뉴를 사용하여 손쉽게 중심과 변동성 관련 통계량을 구할 수 있다.

D+24

중심극한정리

중심극한정리(Central Limit theorem; CLT)는 프랑스의 수학자 피에르시몽 라플라스(Pierre-Simon, marquis de Laplace, 1749-1827)가 발견한 이론이다. 정규분포와 관련하여 확률론과 통계학에서 가장 중요한 개념이라고 할 수 있다. 중심극한정리에 대한 이해를 위해서는 먼저 표본의 추정치를 기반으로 모수를 추정하는 데에 있어서 표본오차의 개념을 이해할 필요가 있다.

평균의 표준오차(standard error of the mean)

추정량의 표본분포는 표본의 크기를 n으로 임의 추출했을 때, 추정량이 취할 수 있는 모든 가능한 값에 대한 확률분포이다. 이 말의 의미는 표본을 선택할 때마다 변할 수 있다는 것이다.

앞에서도 설명한 바와 같이 모집단의 평균을 추정하기 위해서 표본평균을 이용한다.

표본평균을 이용해서 모집단의 평균을 얻고자 할 때, 표본평균은 모평균에 대한 불편추정량이다. 즉, 특정 표본에서 오차가 존재하나 평균적으로는 실제 모수를 과대추정하거나 과소추정하지 않는다는 것이다.

표본평균은 표본이 바뀔 때마다 달라지고, 임의추출을 통한 표본이기 때문에 추정 과정에서 오차가 발생하는데 이를 표본오차(sampling error)라고 한다. 따라서 표본오차의 크기는 모수 추정의 정확도를 나타내는 중요한 지표가 된다.

그렇다면 표본오차는 어떻게 측정할 수 있는가? 표본오차를 일반화하여 표현하는 방법은 '표본평균의 표준편차'를 구하는 것이다. 이 값을 '평균의 표준오차(standard error of the mean)라고 부른다.

$$\sigma_{\bar{x}} = \frac{\sigma}{\sqrt{n}} \tag{24.1}$$

위의 수식에서 나타난 것과 같이 수식의 계산을 통해 산출되는 값이 '표본평균'의 '표준편차'이므로 표준편차 기호인 σ의 아래첨자로 표본평균 기호인 $\bar{x}$가 표기된다. 계산 방법은 분산을 관측치의 개수로 나누어 제곱근 한다.

만약 통계학 전체 수강자들의 시험성적 평균(μ)이 78.17이고, 표준편차가 12.06이면 표본 36명으로부터 얻은 평균과 표준오차는 다음과 같다.

$$\mu_{\bar{x}} = 78.17, \quad \sigma_{\bar{x}} = \frac{12.06}{\sqrt{36}} = 2.01$$

표본평균의 표준오차는 표본의 크기가 커질수록 줄어든다.

만약 모집단이 정규분포를 따른다면, 표본평균의 분포는 표본의 크기와 무관하게 정규분포를 따른다. 그런데 모집단이 정규분포를 따르지 않거나 모집단 분포에 대한 정보를 모르는 경우는 어떻게 해야 하는가? 이러한 경우에 중심극한정리가 필요하다.

중심극한정리

중심극한정리를 이용하면 모집단이 어떠한 분포를 이루고 있는지 모르더라도 표본분포의 형태를 가늠할 수 있다. 중심극한정리에서는 표본평균에 대해서 3개의 중요한 개념을 제시하고 있다.

첫째, 모집단이 정규분포를 이루고 있다면, 표본평균은 평균이 μ이고, 표준편차가 $\sigma/\sqrt{n}$ 인 정규분포를 이룬다.

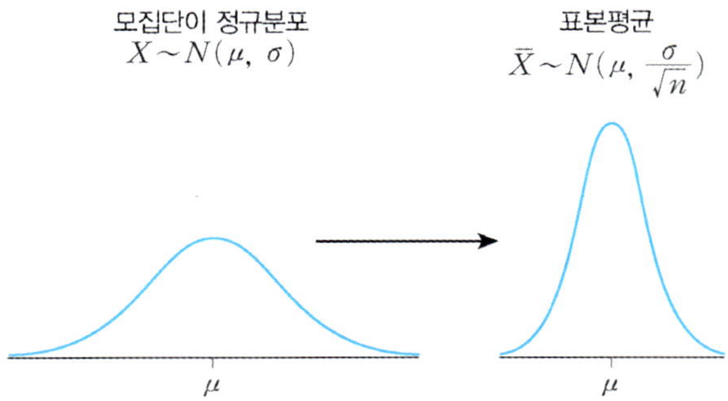

그림 24.1 중심극한정리(1)

둘째, 표본크기 n이 증가할수록 표본평균의 분포는 모평균 μ에 근사하게 되고 표준오차인 $\sigma_{\bar{x}} = \sigma/\sqrt{n}$ 는 점차 감소한다.

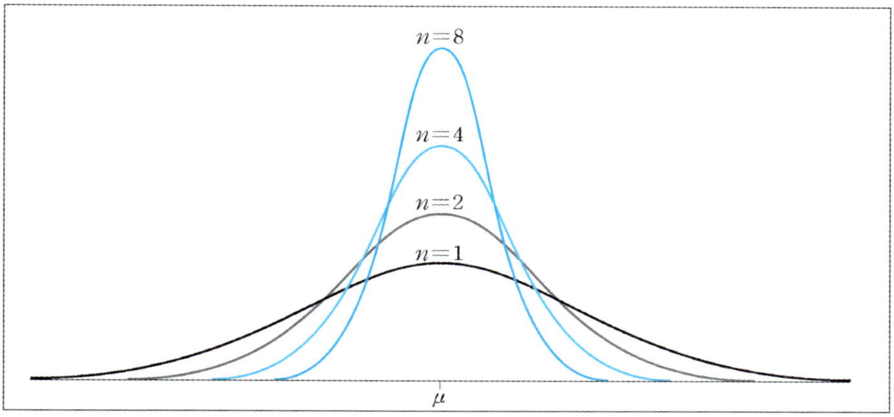

그림 24.2 중심극한정리(2)

셋째, 모집단 분포가 정규분포가 아니더라도 중심극한정리에 의해 표본의 크기가 충분히 크면 표본평균의 분포는 정규분포에 근사하게 된다.

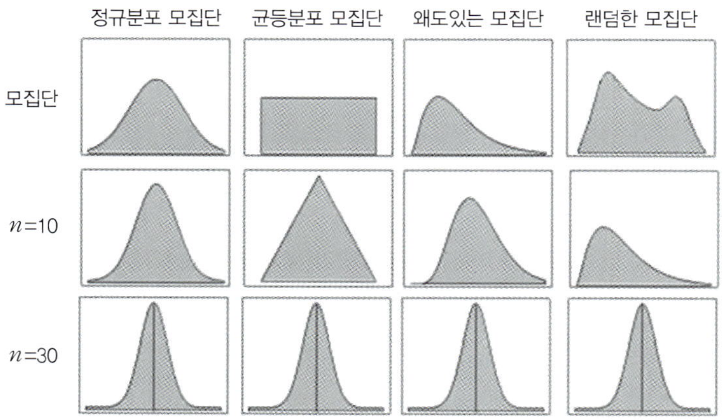

그림 24.3 중심극한정리(3)

<그림 24.3>에 표현된, 중심극한정리의 세 번째 개념에 대한 이해를 돕기 위해 다음의 예시를 살펴보자.

예제 24.1

숫자 1, 2, 3, 4로 구성된 모집단이 있다. 모집단의 각 숫자가 선택될 확률은 동일하다고 가정하자. 여기서 중복하여 n=2개인 임의표본을 추출한다고 할 때, 모집단의 분포와 표본평균의 분포를 그래프로 표현하여 비교해보자.

풀이

먼저 모집단 P={1, 2, 3, 4}로 정의할 수 있다. 모집단의 분포는 〈그림 24.4〉와 같이 나타낼 수 있다.

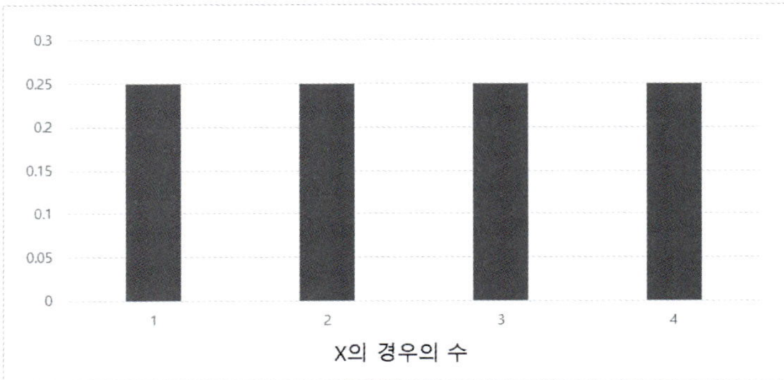

그림 24.4 X의 모집단 분포

〈그림 24.4〉에서 알 수 있듯이 모집단의 분포는 균등분포를 이루고 있다. 그래프의 Y축은 X축에 표시된 숫자들이 선택될 확률을 의미한다. 4개의 숫자가 같은 확률로 선택될 수 있으므로 개별 숫자의 확률은 0.25이다.

다음으로 표본평균은 수식 $\overline{x} = (x_1 + x_2)/2$를 이용하여 아래와 같이 계산할 수 있다.

$$\overline{x} = (1+1)/2 = 1.0,\quad \overline{x} = (2+1)/2 = 1.5,$$
$$\overline{x} = (3+1)/2 = 2.0,\quad \overline{x} = (4+1)/2 = 2.5$$
$$\overline{x} = (1+2)/2 = 1.5,\quad \overline{x} = (2+2)/2 = 2.0,$$
$$\overline{x} = (3+2)/2 = 2.5,\quad \overline{x} = (4+2)/2 = 3.0$$

$$\bar{x} = (1+3)/2 = 2.0,\quad \bar{x} = (2+3)/2 = 2.5,$$
$$\bar{x} = (3+3)/2 = 3.0,\quad \bar{x} = (4+3)/2 = 3.5$$
$$\bar{x} = (1+4)/2 = 2.5,\quad \bar{x} = (2+4)/2 = 3.0,$$
$$\bar{x} = (3+4)/2 = 3.5,\quad \bar{x} = (4+4)/2 = 4.0$$

위의 계산 결과를 정리하면 다음의 표와 같다.

표 24.1 표본평균의 표본분포

표본평균($\bar{x}$)	빈도수	상대도수
1.0	1	0.0625
1.5	2	0.1250
2.0	3	0.1875
2.5	4	0.2500
3.0	3	0.1875
3.5	2	0.1250
4.0	1	0.0625
합계	16	1.0000

중심극한정리에 따라 평균과 표준오차는 다음과 같이 예측할 수 있다.

$$\mu_{\bar{x}} = 2.5,\ \sigma_{\bar{x}} = \frac{\sigma}{\sqrt{n}} = \frac{1.118034}{\sqrt{2}} = 0.7906$$

〈표 24.1〉의 표본분포를 그래프로 나타내면 다음과 같다.

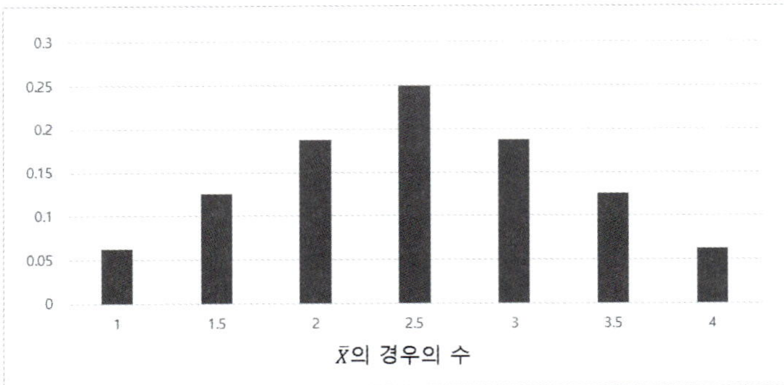

그림 24.5 $\bar{x}$의 표본분포$(n=2)$

이상과 같이 모집단 P에 속한 관측치들의 분포는 <그림 24.4>의 균등분포였지만 표본평균의 표본분포는 <그림 24.5>와 같이 정규분포를 따르는 것을 알 수 있다. 여기서 한가지 알고 넘어가야 할 것이 있는데 그것은 표본평균의 분포가 정규분포를 따르기 위해서는 표본의 크기가 적어도 30보다는 커야 한다는 것이다. 그래서 표본을 선택할 때 최소 30개 이상의 표본을 추출하는 것을 권장한다. 다만, <그림 24.4>와 같이 모집단의 분포가 좌우로 대칭인 경우(균등분포는 좌우로 대칭하는 경우이다)는 표본이 그보다 작더라도 표본평균이 정규분포를 따를 수 있다. 만약 모집단이 왜도가 있거나 좌우 비대칭적인 분포를 따른다고 한다면, <그림 24.3>에서 알 수 있듯이 반드시 표본의 개수가 증가해야만 표본평균의 분포가 정규분포를 따르게 된다.

D+25

신뢰구간: z-값과 표본평균의 범위

중심극한정리를 이용하면 표본 데이터의 분포에서 표본평균을 중심으로 형성된 범위(구간) 내에 추정된 모평균이 존재할 확률을 구할 수 있다. 이를 신뢰구간(confidence interval)이라고 한다. 특히 표본의 크기가 충분히 크면($n \geq 30$) 모집단의 형태와 상관없이 정규분포를 이용하여 신뢰구간을 구할 수 있다.

z-값

표본평균을 기준으로 신뢰구간을 구하는 이유는 앞서 기술한 것과 같이 표본평균이 확률변수이기 때문이다. 즉, 모집단에서 처음으로 n개의 표본을 임의추출하여 구한 평균과 두 번째로 n개의 표본을 임의추출하여 구한 평균은 다른 값으로 나타날 확률이 높다. 따라서 표본평균이 실제로 얼마나 모집단의 평균과 같은지를 확률적으로 설명해야 한다. 즉, 표본평균이 추정하고 있는 모평균이 그 표본평균의 범위에 포함될 확률이 어느 정도인지를 구하는 것이다.

신뢰구간에 대한 기댓값은 다음의 수식을 이용한다.

$$\mu \pm z\frac{\sigma}{\sqrt{n}} \tag{25.1}$$

위의 수식은 모평균과 모표준편차를 알고 있다는 전제하에 성립된다. 수식에서 나타난 것과 같이 z라는 기호가 보이는데, 이는 표준정규분포의 z−값(또는 $z-score$)을 말한다. $z-score$는 개별 관측치의 데이터값이 평균으로부터 얼마나 떨어져 있는지를 나타내는 수치로서 $z-score$가 0이면 정확히 평균과 일치하게 됨을 의미한다.

z−값을 구하는 수식은 다음과 같다.

$$z = \frac{X-\mu}{\sigma} \tag{25.2}$$

수식에서 알 수 있듯이 개별 관측치의 값인 X와 평균인 μ의 차이를 구하여 표준편차로 나누어 z−값을 구한다. 그렇다면, 여기서 z−값, 즉 $z-score$는 표본평균의 범위를 계산하는 데에 어떠한 역할을 하는 것인가? 이와 관련한 설명을 위해서는 앞에서 학습했던 정규분포와 표준정규분포에 관한 내용을 상기할 필요가 있다.

정규분포는 평균과 표준편차만으로 규정된다. 수학적 기호로는 $N(\mu, \sigma^2)$와 같이 표기한다고 했다. 그런데 정규분포는 평균과 표준편차가 상이한 무한개의 서로 다른 정규분포가 존재한다고 했다. 따라서 평균이 달라질 때마다 혹은 분산이 달라질 때마다 정규분포곡선 아래의 면적을 구하는 것은 매우 소모적인 작업이 될 수밖에 없다.

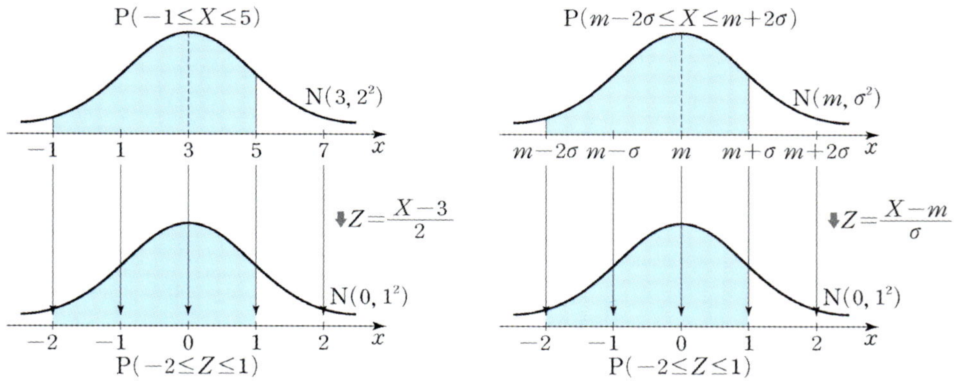

그림 25.1 정규분포의 표준화

<그림 25.1>에서 상단에 있는 그래프 두 개는 모두 정규분포를 표현한 것이고, 하단에 있는 그래프들은 표준정규분포를 표현한 것이다. 왼쪽의 그래프를 보면, 정규분포 그래프상에서의 평균이 3이지만 표준정규분포 그래프상에서는 평균이 0으로 변환된 것을 알 수 있다. 그리고 분산은 2^2에서 1로 변환되었다. 즉, $z-score$를 구하는 공식은 정규분포를 표준정규분포로 변환하는 데에 사용된다.

예제를 통해 $z-score$에 관한 이해를 심화해보자.

예제 25.1

이번 주에 생산된 TV 고정대는 1,000개이다. 고정대의 볼트 구멍의 지름 수치의 분포가 정규분포에 근사한다고 가정하자. 생산된 제품들의 평균 지름은 82 mm이고 표준편차는 5 mm이다. 실제로 생산된 제품 1,000개 중에서 구멍의 지름이 82~90 mm 범위 안에 있는 제품의 수는 몇 개인가?

풀이

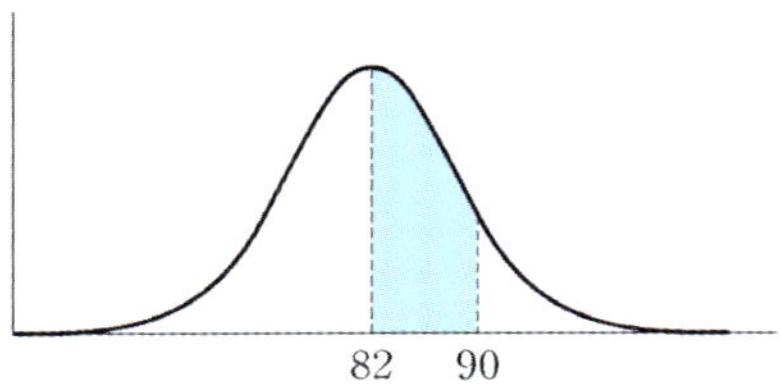

그림 25.2 82∼90의 적분 구간

예제는 〈그림 25.2〉의 그래프상에서 82∼90까지의 면적(빗금 영역)을 구하는 문제이다. 면적은 적분을 이용하여 구할 수 있다. 그러나 적분을 이용하여 구하기 위해서는 82∼90 사이에 무한개의 수직선을 그어 개별 선의 넓이를 계산해야 하므로 많은 시간이 소요되고 현실적으로는 불가능하다. 그러나 z-값을 이용하면 이 문제를 해결할 수 있다.

먼저 지름 82mm의 z-값은, $z_{82} = \dfrac{82-82}{5} = 0$ 이다. 다음으로 지름 90mm의 z값은 $z_{90} = \dfrac{90-82}{5} = 1.6$이다. 이렇게 해서 정규분포의 평균과 표준편차를 〈그림 25.3〉과 같이 표준화하였다.

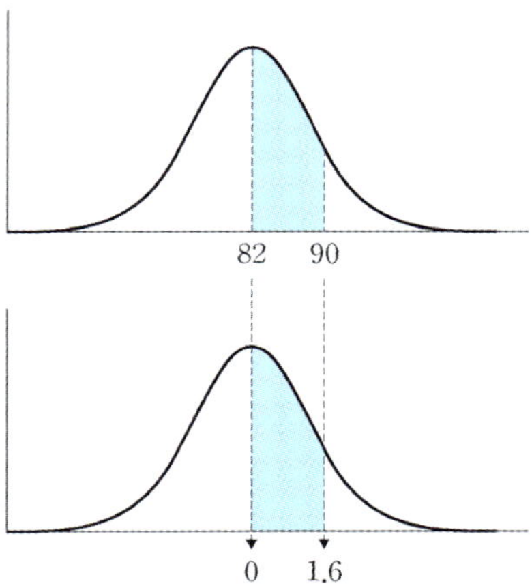

그림 25.3 적분 구간의 표준화

〈그림 25.3〉에 나타난 것과 같이 z값이 0부터 1.6까지의 구간에 대한 면적을 구하면 이 구간의 확률을 알 수 있고, 이 구간의 확률을 알게 되면, 이번 주에 생산된 제품 1,000개 중의 몇 개가 구멍의 지름이 82mm~90mm 사이에서 생산되었는지를 알 수 있다.

z값을 알면, 〈부록〉에 있는 표준정규분포표 또는 누적표준정규분포표를 보고 면적을 계산할 수 있다.

표 25.1 누적표준정규분포표 $z : -\infty \sim z$

z	.00	.01	.02	.03	.04	.05	.06	.07	.08	.09
0.0	0.5000	0.5000	0.5080	0.5120	0.5160	0.5199	0.5239	0.5279	0.5319	0.5359
0.1	0.5398	0.5398	0.5478	0.5517	0.5557	0.5596	0.5636	0.5675	0.5714	0.5753
0.2	0.5793	0.5793	0.5871	0.5910	0.5948	0.5987	0.6026	0.6064	0.6103	0.6141
0.3	0.6179	0.6179	0.6255	0.6293	0.6331	0.6368	0.6406	0.6443	0.6480	0.6517
0.4	0.6554	0.6554	0.6628	0.6664	0.6700	0.6736	0.6772	0.6808	0.6844	0.6879
0.5	0.6915	0.6915	0.6985	0.7019	0.7054	0.7088	0.7123	0.7157	0.7190	0.7224
0.6	0.7257	0.7257	0.7324	0.7357	0.7389	0.7422	0.7454	0.7486	0.7517	0.7549
0.7	0.7580	0.7580	0.7642	0.7673	0.7703	0.7734	0.7764	0.7794	0.7823	0.7852
0.8	0.7881	0.7881	0.7939	0.7967	0.7995	0.8023	0.8051	0.8078	0.8106	0.8133
0.9	0.8159	0.8159	0.8212	0.8238	0.8264	0.8289	0.8315	0.8340	0.8365	0.8389
1.0	0.8413	0.8413	0.8461	0.8485	0.8508	0.8531	0.8554	0.8577	0.8599	0.8621
1.1	0.8643	0.8643	0.8686	0.8708	0.8729	0.8749	0.8770	0.8790	0.8810	0.8830
1.2	0.8849	0.8849	0.8888	0.8907	0.8925	0.8944	0.8962	0.8980	0.8997	0.9015
1.3	0.9032	0.9032	0.9066	0.9082	0.9099	0.9115	0.9131	0.9147	0.9162	0.9177
1.4	0.9192	0.9192	0.9222	0.9236	0.9251	0.9265	0.9279	0.9292	0.9306	0.9319
1.5	0.9332	0.9332	0.9357	0.9370	0.9382	0.9394	0.9406	0.9418	0.9429	0.9441
1.6	0.9452	0.9452	0.9474	0.9484	0.9495	0.9505	0.9515	0.9525	0.9535	0.9545
1.7	0.9554	0.9554	0.9573	0.9582	0.9591	0.9599	0.9608	0.9616	0.9625	0.9633
1.8	0.9641	0.9641	0.9656	0.9664	0.9671	0.9678	0.9686	0.9693	0.9699	0.9706
1.9	0.9713	0.9713	0.9726	0.9732	0.9738	0.9744	0.9750	0.9756	0.9761	0.9767
⋮	⋮	⋮	⋮	⋮	⋮	⋮	⋮	⋮	⋮	⋮

〈표 25.1〉은 누적표준정규분포표이다. 여기서 z값 1.6을 대입하면, 면적은 0.9452로 확인된다. 그런데 0.9452는 평균 0 이하의 면적 0.5가 포함된 것이므로 0~1.6까지의 면적은 0.4452가 된다. 따라서 지름 82mm~90mm 사이의 제품 수량은 $1{,}000 \times 0.4452 \approx 445$개다.

표본평균의 범위

지금까지 z-값이 표준정규분포표에서 분포곡선 아래의 면적을 계산하는 데 사용되는 것을 알았다. 이제 다시 표본평균이 속할 범위에 대한 기댓값 수식 25.1로 돌아가 보자.

$$\mu \pm z\frac{\sigma}{\sqrt{n}} \tag{25.1}$$

z-값에 대한 설명을 상기한다면, 위의 수식에서 z-값은 표본평균의 범위, 즉 신뢰구간의 면적을 구하는 데에 사용되는 것임을 알 수 있다. 여기서 신뢰수준은 모수가 위치할 것이라 믿는 확률을 의미한다. 이 확률은 데이터를 분석하는 연구자의 믿음 정도라고 할 수 있다. 일반적으로 신뢰구간은 90%, 95%, 99%의 신뢰수준(confidence level)을 기준으로 정한다.

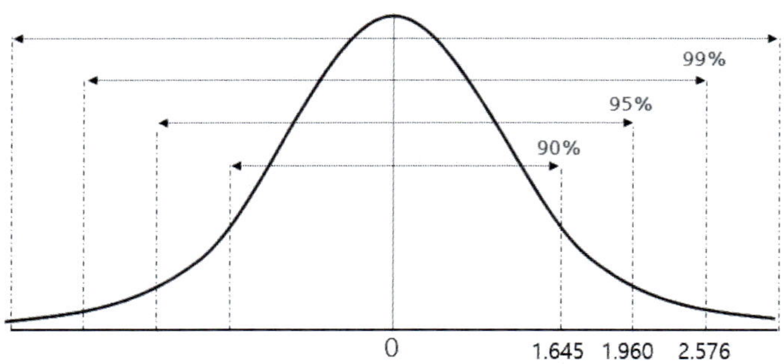

그림 25.4 표준정규분포곡선과 신뢰구간

<그림 25.4>는 평균이 0이고, 분산이 1인 표준정규분포 그래프 위에 z-값의 위치를 표시한 것이다. z-값은 표준정규분포표 또는 누적표준정규분포표를 이용하여 구할 수 있다.

표 25.2 표준정규분포표 $z : 0 \sim z$

z	.00	.01	.02	.03	.04	.05	.06	.07	.08	.09
⋮	⋮	⋮	⋮	⋮	⋮	⋮	⋮	⋮	⋮	⋮
1.0	0.3413	0.3438	0.3461	0.3485	0.3508	0.3531	0.3554	0.3577	0.3599	0.3621
1.1	0.3643	0.3665	0.3686	0.3708	0.3729	0.3749	0.3770	0.3790	0.3810	0.3830
1.2	0.3849	0.3869	0.3888	0.3907	0.3925	0.3944	0.3962	0.3980	0.3997	0.4015
1.3	0.4032	0.4049	0.4066	0.4082	0.4099	0.4115	0.4131	0.4147	0.4162	0.4177
1.4	0.4192	0.4207	0.4222	0.4236	0.4251	0.4265	0.4279	0.4292	0.4306	0.4319
1.5	0.4332	0.4345	0.4357	0.4370	0.4382	0.4394	0.4406	0.4418	0.4429	0.4441
1.6	0.4452	0.4463	0.4474	0.4484	0.4495	0.4505	0.4515	0.4525	0.4535	0.4545
1.7	0.4554	0.4564	0.4573	0.4582	0.4591	0.4599	0.4608	0.4616	0.4625	0.4633
1.8	0.4641	0.4649	0.4656	0.4664	0.4671	0.4678	0.4686	0.4693	0.4699	0.4706
1.9	0.4713	0.4719	0.4726	0.4732	0.4738	0.4744	0.4750	0.4756	0.4761	0.4767
2.0	0.4772	0.4778	0.4783	0.4788	0.4793	0.4798	0.4803	0.4808	0.4812	0.4817
2.1	0.4821	0.4826	0.4830	0.4834	0.4838	0.4842	0.4846	0.4850	0.4854	0.4857
2.2	0.4861	0.4864	0.4868	0.4871	0.4875	0.4878	0.4881	0.4884	0.4887	0.4890
2.3	0.4893	0.4896	0.4898	0.4901	0.4904	0.4906	0.4909	0.4911	0.4913	0.4916
2.4	0.4918	0.4920	0.4922	0.4925	0.4927	0.4929	0.4931	0.4932	0.4934	0.4936
2.5	0.4938	0.4940	0.4941	0.4943	0.4945	0.4946	0.4948	0.4949	0.4951	0.4952
2.6	0.4953	0.4955	0.4956	0.4957	0.4959	0.4960	0.4961	0.4962	0.4963	0.4964
2.7	0.4965	0.4966	0.4967	0.4968	0.4969	0.4970	0.4971	0.4972	0.4973	0.4974
2.8	0.4974	0.4975	0.4976	0.4977	0.4977	0.4978	0.4979	0.4979	0.4980	0.4981
2.9	0.4981	0.4982	0.4982	0.4983	0.4984	0.4984	0.4985	0.4985	0.4986	0.4986
⋮	⋮	⋮	⋮	⋮	⋮	⋮	⋮	⋮	⋮	⋮

<표 25.2>는 표준정규분포표이다. 가장 좌측과 가장 상단의 숫자들은 z값을 의미한다. 그리고 z값에 해당하는 면적이 수치로 정렬되어 있다. 신뢰구간 90%라는 것은 <그림 25.4>의 평균 0을 중심으로 좌우로 대칭적으로 퍼진 면적이 0.9인 것을 의미한다. 표준정규분포표는 $0 \sim z$-값까지의 정규분포 면적을 정렬할 것이다. 따라서 <표 25.2>의 표준정규분포표[1]에서 0.45에 해당하는 z-값을 구하면 된다. 그런데 표준정규분포표에서는 0.45의 면적은 없고 그에 근사한 값이 있다. 0.4495($z = 1.64$)와 0.4505($z = 1.65$)가

있다. 0.45가 이 두 값의 중간값이므로 신뢰구간 90%에 해당하는 $z-$값은 1.645이다. 이와 같은 방식으로 신뢰구간 95%와 99%에 해당하는 z값을 표준정규분포표에서 구할 수 있다.

이상과 같이 신뢰수준에 따른 표본평균의 범위는 <표 25.3>과 같이 정리할 수 있다.

표 25.3 신뢰수준에 따른 신뢰구간

신뢰수준	신뢰구간
90%	$\mu \pm 1.645\frac{\sigma}{\sqrt{n}}$
95%	$\mu \pm 1.960\frac{\sigma}{\sqrt{n}}$
99%	$\mu \pm 2.576\frac{\sigma}{\sqrt{n}}$

신뢰수준과 신뢰구간에 대한 이해를 돕기 위해 예제를 풀이해보자.

예제 25.2

정규분포인 모집단의 모평균 $\mu = 520.78$, 표준편차 $\sigma = 86.80$인 경우 n=5인 표본의 표본평균 95%의 구간은 얼마인가?

풀이

$$\mu \pm 1.960\frac{\sigma}{\sqrt{n}} = 520.78 \pm 1.960\frac{86.80}{\sqrt{5}} = 520.78 \pm 76.08 = [444.70,\ 596.86]$$

이다.

따라서 표본평균 95% 신뢰구간은 444.70~596.86 사이이다.

1 표준정규분포표는 z값 0 이상부터 면적을 계산하므로 신뢰구간 90%의 면적은 0.45가 된다.

예제 25.3

음료수 공장에서 출하하는 250 ml 규격의 병에 담긴 음료수의 양은 평균적으로 245 ml의 음료수가 담기며 표준편차가 1.50 ml인 정규분포를 따른다고 알려졌다. 20개의 표본을 추출하여 음료수의 양을 측정했을 때, 표본평균 99%의 구간은 얼마인가?

풀이

이 문제에서 모평균 $\mu = 245$ 이고, 표준편차 $\sigma = 1.50$ 이다. 그리고 표본평균 99%의 구간을 구하는 것이므로 $z - score = 2.576$ 이다. 따라서 아래의 수식으로 전개하여 구간을 구한다.

$$\mu \pm 2.576 \frac{\sigma}{\sqrt{n}} = 245 \pm 2.576 \frac{1.50}{\sqrt{20}} = 245 \pm 0.8640 = [244.166,\ 245.864]$$

따라서 표본평균 99% 신뢰구간은 244.166 ~ 245.864 ml 사이이다.

D+26

신뢰구간: z-분포, t-분포, 모비율

앞에서 중심극한정리의 개념에 기초하여 평균과 분산을 표준화하는 z−값에 대해서 살펴봤다. 그리고 z−값이 신뢰수준에 따른 표본평균의 범위, 즉 신뢰구간을 계산하는 데에 사용된다는 것을 알았다.

신뢰수준과 신뢰구간

앞에서 우리는 '신뢰수준'이라는 용어에 관해서 설명했다. 신뢰수준에 관하여 좀 더 자세하게 설명하자면, 신뢰구간에 모수(모평균, 모분산, 모표준편차, 모비율)가 위치할 것이라는 연구자의 믿음을 확률로 표시한 것이다. 이때 신뢰수준은 $100 \times (1-\alpha)\%$ 로 나타낸다. 신뢰수준의 영역은 <그림 26.1>에 나타난 것과 같다. 여기서 α는 허용오차 수준으로 100%에서 신뢰수준을 뺀 값이다. 그림에서 빗금 영역에 속하며, 그래프의 양쪽 꼬리 영역에 속하므로 2로 나누어 계산된다. 허용오차 수준은 모수가 신뢰구간 밖에 존재할 가능성을 말한다. 예를 들어서 95%의 신뢰수준이면 허용오차 수준 $\alpha = 5\%$ 이며, 이는 모수가 신뢰구간 내에 있을 것이라고 95% 확신할 수 있으나 이러한 믿음이 틀렸을 가능성이 5% 정도 된다는 것을 의미한다(가설검정에서는 허용오차 수준을 유의수준이라고 말한다).

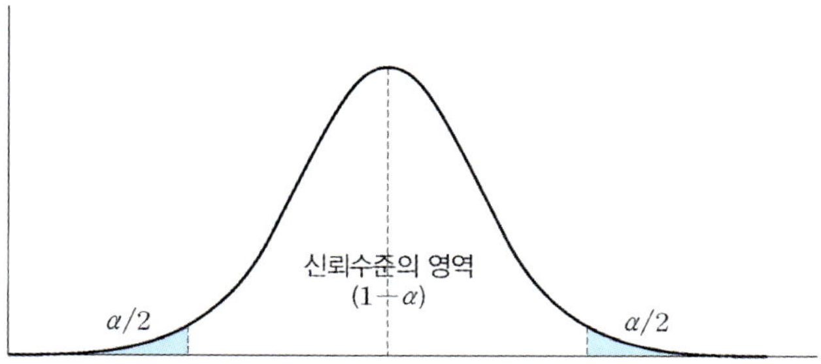

그림 26.1 신뢰수준과 허용오차

신뢰구간은 신뢰수준에 대해 비례한다. 앞의 <그림 25.4>에서 알 수 있듯이 신뢰수준이 높아지면 신뢰구간은 그만큼 넓어진다. 신뢰구간이 넓어진다는 것은 정확성이 떨어진다는 의미이다. 즉, 오차한계가 더 커진다. 그래서 일반적으로는 95% 신뢰수준이 자주 활용된다.

우리는 앞의 <예제 25.3>에서 제품 병에 담기는 음료수 양의 평균이 245 ml인 제품 중 20개를 표본으로 추출하여 표본평균 99%의 구간이 244.166~245.864 ml라는 답을 구했다. 신뢰수준을 95% 또는 90%로 낮추면 구간이 어떻게 변하는지 보자.

신뢰수준 95%:

$$\mu \pm 1.960\frac{\sigma}{\sqrt{n}} = 245 \pm 1.960\frac{1.50}{\sqrt{20}} = 245 \pm 0.6574 = [244.3426,\ 245.6574]$$

신뢰수준 90%:

$$\mu \pm 1.645\frac{\sigma}{\sqrt{n}} = 245 \pm 1.645\frac{1.50}{\sqrt{20}} = 245 \pm 0.5517 = [244.4483,\ 245.5517]$$

위와 같이 신뢰수준 95%의 신뢰구간은 244.3426~245.6574 ml로 계산되었고, 신뢰수준 90%의 신뢰구간은 244.4483~245.5517 ml로 계산되었다. 신뢰수준 99%의 구간보다 작아지는 것을 알 수 있다.

신뢰구간의 추정은 주어진 정보를 이용해야 하는데, 모집단의 표준편차를 아는 경우가 있고 이와 달리 모집단의 표준편차를 모르는 경우가 있다.

z-분포와 신뢰구간 추정

모집단의 표준편차(σ)를 아는 경우 미지의 모평균(μ)에 대한 신뢰구간은 다음과 같다.

$$\bar{x} \pm z_{\alpha/2} \frac{\sigma}{\sqrt{n}} \quad (26.1)$$

모평균(μ)을 모르기 때문에 표본평균($\bar{x}$)을 기준으로 신뢰수준에 대한 허용오차 수준(α)의 z값을 표준정규분포표(또는 누적표준정규분포표)에서 구하고 표본평균의 표준오차($\frac{\sigma}{\sqrt{n}}$)와 곱하여 모평균에 대한 신뢰구간을 구한다.

앞에서 풀이했던 <예제 25.3>을 변형한 문제로 모집단의 표준편차를 아는 경우의 모평균에 대한 신뢰구간을 구해보자.

예제 26.1

음료수 공장에서 출하하는 250 ml 규격의 병에 담긴 음료수 제품은 표준편차가 1.50 ml인 정규분포를 따른다고 알려졌다. 20개의 표본을 추출하여 음료수의 양을 측정하여 평균을 구해보니 $\bar{x} = 247.3$이었다. 모집단이 정규분포이므로 표본평균이 모든 표본크기에 대해서도 정규분포인 확률변수이다. 신뢰수준 95%의 구간은 얼마인가?

풀이

모평균을 모르기 때문에 표본평균을 이용하여 신뢰구간을 구한다.

$$\overline{x} \pm z_{\alpha/2}\frac{\sigma}{\sqrt{n}} = 247.3 \pm z_{0.025}\frac{1.50}{\sqrt{20}} = 247.3 \pm 1.96\frac{1.50}{\sqrt{20}} = 247.3 \pm 0.6574$$
$$= [243.6426,\ 244.9574]$$

신뢰수준 95%의 신뢰구간은 243.6246 ~ 244.9574 ml이다. 이는 이 공장에서 생산되는 음료수병에 담긴 음료수의 양은 243.6246 ~ 244.9574 ml의 범위에 포함될 확률이 95%라는 의미이다. 다른 한편으로 5%의 확률로 243.6246 ml보다 적거나 244.9574 ml보다 많은 양의 음료수가 담겨있을 수도 있다.

일반적으로 허용오차 수준인 α를 알고, 모집단이 정규분포 하는 경우는 신뢰구간의 계산 공식을 사용할 수 있다. 만약 α는 알고 있지만, 모집단이 정규분포 하는지 모르는 경우는 표본의 수가 30개 이상이고 표본의 분포가 대칭에 가까우면서 이상치가 없다면 신뢰구간 계산 공식을 사용할 수 있다. 또한 모집단이 왜도가 심하거나 이상치가 있는 경우라면 표본(n)이 충분히 커야 한다. 이를 정규성 가정이라고 한다.

t-분포와 신뢰구간 추정

앞에서 우리는 모집단의 표준편차를 알고 있는 경우에 z-값과 표준정규분포표를 이용하여 신뢰구간을 구하는 방법에 대해서 살펴보았다. 그런데 현실에서는 모집단의 평균은 물론 모집단의 분산이나 표준편차와 같은 모수를 모르는 경우가 대부분이다. 이런 경우에는 어떻게 추정된 모수의 신뢰구간을 구할 것인가?

모집단에 대한 정보를 모르지만 만약 모분산이 정규분포를 따른다면, 스튜던트 t-분포를 사용할 수 있다.[2] 이 경우엔 특히 표본의 크기가 작을 때 유용하다. 모집단의 표준편차(σ)를 모르기 때문에 표본의 표준편차(s)를 사용한다. 그리고 z−분포 대신에 t−분포를 사용하는 것이다.

모집단의 표준편차(σ)를 모르는 경우 미지의 모평균(μ)에 대한 신뢰구간은 다음과 같다.

$$\bar{x} \pm t_{\alpha/2}\frac{s}{\sqrt{n}} \tag{26.2}$$

위의 수식에서 $\frac{s}{\sqrt{n}}$ 은 표본평균의 추정된 표준오차이다.

신뢰구간에 대한 해석은 모집단의 표준편차(σ)를 아는 경우와 동일하다. 그러나 다른 조건이 같다면 t−분포의 신뢰구간은 z−분포의 신뢰구간보다 넓어진다. 왜냐하면 $t_{\alpha/2}$의 값이 $z_{\alpha/2}$의 값보다 크기 때문이다.

실제로 스튜던트 t−분포표와 표준정규분포표에서 신뢰수준 95%에서의 t−값과 z−값을 비교하면 t−값은 t−분포표에서 가장 큰 자유도 150을 기준으로 1.976이고, z−값은 1.960이다.

다음의 예제 풀이를 통해서 t−분포의 신뢰구간 추정에 대한 이해를 심화해보자.

예제 26.2

자동차 회사인 A사에서 판매하는 하이브리드 세단 차량의 소유자 20명을 대상으로 연비를 조사하였다. 결과는 아래와 같았다. 평균에 대한 95% 신뢰구간을 구하고 결과에 대해서 해석하시오.

17.2	18.1	17.8	17.5	18.3	18.5	19.2	17.9	18.2	19.5
18.0	17.7	18.4	17.9	19.1	18.3	17.8	17.3	18.9	19.2

---

2 스튜던터 t−분포에 관해서는 이미 D+17 차수 학습 내용에서 소개한 바 있다. 이번 차수 내용에서 부족하다고 느끼는 점은 D+17 차수 내용을 다시 한번 읽어보기 바란다.

풀이

20개 차량의 연비 평균($\bar{x}$)은 18.240이다. 표본의 표준편차(s)는 0.6573으로 계산된다. 자유도(d.f.)는 20−1=19이다. 스튜던트 t−분포표에서 자유도 19 기준으로 신뢰구간 95%의 t−값은 2.093으로 확인된다.

따라서 신뢰구간은 다음과 같이 계산된다.

$$\bar{x} \pm t_{0.025}\frac{s}{\sqrt{n}} = 18.24 \pm 2.093 \times \frac{0.6573}{\sqrt{20}} = [17.932,\ 18.548]$$

A사에서 판매하는 하이브리드 세단 차량을 구매했을 때, 차량의 평균연비가 17.932~18.548 사이로 측정될 확률은 95%이다.

모비율(π)에 대한 신뢰구간 추정

우리는 앞에서 모평균에 대한 신뢰구간을 추정하는 방법에 대해서 알아보았다. 현실 세계에서 우리는 간혹 비율(%)를 추정해야 할 때가 있다. 예를 들어 대통령 선거나 국회의원 선거 시즌에 후보자들의 지지율과 같은 것이다. 이 외에도 제품이나 서비스에 대한 소비자의 만족도 같은 지표도 비율로 측정한다. 모비율의 추정에서도 표본오차가 발생할 가능성이 있다. 따라서 모평균에 대한 추정과 같이 모비율에 대한 신뢰구간을 구할 필요가 있다.

중심극한정리는 표본비율(sample proportion)에도 적용된다. 표본비율은 이항분포와 같이 성공(S)과 실패(F)로 이루어진 값들의 평균이다. 다음은 표본비율을 구하는 수식이다.

$$p = \frac{x}{n} \tag{26.3}$$

수식에서 분자에 해당하는 x는 구하고자 하는 것의 개수이고, 분모에 해당하는 n은 전체의 개수이다. 예를 들어 통계학과 1학년생이 100명이 있는데 이 중에 여학생이 45명이라면, 통계학과 1학년생 중 여학생의 비율은 45/100=0.45 즉, 45%로 계산된다.

표본비율 p의 분포는 표본의 크기(n)가 증가할수록 평균이 π(모비율), 표준오차가 σ_p인 정규분포에 근접해진다.

$$\sigma_p = \sqrt{\frac{\pi(1-\pi)}{n}} \tag{26.4}$$

위의 수식에서 알 수 있듯이 표본비율의 표준오차는 표본의 크기 n이 증가할수록 작아진다. 표본비율의 표준오차는 π와 n으로부터 영향을 받는다. 표본이 충분히 크면 통계량 $p = x/n$는 정규분포를 따른다고 가정할 수 있다. 정규성을 가정할 수 있는 표본의 크기는 다음의 수식을 적용해서 계산하여 판단한다.

$$n\pi \geq 10 \text{ and } n(1-\pi) \geq 10 \tag{26.5}$$

위의 수식은 표본에서 적어도 10회의 성공과 동시에 적어도 10회의 실패가 있어야 한다는 것을 의미한다.

중심극한정리를 이용하면 표본비율이 포함될 확률을 구할 수 있다. 모비율(π)의 신뢰구간을 구하는 수식은 다음과 같다.

$$p \pm z_{\alpha/2}\sqrt{\frac{p(1-p)}{n}} \tag{26.6}$$

<표 26.1>은 모비율에 대한 신뢰구간을 신뢰수준에 따라 정리한 것이다.

표 26.1 모비율에 대한 신뢰구간

신뢰수준	$1-\alpha$	α	$\alpha/2$	$z_{\alpha/2}$
90%	0.90	0.10	0.05	$z_{0.05}=1.645$
95%	0.95	0.05	0.025	$z_{0.025}=1.960$
99%	0.99	0.01	0.005	$z_{0.005}=2.576$

다음의 예제를 풀이해보자.

예제 26.3

신약 테스트에 참여한 환자 200명 중에서 10명이 알레르기 반응을 보였다. 모든 환자 중에 알레르기 반응을 보이는 모비율에 대한 95% 신뢰구간을 구하시오.

풀이

우선 정규성 가정이 성립되는지를 확인한다.

$$np = 200 \times (10/200) = 10, \text{ and } n(1-p) = 200 \times (190/200) = 190$$

성공 횟수와 실패 횟수가 모두 10회 이상이므로 정규성을 가정할 수 있다. 모비율에 대한 95% 신뢰구간은 다음과 같다.

$$\begin{aligned} p \pm z_{\alpha/2}\sqrt{\frac{p(1-p)}{n}} &= 0.05 \pm 1.960\sqrt{\frac{0.05(1-0.05)}{200}} = 0.05 \pm 0.0302 \\ &= [0.0198, 0.0802] \end{aligned}$$

따라서 모든 환자 중에 신약에 대한 알레르기 반응을 보이는 환자의 비율은 1.98%~8.02% 사이에 있다.

7장

가설검정

D+27 가설검정의 단계
D+28 단일표본 가설검정: 모분산을 아는 경우
D+29 단일표본 가설검정: 모분산을 모르는 경우
D+30 두 표본 가설검정: 독립표본
D+31 두 표본 가설검정: 대응표본
D+32 두 비율과 두 분산의 검정

D+27

가설검정의 단계

통계학은 기술통계학과 추론통계학의 두 종류로 분류할 수 있다고 하였다. D+25와 D+26 차수에서 우리는 표본 데이터를 통해 모수를 추정하는 방법에 대해서 살펴보았다. 추론(inference)은 추정(estimation)과 검정(testing)으로 구성된다. 추정이 모수를 추측하는 것이라면, 검정은 모수가 어떤 특정한 값을 갖는다는 주장을 하나의 가설로 설정하고 그 가설이 얼마나 통계적으로 신뢰할 수 있는지를 확인하는 것이다.

추정과 검정

20대 한국인 남성의 키와 체중에 대해서 생각해보자. 연령이 20대인 전체 한국인 남성, 즉 모집단의 키와 체중의 평균을 알 수는 없다. 실제로 모집단에 속하는 20대 남성의 키와 체중을 모두 측정한다면 가능하겠지만 현실적으로는 불가능한 일이다. 너무 많은 시간과 비용이 소요되기 때문이다. 이럴 때, 모평균에 대한 정보가 아무것도 없는 상황에서 모평균이 얼마인지를 추측하는 것을 추정(estimation)이라고 하고, 모평균에 대해 미리 어떠한 정보가 주어져 있고 그 정보가 얼마나 신뢰할 만한 것인지를 확인하는 것을 검정(testing)이라고 한다.

추정의 과정은 앞에서 살펴본 것과 같이 먼저 모집단으로부터 표본을 추출하여 표본평균을 구한다. 만일 표본평균이 키 174cm와 체중 68kg으로 측정되었다면, 이 값을 기초로 하여 모평균과 신뢰구간을 추정한다.

반면 검정의 과정에서는 모수에 대한 정보가 사전에 주어진다. 예를 들어 20대 남성의 평균 키가 174cm이고 평균 체중이 69kg이라는 주장이 제기된다. 검정은 이 주장이 통계적으로 신뢰할 만한 것인가를 확인하는 과정이다. 검정 과정에서도 모집단으로부터 표본을 추출하여 표본평균을 구한다. 다음으로 표본평균에 기초하여 사전에 주어졌던 키 174cm와 체중 69kg이라는 주장의 신뢰성을 통계적으로 확인하게 된다.

여기서 20대 남성의 평균 키가 174cm이고 평균 체중이 69kg이라는 주장을 가설(hypothesis)이라고 한다. 즉, 가설은 모수의 정보에 대한 어떠한 가정이나 아이디어라고 할 수 있다. 가설이 제시되면 그 가설이 통계적으로 얼마나 의미가 있는지를 판별하게 되는데 그 의미의 정도를 통계적 유의성(statistical significance)이라고 한다.

추정에서 살펴봤던 신뢰수준이라는 용어의 개념을 상기해 보자. 신뢰수준은 추정한 모수가 추정 구간 안에 포함될 확률이라고 했다. 추정에서 사용되는 신뢰수준이 바로 검정에서의 통계적 유의성이다. 가설에서 제시된 주장이 통계적으로 실제 모수와 같을 확률이라고 이해하면 되겠다.

귀무가설과 대립가설

가설은 모수의 정보에 대한 어떠한 가정이나 아이디어라고 했다. 통계에서 가설은 귀무가설과 대립가설로 설정하고 다음과 같은 기호를 사용하여 기술한다.

H_0 : 전기의 매출액 = 당기의 매출액
H_1 : 전기의 매출액 ≠ 당기의 매출액 or H_a : 전기의 매출액 ≠ 당기의 매출액

H_0은 귀무가설을 표현하는 기호이다. Null Hypothesis의 약자로 여기서 Null은 '비어 있다', '아무것도 없다', '차이가 없다'라는 의미로 이해할 수 있다. 그래서 귀무가설을 영가설이라고 부르기도 한다. 일반적으로 귀무가설은 관심 사항이나 변수에 대해서 아무 영향도 없다거나 아무 일도 일어나지 않는다거나 또는 아무런 차이가 없다고 가정하는 것이다.

H_1 또는 H_a는 대립가설을 표현하는 기호이다. Alternative Hypothesis의 약자로 귀무가설을 대체하는 또는 대립하는 가설이라는 의미이다. 대립가설은 연구자 관점에서 성립되기를 원하는 가설이다. 그래서 대립가설을 연구가설이라고 부르기도 한다. 일반적으로 대립가설은 관심사항이나 변수에 대해서 특별한 영향이 있다거나 어떤 일이 발생한다거나 또는 특별한 차이가 있다고 가정하는 것이다.

가설의 검정 과정에서 표본 통계량의 통계적 유의성 확인을 통해서 귀무가설의 주장이 통계적으로 유의하지 않다면 귀무가설을 기각하고 대립가설을 채택하게 된다. 이와 반대로 귀무가설의 주장이 통계적으로 유의하다면 귀무가설을 기각하지 않고 채택하게 된다.

1종 오류와 2종 오류

표본평균이나 표본의 표준편차와 같은 통계량은 모집단에서 일부의 관측치를 선택하여 계산한 것이기 때문에 추출된 표본에 따라서 그 값이 달라지는 확률변수라고 했다. 따라서 가설검정의 결과가 정확하지 않을 수 있다. 즉, "귀무가설이 통계적으로 유의함(귀무가설이 참)"에도 "유의하지 않다(귀무가설이 거짓)"라고 판단할 수 있고, 그 반대로 "귀무가설이 통계적으로 유의하지 않음(귀무가설이 거짓)"에도 "통계적으로 유의

한 것(귀무가설이 참)"으로 판단할 수도 있다.

표 27.1 오류의 종류

구분	귀무가설이 참	귀무가설이 거짓
귀무가설 기각	제1종 오류	옳은 결정
귀무가설 채택	옳은 결정	제2종 오류

<표 27.1>에 정리한 것처럼 귀무가설이 참인데도 귀무가설이 거짓이라고 잘못된 판단을 내려 이를 기각하는 경우를 제1종 오류라고 한다. 반대로 귀무가설이 거짓이어서 기각해야 하는데도 불구하고 귀무가설이 참이라고 잘못된 판단을 내려 이를 채택하는 경우를 제2종 오류라고 한다.

두 오류 중에 어느 오류가 발생하느냐에 따라 그 결과는 사뭇 달라질 수 있다. 예를 들어서 어느 회사의 마케팅 부서가 이번 분기 동안 판매촉진을 위해 비용을 투입한 결과 매출액이 지난 분기 대비 1억 원이 늘어났다고 하자. 마케팅 부서에서는 매출의 증가가 판매촉진 비용 투입의 효과라고 믿고 재무부서에 다음 분기에도 지속적으로 비용 투입을 하고자 예산계획서의 승인을 요청한다. 그런데 재무부서에서는 실제로 매출의 증가가 판매촉진에 의한 것인지를 확인하고 싶어한다. 이런 경우에 이번 분기의 매출 증가가 판매촉진에 의한 것인지를 통계적 유의성을 기준으로 판단할 수 있는데, 만약 매출 증가에 판매촉진의 영향도가 통계적으로 유의하지 않은데 유의한 것으로 판단하게 되면 제1종 오류가 발생하는 것이다(귀무가설 H_0는 "판매촉진은 매출 증가에 아무런 영향이 없다"로 설정). 이는 판매촉진이 매출 증가에 실질적으로 도움이 되지 않았음에도 다음 분기에도 판매촉진 비용을 예산계획에 포함하여 집행하는 상황이 발생하면서 비용을 낭비하게 되는 결과로 이어지는 것이다. 제2종 오류는 위의 상황과 반대로 판매촉진이 매출 증가에 유의미한 영향이 있는데도 불구하고 즉, 귀무가설이 거짓임에도 참이라고 판단하여 다음 분기에 판매촉진 예산을 집행하지 않음으로써 매출이 더 이상 증가하지 않

거나 오히려 감소하게 되는 결과로 이어지는 것이다.

이렇듯 제1종 오류나 제2종 오류의 발생은 가설검정의 과정에서 잘못된 의사결정을 하는 결과로 이어진다. 따라서 이러한 오류가 발생할 가능성을 통제해야 한다. 통계학에서는 표본 통계량에 기초하여 통계적 유의성을 판단하는 데에 있어서 각각의 오류가 발생할 확률을 설정하여 의사결정 시 고려하도록 하고 있다.

표 27.2 유의수준 α와 β

명칭	표식	설명
제1종 오류 발생 확률	α	귀무가설이 참인데도 귀무가설을 기각할 확률
제2종 오류 발생 확률	β	귀무가설이 거짓인데도 기각하지 않을 확률
검정력	$1-\beta$	거짓 가설을 분명히 기각할 확률

<표 27.2>에서 정의하고 있는 것처럼 제1종 오류가 발생할 확률, 즉 귀무가설이 참인데도 귀무가설을 기각할 확률을 α로 표기하고 이를 **유의수준(level of significance)**이라고 한다. 반면 제2종 오류가 발생할 확률, 즉 귀무가설이 거짓인데도 기각하지 않을 확률을 β로 표기한다. 그리고 거짓 가설을 확실하게 기각할 확률을 검정력(power of a test)이라고 하고 $1-\beta$로 표기한다.

검정력이 높으면 거짓 가설을 잘 식별하는 방법이 된다. 앞에서 들었던 예시처럼 판매촉진이 실제로 매출 증가에 효과가 있다면 판매촉진이 효과가 없다는 귀무가설이 기각될 수 있다. 따라서 검정력이 높으면 좋다. 검정력을 높이려면 β를 줄여야 한다. 그런데 α와 β 간에는 상충관계가 존재한다. 즉, 유의수준 α를 줄여서 귀무가설을 기각할 확률을 낮추면 β가 증가하고, 그 반대로 α를 높게 설정하여 귀무가설을 기각할 확률을 높이면 β가 높아진다. 따라서 α와 β간의 적절한 균형을 이루도록 해야 하는데, 이것이 현실적으로 쉽지 않다. 그래서 α와 β가 줄어들거나 늘어나면서 발생하는 리스크를 줄이고 검정력을 높이기 위해서는 표본의 크기를 늘리는 것이 적절한 방법이 된다. 다만, 표본

의 크기를 늘리는 것은 그만큼의 비용과 시간이 소요되므로 적절한 표본 크기를 정하는 것이 중요하다.

가설검정의 절차

가설의 검정은 여러 단계를 거치면서 이루어진다. 그 과정을 단계별로 정리하면 <표 27.3>과 같다.

표 27.3 가설검정 단계

단계		내용
1단계	가설의 설정	• 상호배타적인 한 쌍의 주장 설정 • H_0: 귀무가설, H_1: 대립가설
2단계	결정규칙 설정	• 귀무가설의 기각 여부 결정을 위한 규칙 설정
3단계	검정통계량 계산	• 모수 정보 유무에 따라 통계량 계산 방법 적용
4단계	의사결정	• 의사결정 규칙에 따라 데이터와 가설을 비교 • 귀무가설 기각 여부를 결정
5단계	사후조치	• 의사결정의 경험과 전문성이 요구되는 단계 • 귀무가설을 기각하지 못하면 사후조치가 반드시 필요한 것은 아님

1) 1단계: 가설의 설정

먼저 상반되는 두 개의 가설을 설정한다. 우리는 앞에서 귀무가설과 대립가설의 개념에 대해서 이해했다. 바로 가설의 설정 단계에서 귀무가설과 대립가설을 설정하는 것이다.

앞에서 살펴봤던 것처럼 아래와 같이 가설을 설정한다.

$$H_0: \text{전기의 매출액} = \text{당기의 매출액}$$
$$H_1: \text{전기의 매출액} \neq \text{당기의 매출액}$$

다시 한번 언급하지만, 귀무가설은 Null Hypothesis의 약자로 Null이란 단어의 의미가 '비어있다, 아무것도 없다, 차이가 없다'인 것을 상기하도록 하자. 그래서 위와 같이 귀무가설은 전기의 매출액과 당기의 매출 간에 차이가 없는 것으로 설정한다. 대립가설은 귀무가설과는 반대의 가정이므로 전기의 매출액과 당기의 매출액 간에는 차이가 있는 것으로 설정한다.

귀무가설과 대립가설의 설정에 대한 이해를 돕고자 몇 가지 예시를 살펴보자.

H_0 : 신약과 기존 약 간에 효과의 차이가 없다
H_1 : 신약과 기존 약 간에 효과의 차이가 있다

H_0 : 주말과 주중의 판매량은 차이가 없다
H_1 : 주말과 주중의 판매량은 차이가 있다

H_0 : 새로운 생산방식에 따른 품질개선 효과가 없다
H_1 : 새로운 생산방식에 따른 품질개선 효과가 있다

2) 2단계: 결정규칙 설정

귀무가설과 대립가설을 설정했으면 다음으로 귀무가설의 기각 여부를 결정할 기준과 규칙을 설정해야 한다. 가설검정은 모수에 대해서 상호배타적이며 포괄적인 두 개의 가설을 설정하고 이 중에서 어느 가설을 택할지 결정하는 것이다.

예를 들어 새로운 생산방식을 도입한 이후에 생산라인에서 출하되는 제품 중에서 표본을 추출하여 하루 동안 발생하는 불량품 개수의 평균이 새로운 생산방식 도입 이전과 비교해서 감소했는지를 비교한다고 가정하자. 새로운 생산방식 도입 이전에는 하루에 평균 5개의 불량품이 발생했는데, 새로운 생산방식 도입 이후 발생 개수가 평균 4.8개로 측정되었다. 하루 평균 불량 개수 5개와 4.8개가 실제로 차이가 있는지를 알기 위해서는 표본의 분포가 무엇인지, 추정치의 표준오차가 어떻게 되는지 등등 통계적 유의성을 판단하기 위한 조건들을 모두 계산하고 그 값이 유의수준을 기준으로 어떠한 차이가 있는지도 확인해야 한다.

먼저 통계적 가설을 설정하는 모수를 표기할 때, 귀무가설은 기준이 되는 값으로 표시하고 숫자 0을 아래첨자로 표시하여 모평균은 μ_0으로 표기하고, 모비율은 π_0으로 표기한다. 보통 모평균과 모비율은 과거의 경험이나 산업기준, 목표, 제품의 품질 기준 등에 기초하여 설정할 수 있다.

평균에 대한 가설검정에서 대립가설은 가설검정의 목적에 따라 <표 27.4>와 같이 크게 3가지 유형으로 구분할 수 있다.

표 27.4 가설검정의 유형

좌측 꼬리 검정	양측 꼬리 검정	우측 꼬리 검정
$H_0 : \mu \geq \mu_0$	$H_0 : \mu = \mu_0$	$H_0 : \mu \leq \mu_0$
$H_1 : \mu < \mu_0$	$H_1 : \mu \neq \mu_0$	$H_1 : \mu > \mu_0$

가설검정은 표본통계량과 귀무가설에서 가설로 정한 값의 크기를 비교하는 절차이다. 여기서 그 차이값을 검정통계량(test statistic)이라 한다. 결정규칙이라 함은 좌측, 우측, 또는 양측검정에서 극단적인 값의 수준을 미리 정하는 것이다. 극단적인 값을 나타내는 표본분포곡선의 아래 영역을 기각역(reject region)이라고 한다.

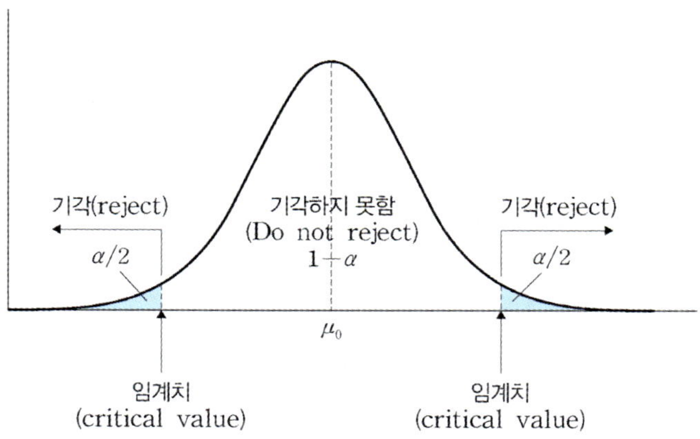

그림 27.1 양측검정에 대한 결정규칙

양측검정의 결정규칙은 <그림 27.1>에서 알 수 있듯이 검정통계량이 좌측 임계치보다 작거나 우측 임계치보다 큰 경우에 귀무가설을 기각한다.

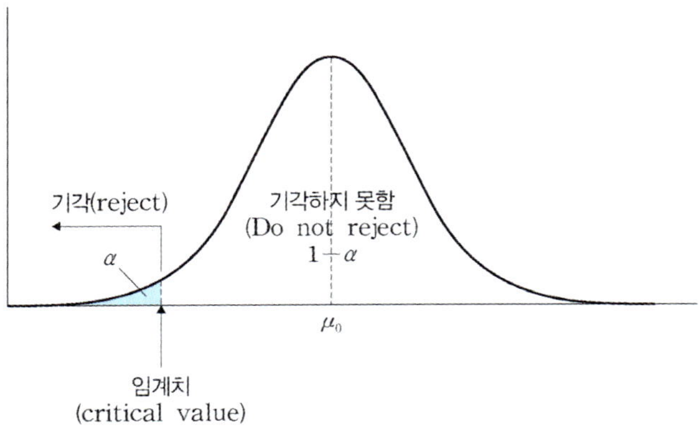

그림 27.2 좌측검정에 대한 결정규칙

좌측검정의 결정규칙은 <그림 27.2>와 같이 검정통계량이 좌측 임계치보다 작으면 귀무가설을 기각한다.

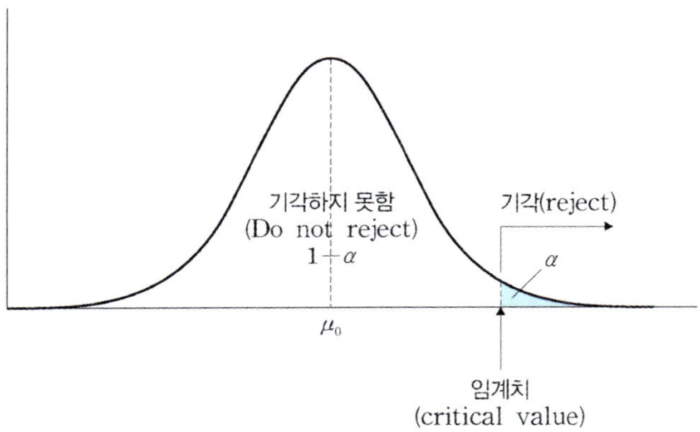

그림 27.3 우측검정에 대한 결정규칙

우측검정의 결정규칙은 <그림 27.3>과 같이 검정통계량이 우측 임계치보다 크면 귀무가설을 기각한다.

제1종 오류를 줄이기 위해서는 유의수준 α를 작게 설정하는 것이 좋다. 일반적으로 유의수준은 0.1, 0.05, 0.025, 0.01, 0.005가 사용된다. 위의 그림들에서 보는 바와 같이 유의수준 α의 리스크, 즉 제1종 오류가 발생할 확률은 표본분포의 꼬리 영역 아래의 빗금 부분이 된다. 양측검정에서는 귀무가설을 기각하는 경우가 양쪽에 있으므로 α의 리스크를 양쪽 각 꼬리에 $\alpha/2$로 나누어 배분한다.

임계치(critical value)는 표본분포를 두 개의 영역, 즉 귀무가설을 기각하는 영역과 귀무가설을 기각하지 않는 영역으로 나누는 경계값이다. 유의수준을 정하면 결정규칙에 따라 귀무가설의 기각 여부를 결정할 수 있는 임계치 값이 결정된다. 예를 들어 유의수준을 0.05로 정했을 때, 결정규칙은 표본평균 $\bar{x}$와 가설에서의 모평균 μ_0의 차이가 표본의 표본오차와 비교해서 1.96배 이상이면 귀무가설을 기각한다고 정한다.

3) 3단계: 검정통계량 계산

데이터 수집에는 상당한 시간이 소요될 수 있다. 어쨌든 데이터의 수집이 완료되면 데이터 전처리 등의 단계를 거쳐 검정통계량을 계산한다. 통계량 계산에는 모수를 알고 있는 경우와 모르는 경우 등에 따라 계산 방법이 달라진다.

4) 4단계: 의사결정

3단계에서 도출된 통계량을 갖고 2단계에서 설정한 의사결정 규칙에 따라 데이터와 가설을 비교하고 귀무가설의 기각 여부를 결정한다.

5) 5단계: 사후조치

사후조치는 4단계까지의 가설검정 결과에 따라서 생략할 수도 있다. 예를 들어서 새로운 생산방식을 적용하는 목적은 기존의 생산방식보다 더 나은 품질수준을 만들기 위한 것이다. 만약에 가설검정 결과 새로운 생산방식을 도입했는데도 불구하고 통계적으로 도입 전보다 품질수준이 높아지지 않았다는 의사결정(귀무가설을 기각하지 못하는 결정)을 하게 되었다면, 새로운 생산방식을 추가로 개선하는 사후조치가 필요할 것이다. 또한 통계적으로 도입 전보다 품질수준이 높아지기는 했으나 사전에 수립한 목표치에 미달하는 부분이 있다면, 이 또한 추가적 개선의 사후조치가 필요할 수도 있다.

이상과 같이 가설검정은 여러 단계를 거쳐 진행된다. 각 단계가 모두 중요하지만 이 중에서 1단계의 가설설정과 2단계의 의사결정 규칙 설정이 매우 중요하다고 하겠다. 무엇보다 가설이 명확해야 하고 그에 따라 의사결정 규칙이 명확하게 설정되어야 다음 단계의 절차들이 의미가 있기 때문이다.

D+28

단일표본 가설검정: 모분산을 아는 경우

모집단의 평균(μ)에 대해 가설검정을 하는 방법에 대해서 알아보자.

모평균 μ를 추정하기 위한 표본통계량은 확률변수 $\overline{X}$이다. 표본평균 $\overline{X}$에 대한 표본분포는 모분산 σ^2을 알고 있는지 모르는지에 따라 달라진다. 우선 σ^2을 알고있는 경우에 대해서 살펴보도록 하겠다.

검정통계량은 가설에서 설정한 기준값인 μ_0와 $\overline{X}$ 간에 얼마나 차이가 있는지를 측정한 것이다. 여기서 차이는 μ_0와 $\overline{X}$ 간의 단순한 차이를 보는 것이 아니라 표본평균의 표준오차에 비해 얼마나 차이가 있는지를 보는 것이다. 따라서 표본통계량을 표준화하여 검정통계량을 구한다. 표본통계량의 표준화는 σ^2을 알고 있으므로 $z-score$를 이용하여 검정통계량을 구한다. 즉, 표본을 추출하여 표본평균을 구하고 표본평균으로 검정통계량을 계산한 후에 z−임계치와 비교한다. 검정통계량은 z_{calc}라고 표기한다.

$$z_{calc} = \frac{\overline{x} - \mu_0}{\sigma_{\overline{x}}} = \frac{\overline{x} - \mu_0}{\frac{\sigma}{\sqrt{n}}} \tag{28.1}$$

수식 (28.1)에서 알 수 있듯이 분모에 있는 표본평균의 표준오차는 표본평균의 표준편차로 구한다. 표본평균의 표준오차로 표본평균과 가설의 기준값 간의 차이($\bar{x}-\mu_0$)를 나누어줌으로써 표본평균과 가설의 기준값 간의 단순한 차이가 아니라 표본평균의 표준오차에 대해서 표본평균과 가설의 기준값의 차이가 갖는 비율을 알 수 있게 된다. 만일 μ_0이 모집단의 실제 평균과 같다면, 특정 표본에서 계산된 표본평균인 $\bar{x}$는 μ_0에 매우 근사한 값을 가질 것이고 검정통계량은 0에 가까울 것이다.

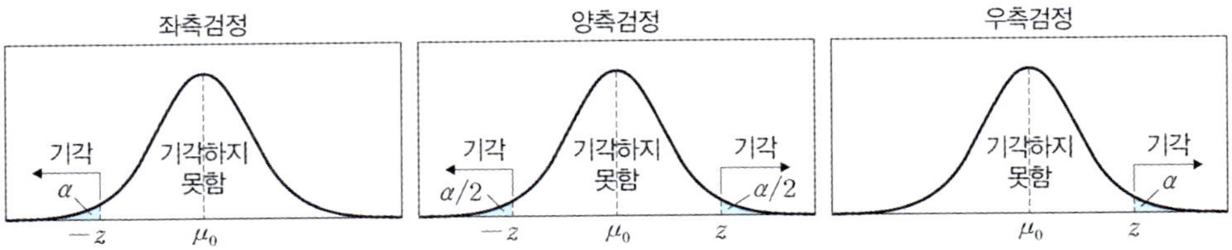

그림 28.1 유의수준과 z-임계치

앞에서도 설명한 바와 같이 유의수준 결정이 선행되고 임계치가 결정된다. 유의수준에 따라서 임계치가 달라지고 <그림 28.1>에서 알 수 있듯이 좌측검정, 양측검정, 우측검정 등 어느 방향으로의 검정이냐에 따라서 귀무가설의 기각여부를 결정하는 임계치의 부호가 달라질 수 있다.

표 28.1 유의수준과 z-임계치

유의수준(α)	좌측검정	양측검정	우측검정
0.10	$z_{0.10}=-1.282$	$z_{0.05}=\pm 1.645$	$z_{0.10}=+1.282$
0.05	$z_{0.05}=-1.645$	$z_{0.025}=\pm 1.960$	$z_{0.05}=+1.645$
0.01	$z_{0.01}=-2.326$	$z_{0.005}=\pm 2.576$	$z_{0.01}=+2.326$

<표 28.1>은 유의수준 설정에 따른 z-임계치를 정리한 것이다. z-임계치는 <부록>에 있는 표준정규분포표 또는 누적표준정규분포표를 보고 구할 수 있다. 직접 확인해보

기를 바란다.

예제 풀이를 통해 평균에 대한 가설검정 방법에 대한 이해를 심화시켜보자.

예제 28.1

어느 공장에서 생산하고 있는 부품의 설계기준에 따르면, 볼트 구멍의 표준 지름은 21.5 mm이다. 실제로 기계의 마모상태와 진동에 의해서 부품을 생산할 때 기계가 찍어내는 볼트 구멍의 지름은 확률변수이고 정규분포를 따른다. 과거 기간 동안 측정되어온 지름의 표준편차는 0.2 mm이다. 무작위로 36개의 부품을 추출하여 지름을 측정한 결과 평균이 21.578mm로 계산되었다. 지름의 표본평균이 설계기준과 같은지 여부를 유의수준 5% 기준으로 검정하시오.

풀이

가설검정 단계에 따라 이 문제를 풀이하도록 하자.

1단계: 가설검정

부품의 설계기준은 21.5 mm이다. 제시된 문제는 표본평균이 설계기준과 같은지 또는 다른지를 묻는 것이다. 앞에서 과거의 경험이나 산업기준, 목표, 제품의 품질 기준에 기초하여 가설을 설정한다고 했다. 따라서 가설은 다음과 같이 설정한다.

$$H_0 : \mu = 21.5$$
$$H_1 : \mu \neq 21.5$$

2단계: 결정규칙 설정

귀무가설이 표본평균과 기준값이 같다로 설정되었으므로 이 문제는 양측검정에 해당한다. 따라서 유의수준 5%의 확률에 대한 양측검정에서 임계치는 $z_{0.025} = \pm 1.960$으로 양쪽 꼬리에 분배된다. 만약 검정통계량이 $z_{calc} > +1.960$ or $z_{calc} < -1.960$이면 귀무가설을 기각할 수 있고, $-1.960 \leq z_{calc} \leq +1.960$이면 귀무가설을 기각할 수 없다.

〈그림 28.2〉를 보면 이해에 도움이 될 것이다.

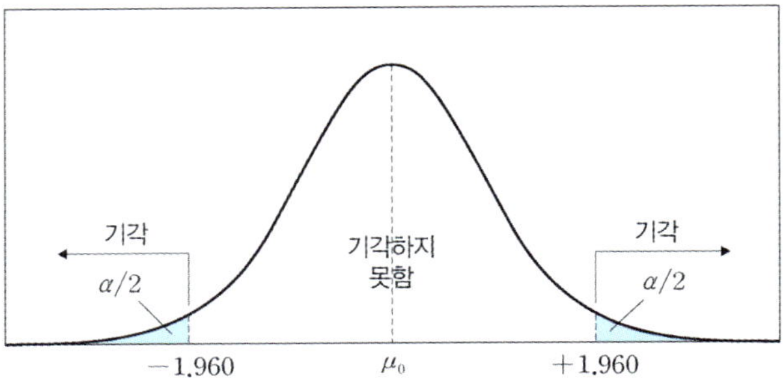

그림 28.2 양측검정

3단계: 검정통계량 계산

표본평균 $\bar{x}$와 가설에서 설정한 μ_0을 대입하여 검정통계량을 구한다.

$$z_{calc} = \frac{\bar{x} - \mu_0}{\sigma_{\bar{x}}} = \frac{\bar{x} - \mu_0}{\frac{\sigma}{\sqrt{n}}} = \frac{21.578 - 21.5}{\frac{0.2}{\sqrt{36}}} = 2.34$$

검정통계량은 2.34로 계산되었다.

4단계: 의사결정

검정통계량이 2.34이므로 양측 꼬리의 기각역($z_{calc} > +1.960$)에 포함되는 것으로 확인되었다. 따라서 귀무가설 $H_0 : \mu = 21.5$를 기각하고, 대립가설 $H_1 : \mu \neq 21.5$를 5% 유의수준에서 채택한다.

5단계: 후속조치

현재 생산라인에서 만들어지고 있는 부품의 볼트 구멍의 지름이 설계기준과 다른 것으로 판단되었다. 이는 품질기준에 미달하는 것으로써 기계의 마모상태나 기계를 지지하고 있는 구조물의 진동 정도를 체크하여 문제의 원인을 파악하고 적절한 조치를 취하도록 한다.

예제 28.2

앞의 예제는 양측검정을 하는 문제이다. 즉, 표본평균이 가설의 기준치와 같은지 다른지를 파악하는 문제였다. 이번에는 단측검정을 해보도록 하자. 예제 28.1과 동일한 설계기준을 적용하여 36개의 표본에서 구한 표본평균 21.578 mm가 기준치인 21.5 mm를 초과하고 있는 것인지 5% 유의수준에서 검정해보자.

풀이

이번에도 역시 가설검정 단계에 따라 문제를 풀이해보자.

1단계: 가설설정

여기서는 표본평균이 기준치보다 더 큰지를 검정하는 것이기 때문에 우측검정에 해당한다. 따라서 가설은 다음과 같이 설정할 수 있다.

$$H_0 : \mu \leq 21.5$$
$$H_1 : \mu > 21.5$$

2단계: 결정규칙 설정

〈그림 28.3〉과 같이 유의수준 5%의 확률에 대한 우측검정이므로 표준정규분포표에 따르면 임계치는 $z_{0.05} = \pm 1.645$이다. 따라서 검정통계량 $z_{calc} > 1.645$를 충족하면 귀무가설을 기각할 수 있고, 그렇지 않으면 귀무가설을 기각할 수 없다.

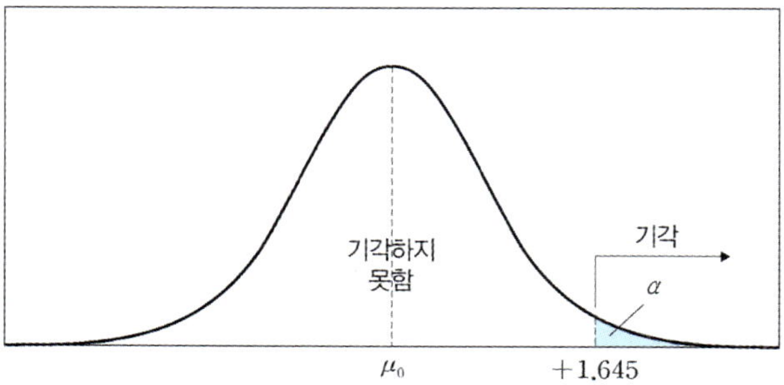

그림 28.3 우측검정

3단계: 검정통계량 계산

표본평균 $\overline{x}$ 와 가설에서 설정한 μ_0을 대입하여 검정통계량을 구한다. 검정통계량은 가설의 형태나 유의수준의 영향을 받지 않는다. 그래서 양측검정의 검정통계량과 동일한 값으로 계산된다.

$$z_{calc} = \frac{\overline{x} - \mu_0}{\sigma_{\overline{x}}} = \frac{\overline{x} - \mu_0}{\frac{\sigma}{\sqrt{n}}} = \frac{21.578 - 21.5}{\frac{0.2}{\sqrt{36}}} = 2.34$$

4단계: 의사결정

검정통계량 2.34가 우측 꼬리의 기각역($z_{calc} > 1.645$)에 속하므로 귀무가설 $H_0 : \mu \le 21.5$를 기각하고, 대립가설 $H_1 : \mu > 21.5$를 5% 유의수준에서 선택한다.

5단계: 사후조치

생산된 부품의 볼트 구멍이 설계기준보다 통계적으로 크게 만들어지고 있으므로 출시된 부품의 품질 문제로 이 부품을 사용하여 제작된 제품에 하자가 발생할 수 있다. 따라서 기계의 설정을 바꾸거나 생산과정 중에서 이 문제를 발생시키는 원인을 제거하도록 한다.

지금까지 [예제 28.1]과 [예제 28.2]를 풀이했다. 풀이 과정에서 검정통계량을 구하는 방법으로 표본평균과 가설에서 설정한 기준값 간의 차이를 구하고 이 차이를 표본평균의 표준오차로 나누는 수식을 사용하였다. 그리고 그 결괏값으로 유의수준에 따른 임계치를 기준으로 양측검정과 단측검정(우측검정)을 해보았다.

모평균에 대한 가설검정 방법으로 p−값 또는 p−value를 활용하는 방법이 있다. p−값은 귀무가설에서 관찰된 표본이 실제로 나타날 확률을 의미한다. 앞의 예제들에서 계산된 검정통계량 2.34를 z−값으로 하여 표준정규분포표에 나와 있는 분포곡선의 면적(확률)을 대입하여 구하거나 엑셀함수=NORM.S>DIST(z_{calc}, 1)를 사용한다.

예제 28.3

[예제 28.2]의 단측(우측)검정에서의 p-값을 구해보자. 우측검정이므로 p-값은 $P(Z > +2.34)$ 로 표기할 수 있다. p-값의 부등호 방향은 대립가설의 방향(H_1 : $\mu > 21.5$)과 같다.

풀이

p-값을 활용한 가설검정에서 결정규칙은 p-값이 유의수준 α보다 작으면 귀무가설을 기각하는 것이다.

1) 표준정규분포표를 활용한 p-값 계산

표준정규분포표에서 z-값 2.34에 해당하는 분포곡선의 면적이 0.9904이다. 이는 z-값이 $-\infty \leq Z \leq 2.34$의 구간에 해당하는 면적이다. 따라서 p-값; $P(Z > +2.34)$은 1-0.9904=0.0096으로 계산된다. p-값이 0.0096이라 함은 표본을 추출했을 때 귀무가설의 기준값이 평균으로 나올 확률을 의미한다. 따라서 p-값이 유의수준보다 작으면 귀무가설을 기각한다.

2) 엑셀함수를 활용한 p-값 계산

엑셀함수 = NORM.S.DIST(z_{calc}, 1)

엑셀함수에 검정통계량(z_{calc}=2.34)을 대입하여 구하면, 표준정규 누적분포값으로 0.9904가 계산되어 나온다. 이후 단계의 절차는 1)과 같다.

예제 28.4

예제 28.1의 양측검정에서의 p-값을 구해보자.

풀이

양측검정에서 p-값을 이용한 결정규칙은 단측검정과 같다. 즉, 유의수준 α보다 p-값이 작으면 귀무가설을 기각한다.

그러나 양측검정에서 p-값을 계산하는 방법은 단측검정과 다르다. 양측검정에서는 기각역을 좌우 양쪽에 두고 있으므로 기각역을 설정하기 위한 유의수준(α)이 양쪽 꼬리에 배분된다. 따라서 p-값은 단측검정에서 계산된 값의 2배를 해줘야 한다. 그 값이 유의수준보다 작으면 귀무가설을 기각한다.

[예제 28.1]의 p-값은 $0.0096 \times 2 = 0.0192$로 계산된다. 유의수준 0.05보다 작으므로 양측검정에서도 귀무가설은 기각된다.

이상으로 p-값 또는 p-value를 활용하여 모평균에 대한 가설검정 방법에 대해서 살펴보았다. 실제 통계 소프트웨어를 이용한 가설검정에서 p-값을 많이 활용한다. 유의수준과 비교를 통해서 직관적으로 통계적 유의성을 확인할 수 있기 때문이다. 그래서 p-값을 유의확률이라고도 부른다.

D+29

단일표본 가설검정: 모분산을 모르는 경우

t-검정은 모집단의 분산을 모르는 경우 수행할 수 있는 가설검정 방법이다. 모수에 대한 정보가 없기 때문에 표준정규분포표를 이용할 수 없고 대신에 스튜던트 t-분포표를 이용하여 임계치와 검정통계량을 구한다.

검정통계량을 구하는 방법은 다음의 수식을 이용한다.

$$t_{calc} = \frac{\bar{x} - \mu_0}{\frac{s}{\sqrt{n}}} \tag{29.1}$$

수식에서 알 수 있듯이 모분산을 아는 경우의 검정통계량 z_{calc}을 구하는 수식과의 차이는 분모에 대입할 표본평균의 표준오차를 구할 때 표본의 표준편차 s를 활용한다는 것이다. 모표준편차가 아니라 표본의 표준편차를 수식에 활용하기 때문에 불가피하게 정보 손실이 발생하고 검정통계량이 정규분포를 따르지 않는다. 그리고 스튜던트 t-분포표에서 검정통계량의 계산에 자유도를 사용한다.

그러나 가설검정 절차는 다르지 않다.

예제 29.1

다음 표의 수치는 어느 식당 프랜차이즈의 지점별 식사 주문의 평균 대기시간을 수집한 데이터이다(단위: 분). 프랜차이즈 본사에서는 자체적인 대기시간 기준을 15분으로 설정하고 있다. 지점들의 식사 주문 대기시간이 본사의 대기시간 기준을 충족하고 있는지 유의수준 5%에서 검정하시오.

25.2	12.0	17.1	26.4	20.1	17.4	4.8	20.1
34.2	9.3	17.1	16.2	12.3	15.0	22.2	12.0
11.7	19.5	9.9	13.5	16.8	19.8	12.9	13.5

풀이

이 문제는 모분산 정보가 없으므로 t-검정을 해야 한다. 프랜차이즈 본사의 자체적인 대기시간 기준이 15분이므로 $\mu_0 = 15.0$이고, n=24이다. 표본평균 $\overline{x} = 16.25$이고, 표본표준편차 $s = 6.167$이다.

1단계: 가설검정

주어진 문제를 보면 가설검정은 표본평균과 본사의 대기시간 기준인 15분이 같은지 다른지를 판단하는 양측검정으로 할 수도 있고, 표본평균이 대기시간 기준보다 더 짧은지를 판단하는 좌측검정으로 할 수도 있다. 그런데 대기시간이 긴 것보다는 짧은 것이 고객만족의 관점에서 더 나은 서비스 품질을 기대할 수 있으므로 여기서는 좌측검정의 가설을 설정하였다.

$$H_0 : \mu \geq 15.0$$
$$H_1 : \mu < 15.0$$

2단계: 결정규칙 설정

자유도 $d.f. = n-1 = 36-1 = 35$이고, 유의수준 5%의 확률에 대한 좌측검정이므로 스튜던트 t-분포표에 따르면 임계치는 $t_{0.05} = \pm 1.690$이다. 따라서 검정통계량

$t_{calc} < -1.690$를 충족하면 귀무가설을 기각할 수 있고, 그렇지 않으면 귀무가설을 기각할 수 없다.

3단계: 검정통계량 계산

표본평균 $\overline{x}$와 가설에서 설정한 μ_0을 대입하여 검정통계량을 구한다.

$$t_{calc} = \frac{\overline{x} - \mu_0}{s_{\overline{x}}} = \frac{\overline{x} - \mu_0}{\frac{s}{\sqrt{n}}} = \frac{16.25 - 15.00}{\frac{6.167}{\sqrt{36}}} \approx 1.216$$

4단계: 의사결정

검정통계량 1.216이 좌측 꼬리의 기각역($t_{calc} < -1.690$)에 속하지 않으므로 귀무가설 $H_0 : \mu \geq 15.0$을 유의수준 5%에서 기각할 수 없다. 즉, 36개의 프랜차이즈 지점의 대기시간은 본사의 대기시간 기준인 15분보다 짧지 않다(15분과 같거나 그보다 길다).

5단계: 사후조치

서비스 경영에서 서비스 대기시간은 고객만족에 직접적으로 영향을 주는 요인이다. 따라서 프랜차이즈 본사에서는 지점들의 대기시간을 본사의 기준에 부합할 수 있도록 지점별로 문제점을 파악하고 개선사항을 도출하도록 한다.

p-value를 활용한 가설검정

엑셀을 활용하여 p-값을 구하고 유의수준 α와 비교하여 귀무가설의 기각 여부를 결정한다.

p-value = 1−T.DIST(t_{calc}, $d.f.$)=1−T.DIST(1.216, 35)

= T.DIST.RT(t_{calc}, $d.f.$)=T.DIST.RT(1.216, 35)

위의 엑셀함수를 사용하여 t-통계량과 자유도를 대입하면 p-값이 0.116으로 구해진다. 유의수준 $\alpha = 0.05$보다 p-값이 더 크기 때문에 귀무가설을 기각할 수 없다.

신뢰구간을 활용한 가설검정

만약 [예제 29.1]을 유의수준 5%에서 양측검정 한다면, 이는 95% 신뢰구간을 구하는 것과 같다. 여기서 신뢰구간이 μ_0을 포함하지 않는다면 귀무가설을 기각할 수 있다. 예제에서 표본평균 $\bar{x}=16.25$이고, 표본표준편차 $s=6.167$이다. 스튜던트 t-분포표에서 자유도 35의 양측검정 유의수준 10%의 임계치 $t_{\alpha/2}=2.030$이고, 95% 신뢰구간은 다음과 같이 구할 수 있다.

$$\bar{x} \pm t_{\alpha/2}\frac{s}{\sqrt{n}} = 16.25 \pm 2.030\frac{6.167}{\sqrt{36}} = 16.25 \pm 2.0865 = [14.1635, 18.3365]$$

95% 신뢰구간은 14.1635~18.3365이다. 이 구간 안에 프랜차이즈 본사의 대기시간 기준인 $\mu_0=15.0$이 포함되어 있으므로 귀무가설을 기각할 수 없다.

몇 가지 예제를 더 풀이하면서 단일표본 t-검정에 대한 이해를 심화시키자.

예제 29.2

어느 자동차 회사에서 10월 한 달 동안 생산된 세단 중에서 20대를 무작위 표본추출하여 다음의 표와 같은 연비 결과를 얻었다. 회사에서는 공인연비가 17.2 km/L라고 주장하고 있다. 이 회사에서 판매하는 세단의 연비가 회사가 주장하는 공인연비와 같다고 할 수 있는지 유의수준 5%에서 검정하시오.

17.5	17.2	19.2	18.4	17.8	17.9	17.6	16.9	16.8	17.9
18.3	19.0	15.8	18.4	17.5	17.3	16.8	19.1	16.2	17.1

풀이

20대의 표본 데이터의 표본평균은 17.635 km/L이고 표준편차가 0.9241 km/L인 것으로 계산된다. 표본평균이 공인연비와 같은지 다른지를 검정하는 것이므로 양측검정으로 검정한다.

1단계: 가설검정

가설은 아래와 같이 설정할 수 있다.

$$H_0 : \mu = 17.2$$
$$H_1 : \mu \neq 17.2$$

2단계: 결정규칙 설정

양쪽 꼬리 검정의 임계치는 자유도 19와 유의수준 5%를 기준으로 했을 때, 스튜던트 t-분포표에서 2.093으로 확인할 수 있다. 따라서 검정통계량 t_{calc}이 +2.093보다 크거나 -2.093보다 작으면 귀무가설을 기각한다.

3단계: 검정통계량 계산

$$t_{calc} = \frac{\overline{x} - \mu_0}{\frac{s}{\sqrt{n}}} = \frac{17.635 - 17.2}{\frac{0.9241}{\sqrt{20}}} \approx 2.1052$$

4단계: 의사결정

검정통계량 2.1052는 임계치 +2.093보다 크다. 따라서 귀무가설을 기각할 수 있다.

5단계: 사후조치

이 자동차 회사의 세단 연비는 공인연비보다 더 좋은 것으로 판단할 수 있어 별다른 사후조치가 필요하지 않다.

p-값을 활용한 가설검정

엑셀함수를 사용하여 p-값을 계산하면, =T.DIST.2T(2.1052, 17)=0.0488의 값을 얻을 수 있다. p-값이 0.0488이므로 유의수준 $\alpha = 0.05$보다 근소하게 작다. 따라서 귀무가설을 기각할 수 있다.

신뢰구간을 활용한 가설검정

95% 신뢰구간을 구하여 공인연비 17.2가 신뢰구간 안에 포함되면 귀무가설을 기각할 수 없고, 신뢰구간 안에 포함되지 않으면 귀무가설을 기각할 수 있다. 표본평균 $\overline{x} = 17.635$이고, 표본표준편차 $s = 0.9241$이다. 스튜던트 t-분포표에서 자유도 19

의 양측검정 유의수준 5%의 임계치 $t_{\alpha/2} = 2.093$이고, 95% 신뢰구간은 다음과 같이 구할 수 있다.

$$\bar{x} \pm t_{\alpha/2}\frac{s}{\sqrt{n}} = 17.635 \pm 2.093\frac{0.9241}{\sqrt{20}} = 17.635 \pm 0.43249$$
$$= [17.2025, 18.0675]$$

95% 신뢰구간은 17.2025~18.0675이다. 이 구간 안에 공인연비 17.2가 포함되지 않으므로 귀무가설을 기각할 수 있다.

예제 29.3

한국대학교 4학년 학생들의 학점평균은 3.25점이라고 한다. 통계학과 4학년 학생 중에서 18명을 선택하여 학점평균을 구한 결과 3.35점으로 나왔다. 표준편차는 0.25였다. 유의수준 5%에서 통계학과 4학년생의 학점평균이 한국대학교 4학년 전체 학생들의 평균 점수와 유의하게 다른지 가설검정하시오.

풀이

1단계: 가설검정

가설은 아래와 같이 설정할 수 있다.

$$H_0 : \mu = 3.35$$
$$H_1 : \mu \neq 3.35$$

2단계: 결정규칙 설정

양쪽 꼬리 검정의 임계치는 자유도 17과 유의수준 5%를 기준으로 했을 때, 스튜던트 t-분포표에서 2.110으로 확인할 수 있다. 따라서 검정통계량 t_{calc}이 +2.110보다 크거나 -2.110보다 작으면 귀무가설을 기각한다.

3단계: 검정통계량 계산

$$t_{calc} = \frac{\overline{x} - \mu_0}{\frac{s}{\sqrt{n}}} = \frac{3.35 - 3.25}{\frac{0.25}{\sqrt{18}}} \approx 1.6970$$

4단계: 의사결정

검정통계량 1.6970은 임계치 +2.110보다 작다. 따라서 귀무가설을 기각할 수 없다.

p-값을 활용한 가설검정

엑셀함수를 사용하여 p-값을 계산하면, =T.DIST.2T(1.6970, 17)=0.1079의 값을 얻을 수 있다. p-값이 0.1079이므로 유의수준 $\alpha = 0.05$보다 크다. 따라서 귀무가설을 기각할 수 없다.

신뢰구간을 활용한 가설검정

$$\overline{x} \pm t_{\alpha/2}\frac{s}{\sqrt{n}} = 3.35 \pm 2.110\frac{0.25}{\sqrt{18}} = 3.35 \pm 0.1243 = [3.2257, 3.4743]$$

95% 신뢰구간은 3.2257~3.4743으로 계산되었다. 전체 4학년 학생들의 학점평균 3.25가 신뢰구간에 포함되므로 귀무가설을 기각할 수 없다. 즉, 통계학과 4학년생들의 학점평균 3.35는 전체 4학년 학생들의 학점평균 3.25와 통계적으로 유의한 차이가 있다고 볼 수 없다.

예제 29.4

화학제품 생산공정에서 사용하는 주원료의 함유량을 측정하기 위해 다음의 표와 같이 6차례의 테스트를 시행했다. 설계기준은 0.8 mg이다. 테스트 결과가 설계기준과 비교했을 때 95% 신뢰구간에서 어떻게 다른지 검정하시오.

구분	1회차	2회차	3회차	4회차	5회차	6회차
함유량(mg)	0.6	1.1	1.0	0.3	0.8	0.5

풀이

표본평균은 0.717mg이고, 표준편차는 0.306이다. 95% 신뢰구간은 유의수준 5%와 같은 의미이다.

1단계: 가설검정

가설은 아래와 같이 설정할 수 있다.

$$H_0 : \mu = 0.8$$
$$H_1 : \mu \neq 0.8$$

2단계: 결정규칙 설정

양쪽 꼬리 검정의 임계치는 자유도 5와 유의수준 5%를 기준으로 했을 때, 스튜던트 t-분포표에서 2.571로 확인할 수 있다. 따라서 검정통계량 t_{calc}이 +2.571보다 크거나 -2.571보다 작으면 귀무가설을 기각한다.

3단계: 검정통계량 계산

$$t_{calc} = \frac{\overline{x} - \mu_0}{\frac{s}{\sqrt{n}}} = \frac{0.717 - 0.8}{\frac{0.306}{\sqrt{6}}} \approx -0.6644$$

4단계: 의사결정

검정통계량 -0.6644는 임계치 -2.571보다 크고 +2.571보다 작다. 따라서 귀무가설을 기각할 수 없다.

5단계: 사후조치

실험 결과 생산되는 제품들은 설계기준에 부합하는 것으로 나타나 특별한 사후조치가 필요하지 않다.

p-값을 활용한 가설검정

엑셀함수를 사용하여 p-값을 계산하면, =T.DIST.2T(0.6644, 5)=0.5358의 값을 얻을 수 있다. p-값이 0.5358이므로 유의수준 $\alpha = 0.05$보다 크다. 따라서 귀무가설을 기각할 수 없다.

신뢰구간을 활용한 가설검정

$$\bar{x} \pm t_{\alpha/2}\frac{s}{\sqrt{n}} = 0.717 \pm 2.571\frac{0.306}{\sqrt{6}} = 0.717 \pm 0.3212 = [0.3958, 1.0382]$$

95% 신뢰구간은 0.3958mg~1.0382mg으로 계산되었다. 설계기준 0.8mg이 신뢰구간 내에 포함되므로 귀무가설을 기각할 수 없다. 즉, 생산 중인 제품들은 설계기준에 부합하는 것으로 판단할 수 있다.

D+30

두 표본 가설검정: 독립표본

앞에서 하나의 표본을 추출하여 측정한 표본평균 정보를 갖고 가설에서 설정한 추정된 모평균을 검정하는 방법에 대해서 알아보았다. 이번에는 두 개의 표본 정보를 이용하여 가설을 검정하는 방법에 대해서 알아보겠다. 이러한 방법을 두 표본 가설검정이라고 한다.

두 표본 가설검정은 말 그대로 서로 다른 두 개의 표본으로부터 추정치를 구해 서로 비교하여 가설을 검정하는 것이다.

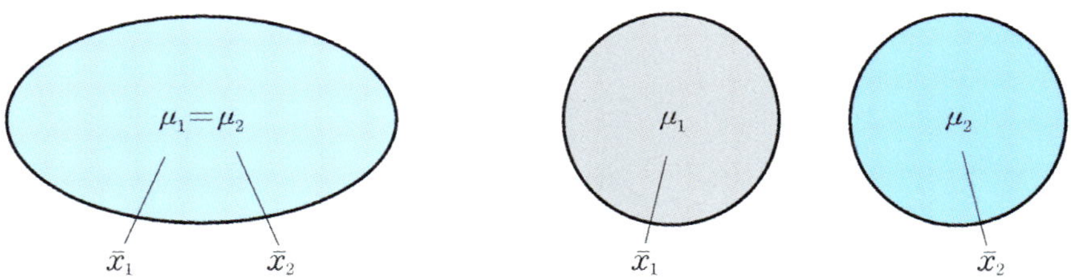

그림 30.1 두 표본 가설검정

두 표본 가설검정은 <그림 30.1>에서 표현한 것과 같이 하나의 모집단에서 나온 두 개의 표본 간의 차이를 검정하는 경우가 있고 서로 다른 두 개의 모집단에서 나온 표본 간의 차이를 검정하는 경우가 있다.

두 표본 가설검정의 예로는 새로 개발한 신약이 기존 약보다 치료 효과가 향상되었는가를 판단하는 것이다. 신약을 사용한 환자들의 표본과 기존 약을 사용하는 환자들의 표본 간에 투약 후 완치까지 소요된 시간의 평균 등을 비교하여 두 약의 치료 효과를 검정할 수 있다. 이는 오른쪽 그림에 해당하는 가설검정이다. 또 다른 예로는 하나의 근로자 집단에서 표본을 2회 추출하여 시간의 경과에 따른 숙련도의 차이를 비교하는 것이다. 이는 왼쪽 그림에 해당하는 가설검정이다.

두 개의 표본이 하나의 모집단에서 나온 것인지 아니면 독립적인 서로 다른 모집단에서 나온 것인지 모르는 경우 표본 간에 통계적으로 유의한 차이가 있는지에 따라 두 개의 표본이 하나의 모집단에서 추출된 것인지 서로 다른 두 개의 모집단에서 추출된 것인지를 판단하는 데에 두 표본 가설검정을 활용할 수 있다.

두 표본 가설검정의 검정 절차는 단일표본 가설검정의 절차와 거의 동일하다. 다만 가설을 설정하는 방식과 검정통계량을 계산하는 방식에서 차이가 있다. 검정통계량과 관련해서는 모분산을 알고 있는 경우, 모분산을 모르되 두 분산이 같다고 가정하는 경우, 그리고 두 분산이 다르다고 가정하는 경우의 계산 방식이 다르다.

두 표본 가설검정에서 가설의 형태는 2개의 모평균 μ_1과 μ_2를 비교하는 것이다.

표 30.1 독립표본 가설검정의 유형

좌측 꼬리 검정	양측 꼬리 검정	우측 꼬리 검정
$H_0 : \mu_1 - \mu_2 \geq D_0$	$H_0 : \mu_1 - \mu_2 = D_0$	$H_0 : \mu_1 - \mu_2 \leq D_0$
$H_1 : \mu_1 - \mu_2 < D_0$	$H_1 : \mu_1 - \mu_2 \neq D_0$	$H_1 : \mu_1 - \mu_2 > D_0$

* D_0 : 평균 간의 차이를 의미. D는 difference의 머리글자

귀무가설과 대립가설은 위의 3가지 유형 중 하나를 선택하면 된다. 예를 들어서 신약과 기존 약 간의 치료 효과 차이를 검정한다고 하자. 신약의 치료 효과가 기존 약보다 3일 이상 빠르게 나타나는지를 검정한다고 하면 귀무가설은 $H_0 : \mu_1 - \mu_2 \leq 3$으로 설정한다. 만약 검정 목적이 신약과 기존 약의 치료 효과에 차이가 있는지를 파악하는 것이라면 귀무가설은 $H_0 : \mu_1 - \mu_2 = 0$으로 설정한다.

두 표본 가설검정에서 검정통계량은 <표 30.2>에 정리되어 있는 3개의 방법 중 데이터 조건에 맞게 하나를 선택하여 계산한다.

표 30.2 두 표본 가설검정의 검정통계량

<table>
<tr><th colspan="2">구분</th><th>검정통계량</th><th>자유도</th></tr>
<tr><td colspan="2">모분산을 아는 경우</td><td>$z_{calc} = \dfrac{(\bar{x}_1 - \bar{x}_2) - (\mu_1 - \mu_2)}{\sqrt{\dfrac{\sigma_1^2}{n_1} + \dfrac{\sigma_2^2}{n_2}}}$</td><td>z-분포 사용</td></tr>
<tr><td rowspan="2">모분산을 모르는 경우</td><td>등분산 가정</td><td>$t_{calc} = \dfrac{(\bar{x}_1 - \bar{x}_2) - (\mu_1 - \mu_2)}{\sqrt{\dfrac{s_p^2}{n_1} + \dfrac{s_p^2}{n_2}}}$</td><td>$d.f. = n_1 + n_2 - 2$</td></tr>
<tr><td>이분산 가정</td><td>$t_{calc} = \dfrac{(\bar{x}_1 - \bar{x}_2) - (\mu_1 - \mu_2)}{\sqrt{\dfrac{s_1^2}{n_1} + \dfrac{s_2^2}{n_2}}}$</td><td>$d.f. = \dfrac{\left(\dfrac{s_1^2}{n_1} + \dfrac{s_2^2}{n_2}\right)^2}{\dfrac{\left(\dfrac{s_1^2}{n_1}\right)^2}{n_1 - 1} + \dfrac{\left(\dfrac{s_2^2}{n_2}\right)^2}{n_2 - 1}}$</td></tr>
<tr><td colspan="2">합동분산
(등분산 가정)</td><td colspan="2">$s_p^2 = \dfrac{(n_1 - 1)s_1^2 + (n_2 - 1)s_2^2}{n_1 + n_2 - 2}$</td></tr>
</table>

만약 모분산을 알고 있다면 검정통계량은 z-분포를 이용하고 p-값과 임계치는 표준정규분포표 또는 누적표준정규분포표에서 찾을 수 있다. 검정통계량은 <표 30.2>에 있는 것처럼 단일표본 가설검정의 검정통계량 수식과 유사하지만, 두 개의 표본평균과 두

개의 추정된 모평균을 분자에 놓고 분모에는 두 모분산(σ_1^2, σ_2^2)을 합해서 제곱근하여 계산한다.

모분산을 모르는 경우는 두 개의 표본이 하나의 모집단으로부터 나왔을 것이라는 등분산(equal variance; 等分散)을 가정하는 경우와 각각 다른 모집단으로부터 나왔을 것이라는 이분산(heteroscedasticity; 異分散)을 가정하는 경우로 나누어 검정통계량을 계산한다.

등분산을 가정하든 이분산을 가정하든 모분산을 모르는 경우는 t−분포를 이용하여 검정통계량을 계산한다.

등분산을 가정할 경우는 모분산을 아는 경우의 검정통계량 수식에서 분모에 있는 모분산 대신에 합동분산(pooled variance)을 사용한다. 합동분산 s_p^2은 <표 30.2>의 수식을 이용하여 계산한다. t−분포를 사용하므로 자유도를 계산하여 스튜던트 t−분포표에서 통계량을 구한다. 자유도는 2개의 표본평균이 사용되므로 두 표본의 개수를 합한 뒤 사용된 표본평균의 개수인 2를 차감하여 구한다.

이분산을 가정할 경우는 모분산을 아는 경우의 검정통계량 수식에서 분모에 있는 모분산 대신에 표본분산(s_1^2, s_2^2)을 사용한다. 이 경우는 확률변수인 표본평균($\overline{X}_1^2 - \overline{X}_2^2$)의 분포가 무엇인지 알 수 없는 문제(Behrens-Fisher problem; 베렌스-피셔 문제) 때문에 Welch 조정자유도(Welch's adjusted degrees of freedom)을 이용해야 한다. Welch 조정자유도는 <표 30.2>에 있는 수식을 사용하여 계산한다. Welch 조정자유도 대신 엑셀함수 $= \min(n_1 - 1, n_2 - 1)$을 사용하여 좀 더 보수적인 자유도를 적용할 수 있다.

예제를 통해서 두 표본 가설검정을 해보자.

예제 30.1

서로 독립인 두 정규 모집단 $N(\mu_1, 12)$와 $N(\mu_2, 9)$로부터 각각 36개와 20개의 표본을 추출하여 표본평균 $\overline{X}_1 = 25$, $\overline{X}_2 = 21$을 얻었다. 유의수준 5%에서 두 모집단 평균의 차이가 있는지 가설검정하시오.

풀이

1단계: 가설검정

두 모집단의 평균에 단순히 차이가 있는지를 확인하는 것이므로 가설은 아래와 같이 설정한다.

$$H_0 : \mu_1 - \mu_2 = 0$$
$$H_1 : \mu_1 - \mu_2 \neq 0$$

2단계: 결정규칙 설정

모분산에 대한 정보(12, 9)가 주어졌고, 유의수준 5%에 해당하는 양측검정의 임계치를 표준정규분포표에서 확인한다. 임계치는 ± 1.960으로 확인된다.

3단계: 검정통계량 계산

$$z_{calc} = \frac{(\overline{x}_1 - \overline{x}_2) - (\mu_1 - \mu_2)}{\sqrt{\dfrac{\sigma_1^2}{n_1} + \dfrac{\sigma_2^2}{n_2}}} = \frac{(25-21)-0}{\sqrt{\dfrac{12}{36} + \dfrac{9}{20}}} = \frac{4}{\sqrt{\dfrac{47}{60}}} \approx 4.5195$$

4단계: 의사결정

양측검정이므로 검정통계량이 +1.960보다 크거나 -1.960보다 작으면 귀무가설을 기각한다. 검정통계량이 4.51950이므로 귀무가설이 기각되었다. 즉, 두 모평균에는 차이가 있다.

p-값을 활용한 가설검정

모분산에 대한 정보가 주어진 z-분포이므로 p-값을 계산하기 위한 엑셀함수는 =1-NORM.S.DIST(z_{calc}, 1)이다. 이를 이용하여 계산하면 0.00003의 값을 얻을 수 있다. p-값이 0.000003이므로 유의수준 $\alpha = 0.05$보다 매우 작다. 따라서 귀무가설을 기각할 수 있다.

신뢰구간을 활용한 가설검정

신뢰구간을 구하기 위한 수식은 다음과 같다.

$$(\bar{x}_1 - \bar{x}_2) \pm z_{\alpha/2}\sqrt{\frac{\sigma_1^2}{n_1} + \frac{\sigma_2^2}{n_2}}$$

위의 수식에 표본평균의 차이와 표준오차를 구해서 대입하여 계산하면 다음과 같다.

$$(25-21) \pm 1.960\sqrt{\frac{12}{36} + \frac{9}{20}} = 2 \pm 1.960 \times \sqrt{\frac{47}{60}} = 2 \pm 1.7347$$
$$= [0.2653,\ 3.7347]$$

검정통계량 4.5195가 95% 신뢰구간 0.2653~3.7347에 포함되지 않으므로 귀무가설을 기각한다.

예제 30.2

A학교와 B학교 학생들의 시험성적 데이터를 활용하여 두 학교의 평균점수가 동일한지 여부를 유의수준 5%에서 가설검정 하시오. A학교와 B학교에서 각각 47명과 49명의 학생들을 표본으로 추출하여 계산한 평균점수는 각각 76.787점과 79.776점이고, 분산은 각각 265.302와 214.344이다. (Data04_두 학교의 성적 차이)

풀이

1단계: 가설설정

A학교와 B학교 두 집단의 평균점수가 동일한지 여부를 검정하는 것이므로 양측검정이며 가설은 다음과 같다.

$$H_0 : \mu_1 - \mu_2 = 0$$
$$H_1 : \mu_1 - \mu_2 \neq 0$$

모분산을 모르기 때문에 모분산이 같다는, 등분산 가정과 모분산이 다르다는, 이분산 가정으로 구분하여 가설검정한다.

1) 등분산을 가정하는 경우

2단계: 결정규칙 설정

주어진 정보는 표본평균과 표본분산이다. 따라서 두 표본의 확률분포는 t-분포이다. 자유도는 47+49-2=94이다. 스튜던트 t-분포표를 보면, 유의수준 5%에서 임계치가 1.987이다. t-분포표를 보면 자유도 94에 대한 분포 정보는 없다. 자유도 90과 95에 대한 정보만 있는데, 이러한 경우는 보수적으로 접근하여 자유도 90에 대한 분포 값을 사용하도록 한다.

3단계: 검정통계량 계산

모분산이 같다고 가정하는 경우는 〈표 30.2〉의 검정통계량 계산 수식에서 표준오차 계산에 합동분산을 사용한다. 합동분산은 다음과 같다.

$$s_p^2 = \frac{(n_1-1)s_1^2+(n_2-1)s_2^2}{n_1+n_2-2} = \frac{(47-1) \cdot 265.302+(49-1) \cdot 214.344}{47+49-2}$$

$$= \frac{22492.40}{94} \approx 239.281$$

합동분산은 239.281로 계산되었다. 합동분산 값은 두 표본의 분산 값 사이에 있어야 한다. 왜냐하면 합동분산은 두 표본분산의 가중평균이기 때문이다. 만약 합동분산 값이 두 표본분산 사이에 있지 않으면 계산오류가 발생한 것이다.

합동분산을 대입하여 검정통계량을 구한다.

$$t_{calc} = \frac{(\bar{x}_1-\bar{x}_2)-(\mu_1-\mu_2)}{\sqrt{\frac{s_p^2}{n_1}+\frac{s_p^2}{n_2}}} = \frac{(76.787-79.776)-0}{\sqrt{\frac{239.281}{47}+\frac{239.281}{49}}} \approx -0.9462$$

검정통계량은 -0.9462로 계산되었다.

4단계: 의사결정

양측검정이므로 검정통계량이 임계치 +1.987보다 크거나 -1.987보다 작으면 귀무가설을 기각한다. 검정통계량이 -0.9462이므로 +1.987보다 작고 -1.987보다 크다. 따라서 귀무가설을 기각할 수 없다. 즉, A학교와 B학교 학생들의 학업성적은 통계적으로 유의한 차이가 없다.

2) 이분산을 가정하는 경우

2단계: 결정규칙 설정

이분산 가정에서 자유도는 앞에서 설명한 것처럼 Welch 조정자유도를 사용하여 임계치를 구해야 한다.

$$d.f. = \frac{\left(\dfrac{s_1^2}{n_1} + \dfrac{s_2^2}{n_2}\right)^2}{\dfrac{\left(\dfrac{s_1^2}{n_1}\right)^2}{n_1 - 1} + \dfrac{\left(\dfrac{s_2^2}{n_2}\right)^2}{n_2 - 1}} = \frac{\left(\dfrac{265.302}{47} + \dfrac{214.344}{49}\right)^2}{\dfrac{\left(\dfrac{265.302}{47}\right)^2}{47 - 1} + \dfrac{\left(\dfrac{214.344}{49}\right)^2}{49 - 1}}$$

$$= \frac{100.3822}{0.6927 + 0.3986} \approx 92$$

자유도가 92이므로 스튜던트 t-분포표에서 양측검정 유의확률 9%와 자유도 92에 해당하는 분포값을 구한다. 따라서 임계치는 1.987이다.

3단계: 검정통계량 계산

$$t_{calc} = \frac{(\bar{x}_1 - \bar{x}_2) - (\mu_1 - \mu_2)}{\sqrt{\dfrac{s_1^2}{n_1} + \dfrac{s_2^2}{n_2}}} = \frac{(76.787 - 79.776)}{\sqrt{\dfrac{265.302}{47} + \dfrac{214.344}{49}}}$$

$$= \frac{-2.989}{\sqrt{5.645 + 4.374}} \approx -0.9443$$

4단계: 의사결정

검정통계량이 -0.9443이므로 임계치 -1.987보다 크고 +1.987보다 작다. 따라서 귀무가설은 기각할 수 없다.

3) 엑셀 데이터 메뉴를 사용한 가설검정

모분산을 모르는 두 표본평균의 가설검정은 위와 같은 수식에 직접 수치들을 대입하여 구할 수도 있지만, 엑셀 프로그램의 데이터 메뉴를 사용하면 빠르고 정확하게 구할 수 있다.

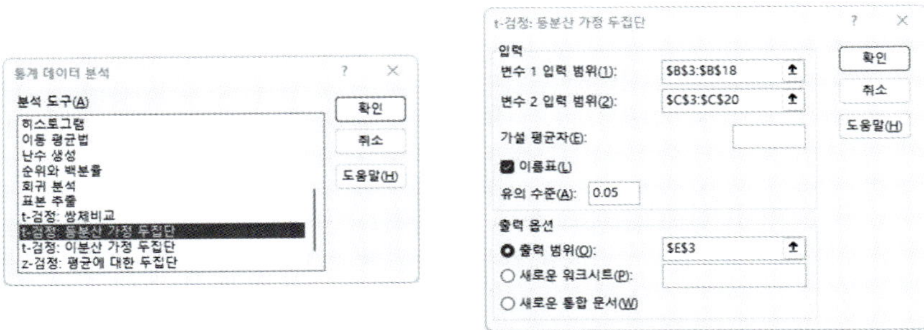

그림 30.2 등분산 가정 t-검정

엑셀의 데이터 탭에서 "데이터 분석" 메뉴를 선택하면, 〈그림 30.2〉의 왼쪽 그림처럼 통계 데이터 분석 창이 뜬다. 여기서 "t-검정: 등분산 가정 두 집단"을 선택하여 실행하면, 오른쪽 그림처럼 데이터 셀을 선택할 수 있는 창이 열린다. '변수 1'과 '변수 2'에 각각 A학교와 B학교에 해당하는 데이터 열을 선택한다. '이름표'에 체크하고 출력 범위를 선택하고 확인을 누른다.

t-검정: 등분산 가정 두 집단

	A학교	B학교
평균	76.787	79.776
분산	265.302	214.344
관측수	47	49
공동(Pooled) 분산	239.281	
가설 평균차	0	
자유도	94	
t 통계량	-0.946	
P(T<=t) 단측 검정	0.173	
t 기각치 단측 검정	1.661	
P(T<=t) 양측 검정	0.346	
t 기각치 양측 검정	1.986	

그림 30.3 등분산 가정 t-검정 결과

확인을 누르면, 〈그림 30.3〉과 같이 등분산을 가정한 t-검정 결과가 엑셀 화면에 출력된다. 엑셀 프로그램에서는 합동분산을 공동분산으로 표기하고 있다. 영문명이 같으므로 (=pooled) 같은 의미이다. 앞에서 수식에 직접 수치를 대입하여 계산한 결과와 같은 것을 알 수 있다. 임계치(t 기각치)를 단측검정인 경우와 양측검정인 경우 모두를 보여준다. 검정통계량(t 통계량) 수치를 보고 판단하면 된다.

이번에는 이분산을 가정하는 경우를 살펴보자.

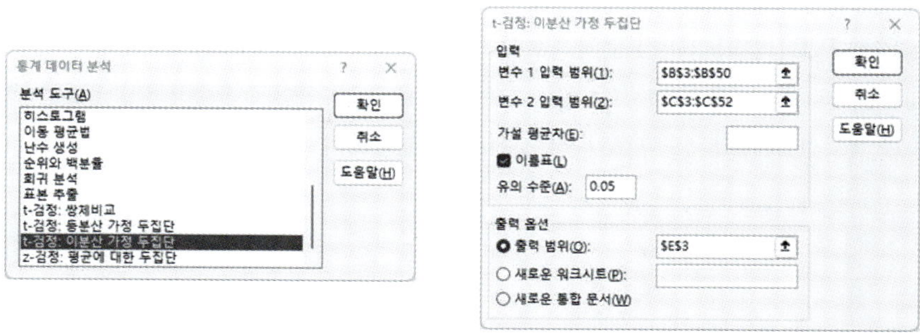

그림 30.4 이분산 가정 t-검정

엑셀 데이터 탭에서 "데이터 분석" 메뉴를 선택하고, "t–검정: 이분산 가정 두 집단"을 선택하여 등분산과 마찬가지로 '변수 1'과 '변수 2'에 각각 A학교와 B학교에 해당하는 데이터 열을 선택한다. '이름표'에 체크하고 출력 범위를 선택하고 확인을 누른다.

다음과 같이 그 결과가 출력될 것이다.

t-검정: 이분산 가정 두 집단

	A학교	B학교
평균	76.787	79.776
분산	265.302	214.344
관측수	47	49
가설 평균차	0	
자유도	92	
t 통계량	-0.944	
P(T<=t) 단측 검정	0.174	
t 기각치 단측 검정	1.662	
P(T<=t) 양측 검정	0.348	
t 기각치 양측 검정	1.986	

그림 30.5 이분산 가정 t–검정 결과

이분산 가정 t–검정 결과도 수식에 직접 수치를 대입하여 계산한 결과와 다르지 않다. 이처럼 수식을 사용하여 직접 계산하면 시간도 소요되고 계산오류가 발생할 수도 있지만, 엑셀 프로그램의 데이터 분석 메뉴를 활용하면 더 빠르고 정확하게 계산할 수 있다.

한가지 알아두면 좋은 것은, 비교하는 두 표본의 수가 반드시 같아야 할 필요는 없다. 그래서 본 예제에서도 서로 다른 표본 수를 활용하여 사용했다.

D+31

두 표본 가설검정: 대응표본

지금까지 두 표본 가설검정 중에서 독립적인 두 개의 표본에 대한 가설검정에 대해서 살펴보았다. 이번에는 두 개의 표본이지만 하나의 모집단에서 추출한 경우의 가설검정에 대해서 알아보겠다.

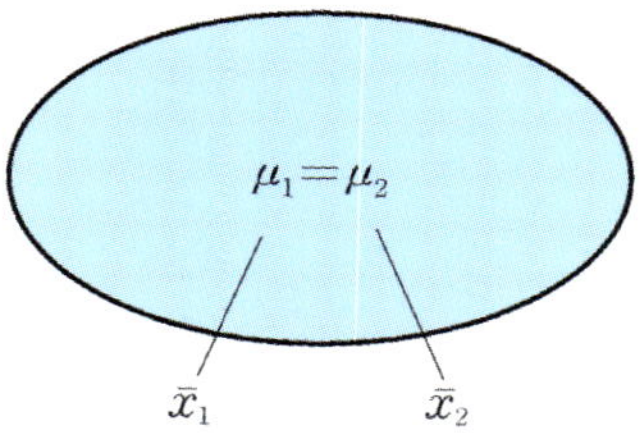

그림 31.1 대응표본 가설검정

<그림 31.1>은 앞에서 보았던 <그림 30.1>의 왼쪽에 있는 그림이다. 그림에서 알 수 있듯이 표본 x_1과 x_2가 하나의 모집단에서 추출된 것이다. 새로운 신약이 개발되었을

때, 기존의 약과 비교하여 치료 효과를 확인할 때 사용할 수 있는 검정 방법이다. 즉, 당뇨병 환자를 대상으로 새로 개발한 약물 A가 효과가 있는지 알아보는 실험을 한다고 가정해보자. 약물 A의 효과를 알아보기 위해서 동일한 당뇨병 환자를 대상으로 기존의 약물 B를 복용한 후의 신체 변화와 새로운 약물 A를 복용한 후의 신체 변화를 비교하는 것은 동일한 대상자에게서 두 약의 치료 효과 차이를 검정하는 서로 짝을 이룬 자료를 이용하게 된다. 그래서 이러한 검정 방법을 대응표본 가설검정 또는 짝-표본 가설검정이라고 한다.

대응표본 가설검정은 신약의 효과를 검정하는 것과 같이 전후 비교 외에도 특정 고객 집단에게 2개의 제품을 제공하고 만족도를 비교하는 마케팅 분석에도 활용할 수 있다. 대응표본 가설검정은 이처럼 두 표본이 짝을 이루어야 하므로 표본의 수가 같아야 한다.

대응표본 가설검정에서는 새로운 변수 $d = X_1 - X_2$를 정의한다. 즉, <표 31.1>과 같이 두 개 표본의 개별 관측치 값을 구한 뒤 그 차이를 구한다.

표 31.1 대응표본의 비교

관측치	표본 X_1	표본 X_2	차이($d = X_1 - X_2$)
1	X_{11}	X_{12}	$d_1 = X_{11} - X_{12}$
2	X_{21}	X_{22}	$d_2 = X_{21} - X_{22}$
3	X_{31}	X_{32}	$d_3 = X_{31} - X_{32}$
…	…	…	…
n	X_{n1}	X_{n2}	$d_n = X_{n1} - X_{n2}$

하나의 짝으로 대응되는 두 표본의 차이에 대한 평균 $\overline{d}$와 표준편차 s_d는 다음과 같은 수식을 사용하여 계산한다. 수식에서 알 수 있듯이 일반적인 평균과 표준편차를 구하는 공식과 같다.

$$\text{평균: } \bar{d} = \frac{\sum_{i=1}^{n} d_i}{n} \tag{31.1}$$

$$\text{표준편차: } s_d = \sqrt{\sum_{i=1}^{n} \frac{(d_i - \bar{d})^2}{n-1}} \tag{31.2}$$

여기에서 두 표본평균 간의 차이 d의 모분산을 모르기 때문에 자유도 n−1을 적용한 스튜던트 t−분포표를 이용하여 대응표본 t−검정을 한다. 이 검정을 통해 두 표본의 평균 차이의 평균인 $\bar{d}$와 가설로 설정된 모평균의 차이인 μ_d가 서로 같은지 비교한다. 그래서 검정통계량은 다음의 수식으로 구한다.

$$t_{calc} = \frac{\bar{d} - \mu_d}{\frac{s_d}{\sqrt{n}}} \tag{31.3}$$

예제 31.1

판매하고 있는 제품의 기능과 품질에 대한 고객 불만이 있어서 신형 제품을 출시하기로 했다. 새로운 제품 출시 전에 기존 제품을 사용하고 있는 고객 중에서 20명을 선발하여 베타 테스트를 진행하고 기존 제품과 신형 제품 간의 만족도 차이를 조사하였다. 조사는 7점 리커트 척도를 사용한 설문조사로 진행하였다. 기존 제품에 대한 만족도 평균은 5.05, 신형 제품에 대한 만족도 평균은 5.35로 측정되었고 분산은 각각 1.313과 0.871로 나타났다. 유의수준 5%에서 두 제품의 만족도에 차이가 있는가? (Data05_제품개선에 대한 만족도)

풀이

대응표본 가설검정도 수학적 공식을 사용한 방법과 엑셀 프로그램을 사용한 방법 모두 가능하다.

1) 수학적 공식을 사용한 가설검정

1단계: 가설설정

이 문제에서 요구하는 것은 기존 제품과 신형 제품 간의 만족도에 차이가 있는가이다. 따라서 가설은 다음과 같이 설정할 수 있다.

$$H_0 : \mu_d = 0$$
$$H_1 : \mu_d \neq 0$$

2단계: 결정규칙 설정

모분산을 모르므로 유의수준 5%에서 자유도 20–1=19의 t–분포를 임계치로 설정한다. 스튜던트 t–분포표에서 해당 분포 값을 확인하면 2.093인 것을 알 수 있다.

3단계: 검정통계량 계산

엑셀파일 "Data05_제품개선에 대한 만족도"의 관측치 값들을 이용하여 검정통계량을 계산한다.

$$t_{calc} = \frac{\overline{d} - \mu_d}{\frac{s_d}{\sqrt{n}}} = \frac{(-0.3)-0}{\frac{0.6569}{\sqrt{20}}} \approx -2.042$$

4단계: 의사결정

검정통계량이 임계치 -2.903보다 작거나 +2.903보다 크면 귀무가설을 기각할 수 있다. 그런데 검정통계량이 -2.043이므로 임계치 -2.903보다 크고 +2.903보다 작아서 귀무가설을 기각할 수 없다. 따라서 기존 제품과 신형 제품의 만족도에는 차이가 없다.

2) 엑셀 데이터 메뉴를 사용한 가설검정

엑셀 프로그램을 사용하여 대응표본 가설검정을 시행하는 것도 독립표본 가설검정과 마찬가지로 어렵지 않다. 〈그림 31.2〉를 보자.

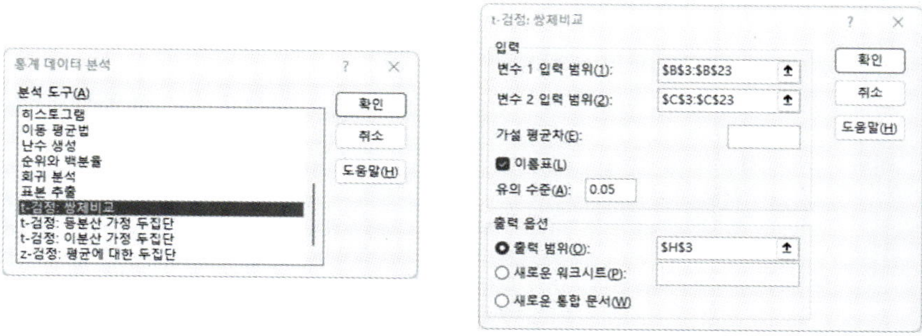

그림 31.2 쌍체비교 t–검정

엑셀 데이터 탭에서 "데이터 분석" 메뉴를 선택하면 통계 데이터 분석 창에 "t–검정: 쌍체비교"라는 메뉴가 있는 것을 확인할 수 있다. 이 메뉴가 대응표본 가설검정이다. '변수 1'과 '변수 2'에 각각 기존 제품과 신형 제품에 해당하는 데이터 열을 선택하여 지정한다. '이름표'에 체크하고 출력 범위를 선택하고 확인을 누른다.

t-검정: 쌍체 비교

	구형	신형
평균	5.05	5.35
분산	1.313	0.871
관측수	20	20
피어슨 상관 계수	0.819	
가설 평균차	0	
자유도	19	
t 통계량	-2.042	
P(T<=t) 단측 검정	0.028	
t 기각치 단측 검정	1.729	
P(T<=t) 양측 검정	0.055	
t 기각치 양측 검정	2.093	

그림 31.3 쌍체비교 t–검정 결과

예제에서 요구하는 것이 기존 제품과 신형 제품 만족도 평균 간의 차이를 비교하는 것이므로 양측검정의 임계치(t 기각치)와 검정통계량(t 통계량)을 보면 귀무가설에 대한 기각 여부를 판단할 수 있다. 앞에서 수식에 수치를 대입하여 계산했던 것과 동일한 결과가 나타난 것을 알 수 있다.

예제에서 요구한 검정 조건은 아니지만 한 가지 흥미로운 사실은 단측검정의 임계치 ± 1.729를 기준으로 한다면, 검정통계량이 통계적으로 유의하여 귀무가설을 기각할 수 있다는 것이다. 물론 이 경우 가설설정은 두 표본평균의 차이에 대한 것이 아니라 신형 제품이 기존 제품보다 만족도 평균이 더 높은가를 검정하는 것으로 바뀌어야 한다. 즉, 다음과 같이 가설을 설정하는 경우가 된다.

$$H_0 : \mu_d \geq 0$$
$$H_1 : \mu_d < 0$$

즉, 가설검정은 단측검정이 되고 기존 제품에 대한 만족도 평균보다 신형 제품의 만족도 평균이 더 높은지를 보는 것이므로 평균의 차이가 0보다 작은지를 확인해보는 좌측 꼬리 검정이 된다. 〈그림 31.3〉의 결과를 보면, 통계량 -2.042가 단측검정의 t 기각치 -1.729보다 작게 나타난 것을 알 수 있다. 즉, 귀무가설을 기각할 수 있고, 이는 신형 제품의 만족도가 기존 제품보다 높게 나타나 제품의 기능과 품질을 개선한 효과가 있는 것으로 해석할 수 있다.

마지막으로 대응표본을 독립표본으로 검정하지 않는 이유에 대해서 설명하겠다.

개별 관측치 값들이 짝 형태로 주어지면 t 검정력은 일반적인 t 검정력보다 높게 나타난다. 그 이유는 대응표본 검정에서는 표본을 서로 독립으로 간주하게 되면서 무시하게 되는 정보를 고려하기 때문이다. 이는 엑셀 프로그램에서 독립표본 t–검정을 해보면 알 수 있다.

t-검정: 쌍체 비교

	기존	신형
평균	5.05	5.35
분산	1.313	0.871
관측수	20	20
피어슨 상관 계수	0.819	
가설 평균차	0	
자유도	19	
t 통계량	-2.042	
P(T<=t) 단측 검정	0.028	
t 기각치 단측 검정	1.729	
P(T<=t) 양측 검정	0.055	
t 기각치 양측 검정	2.093	

t-검정: 등분산 가정 두 집단

	기존	신형
평균	5.05	5.35
분산	1.3132	0.8711
관측수	20	20
공동(Pooled) 분산	1.092	
가설 평균차	0	
자유도	38	
t 통계량	-0.908	
P(T<=t) 단측 검정	0.185	
t 기각치 단측 검정	1.686	
P(T<=t) 양측 검정	0.370	
t 기각치 양측 검정	2.024	

그림 31.4 대응표본과 독립표본 t–검정 결과 비교

〈그림 31.4〉의 왼쪽 그림은 대응표본 t−검정 결과이고, 오른쪽 그림은 등분산을 가정하여 독립표본 t−검정을 시행한 결과이다. 여기에서 단측검정의 p값과 양측검정 p값을 비교하면, 독립표본 t−검정 결과의 p값들은 일반적인 유의수준 α 과 큰 차이가 나는 결과가 출력되었다. 두 표본이 서로 연관되어 있다는 정보를 무시함으로써 불필요한 검정력 손실이 발생한 것이다. 따라서 두 표본의 데이터가 짝 형태로 주어지면 서로 독립인 경우로 가설검정을 하는 것은 적절하지 않다.

D+32

두 비율과 두 분산의 검정

평균에 대한 검정 외에 비율과 분산에 대한 가설검정도 가능하다. 실제 비즈니스 세계에서는 비율에 대한 가설검정의 쓰임새가 많다.

두 비율 검정

두 비율을 검정하는 사례는 대통령의 지지율이 전주 대비해서 상승했는지 또는 하락했는지, A후보의 지지도가 B후보의 지지도보다 높은지, S사의 매출 증가율이 L사의 매출 증가율보다 더 높은지를 파악하는 등 여러 분야에서 찾을 수 있다.

모집단의 비율은 π로 표기한다. 두 모집단의 비율을 비교하는 가설은 다음과 같다.

표 32.1 두 비율의 가설검정 유형

좌측 꼬리 검정	양측 꼬리 검정	우측 꼬리 검정
$H_0 : \pi_1 - \pi_2 \geq 0$	$H_0 : \pi_1 - \pi_2 = 0$	$H_0 : \pi_1 - \pi_2 \leq 0$
$H_1 : \pi_1 - \pi_2 < 0$	$H_1 : \pi_1 - \pi_2 \neq 0$	$H_1 : \pi_1 - \pi_2 > 0$

표본비율(sample proportions)은 모비율에 대한 점추정량[1]이다.

$$p_1 = \frac{x_1}{n_1} = \frac{\text{표본1에 있는 성공 횟수}}{\text{표본1의 전체 개수}} \qquad (32.1)$$
$$p_2 = \frac{x_2}{n_2} = \frac{\text{표본2에 있는 성공 횟수}}{\text{표본2의 전체 개수}}$$

위의 수식에서 알 수 있듯이 표본비율은 p로 표기한다. p_1은 모비율 π_1에 대한 점추정량이고 p_2는 모비율 π_2의 점추정량이다. 표본비율은 표본의 전체 개수 중에 성공 횟수의 비율로 계산한다.

두 표본비율의 검정통계량은 다음과 같다.

$$z_{calc} = \frac{(p_1 - p_2) - (\pi_1 - \pi_2)}{\sqrt{\frac{p_1(1-p_1)}{n_1} + \frac{p_2(1-p_2)}{n_2}}} \qquad (32.2)$$

표본이 크다면 두 표본비율의 차이인 $p_1 - p_2$는 정규분포를 따른다고 가정할 수 있다. 검정통계량은 두 표본비율의 차이($p_1 - p_2$)에서 모비율 차이($\pi_1 - \pi_2$)를 차감하고 두 표본비율 차이의 표준오차로 나눈 값이다.

$$\text{합동표본비율: } p_c = \frac{x_1 + x_2}{n_1 + n_2} \qquad (32.3)$$

---

1 표본을 이용하여 단 하나의 점으로 모수를 추측하는 통계량을 말한다. 그 과정을 점추정(point estimation)이라 하고, 그렇게 얻어진 통계량을 점추정량이라고 한다.

만약 가설검정이 모비율 차이($\pi_1 - \pi_2$)가 0이라는 것을 검정하는 것이라면, 합동표본 비율(pooled sample proportion)을 사용하여 검정통계량을 다음의 수식으로 구할 수 있다.

$$z_{calc} = \frac{(p_1 - p_2) - (\pi_1 - \pi_2)}{\sqrt{p_c(1-p_c)\left[\frac{1}{n_1} + \frac{1}{n_2}\right]}} \tag{32.4}$$

예제 32.1

최근 들어 산업계에서는 ESG 경영 이슈를 주목하고 있다. 기업활동에 있어서 환경·사회·거버넌스가 중요해진 것이다. 이와 관련하여 대기업 직원 200명과 중소기업 직원 100명을 대상으로 ESG의 개념을 잘 알고 있는지를 설문조사하였다. 그 결과 139명의 대기업 직원과 67명의 중소기업 직원이 ESG의 개념에 대해서 잘 알고 있다고 대답했다. 유의수준 0.01에서 대기업 직원의 인식이 중소기업 직원보다 높다고 할 수 있는가?

풀이

위의 설문조사 결과를 정리하면 다음과 같다.

통계량	대기업	중소기업
ESG 개념을 알고 있는 직원 수	$x_1 = 139$	$x_2 = 67$
설문조사 참여자 수	$n_1 = 200$	$n_2 = 100$
비율	$p_1 = \frac{139}{200} = 0.695$	$p_2 = \frac{67}{100} = 0.670$

1단계: 가설검정

대기업 직원의 인식 비율(p_1)이 중소기업 직원의 인식 비율(p_2)보다 높은지를 확인하는 것이므로 우측검정이 적절하다.

$$H_0 : \pi_1 - \pi_2 \le 0$$
$$H_1 : \pi_1 - \pi_2 > 0$$

2단계: 결정규칙 설정

유의수준 $\alpha = 0.01$을 기준으로 우측 꼬리의 임계치 $z_{0.01} = 2.326$이다. 따라서 결정규칙은 검정통계량(z_{calc})이 2.326보다 크면 귀무가설을 기각한다. 엑셀함수를 이용해서 임계치를 구할 수도 있다. 엑셀에서는 좌측 꼬리의 누적확률값을 제시하므로 엑셀함수 =NORM.S.INV(0.99)를 이용하여 우측 꼬리 임계치를 구한다. 〈그림 32.1〉은 우측 꼬리 검정을 표현한 것이다.

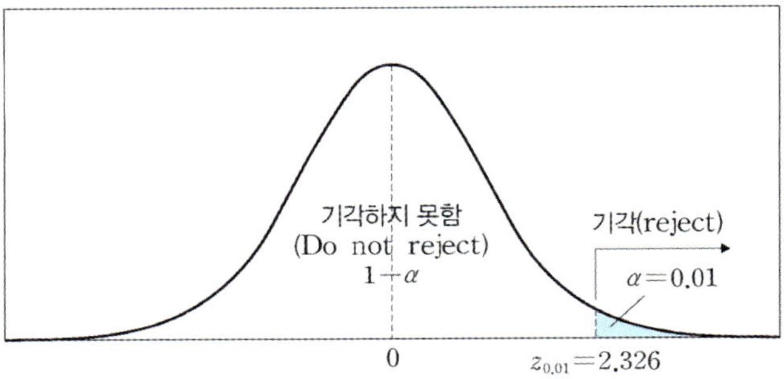

그림 32.1 두 비율 차이의 우측 꼬리 검정

3단계: 검정통계량 계산

표본비율만 보면, 대기업 직원의 ESG 인식이 중소기업 직원보다 높은 것으로 나타난다. 그러나 실제로 그러한지는 직접 검정이 필요하다. 검정통계량 계산을 위해 두 모비율 간의 차이($\pi_1 - \pi_2$)가 0이라고 가정한다. 먼저 합동표본비율을 구한다. 합동표본비율은 각 표본의 성공(여기서는 ESG 개념을 잘 안다고 응답한 직원) 횟수를 합한 값을 두 표본의 크기를 합한 값으로 나눈다.

$$p_c = \frac{x_1 + x_2}{n_1 + n_2} = \frac{139 + 67}{200 + 100} = \frac{206}{300} \approx 0.6867$$

표본이 크므로 정규성을 가정할 수 있다. 모비율에 대한 신뢰구간 추정에서 정규성 가정의 조건은 각 표본에서 $n\pi \geq 10$과 $n(1-\pi) \geq 10$이 동시에 충족되어야 한다고 했다.

$$n_1p_1 = (200)(0.695) = 139, \quad n_1(1-p_1) = (200)(0.305) = 61$$
$$n_2p_2 = (100)(0.670) = 67, \quad n_2(1-p_2) = (100)(0.330) = 33$$

두 표본 모두 조건을 충족하므로 정규성 가정이 가능하다. 정규성 가정에 따른 검정통계량은 다음과 같다.

$$z_{calc} = \frac{(p_1 - p_2) - (\pi_1 - \pi_2)}{\sqrt{p_c(1-p_c)\left[\frac{1}{n_1} + \frac{1}{n_2}\right]}} = \frac{(0.695 - 0.670) - 0}{\sqrt{0.6867(1-0.6867)\left[\frac{1}{200} + \frac{1}{100}\right]}}$$
$$\approx 0.4400$$

4단계: 의사결정

검정통계량은 0.4400, 그리고 유의수준 0.01의 임계치는 2.326이다. 검정통계량이 임계치보다 작으므로 귀무가설을 기각할 수 없다. 즉, ESG 개념에 대한 대기업 직원의 인식이 중소기업 직원의 인식보다 높다고 할 수 없다.

모비율 차이($\pi_1 - \pi_2$)에 대한 신뢰구간은 다음과 같이 계산한다.

$$(p_1 - p_2) \pm z_{\alpha/2}\sqrt{\frac{p_1(1-p_1)}{n_1} + \frac{p_2(1-p_2)}{n_2}} \qquad (32.5)$$

[예제 32.1]의 정보를 이용하여 신뢰구간을 통해 가설을 검정해보자.

$$(0.695 - 0.670) \pm 2.576\sqrt{\frac{0.695(1-0.695)}{200} + \frac{0.670(1-0.670)}{100}} = [-0.1233, 0.1723]$$

신뢰구간은 −0.1233~0.1723이다. 비율의 차이에 대한 검정에서는 신뢰구간이 0을 포함하는지 포함하지 않는지로 귀무가설 기각 여부를 판단한다. 만약 신뢰구간이 0을 포함하면 귀무가설을 기각할 수 없고, 0을 포함하지 않으면 귀무가설을 기각한다. 신뢰구간이 0을 포함하므로 귀무가설을 기각할 수 없다.

두 분산 검정

두 모집단의 평균이 같은지를 검정하는 것처럼 두 모집단의 분산이 같은지를 검정하는 경우가 있다. 예를 들어서 2개의 생산공정에서 제조한 제품 품질의 분산이 동일한지 여부를 판단하는 것이다. 분산이 작다는 것은 제품의 신뢰도가 높다는 것을 의미한다.

가설검정은 아래와 같다.

표 32.2 두 분산의 가설검정 유형

좌측검정	양측검정	우측검정
$H_0 : \sigma_1^2 \geq \sigma_2^2$ $H_1 : \sigma_1^2 < \sigma_2^2$	$H_0 : \sigma_1^2 = \sigma_2^2$ $H_1 : \sigma_1^2 \neq \sigma_2^2$	$H_0 : \sigma_1^2 \leq \sigma_2^2$ $H_1 : \sigma_1^2 > \sigma_2^2$
$H_0 : \frac{\sigma_1^2}{\sigma_2^2} \geq 1$ $H_1 : \frac{\sigma_1^2}{\sigma_2^2} < 1$	$H_0 : \frac{\sigma_1^2}{\sigma_2^2} = 1$ $H_1 : \frac{\sigma_1^2}{\sigma_2^2} \neq 1$	$H_0 : \frac{\sigma_1^2}{\sigma_2^2} \leq 1$ $H_1 : \frac{\sigma_1^2}{\sigma_2^2} > 1$

<표 32.2>를 보면, 두 분산의 가설검정 유형은 첫 번째 행의 가설이 기본 형태이고 두 번째 행의 가설은 첫 번째 행의 가설 수식에서 우측에 있는 항을 좌측으로 넘겨 두 분산의 비율을 검정하는 것으로 가설을 설정한 것이다.

두 모집단에서 분산의 차이가 있는지를 검정하는 것은 F−분포를 사용한다. 검정통계량은 표본분산의 비율로 계산하며, 모집단이 정규분포한다면 검정통계량은 F−분포를 따른다.

$$F_{calc} = \frac{s_1^2}{s_2^2} \tag{32.6}$$

위의 수식에서 알 수 있듯이 F−분포의 검정통계량은 표본 1의 분산을 표본 2의 분산으로 나누어 값을 구한다. 두 표본의 분산이 같다면 검정통계량은 1에 가깝게 된다. 만약 검정통계량이 1보다 매우 크거나 매우 작다면 귀무가설을 기각한다. 분자와 분모에 있는 통계량이 모두 표본의 분산이므로 자유도는 각각 $df_1 = n_1 - 1$과 $df_2 = n_2 - 1$이다.

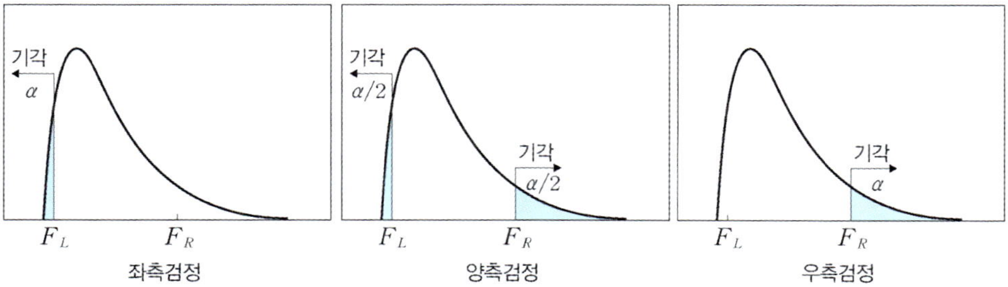

그림 32.2 두 분산의 F검정

F−분포는 <그림 32.2>와 같이 우측으로 기울어진 분포이다. 분산의 비율이기 때문에 F값은 음수가 될 수 없다.

<그림 32.2>의 좌측검정, 양측검정, 우측검정에 대한 F−분포곡선을 보면 알 수 있듯이 F검정에 대한 임계치는 좌측 꼬리(F_L)와 우측 꼬리(F_R)로 표시된다. <부록>의 F−분포표를 보면 우측 꼬리 임계치에 대한 정보가 나와 있다. 자유도 df_1과 df_2를 사용하여 구한다. F−분포표에는 좌측 꼬리 임계치에 대한 정보가 없다. 좌측 꼬리 임계치는 분자와 분모의 위치를 바꾼 다음에 F−분포표에서 임계치를 찾은 후 그 역수를 취하여 구한다.

예제 32.2

A학교와 B학교 학생들의 시험성적 데이터를 활용하여 두 학교 학생들 성적의 분산이 동일한지 여부를 유의수준 5%에서 검정하고자 한다. A학교와 B학교에서 각각 47명과 49명의 학생들을 표본으로 추출하여 계산한 평균점수는 각각 76.787점과 79.776점이고, 분산은 각각 265.302와 214.344이다. (Data04_두 학교의 성적 차이)

풀이

1단계: 가설검정

두 학교 학생의 시험 성적에 대한 분산이 동일한지를 판단하는 것이다. 따라서 동일분산에 대한 양측검정이고, 가설은 다음과 같다.

$$H_0 : \sigma_1^2 = \sigma_2^2 \text{ 또는 } H_0 : \sigma_1^2/\sigma_2^2 = 1$$

$$H_0 : \sigma_1^2 \neq \sigma_2^2 \qquad H_0 : \sigma_1^2/\sigma_2^2 \neq 1$$

2단계: 결정규칙 설정

F-분포표에서 임계치를 구하기 위해서는 두 표본의 자유도를 알아야 한다.

$$df_1 = n_1 - 1 = 47 - 1 = 46$$
$$df_2 = n_2 - 1 = 49 - 1 = 48$$

양측검정이므로 양쪽 꼬리에 유의수준을 나누어 $\alpha/2$씩 배정한다. 따라서 〈부록〉의 F-분포표 중에서 유의수준 2.5%에 해당하는 F-분포표를 사용한다. 만약 찾는 자유도가 없으면 보수적으로 그보다 작은 자유도를 선택한다. F-분포표에 자유도 46과 48이 없으므로 df_1과 df_2 모두 40으로 정의하고 이에 해당하는 분포확률값인 1.88을 우측 꼬리 임계치로 사용한다. 좌측 꼬리 임계치는 분모와 분자의 자유도 위치를 바꾸고 그 역수를 취한다.

$$\text{우측 꼬리 임계치: } F_{(46,48)} = 1.88$$

$$\text{좌측 꼬리 임계치: } F_{(48,46)} = \frac{1}{1.88} = 0.53$$

따라서 결정규칙은 검정통계량인 1.88보다 크거나 0.53보다 작으면 귀무가설을 기각한다.

3단계: 검정통계량 계산

$$F_{calc} = \frac{265.302}{214.344} = 10.898$$

4단계: 의사결정

검정통계량이 10.898이므로 임계치 1.88보다 크고 0.53보다 작으므로 귀무가설을 기각한다.

8장

분산분석

D+33 분산분석의 개념
D+34 일원분산분석
D+35 사후검정
D+36 무반복 이원분산분석
D+37 반복 이원분산분석

D+33

분산분석의 개념

D+30과 D+31 차수에서 모분산을 모르는 모집단에서 추출한 두 표본평균의 가설에 대한 t-검정에 대해서 살펴보았다. 만약 <그림 33.1>처럼 비교해야 할 표본 집단이 3개 이상으로 늘어난 경우는 어떻게 해야 할까?

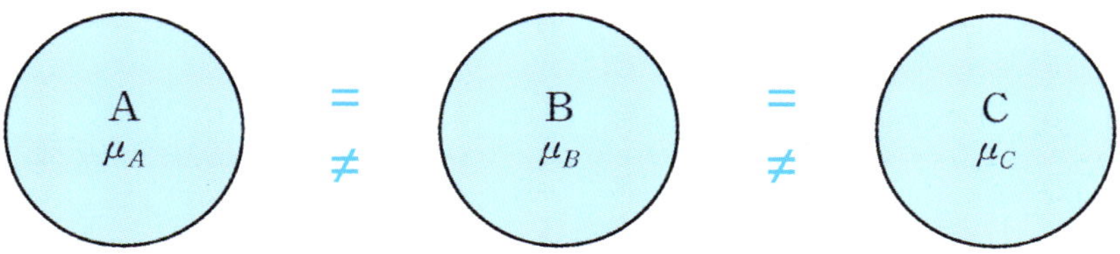

그림 33.1 분산분석

이 경우에 우리는 모집단 A와 B의 표본평균을 t-검정하고, 이어서 모집단 B와 C의 표본평균을 t-검정하고, 다시 모집단 C와 A의 표본평균을 t-검정하는 아이디어를 떠올릴 수 있다. 그러나 이 방법은 다음과 같은 문제가 있다.

첫째, 유의수준 $\alpha = 0.05$는 1종 오류가 발생하지 않을 확률이 95%라는 의미인데, 3개의 표본을 2개씩 3회 t-검정하면 $0.95^3 = 0.857$로 1종 오류 발생확률이 1-0.857= 0.143(14.3%)으로 커진다.

둘째, 이는 p-값 계산에서도 총 3회의 t-검정으로 인해 p-값=0.05+0.05+0.05=0.15(15%)가 된다.

따라서 1종 오류 발생확률이 15%로 높아지기 때문에 귀무가설이 참인데도 거짓으로 판명할 위험성이 커지는 것이다.

3개 이상의 모평균 간에 차이를 검정하는 방법으로 분산분석(Analysis of Variance: ANOVA)이 있다. 통계학에서 가장 널리 사용되는 방법이다. 분산분석은 통계학자 Ronald Aylmer Fischer가 고안한 방법으로 실험계획법에서 주로 사용되는 분석 방법이다. 분산분석은 실험 결과에서 관측된 변동을 분산의 개념으로 파악하여 분산을 각 요인에 기인하는 부분과 우연히 발생한 부분으로 구분하여 각 요인의 영향력 여부를 판정하는 것이다.

독립변수와 종속변수

분산분석의 개념을 이해하기 위해서 먼저 독립변수와 종속변수에 대해서 이해할 필요가 있다.

독립변수(independent variable)는 예측변수(predictor variable) 혹은 설명변수(explanatory variable)라고도 한다. 일반적으로 연구의 주된 분석은 변수 간의 영향관계를 분석하는 것이다. 영향 관계에서 독립적인 위치는 타 변수에 영향을 주는 위치에 있다. 따라서 영향 관계에서 영향을 주는 변수가 독립변수가 된다.

종속변수(dependent variable)는 반응변수(response variable) 혹은 결과변수(outcome variable)라고도 한다. 영향 관계에서 종속적인 위치는 타 변수로부터 영향을 받는 위치에 있다. 따라서 영향 관계에서 타 변수로부터 영향을 받는 변수가 종속변수가 된다.

그림 33.2 독립변수와 종속변수

<그림 33.2>는 교육수준이 연봉에 어떠한 영향을 주는지를 표현한 것이다. 과거 교육학이나 사회학 분야의 연구들에서 교육수준이 높으면 연봉수준도 높다는 통계 결과가 있다. 사회적으로 좋은 대학이라고 인식되는 학교를 졸업하면 대체로 연봉이 높다는 것이다. 이러한 영향 관계에서 교육수준이 연봉수준의 절대적인 원인인지는 알 수 없지만 통계적 유의성 차원에서 교육수준이 연봉수준에 영향을 주는 것만은 틀림없다는 얘기이다.

분산분석에서 사용하는 종속변수는 연속형 변수만 가능하고, 독립변수는 이산형/범주형 변수만 가능하다. <그림 33.2>의 예시에서 보여주고 있는 독립변수인 교육수준은 '대졸', '고졸', '중졸'과 같은 서열척도를 갖는 이산형/범주형 변수이다. 반면 연봉수준은 금액으로 산출되어 비율척도를 갖는 연속형 변수이다.

분산분석의 목적

분산분석은 종속변수인 Y가 변동하는 원인을 분석하는 것이다. 즉, 아래의 수식에 나타난 것처럼 종속변수(Y)의 변동은 범주형 독립변수에 의해서 설명되는 변동과 설명되지 않는 변동인 무작위 오차(random error)로 구성된다.

$$\textbf{Y의 변동} = \textbf{설명된 변동} + \textbf{설명되지 않는 변동} \tag{33.1}$$

분산분석은 여러 표본평균을 비교하는 것이다. 인자(factors)[1]의 가능한 값들을 처리(treatment) 또는 그룹이라고 부르며 서로 다른 처리그룹 내에 있는 표본 관측치들은 서로 다른 모평균을 가진 모집단들에서 추출되었다고 가정한다. 그래서 각 인자가 Y에 통계적으로 유의한 영향을 미치는지 검정하고 각각의 인자 간에 상호작용(interaction)이 존재하는지를 검정한다.

분산분석의 검정은 D+17 차수에서 설명했던 두 분산의 비교 검정에서 사용한 F−분포를 이용한다. 분산분석에서 사용되는 인자의 개수는 제한이 없으나 대부분의 연구분석에서는 2개 혹은 3개의 인자에 초점을 맞추고 있다. 독립변수가 1개인 경우는 일원분산분석(one-way ANOVA)이라고 하고 독립변수가 2개인 경우는 이원분산분석(tow-way ANOVA)이라고 한다.

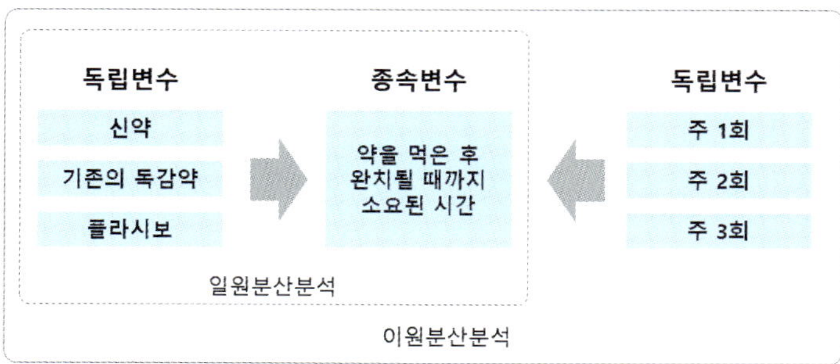

그림 33.3 일원분산분석과 이원분산분석의 모형

1 하나의 변수를 구성하는 요소들을 의미. 인자, 처리, 그룹 모두 유사한 의미로 사용된다.

<그림 33.3>은 일원분산분석과 이원분산분석의 모형을 표현한 것이다. 점선 테두리 안에는 3개의 처리그룹(신약, 기존의 독감약, 플라시보)으로 구성된 '약의 종류'라는 하나의 독립변수와 '약을 먹은 후 완치될 때까지 소요된 시간'이라는 종속변수로 구성되어 있다. 그리고 실선 테두리 안에는 '투약 주기'의 횟수를 처리그룹으로 하는 또 하나의 독립변수가 포함되어 있다. 점선 테두리의 모형이 일원분산분석의 모형이고 실선 테두리의 모형이 이원분산분석의 모형에 해당한다.

분산분석의 가설

앞서 설명한 바와 같이 분산분석은 3개 이상 모집단의 평균에 차이가 있는지를 검정하는 것이다. 따라서 가설의 일반적인 형태는 다음과 같다.

$H_0 : \mu_1 = \mu_2 = \mu_3 = \mu_4$

H_1 : 평균이 모두 같은 것은 아니다. (적어도 하나는 평균이 다르다.)

위의 가설은 하나의 독립변수가 4개의 처리그룹으로 구성되어 있는 일원분산분석의 가설설정이다. 변수가 늘어나면 가설이 추가되는 방식으로 가설을 설정한다. 따라서 일원분산분석이나 이원분산분석이나 가설설정의 방법은 크게 차이가 없다.

분산분석은 다음을 가정한다.

첫째, Y의 관측치는 서로 독립이다.
둘째, 모집단들은 정규분포한다.
셋째, 모집단들은 서로 동일한 분산을 가지고 있다.

분산분석은 검정통계량의 계산을 수식에 수치를 대입하여 직접 계산할 수도 있으나 수없이 반복적인 계산이 필요하기 때문에 보통 엑셀이나 SPSS와 같은 통계패키지를 사용하여 계산한다.

여기서도 분산분석의 계산은 계산 수식에 관한 설명을 하되 데이터를 갖고 계산하는 방법에 대해서는 엑셀과 같은 통계패키지의 사용을 위주로 설명하겠다.

D+34

일원분산분석

앞에서 설명한 바와 같이 분산분석은 3개 이상의 모평균의 차이를 검정하는 것이고, 일원분산분석은 종속변수에 영향을 주는 독립변수가 1개인 경우에 사용하는 방법이다.

일원분산분석의 자료 형태

일원분산분석의 자료 형태는 <표 34.1>과 같다. <표 34.1>의 수학 기호들에 대해서 이해하도록 하자.

먼저 τ는 '타우'라고 읽는다. 여기서는 독립변수를 구성하는 인자를 의미한다. 앞의 <그림 33.3>에서 '신약', '기존의 독감약', '플라시보'라는 3개의 그룹(처리, 인자와 모두 같은 의미)이 독립변수를 구성한다고 했던 것을 떠올리면 쉽게 이해될 것이다. <표 34.1>에서는 c개의 인자가 있는 것이다.

y는 종속변수를 의미한다. y_{nc}는 n번째 행의 관측치(환자)가 c번째 열의 인자로부터

표 34.1 일원분산분석의 자료 형태

ID \ 인자	τ_1	τ_2	$\cdots$	τ_c
1	y_{11}	y_{12}	$\cdots$	y_{1c}
2	y_{21}	y_{22}	$\cdots$	y_{2c}
3	y_{31}	y_{32}	$\cdots$	y_{3c}
$\vdots$	$\vdots$	$\vdots$	$\vdots$	$\vdots$
n	y_{n1}	y_{n2}	$\cdots$	y_{nc}
평균	$\bar{y}_1$	$\bar{y}_2$	$\cdots$	$\bar{y}_c$

받은 영향을 말한다. D+33 차수 내용의 <그림 33.3>에 표현된 종속변수(약을 먹은 후 완치될 때까지 소요된 시간)를 떠올리면 쉽게 이해될 것이다. 만약 τ_1을 '신약'이라고 가정한다면, y_{31}은 3번째 행의 환자가 신약을 먹고 완치될 때까지 소요된 시간이 된다.

$\bar{y}_c$는 c열의 인자로부터 받은 영향 값들의 평균을 의미한다. 따라서 τ_1을 '신약'이라고 가정한다면, $\bar{y}_1$은 환자들이 신약을 먹은 후 완치될 때까지 평균적으로 소요된 시간을 의미한다.

각 그룹 간 표본 크기가 같을 필요는 없다. 그러나 표본의 크기가 같다면, 각 그룹이 종속변수에 미치는 영향이 동일하게 되고, Y값의 비독립성, 이분산, 그리고 그룹 내의 이분산성과 같은 문제들이 발생하지 않는 장점이 있다.

일원분산분석의 수학적 표현은 아래와 같다.

$$y_{ij} = \mu + \tau_j + e_{ij} \qquad (j = 1, 2, 3, \cdots, c \quad \text{and} \quad i = 1, 2, 3, \cdots, n) \tag{34.1}$$

수식 (34.1)은 처리(그룹) j에 속한 관측치들을 공통 평균(μ), 처리효과(τ_j), 그리고 무작위 오차항(e_{ij})의 선형결합 형태로 나눠서 모형화한 것이다. 우변에 평균(μ)이 있는 이유는, 종속변수 값이 100% 독립변수로부터 영향을 받은 것이라고 볼 수 없기 때문이다. 예를 들어서 판촉 활동을 한 경우와 판촉 활동을 하지 않은 경우의 매출을 비교할 때, 판촉 활동을 하지 않아도 매출이 0이 되지는 않는다. 왜냐하면 매출은 판촉 활동 외의 다른 요인으로부터도 영향을 받기 때문이다.

분산분석의 관심사는 평균(μ)이 아니라 독립변수의 처리효과(τ_j)에 있다. 좌변의 y_{ij}는 종속변수를 의미한다. 무작위 오차항(e_{ij})은 해당 그룹의 ID와 독립변수 처리(그룹) j의 오차(error)이다. 오차는 그룹 간의 차이인 τ_j에 의해 설명되지 않는 무작위 오차이다.

일원분산분석은 오직 어떤 특정 인자 수준에 따라 종속변수가 어떻게 변하는지에 관심이 있으므로 가설은 다음과 같이 설정할 수 있다.

$$H_0 : \tau_1 = \tau_2 = \tau_3 = \cdots = \tau_c = 0 \text{ (모든 처리효과는 0이다.)}$$
$$H_1 : \text{모든 처리효과}(\tau_j)\text{가 0은 아니다}$$

만약 귀무가설이 참이면, 즉 모든 처리효과가 0이면, 분산분석 모형은 다음과 같이 단순화하여 설정할 수 있다.

$$y_{ij} = \mu + e_{ij} \tag{34.3}$$

그룹(처리)별 평균은 다음과 같이 계산할 수 있다. 즉, 그룹에 속한 관측치의 합계를 각 그룹의 표본 크기로 나누어 계산한다.

$$\bar{y}_j = \frac{1}{n}\sum_{i=1}^{n_j} y_{ij} \tag{34.4}$$

전체평균(또는 총평균)은 다음과 같이 계산한다. 즉, 모든 관측치를 더한 후에 총 표본 크기 n으로 나눠주거나 c개 처리(그룹)의 평균값을 가중평균한다. 여기서 총 표본 크기는 그룹별 관측치의 총합인 $n = n_1 + n_2 + \cdots + n_c$으로 구한다.

$$\bar{y} = \frac{1}{n}\sum_{j=1}^{c}\sum_{i=1}^{n_j} y_{ij} = \frac{1}{n}\sum_{j=1}^{c} n_j \bar{y}_j \tag{34.5}$$

이상으로 <표 34.1>에 기술되어 있는 일원분산분석의 자료 형태에 대해서 알아보았다.

F-통계량

분산분석의 검정통계량은 F-분포를 이용한다. F-분포는 두 분산의 비율을 나타낸다. F-통계량은 처리로 인한 분산(MSB; mean square between group)을 오차로 인한 분산(MSE; mean square error 또는 MSW; mean square within group)으로 나눈 비율이다. MSB는 처리그룹 간의 제곱평균으로 계산하고 MSE는 처리그룹 내의 제곱평균으로 계산한다.

$$F = \frac{MSB}{MSE} = \frac{\left(\frac{SSB}{c-1}\right)}{\left(\frac{SSE}{n-c}\right)} \tag{34.6}$$

위의 수식에서 알 수 있듯이 MSB는 처리로 인한 분산의 제곱합(SSB: sum of square between group)을 처리그룹의 개수에 대한 자유도($c-1$)로 나눈 값이다. 그리고 MSE는 오차로 인한 분산의 제곱합(SSE; sum of square within group)을 전체 관측치 개수에 대한 자유도 ($n-c$)로 나눈 값이다.

F-통계량 수식을 정리하면 <표 34.2>와 같다.

표 34.2 일원분산분석표

변동요인	제곱합	자유도	제곱평균	F-통계량
처리그룹 간	$SSB = \sum_{j=1}^{c} n_j(\bar{y}_i - \bar{y})^2$	$c-1$	$MSB = \frac{SSB}{c-1}$	
오차 (처리그룹 내)	$SSE = \sum_{j=1}^{c}\sum_{i=1}^{n_j}(y_{ij} - \bar{y}_i)^2$	$n-c$	$MSE = \frac{SSE}{n-c}$	$F = \frac{MSB}{MSE}$
합계	$SST = \sum_{j=1}^{c}\sum_{i=1}^{n_j}(y_{ij} - \bar{y})^2$	$n-1$		

<표 34.2>의 변동요인에 기술되어 있는 것처럼, 처리로 인한 분산 정보인 SSB와 MSB

는 처리그룹 간의 변동을 의미한다. 그리고 오차로 인한 분산 정보인 SSE와 MSE는 처리그룹 내에서의 변동을 의미한다. 따라서 처리그룹 간 변동에 대한 제곱평균인 MSB를 계산할 때 자유도는 처리그룹의 전체 평균 $\bar{y}$의 개수 1을 빼서 계산하고, 처리그룹 내 변동에 대한 제곱평균인 MSE를 계산할 때의 자유도는 처리그룹 내의 모든 관측치 개수인 n에서 사용된 처리그룹의 평균 개수인 c를 빼서 계산한다.

F-통계량에 대한 설명이 아직 어렵게 느껴진다면, 다음의 그림들을 보자.

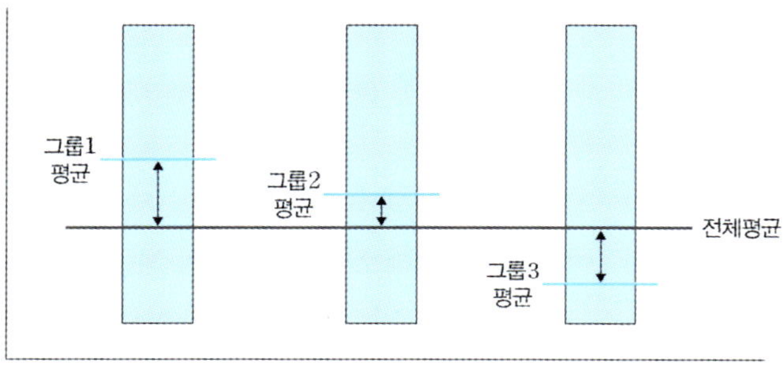

그림 34.1 처리그룹 간 분산 변동

먼저 <그림 34.1>은 처리그룹 간의 분산 변동을 표현한 것이다. 그림에서 알 수 있듯이 그룹 간의 분산 변동은 전체평균으로부터 각 그룹의 평균 간의 분산을 의미한다. 전체평균선과 각 그룹의 평균선 간의 화살표 영역이 분산의 변동 폭이다.

다시 <표 34.2>의 수식으로 되돌아가 보자. 처리그룹 간 제곱합(SSB)은 처리그룹 j의 평균($\bar{y}_j$)과 전체평균($\bar{y}$)의 차이를 구하여 제곱하고 여기에 처리그룹 j의 관측치 개수(n_j)를 곱하여 모두 합산한 값이다. 이어서 처리그룹 간 분산의 변동 평균을 구하기 위해서 자유도로 나누어 준 것이 제곱평균(MSB)이다. 여기서 개별 처리그룹의 평균($\bar{y}_j$)과 전체평균($\bar{y}$)의 차이를 구하여 제곱 계산을 하는 이유는 표본분산을 구하는 원리와 동일하다. 즉, 평균과의 차이가 양(+)의 값을 갖는 처리그룹과 음(−)의 값을 갖는 처리그룹을 단순 합산하면 전체 값이 상쇄되어 0이 되기 때문이다.

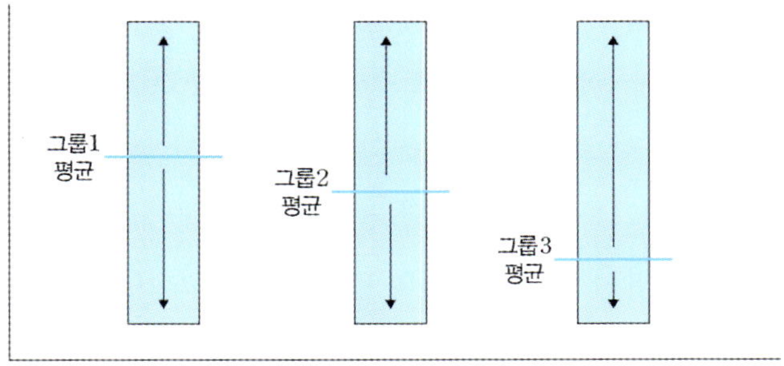

그림 34.2 처리그룹 내 분산 변동

<그림 34.2>는 처리그룹 내의 분산 변동을 표현한 것이다. 그림에서 알 수 있듯이 처리그룹 내 분산 변동은 개별 처리그룹의 평균으로부터 개별 처리그룹 내 관측치 간의 분산을 의미한다. 화살표 영역이 분산의 변동 폭이다.

다시 <표 34.2>의 수식으로 되돌아가 보자. 오차(처리그룹 내)의 제곱합(SSE)은 처리그룹 j의 개별 관측치 값(y_{ij})과 개별 관측치의 평균($\overline{y}_j$)의 차이를 제곱하여 모두 합산한 값이다. 이어서 오차의 변동 평균을 구하기 위해서 자유도로 나누어 준 것이 제곱평균(MSE)이다.

총제곱합(SST)은 SSB와 SSE를 합산한 값이다. 즉, $SST = SSB + SSE$이다. 이를 수식으로 구체화하면 다음과 같다.

$$\sum_{j=1}^{c}\sum_{i=1}^{n_j}\left(y_{ij}-\overline{y}\right)^2 = \sum_{j=1}^{c} n_j\left(\overline{y}_j-\overline{y}\right)^2 + \sum_{j=1}^{c}\sum_{i=1}^{n_j}\left(y_{ij}-\overline{y}_j\right)^2 \qquad (34.7)$$

SST는 Y의 변동을 의미한다. 따라서 위의 수식은 앞에서 설명했던 분산분석의 기본 수식이다.

Y의 변동(SST) = 설명된 변동(SSB) + 설명되지 않는 변동(SSE)

즉, SSB는 설명된 변동이고 SSE는 설명되지 않는 변동이다. 그리고 그 평균을 계산한 것이 MSB와 MSE이다. F–통계량은 <표 34.2>의 수식에 기술된 것처럼 설명되지 않는 변동의 평균(MSE)보다 설명된 변동의 평균(MSB)이 얼마나 큰가를 계산하는 것이다. MSB가 MSE보다 충분히 커야 통계적으로 크다고 할 수 있고, 적어도 어느 한 처리그룹의 평균값이 전체평균과 다르다고 할 수 있다.

부연 설명 하자면, 처리그룹 내 변동의 평균(MSE)이 전체평균과 처리그룹 평균 간 변동의 평균(MSB)보다 크면 개별 처리그룹의 평균값이 확고하다고 말하기 힘들다는 것이다. 역으로 MSB가 MSE보다 확실히 크면 개별 처리그룹의 평균값이 변동이 적어 확고하다고 말할 수 있고 따라서 MSB가 통계적으로 유의하게 차이가 있다고 말할 수 있는 것이다.

처리그룹 간에 평균의 차이가 거의 없다면 MSB는 0에 가깝게 될 것이고 따라서 F-통계량도 0에 가까워질 것이다. 왜냐하면 처리그룹별 평균 $\bar{y}_j$가 전체평균 $\bar{y}$와 거의 같아지기 때문이다. 반대로 처리그룹 간에 평균의 차이가 크면 F-통계량은 0보다 커질 것이다.

결정규칙

그렇다면, F-통계량이 얼마나 크면 평균이 다르다고 할 수 있을까?

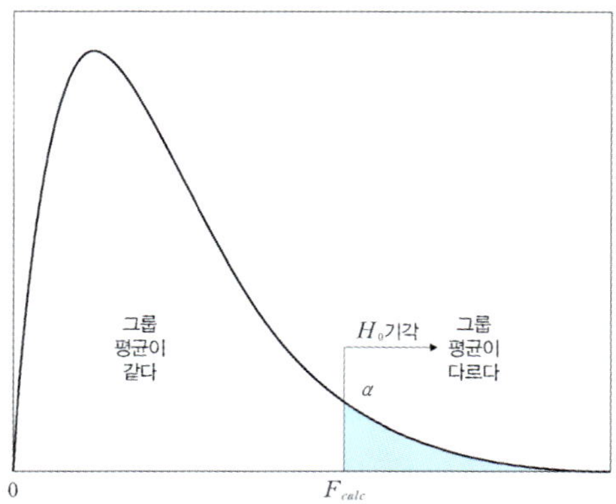

그림 34.3 F-검정의 결정규칙

F-분포는 분자와 분모 모두 제곱합으로 계산되기 때문에 양(+)의 왜도를 가진 분포이다. 분산분석에서 F-검정은 <그림 34.3>에 나타난 것처럼 우측 꼬리 검정이다. 유의수준 α에 대해 F-분포의 우측 꼬리 확률은 F-분포표에서 찾을 수 있다. 임계치는 F_{df_1, df_2}이고 만약 표본의 F-통계량이 임계치보다 크면 그룹 간의 평균이 같다는 귀무가설을 기각할 수 있다.

예제 34.1

A, B, C, D 4개 학교에서 각 10명씩 학생을 선택하여 시험성적 평균을 산출했다. 4개 학교의 학생 시험성적이 유의수준 5%에서 평균의 차이가 있는지를 검정하라. 엑셀 프로그램의 데이터 분석 기능을 사용하여 가설검정 할 것(Data06_4개 학교의 성적 차이)

풀이

1단계: 가설검정

$$H_0 : \mu_A = \mu_B = \mu_C = \mu_D$$
$$H_1 : \text{모든 학교의 시험성적 평균이 같은 것은 아니다.}$$

2단계: 결정규칙 설정

처리그룹은 4개이고, 그룹별로 10명씩의 학생을 선택하였으니 n=40이다.

따라서 자유도 $df_1 = 4 - 1 = 3$이고, $df_2 = 40 - 4 = 36$이다. 유의수준 $\sigma = 0.05$이므로 F-분포의 우측 꼬리 검정으로 0.05의 F-분포표를 사용하여 임계치를 구한다. F-분포표에서 분모의 자유도 df_2에 해당하는 수치가 없어서 보수적으로 30을 기준으로 임계치를 구하면 아래와 같다.

$$F_{3,\,36} = 2.92$$

임계치가 2.92이므로 검정통계량(F-통계량)이 2.92보다 크면 귀무가설을 기각한다.

3단계: 검정통계량 계산

엑셀 메뉴 탭의 데이터 〉 데이터 메뉴를 선택하고 '분산분석: 일원배치법'을 실행한다.

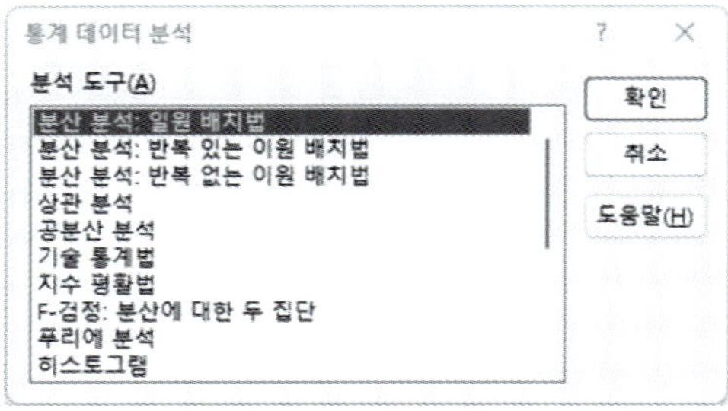

그림 34.4 분산분석: 일원배치법 실행

〈그림 34.5〉의 좌측 그림과 같이 입력 창이 나타나면, '입력 범위'에 데이터가 있는 셀을 모두 선택하여 지정한다. 데이터 방향은 '열'로 선택하고, 첫째 행 이름표 사용에 체크한다. 유의수준이 0.05인 것을 확인한 후 출력 결과가 표시될 셀을 '출력 범위'에 입력한다.

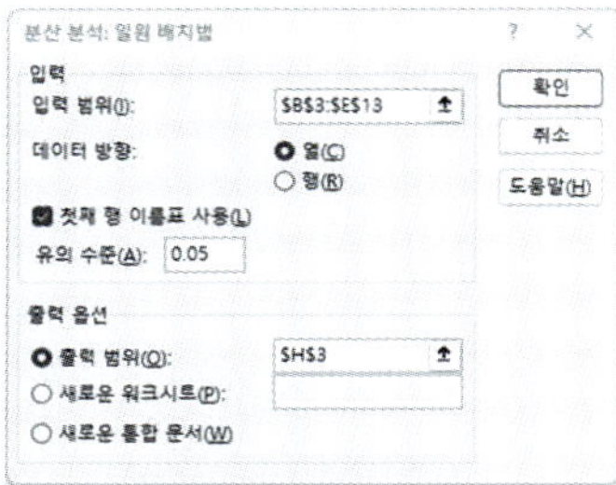

분산 분석: 일원 배치법

요약표

인자의 수준	관측수	합	평균	분산
A학교	10	815	81.5	23.167
B학교	10	778	77.8	8.844
C학교	10	787	78.7	12.011
D학교	10	843	84.3	7.567

분산 분석

변동의 요인	제곱합	자유도	제곱 평균	F 비	P-값	F 기각치
처리	259.475	3	86.492	6.706	0.001	2.866
잔차	464.300	36	12.897			
계	723.775	39				

그림 34.5 일원분산분석 실행 결과

〈그림 34.5〉의 우측 그림과 같이 분산분석 실행 결과가 출력되었다. 요약표에 4개 학교의 관측치 개수, 학생들 성적의 합계, 평균, 그리고 분산이 계산되어 있다. 4개 학교의 평균을 보면 다르다는 것을 알 수 있다. 그러나 이 수치로만 4개 학교의 평균이 다르다고 통계적으로 확신할 수는 없다. 아래에 있는 분산분석표를 보자. 이 표는 앞에서 살펴봤던 〈표 34.2〉와 동일한 표이다. 엑셀에서는 '오차'를 '잔차'라고 표기한다. '제곱합'은 SSB와 SSE이다. '제곱평균'은 MSB와 MSE이다. 'F 비'는 F–통계량이다. 여기에 p–값과 F 기각치(임계치)가 추가로 표시된다.

F-분포표로 확인했던 유의수준 0.05에서 기각치는 2.92였다. 엑셀에서는 2.866으로 나온다. F-분포표를 사용하여 확인한 기각치가 엑셀에서 계산한 기각치보다 큰 이유는 분모의 자유도 수치가 F-분포표에는 없어서 보수적으로 설정했기 때문이다. 즉, 엑셀에서의 임계치가 상대적으로 더 정확한 수치라고 할 수 있다. F-통계량이 6.706으로 임계치 2.866보다 훨씬 큰 것을 알 수 있다. 즉, 요약표에서 확인했던 4개 학교의 시험성적 평균은 통계적으로 다르다고 판단할 수 있다. p-값에서도 이를 확인할 수 있다. p-값은 0.001로 유의수준 0.05보다 상당히 작다.

이상으로 엑셀 프로그램을 이용하여 일원분산분석을 실행해 보았다. 다음으로 사후검정에 대해서 알아보도록 하겠다.

D+35

사후검정

앞에서 일원분산분석의 데이터 구조, F-분포를 이용한 가설검정, 그리고 엑셀 프로그램을 사용하여 데이터를 다루어 보았다. 그런데 여기서 F-검정을 통해 처리그룹 간에 평균의 차이가 있다는 것을 알았지만, 처리그룹 간의 평균이 구체적으로 어떻게 다른 것인지 알 수 없다. 따라서 처리그룹 간 평균의 차이에 대해서 구체적으로 밝히는 추가적인 분석이 필요하다. 이를 사후검정이라고 한다.

사후검정에는 다중비교를 통해 검정하는 방법과 분산의 동일성을 검정하는 등 다양한 방법이 있다. 여기서는 튜키 검정, 하틀리 검정, 그리고 레빈 검정에 대해서 알아보겠다.

튜키 검정(Tukey's Test)

튜키 검정은 프린스톤 대학교의 John W. Tukey (1915~2000) 교수가 제안한 검정 방법이다.[2] 튜키 검정은 대부분의 통계 프로그램의 기능을 사용하여 계산할 수 있지만, 엑셀에서는 이 기능을 제공하지 않는다. 그래서 본 설명 이후에 실제 데이터를 갖고 검정하는 것은 자모비(Jamovi)라는 통계 패키지를 사용하도록 하겠다.

튜키 검정은 기본적으로 양측검정이다. c개의 처리그룹에서 뽑은 평균의 쌍이 서로 같은지를 동시에 검정한다. 가설은 다음과 같이 처리그룹 A와 처리그룹 B를 비교하는 방식으로 설정한다.

$$H_0 : \mu_A = \mu_B$$
$$H_1 : \mu_A \neq \mu_B$$

전체 표본 개수에서 처리그룹 수를 차감한 결과(n-c)를 자유도로 하여 <그림 35.1>의 "튜키의 스튜던트화 분포표"[3]에서 임계치를 구한다. D+34의 [예제 34.1]에서 사용했던

	처리그룹의 개수(c)								
$n-c$	2	3	4	5	6	7	8	9	10
5	2.57	3.26	3.69	4.01	4.27	4.48	4.66	4.81	4.95
6	2.45	3.07	3.46	3.75	3.98	4.17	4.33	4.47	4.59
7	2.37	2.95	3.31	3.58	3.79	3.96	4.11	4.24	4.36
8	2.31	2.86	3.20	3.46	3.66	3.82	4.96	4.08	4.19
9	2.26	2.79	3.12	3.36	3.55	3.71	3.84	3.96	4.06
10	2.23	2.74	3.06	3.29	3.47	3.62	3.75	3.86	3.96
15	2.13	2.60	2.88	3.09	3.25	3.38	3.49	3.59	3.68
20	2.09	2.53	2.80	2.99	3.14	3.27	3.37	3.46	3.54
30	2.04	2.47	2.72	2.90	3.07	3.16	3.25	3.34	3.41
40	2.02	2.43	2.68	2.86	2.99	3.10	3.20	3.28	3.35
60	2.00	2.40	2.64	2.81	2.94	3.05	3.14	3.22	3.29
120	1.98	2.37	2.61	2.77	2.90	3.00	3.09	3.16	3.22
∞	1.96	2.34	2.57	2.73	2.85	2.95	3.03	3.10	3.16

그림 35.1 튜키의 스튜던트화 분포표

2 Tuckey, J. W. (1949). Comparing Individual Means in the Analysis of Variance, Biometrics, 5(2): 99-114.

3 Luud, R. E., and Luud, J. R. (1983). Probabilities and Upper Quantiles for the Studentized Range, Applied Statistics, 32: 204-210.

'Data06_4개 학교의 성적 차이'의 데이터를 사용했을 때, 임계치는 다음과 같이 구할 수 있다.

$$T_{c,\,n-c} = T_{4,\,36} = 2.72 \tag{35.1}$$

결정규칙은 튜키의 검정통계량(T_{calc})이 임계치 $T_{c,\,n-c}$보다 크면 귀무가설을 기각한다.

튜키의 검정통계량 계산 방법은 다음과 같다.

$$T_{calc} = \frac{|\bar{y}_A - \bar{y}_B|}{\sqrt{MSE\left[\frac{1}{n_A} + \frac{1}{n_B}\right]}} \tag{35.2}$$

'Data06_4개 학교의 성적 차이'에서 학교 A와 C의 비교를 위한 검정통계량을 구하면 다음과 같다.

$$T_{calc} = \frac{|\bar{y}_A - \bar{y}_C|}{\sqrt{MSE\left[\frac{1}{n_A} + \frac{1}{n_C}\right]}} = \frac{|81.5 - 78.7|}{\sqrt{12.897\left[\frac{1}{10} + \frac{1}{10}\right]}} = 1.7434$$

검정통계량 1.7434가 임계치 2.72보다 작다. 따라서 귀무가설을 기각할 수 없다. 이는 학교 A의 성적평균 81.5점과 학교 C의 성적평균 78.7이 통계적으로는 차이가 없음을 의미한다.

이와 같은 방법으로 A, B, C, D의 4개 학교에 대한 모든 쌍에 대해서 1:1 쌍대비교를 하여 다른 처리그룹과 차이가 있는 그룹을 식별하도록 한다. 여러분이 예제데이터를 이용하여 직접 해보기 바란다.

하틀리 검정(Hartley's Test)

분산분석은 종속변수의 관측치들이 정규분포 모집단을 따르고 등분산을 가정한다. 그룹의 개수가 2개이면 F−검정을 사용하여 분산을 비교할 수 있다. 그러나 그룹이 그보다 많으면 Herman Otto Hartley(1912∼1980)[4]가 제안한 검정 방법을 사용할 수 있다.

가설은 다음과 같다.

$$H_0 : \sigma_1^2 = \sigma_2^2 = \cdots = \sigma_c^2$$
$$H_1 : \text{모든 분산이 같은 것은 아니다.}$$

임계치는 <그림 35.2>의 "하틀리 검정표"를 활용하여 유의수준 $\alpha = 0.05$에서 구한다.

	분자의 자유도 df_1								
분모의 자유도 df_2	2	3	4	5	6	7	8	9	10
2	39.0	87.5	142	202	266	333	403	475	550
3	15.4	27.8	39.2	50.7	62.0	72.9	83.5	93.9	104
4	9.60	15.5	20.6	25.2	29.5	33.6	37.5	41.1	44.6
5	7.15	10.8	13.7	16.3	18.7	20.8	22.9	24.7	26.5
6	5.82	8.38	10.4	12.1	13.7	15.0	16.3	17.5	18.6
7	4.99	6.94	8.44	9.7	10.8	11.8	12.7	13.5	14.3
8	4.43	6.00	7.18	8.12	9.03	9.78	10.5	11.1	11.7
9	4.03	5.34	6.31	7.11	7.80	8.41	8.95	9.45	9.91
10	3.72	4.85	5.67	6.34	6.92	7.42	7.87	8.28	8.66
12	3.28	4.16	4.79	5.30	5.72	6.09	6.42	6.72	7.00
15	2.86	3.54	4.01	4.37	4.68	4.95	5.19	5.40	5.59
20	2.46	2.95	3.29	3.54	3.76	3.94	4.10	4.24	4.37
30	2.07	2.40	2.61	2.78	2.91	3.02	3.12	3.21	3.29
60	1.67	1.85	1.96	2.04	2.11	2.17	2.22	2.26	2.30
∞	1.00	1.00	1.00	1.00	1.00	1.00	1.00	1.00	1.00

그림 35.2 하틀리 검정표

4 독일계 미국인 통계학자. 1963년 Texas A&M University의 통계학과 및 통계 연구소 설립. 22세의 나이에 베를린 대학에서 수학 박사 학위를 취득하고, 케임브리지 대학과 런던 대학에서 통계학 박사 학위를 취득했다. 대응분석, EM알고리즘, F−max 검정, 서베이 표본, 분산분석 추정, 수학적 프로그래밍과 최적화 등 통계학 분야에 많은 업적을 남겼다.

분자의 자유도는 $df_1 = c$, 분모의 자유도는 $df_2 = \frac{n}{c} - 1$을 사용한다. 4개 학교 학생의 시험성적을 비교하는 예제데이터를 활용한다면, 임계치는 다음과 같다.

$$H_{c,\,n/c-1} = H_{4,\,9} = 6.31 \tag{35.3}$$

하틀리 검정통계량은 가장 큰 표본분산을 가장 작은 표본분산으로 나눈 비율이다. 따라서 예제데이터의 검정통계량은 다음과 같이 계산된다.

$$H_{calc} = \frac{S_{\max}^2}{S_{\min}^2} = \frac{23.167}{7.567} \approx 3.0616 \tag{35.4}$$

검통통계량(3.0616)이 임계치(6.31)보다 작다. 따라서 귀무가설을 기각할 수 없다. 즉, 4개 학교의 분산은 동일하다.

레빈 검정(Levene's Test)

하틀리 검정은 표본들이 정규분포를 따른다고 가정한다. 이러한 가정에 대해서 완화된 기준을 적용하여 검정하는 것이 레빈 검정이다. 레빈 검정은 표본의 개별 관측치 값에서 표본평균과의 차이 대신 개별 관측치와 중앙값과의 차이를 이용하는 것이다. 레빈 검정도 통계 패키지를 이용한다.

Jamovi(자모비)를 사용한 일원분산분석과 사후검정

복잡하고 계산에 많은 시간이 소요되는 수리적 통계 계산 대신에 통계 소프트웨어를 사용하면 빠르고 정확한 계산이 가능하다. 사회과학 분야 및 공학 분야의 연구자들이 주로 사용하는 통계 패키지는 SPSS, SAS, MINITAB과 같은 유료 상용화 버전이다. 그렇다 보니 라이선스 문제로 인해 학생과 일반인 입장에서는 사용할 수 있는 기회가 적거나 거의 없다. 최근 들어 파이썬(Python)이나 R과 같은 오픈소스 기반의 프로그래밍 언어를 사용하여 통계분석에 활용하는 경우도 많지만 이 또한 해당 프로그래밍 언어를 배워야 하고, 설사 배운다고 하더라도 프로그래밍 언어를 다루는 데에 어려움을 겪는 경우도 많다.

서두에서도 밝혔듯이 이 책에서는 통계 소프트웨어에 대한 학생과 일반인의 접근성을 고려하여 엑셀 프로그램을 중심으로 데이터를 다루는 방법에 대해서 설명하고 엑셀에 없는 기능에 대해서는 무료 상용화 버전의 통계 패키지인 Jamovi를 활용한다.

Jamovi의 설치 방법에 대해서는 <부록 1>에 따로 설명해 놓았다. 별도로 내용을 읽고 여러분의 컴퓨터에 설치한 후에 지금부터의 내용을 학습하기 바란다.

먼저, Jamovi와 같은 통계 패키지에서 데이터를 분석하려면 데이터 전처리 과정을 거쳐서 엑셀에서 사용하던 데이터 테이블을 통계 패키지에 사용할 수 있도록 그 구조를 바꿔주어야 한다.

<그림 35.3>은 엑셀의 데이터 테이블과 통계 패키지용 데이터 테이블의 구조를 비교한 것이다.

A학교	B학교	C학교	D학교
78	72	73	83
76	78	78	80
89	76	76	82

ID	학교	성적
1	A	78
2	A	76
3	A	89
4	B	72
5	B	78
6	B	76
7	C	73
8	C	78
9	C	76
10	D	83
11	D	80
12	D	82

그림 35.3 엑셀 vs. 통계 패키지의 데이터 구조

<그림 35.3>의 좌측에 있는 테이블이 엑셀의 데이터 구조이다. 엑셀의 데이터는 처리 그룹을 구분하여 각각 별도의 열(column)로 구분하여 정렬하는 구조이다. 반면에 통계

패키지의 데이터는 처리그룹을 모두 묶어서 하나의 열(변수)로 구성하여 정렬하는 구조이다.

Jamovi에서 데이터 불러오기

Jamovi 프로그램에서는 엑셀, SPSS, R, Stata, SAS, JASP 등의 통계 프로그램에서 작성한 데이터 파일들을 불러올 수 있다. 여기서는 'Data06_4개 학교의 성적 차이' 엑셀파일을 불러오도록 하자.

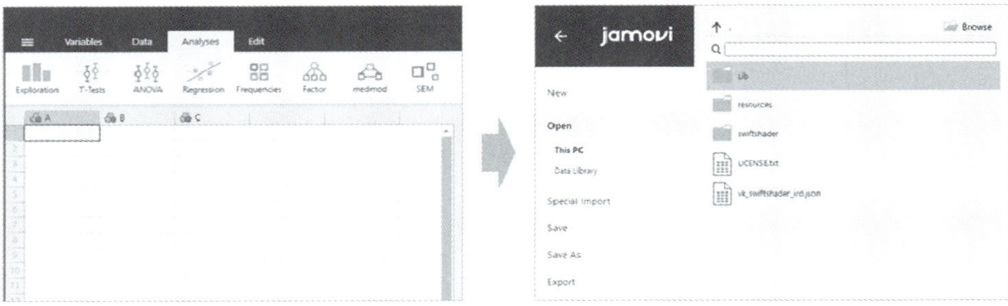

그림 35.4 데이터 불러오기

<그림 35.4>의 좌측 그림은 Jamovi를 실행했을 때의 첫 화면이다. 여기서 좌측 상단의 3선 아이콘(≡)을 클릭하면 우측 그림의 화면이 펼쳐진다. 이제 우측 상단의 Browse 아이콘을 클릭하여 하위 디렉터리를 찾아 들어가면 예제데이터 엑셀파일을 불러올 수 있다.

예제데이터 엑셀파일을 불러온 후에 가장 먼저 할 일은 변수의 유형을 설정하는 것이다.

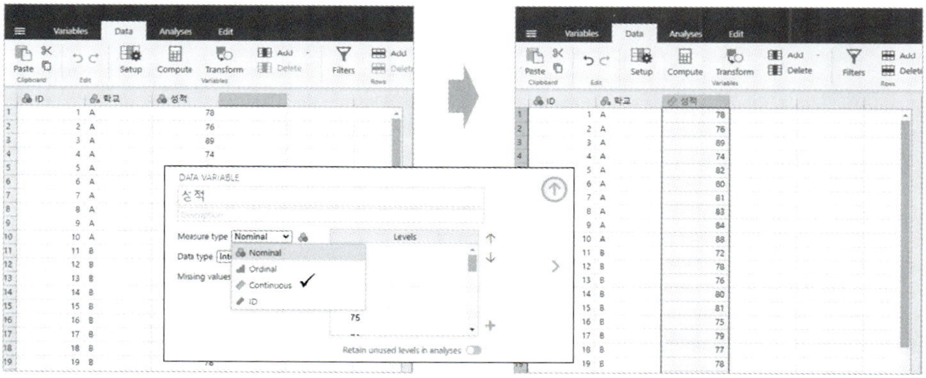

그림 35.5 변수 유형 설정하기

<그림 35.5>의 좌측 그림은 데이터를 불러왔을 때의 화면이다. 여기서 변수명에 주목하자. 변수는 'ID', '학교', '성적'의 3가지이다. 이 중에서 'ID'와 '학교'는 명목변수이고 '성적'은 연속변수이다. 그런데 데이터를 처음 불러왔을 때 모든 변수가 명목변수로 설정된다. 따라서 '성적' 변수를 연속변수로 변환해야 한다. '성적' 변수명을 더블클릭하자. 그러면, 중앙에 있는 그림처럼 변수를 설정하는 창이 나타난다. 여기서 Measure type의 오른쪽에 있는 변수명 리스트에서 연속변수(continous)를 클릭한다. 그러면 우측 그림처럼 '성적' 변수의 아이콘이 연속변수 아이콘으로 변한다. 이제 '성적' 변수는 연속변수로 변환이 완료되었다.

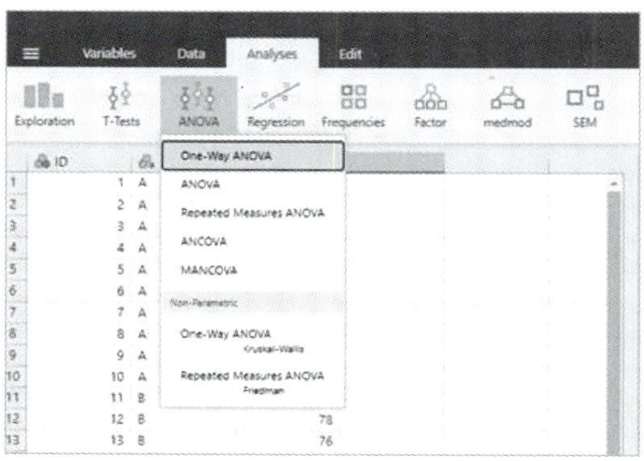

그림 35.6 일원분산분석 실행하기

변수에 대한 설정이 완료되었으면, 상단 메뉴 탭에서 'Analyses(분석)' 메뉴를 클릭한다. 그러면 <그림 35.6>처럼 다양한 분석도구를 선택할 수 있다. 여기서 'ANOVA(분산분석)' 아이콘을 클릭하면 그 아래로 분산분석의 측정도구를 선택할 수 있는 창이 나타난다. 우리는 일원분산분석을 실행할 것이므로 'One-way ANOVA(일원분산분석)'을 클릭하여 실행시킨다.

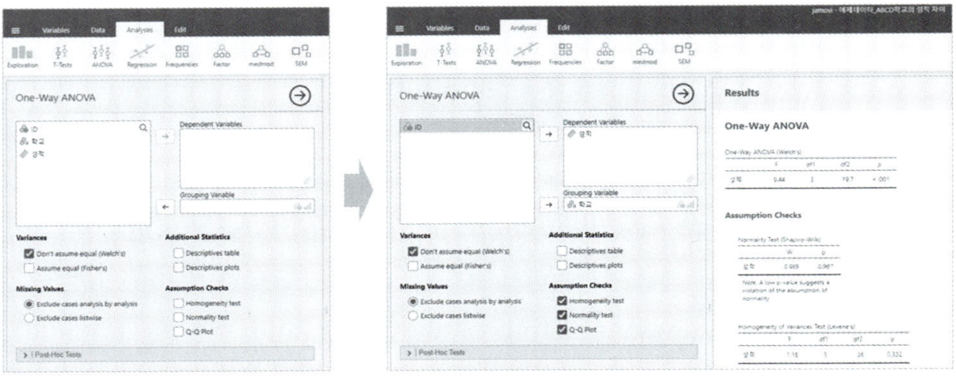

그림 35.7 일원분산분석창 입력

'One-way ANOVA'를 실행하면 Jamovi는 <그림 35.7>의 좌측 그림과 같은 화면을 출력한다. 화면의 왼쪽에는 변수(ID, 학교, 성적)의 목록을 보여주고, 오른쪽에는 Dependent Variables(종속변수) 입력창과 Grouping Variables(처리그룹 변수) 입력창이 보인다. 그리고 그 아래로 Variances(분산), Additional Statistics(추가적인 통계량), Missing Values(결측치), 그리고 Assumption Checks(가정 확인)라는 옵션들이 보인다.

Jamovi의 전체화면은 우측 그림이다. 즉, 화면이 2분할 되어 왼쪽의 회색 창에는 변수에 대한 설정이나 측정을 위한 옵션들을 체크하도록 되어 있고, 오른쪽의 흰색 창에는 그 결괏값을 보여주도록 설정되어 있다.

이제 우측 그림처럼 왼쪽의 변수목록에서 '학교' 변수를 선택하여 오른쪽에 있는 Grouping Variables 입력창으로 옮기고, '성적' 변수를 선택하여 Dependent Variables 입력창으로 옮겨준다(변수목록과 입력창 사이에 있는 화살표 아이콘을 누르면 변수가 이동한다).

처리그룹 변수와 종속변수를 입력창으로 옮긴 다음 옵션에서 분석에 필요한 항목을 체크한다. Jamovi는 기본적으로 분산을 가정하지 않는 것으로 선택되어 있어서 Don't assume equal(Welch's)에 체크가 되어 있다. 이 상태에서 Assumption Checks의 3가지 항목 모두를 체크한다.

Homogeneity test(동질성 검정)는 종속변수의 분산이 독립변수의 변화에 따른 집단의 분산이 동일한지 검정하는 것이다. 이 옵션을 체크하면 오른쪽 결과 창에 레빈 검정 결과를 보여준다.

Normality test(정규성 검정)는 표본에서 얻어진 데이터 분포가 정규분포에 근사하는지를 검정하는 것이다. 이 옵션을 체크하면 오른쪽 결과 창에 Normality test(Shapiro-Wilk) 항목을 출력하여 보여준다.

Q–Q Plot은 정규성 가정이 만족되는지 확인하는 방법이다. 오른쪽 결과 창에 Plots 그래프를 출력하여 보여주는데, 점들의 기울기가 45도 직선에 근사하여 나타나면 정규성을 가정할 수 있다. 그래프의 X축에는 이론적인 값을, Y축에는 표준화된 잔차를 나타낸다.

Assumption Checks

Normality Test (Shapiro-Wilk)

	W	p
성적	0.989	0.967

Note. A low p-value suggests a violation of the assumption of normality

Homogeneity of Variances Test (Levene's)

	F	df1	df2	p
성적	1.18	3	36	0.332

[3]

Plots

성적

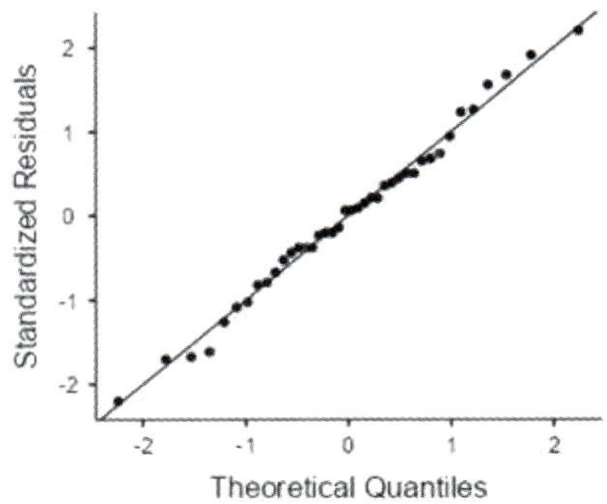

그림 35.8 등분산 검정, 정규성 검정, Q–Q Plot 결과

Assumption Checks의 결과가 <그림 35.8>과 같이 주어졌다. 먼저 정규성 검정(Normality test)을 보면, 검정통계량 W=0.989이고 p−값이 0.967이므로 데이터 분포가 정규분포를 따른다고 판단할 수 있다(귀무가설은 "데이터 분포가 정균분포를 따른다"이다).

다음으로 분산의 동질성 검정(Homogeneity of Variances test)은 레빈의 등분산 검정 결과로 보여주었는데, F−통계량이 1.18이고 p−값이 0.332로 귀무가설을 기각할 수 없어 그룹 간 분산이 유의한 차이가 없는 것으로 판단할 수 있다(앞에서 설명한 바와 같이 레빈 검정에서 귀무가설은 "그룹 간의 분산이 같다"이다).

마지막으로 Q−Q Plot의 결과는 우측 그림의 그래프에 나타난 것처럼 점들의 기울기가 45도 각도 직선에 근사하고 있다. 따라서 정규성을 가정할 수 있다.

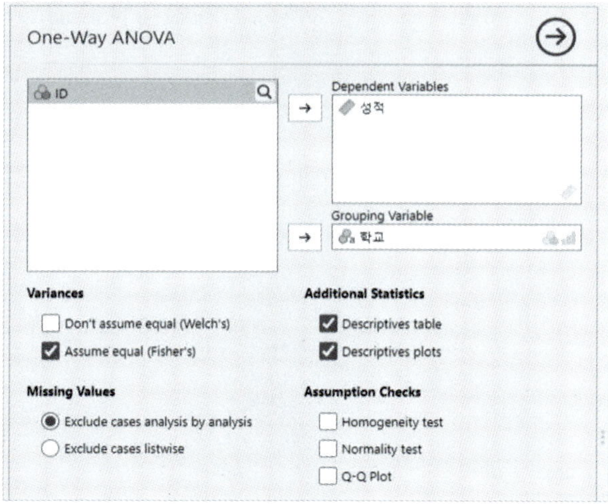

그림 35.9 등분산 가정 일원분산분석

정규성 검정, 등분산 검정, 그리고 Q−Q Plot 결과에서 알 수 있듯이 예제데이터는 정규분포에 근사하고 분산이 동일하며 정규성을 가정할 수 있다. 따라서 <그림 35.9>와 같이 Variances 옵션에서 분산이 동일하지 않다는 가정의 체크를 해제하고 분산이 동일하다는 가정 Assume equal(Fisher's)에 체크하여 분석을 진행한다.

One-Way ANOVA

One-Way ANOVA (Fisher's)

	F	df1	df2	p
성적	6.71	3	36	0.001

Group Descriptives

	학교	N	Mean	SD	SE
성적	A	10	81.5	4.81	1.522
	B	10	77.8	2.97	0.940
	C	10	78.7	3.47	1.096
	D	10	84.3	2.75	0.870

Plots

성적

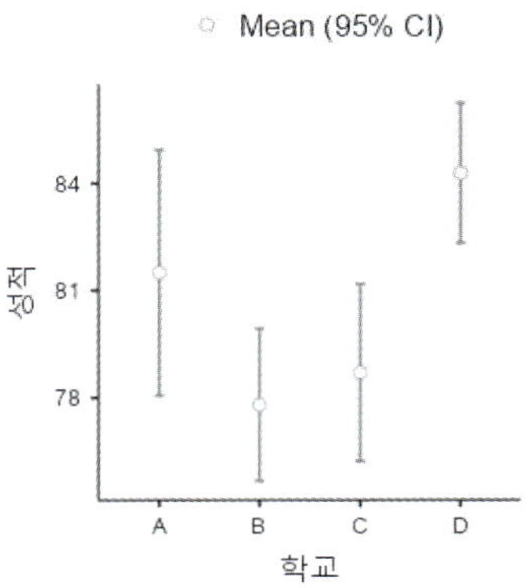

그림 35.10 등분산 가정 일원분산분석 결과

등분산을 가정한 분석 결과가 <그림 35.10>과 같이 출력되었다. 분산분석표에 F-통계량은 6.71로 기술되어 있다. 이는 설명되지 않는 변동에 비해서 설명된 분산이 6.7배가 넘는 높은 비율임을 의미한다. 그리고 p-값이 0.001로 유의수준 5%보다 매우 작은 수치이므로 귀무가설(모평균이 모두 같다)에서 관찰된 표본이 실제로 나타날 확률이 매우 작은 것을 의미한다. 따라서 Group Descriptives에 있는 4개 학교의 학생성적 평균은 통계적으로 유의한 차이가 있다고 판단할 수 있다.

이제 분산분석 결과 처리그룹 간 평균에 통계적으로 유의한 차이가 있다고 판단되었으므로 사후검정을 할 차례이다.

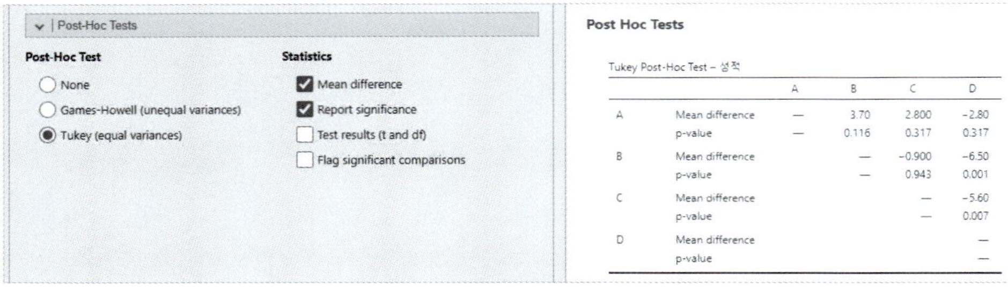

		A	B	C	D
A	Mean difference	—	3.70	2.800	−2.80
	p-value	—	0.116	0.317	0.317
B	Mean difference		—	−0.900	−6.50
	p-value		—	0.943	0.001
C	Mean difference			—	−5.60
	p-value			—	0.007
D	Mean difference				—
	p-value				—

그림 35.11 사후검정

분산분석의 옵션 기능 아래에 "Post−Hoc Tests" 메뉴 탭을 클릭하면, <그림 35.11>의 좌측 그림과 같이 메뉴 탭 아래로 Post−Hoc Test와 Statistics의 옵션이 펼쳐진다. 등분산을 가정할 수 있는 데이터이므로 Tukey (equal variances)에 체크하고 Mean difference와 Report significance를 체크한다.

사후검정 결과는 오른쪽 결과 창에 나타나 있다. 학교 A의 평균은 p−값을 보면 학교 B, C, D와는 통계적으로 유의한 차이가 없는 것으로 보인다. 반면 학교 B의 평균과 학교 D의 평균은 p−값이 0.001로 나타나 통계적으로 유의한 차이가 있는 것으로 판단된다. 그리고 학교 C와 학교 D 또한 p−값 0.007로 학생들의 성적평균에 통계적으로 유의한 차이가 있는 것으로 판단된다.

이상과 같이 Jamovi 통계 패키지를 사용하여 일원분산분석과 사후검정을 해보았다. 엑셀은 범용적으로 사용되고 접근성이 좋은 소프트웨어이지만 분산분석에 있어서 사후검정 기능이 없는 점이 통계 패키지로서 기능성 한계를 갖고 있다. Jamovi는 무료 라이선스의 상용화 통계 패키지로 엑셀의 부족한 기능을 충분히 보완해줄 수 있다는 점에서 장점이 있는 프로그램이다.

<표 35.1>과 같이 사후검정은 다양한 방법이 있다. 데이터의 분석 조건에 따라 적절한 검정 방법을 활용한다면 분석 결과의 품질을 높일 수 있을 것이다. 참고삼아 알아두도록 하자.

표 35.1 사후검정의 종류

검정 방법	특징	장점	단점
Tukey	비교대상 표본수가 동일한 경우 모든 집단 조합에 대하여 분석	표본 수 동일한 경우 가장 많이 사용하는 검정 기법	표본수가 적을수록 정확도가 떨어짐
Dunnett	하나의 집단을 기준으로 다른 집단과 차이 분석	1개의 대조군과 여러 실험군을 비교 가능	모든 집단 조합에 대한 검정을 하지 않음
Duncan	오차비율을 통제하지 않음 인접하는 평균값들을 단계적 분석	엄격하지 않은 기준으로 통계적 유의성 도출이 쉬움	1종 오류 발생확률이 높음
Fisher's LSD	가장 엄격하지 않은 사후검정 최근 연구에서는 선호되지 않음	통계적 유의성 도출이 쉬움	1종 오류 발생확률이 높음
Bonferroni	응용범위가 넓음(모수, 비모수)	ANOVA, 다중t-test, 비모수검정에 사용 가능	비교대상이 많아지면 검정력이 약해짐
Scheffe	가장 보수적이고 엄격한 사후검정 집단 표본 수가 동일하지 않아도 됨	엄격한 기준	통계적 유의한 차이 도출이 어려움
Games-Howell	분산의 동질성 확보되지 않았을 때 Welch 분석기법을 응용	집단별 표본 수가 다르거나 이분산일 때 적용 가능	표본 수 6개 미만-1종 오류 발생 (15개 이상 권장)
Tamhane T2	분산의 동질성 확보되지 않았을 때	Games-Howell보다 엄격한 기준 적용	표본수가 많아질수록 1종 오류 발생 높아짐
Dunnett T3	분산의 동질성 확보되지 않았을 때 집단별 표본수가 동일한 경우	집단별 표본 수 50개 미만이면 검정력우수	집단별 표본 수 50개 이상이면 1종 오류 높아짐

D+36

무반복 이원분산분석

앞에서 설명한 것과 같이 이원분산분석(Two-way ANOVA)은 종속변수에 영향을 미치는 독립변수가 2개, 즉 인자(factor)가 2개인 것을 가정한 분석 방법이다. 그리고 이원분산분석은 2개의 인자에 의해서 나타나는 관측치가 1개인 무반복 이원분산분석과 관측치가 여러 개인 반복 이원분산분석의 두 가지 유형이 있다.

우선 무반복 이원분산분석의 데이터 구조를 살펴보자.

표 36.1 무반복 이원분산분석의 데이터 구조

인자 B / 인자 A	B_1	B_2	$\cdots$	B_c	행 평균
A_1	y_{11}	y_{12}	$\cdots$	y_{1c}	$\overline{y}_{1.}$
A_2	y_{21}	y_{22}	$\cdots$	y_{2c}	$\overline{y}_{2.}$
$\vdots$	$\vdots$	$\vdots$	$\vdots$	$\vdots$	$\vdots$
A_r	y_{r1}	y_{r2}	$\cdots$	y_{rc}	$\overline{y}_{r.}$
열 평균	$\overline{y}_{.1}$	$\overline{y}_{.2}$	$\cdots$	$\overline{y}_{.c}$	$\overline{y}$

무반복 이원분산분석의 데이터 구조는 2개의 인자 중 하나를 행(row)에 나타내고 다른 하나를 열(column)에 나타내는 형태로 이루어져 있다. <표 36.1>을 보면 인자 A를 행에 나타냈고, 인자 B를 열에 나타냈다. 여기서 인자 A는 r개의 수준(level)으로 구분되고 인자 B는 c개의 수준으로 구분된다. 그리고 2개의 인자에 의해 나타나는 관측치가 1개이다. 즉, 인자 A_1과 인자 B_1에 의해 나타나는 관측치는 y_{11}만 존재한다. 이는 2개의 인자에 대해서 실험을 한 번씩만 한다는 의미이다.

여기서 각 인자의 수준이 무엇인지를 다음의 그림을 통해서 이해해보자.

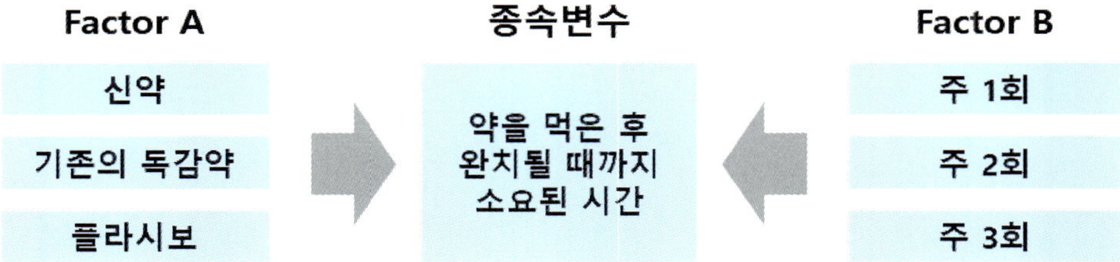

그림 36.1 인자(factor)의 수준

<그림 36.1>에 있는 것처럼, 인자 A는 약의 종류이고 인자 B는 투약 주기이다. 인자 A는 신약, 기존의 독감약, 플라시보의 3개 수준이고 인자 B는 주 1회, 주 2회, 주 3회의 3개 수준이다.

무반복 이원분산분석의 수리적 모형은 아래와 같다.

$$y_{jk} = \mu + A_j + B_k + e_{ij} \tag{36.1}$$

수식 (36.1)에서 y_{jk}는 인자 A의 j행과 인자 B의 k행에 있는 관측치를 의미한다. μ는 모든 인자의 처리 수준에 대한 전체평균이다. A_j는 j행에 있는 인자 A의 효과이고 B_k는 k행에 있는 인자 B의 효과이다. e_{ij}는 i행과 j행에서 나타나는 무작위 오차를 말한다. 여기서 무작위 오차는 정규분포를 따르고 평균이 0이며 모든 처리 수준에 대해서 등분산을 가정한다.

가설은 인자 A와 인자 B에 대해서 별도로 설정한다. 즉,

H_0 : $A_1 = A_2 = \cdots = A_r = 0$ (각 행의 평균은 모두 같다.)
H_1 : 모든 A_j가 0인 것은 아니다(각 행의 평균이 모두 같은 것은 아니다)

H_0 : $B_1 = B_2 = \cdots = B_c = 0$ (각 열의 평균은 모두 같다.)
H_1 : 모든 B_k가 0인 것은 아니다(각 열의 평균이 모두 같은 것은 아니다)

위의 가설에서 2개의 귀무가설 모두를 기각할 수 없으면, Y에 나타날 수 있는 모든 변동은 평균(μ) 주변에서 발생한 무작위 오차뿐이라고 판단한다. 이 경우의 모형은 수식 (36.2)와 같다.

$$y_{jk} = \mu + e_{ij} \tag{36.2}$$

무반복 이원분산분석의 F-통계량

F-통계량 계산을 위한 무반복 이원분산분석의 제곱합 계산은 다음과 같다. 자유도는 $n-1$로 계산하는데 여기서 r개 행과 c개 열을 가진 데이터 구조에 따라 $n = r \times c$로 계산한다.

$$SST = SSA + SSB + SSE \tag{36.3}$$

표 36.2 무반복 이원분산분석표

변동요인	제곱합	자유도	제곱평균	F-통계량
인자 A (행 효과)	$SSA = c\sum_{j=1}^{r}(\bar{y}_{j.} - \bar{y})^2$	$r-1$	$MSA = \frac{SSA}{r-1}$	
인자 B (열 효과)	$SSB = r\sum_{k=1}^{c}(\bar{y}_{.k} - \bar{y})^2$	$c-1$	$MSB = \frac{SSB}{c-1}$	$F_A = \frac{MSA}{MSE}$
오차	$SSE = \sum_{j=1}^{r}\sum_{k=1}^{c}(y_{jk} - \bar{y}_{j.} - \bar{y}_{.k} + \bar{y})^2$	$(r-1)(c-1)$	$MSE = \frac{SSE}{(c-1)(r-1)}$	$F_B = \frac{MSB}{MSE}$
합계	$SST = \sum_{j=1}^{r}\sum_{k=1}^{c}(y_{jk} - \bar{y})^2$	$rc-1$		

<표 36.2>에 정리된 것과 같이 SSA는 인자 A의 효과를 계산하기 위해 행에 나타난 관측치들을 제곱합한 것이고, SSB는 인자 B의 효과를 계산하기 위해 열에 나타난 관측치들을 제곱합한 것이다. SSE는 잔차의 변동을 계산하기 위해 오차 제곱합한 것이다. SST는 전체 관측치들과 전체평균에 대한 편차를 계산한 것이다.

일원분산분석과 마찬가지로 F-통계량이 0에 가깝다면 인자 A와 인자 B의 처리그룹 간에 통계적으로 평균의 차이가 없다고 판단할 수 있다.

엑셀 프로그램을 사용하여 다음의 예제를 분석해 보자.

예제 36.1

어느 제약회사에서 새로운 독감약을 개발했다. 새로운 독감약과 기존의 독감약, 그리고 플라시보 간의 치료효과에 차이가 있는가를 확인하기 위해 환자에게 주 1회, 2회, 3회, 4회를 투약하는 실험을 하였다. 약의 종류와 투약 주기마다 1명씩의 환자가 실험에 투입되었다. 유의수준 5%에서 약의 종류와 투약 주기에 따라 치료효과에 차이가 있는지를 검정하라(Data07_신약 테스트_무반복).

풀이

1) 1단계: 가설설정

약의 유형과 투약 주기에 따른 치료효과에 대한 함수 "치료효과 $= f$(약의 종류, 투약주기)"에 대한 가설은 다음과 같이 설정할 수 있다.

인자 A(약의 종류)의 가설

$H_0 : A_1 = A_2 = A_3 = 0$ (약의 종류는 치료효과에 영향이 없다.)
H_1 : 모든 A_j가 0은 아니다.

인자 B(투약 주기)의 가설

$H_0 : B_1 = B_2 = B_3 = 0$ (투약주기는 치료효과에 영향이 없다.)
H_1 : 모든 B_k가 0은 아니다.

2) 2단계: 결정규칙

F–분포 검정의 우측 꼬리 임계치는 인자 A와 B, 그리고 오차가 각각 다르다. 왜냐하면 분모에 해당하는 오차의 자유도는 모두 동일하게 적용되지만, 분자에 해당하는 인자 A와 인자 B의 자유도는 다르기 때문이다.

인자 A의 자유도: $df_1 = r - 1 = 3 - 1 = 2$

인자 B의 자유도: $df_1 = c - 1 = 4 - 1 = 3$

오차의 자유도: $df_2 = (r-1)(c-1) = (3-1)(4-1) = 6$

〈부록〉의 F–분포표에서 5% 임계치는 다음과 같다.

인자 A의 임계치: $F_{2,6} = 5.14$

인자 B의 임계치: $F_{3,6} = 4.76$

3) 3단계~4단계: 검정통계량 계산 및 의사결정

엑셀의 데이터 분석 기능을 사용하여 가설검정을 하자.

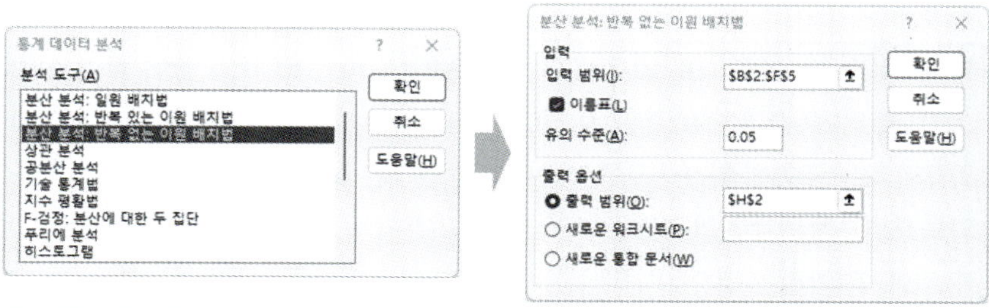

그림 36.2 반복 없는 이원 배치법 실행

엑셀에서 "분산분석: 반복 없는 이원 배치법" 메뉴를 선택하면 〈그림 36.2〉와 같이 무반복 일원분산분석을 실행할 수 있다. 입력 창에서 처리 그룹명과 인자별 관측치가 있는 셀을 모두 선택하여 "입력 범위"에 설정한다. 결과에 처리 그룹명이 출력될 수 있도록 "이름표"에 체크한다. "출력 범위"에 결과가 출력되기를 원하는 셀의 위치값을 입력하고 확인을 클릭한다.

분산 분석: 반복 없는 이원 배치법

요약표	관측수	합	평균	분산
신약	4	35.6	8.900	0.267
독감약	4	37.4	9.350	0.270
플라시보	4	40.8	10.200	0.067
주 1회	3	29.9	9.967	0.253
주 2회	3	29.0	9.667	0.363
주 3회	3	28.0	9.333	0.503
주 4회	3	26.9	8.967	0.693

분산 분석

변동의 요인	제곱합	자유도	제곱 평균	F 비	P-값	F 기각치
인자 A(행)	3.487	2	1.743	74.714	0.000	5.143
인자 B(열)	1.670	3	0.557	23.857	0.001	4.757
잔차	0.140	6	0.023			
계	5.297	11				

그림 36.3 엑셀의 실행 결과

〈그림 36.3〉의 아래에 있는 분산분석표를 보면, 인자 A와 인자 B 모두 F-통계량(F비)이 각각 74.714와 23.857로 임계치(F 기각치)보다 크다. 그리고 p-값이 각각 0.000과 0.001로 유의수준 5%보다 상당히 작다. 따라서 귀무가설을 기각할 수 있다. 이는 약의 종류와 투약 주기에 따라 치료효과에 차이가 있다는 의미이다. 그림의 위에 나와 있는 약의 종류와 투약 주기의 평균을 보면, 신약 〉 기존의 독감약 〉 플라시보의 순으로 완치까지 치료기간이 짧은 것으로 나타났고, 투약 주기가 짧을수록 치료효과가 좋은 것으로 나타났다. 그러나 이러한 결과가 통계적으로 유의한지는 알 수 없다. 왜냐하면 일원분산분석과 마찬가지로 엑셀 프로그램에서는 사후검정을 할 수 없기 때문이다.

그런데 Jamovi의 현재 버전(v.2.3.26.0)으로는 무반복 이원분산분석을 할 수 없다. 아직 기능상의 한계로 보이는데, 필자가 확인한 바로는 Jamovi는 독립변수의 처리그룹이 2개인 조건에서 개별적으로 분산계산이 되지 않는다. 즉, 2개의 인자에 의해 나타나는 관측치가 1개인 경우에는 분산분석이 안 되는 것이다. 오히려 2개의 인자에 의해 나타나는 관측치가 여러개인 반복 이원분산분석을 할 수 있다(아마도 Jamovi에 무반복 이원분산분석 기능이 없는 것은 실제 데이터 분석에서 반복 이원분산분석을 하는 경우가 대부분이기 때문일 것 같다).

분산분석의 검정력을 높이기 위해서는 인자별로 실험을 반복적으로 수행하는 것이 좋다. [예제 36.1]의 경우에서는 약의 종류와 투약 주기별로 실험을 1회씩만 한 데이터이기 때문에 무반복 이원분산분석을 하였다. 그러나 약의 종류와 투약 주기별로 실험을 여러 차례 한다면 더 정확한 분석을 할 수 있을 것이다.

D+37

반복 이원분산분석

반복 이원분산분석은 2개의 인자에 대해서 여러 차례 수행한 실험결과를 관측치로 하여 분석을 하는 것이다. 반복 이원분산분석의 장점은 여러 차례의 실험 데이터를 사용함으로써 검정력을 높일 수 있다는 점 외에도 인자의 주효과(main effect)와 상호작용효과(interaction effect)도 검정할 수 있다는 장점이 있다. 그래서 반복 이원분산분석을 완전인자모형(full factorial model)이라고 부르기도 한다.

반복 이원분산분석의 수리적 모형은 다음과 같다.

$$y_{ijk} = \mu + A_j + B_k + AB_{jk} + e_{ijk} \tag{37.1}$$

앞에서 살펴본 무반복 이원분산분석의 모형과 차이점은 상호작용 효과를 계산하는 항(AB_{jk})이 있다는 것이다. 반복 이원분산분석에서는 2개 인자의 처리그룹 간의 평균 차이 유무를 판단하는 것 외에 상호작용 효과가 있는지를 중요하게 판단한다.

그래서 가설을 설정할 때 다음과 같은 상호작용 효과에 대한 가설이 추가된다.

H_0 : 모든 AB_{jk}가 0이다(상호작용 효과가 없다).
H_1 : 모든 AB_{jk}가 0은 아니다(상호작용 효과가 있다).

반복 이원분산분석의 데이터 구조는 다음과 같다.

표 37.1 반복 이원분산분석의 데이터 구조

인자B / 인자A	B_1	B_2	…	B_c	행 평균
A_1	y_{111} y_{112} …	y_{121} y_{122} …	… … …	y_{1c1} y_{1c2} …	$\bar{y}_{1.}$
A_2	y_{211} y_{212} …	y_{221} y_{222} …	… … …	y_{2c1} y_{2c2} …	$\bar{y}_{2.}$
⋮	⋮	⋮	⋮	⋮	⋮
A_r	y_{r11} y_{r12} …	y_{r21} y_{r22} …	… … …	y_{rc1} y_{rc2} …	$\bar{y}_{r.}$
열 평균	$\bar{y}_{.1}$	$\bar{y}_{.2}$	…	$\bar{y}_{.c}$	$\bar{y}$

무반복 이원분산분석과 달리 반복 이원분산분석은 2개의 인자에 대해서 여러 차례의 실험을 통해 얻은 관측치를 분석한다. <표 37.1>을 보면, 인자 A_1과 인자 B_1에 대해 관측치가 하나가 아닌 여러 개가 있는 것을 알 수 있다. 관측치 y_{111}은 1행과 1열에 대해서 1번째 실험이라는 표시이고, 관측치 y_{112}는 1행과 1열에 대해서 2번째 실험이라는 표시이다. 이처럼 반복 이원분산분석은 2개의 인자에 대해서 여러 차례의 실험 결과를 관측치로 한다.

반복 이원분산분석의 F-통계량

F−통계량 계산을 위한 반복 이원분산분석의 제곱합 계산은 다음과 같다.

$$SST = SSA + SSB + SSI + SSE \tag{37.2}$$

위의 수식을 보면 무반복 이원분산분석의 제곱합 계산 수식에 상호작용 제곱합(SSI)이 추가된 것을 알 수 있다.

표 37.2 반복 이원분산분석표

변동요인	제곱합	자유도	제곱평균	F−통계량
인자 A (행 효과)	$SSA = mc\sum_{j=1}^{r}(\bar{y}_{j.} - \bar{y})^2$	$r-1$	$MSA = \frac{SSA}{r-1}$	
인자 B (열 효과)	$SSB = mr\sum_{k=1}^{c}(\bar{y}_{.k} - \bar{y})^2$	$c-1$	$MSB = \frac{SSB}{c-1}$	$F_A = \frac{MSA}{MSE}$
상호작용 $(A \times B)$	$SSI = m\sum_{j=1}^{r}\sum_{k=1}^{c}(\bar{y}_{jk} - \bar{y}_{j.} - \bar{y}_{.k} + \bar{y})^2$	$(r-1)(c-1)$	$MSI = \frac{SSI}{(c-1)(r-1)}$	$F_B = \frac{MSB}{MSE}$
오차	$SSE = \sum_{i=1}^{m}\sum_{j=1}^{r}\sum_{k=1}^{c}(\bar{y}_{ijk} - \bar{y}_{jk})^2$	$rc(m-1)$	$MSE = \frac{SSE}{rc(m-1)}$	$F_I = \frac{MSI}{MSE}$
합계	$SST = \sum_{i=1}^{m}\sum_{j=1}^{r}\sum_{k=1}^{c}(y_{ijk} - \bar{y})^2$	$rcm-1$		

<표 37.2>에 정리된 것과 같이 인자 A의 효과는 D+36의 <표 36.2>의 무반복 이원분산분석 SSA 계산에 실험회수 m을 곱한 것이다. 인자 B의 효과도 무반복 이원분산분석 SSB에 실험회수를 곱하여 계산한다. 상호작용 효과는 j행과 k행(2개의 인자)에 대해서 m번 실험한 관측치의 평균($\bar{y}_{jk}$)에서 행 평균($\bar{y}_{j.}$)과 열 평균($\bar{y}_{.k}$)을 한 번씩 차감하고 중복차감된 전체평균($\bar{y}$)을 더하여 제곱합한다. 오차는 반복적으로 실험된 개별 관측치

($\bar{y}_{ijk}$)와 2개 인자에 대해 m번 실험한 관측치 평균($\bar{y}_{jk}$)을 차감하여 제곱합한다. 각 변동 요인 효과의 제곱평균은 제곱합을 자유도로 나누어 계산한다.

F-통계량은 0에 가깝다면 인자 A와 B의 효과, 그리고 상호작용 효과가 통계적으로 유의한 효과가 없는 것으로 판단한다.

예제 37.1

어느 제약회사에서 새로운 독감약을 개발했다. 새로운 독감약과 기존의 독감약, 그리고 플라시보 간의 치료효과에 차이가 있는가를 확인하기 위해 약의 종류와 투약 주기별로 3명씩의 환자를 실험에 투입하였다. 유의수준 5%에서 약의 종류와 투약 주기에 따라 치료효과에 차이가 있는지를 검정하고, 상호작용 효과를 검정하라(Data08_신약 테스트_반복).

풀이

1) 1단계: 가설설정

인자 A(약의 종류)의 가설

$H_0 : A_1 = A_2 = A_3 = 0$ (약의 종류는 치료효과에 영향이 없다.)
$H_1 :$ 모든 A_j가 0은 아니다.

인자 B(투약 주기)의 가설

$H_0 : B_1 = B_2 = B_3 = 0$ (투약 주기는 치료효과에 영향이 없다.)
$H_1 :$ 모든 B_k가 0은 아니다.

상호작용 효과(약의 종류 × 투약주기)

$H_0 :$ 모든 AB_{jk}가 0이다(상호작용 효과가 없다).
$H_1 :$ 모든 AB_{jk}가 0은 아니다(상호작용 효과가 있다).

2) 2단계: 결정규칙 설정

앞에서 설명한 것처럼 3개의 가설에 대한 F-검정은 모두 임계치가 다르다. 분모는 공통으로 오차의 제곱합으로 자유도가 모두 같지만 분자의 자유도는 각각 다르기 때문이다.

인자 A의 자유도: $df_1 = r-1 = 3-1 = 2$ (3개 약품의 수준)

인자 B의 자유도: $df_1 = c-1 = 4-1 = 3$ (4개 투약 주기의 수준)

상호작용의 자유도: $df_2 = (r-1)(c-1) = (3-1)(4-1) = 6$

오차의 자유도: $df_2 = rc(m-1) = 3 \times 4 \times (3-1) = 24$

유의수준 5%에서 우측 꼬리 임계치를 〈부록〉 F-분포표에서 확인하면 다음과 같다.

인자 A의 임계치: $F_{2,24} = 3.40$

인자 B의 임계치: $F_{3,24} = 3.01$

상호작용의 임계치: $F_{6,24} = 2.51$

결정규칙은 F-통계량이 임계치보다 크면 귀무가설을 기각하고, 임계치보다 작으면 귀무가설을 기각하지 않는다.

3) 3단계~4단계: 검정통계량 계산 및 의사결정

엑셀의 데이터 분석 기능을 사용하여 검정통계량을 계산하고 가설에 대한 의사결정을 하자.

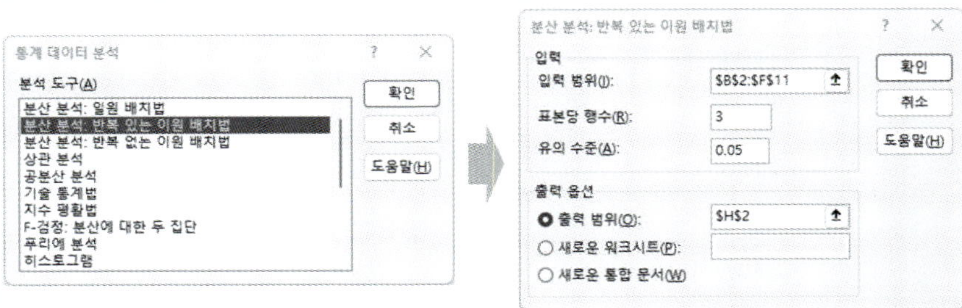

그림 37.1 반복 있는 이원 배치법 실행

엑셀에서 "분산분석: 반복 있는 이원 배치법" 메뉴를 선택하면 〈그림 37.1〉과 같이 반복 일원분산분석을 실행할 수 있다. 입력 창에서 처리 그룹명과 인자별 관측치가 이는 셀을 모두 선택하여 "입력 범위"에 설정한다. "표본당 행수"에는 실험회수를 입력한다. 예제에서 약의 종류와 투약 주기 당 3명의 환자에게 약을 투약했다고 하였으므로 실험회수는 30이다. "출력 범위"에 결과가 출력되기를 원하는 셀을 위치를 입력하고 확인을 클릭한다.

분산 분석: 반복 있는 이원 배치법

요약표	주1회	주2회	주3회	주4회	계
신약					
관측수	3	3	3	3	12
합	28.83	27.50	26.15	25.42	107.90
평균	9.61	9.17	8.72	8.47	8.99
분산	0.0013	0.0032	0.0049	0.0074	0.2096
독감약					
관측수	3	3	3	3	12
합	30.03	29.12	27.45	25.74	112.34
평균	10.01	9.71	9.15	8.58	9.36
분산	0.0313	0.0044	0.0076	0.0111	0.3359
플라시보					
관측수	3	3	3	3	12
합	31.65	30.98	30.61	30.19	123.43
평균	10.55	10.33	10.20	10.06	10.29
분산	0.0247	0.0016	0.0017	0.0026	0.0404
계					
관측수	9	9	9	9	
합	90.51	87.60	84.21	81.35	
평균	10.06	9.73	9.36	9.04	
분산	0.1812	0.2550	0.4420	0.5978	

그림 37.2 기술통계량

〈그림 37.2〉는 예제데이터의 기술통계량이다. 약의 종류에 따른 투약 주기별 평균과 분산이 제시되어 있다. 전체적으로 신약이 기존의 독감약보다 치료효과가 빠르게 나타나는 것으로 보이며, 투약을 자주 하면 치료효과는 더 빠르게 나타나는 걸로 보인다.

분산 분석

변동의 요인	제곱합	자유도	제곱 평균	F 비	P-값	F 기각치
인자 A(행)	10.663	2	5.332	627.054	0.000	3.403
인자 B(열)	5.300	3	1.767	207.773	0.000	3.009
교호작용	0.941	6	0.157	18.437	0.000	2.508
잔차	0.204	24	0.009			
계	17.108	35				

그림 37.3 분산분석표

〈그림 37.3〉은 분산분석(ANOVA)표이다. 인자의 수준별 평균의 차이가 통계적으로 유의한지를 나타낸다. 인자 A(행)는 F–통계량이 627.054로 임계치(F 기각치) 3.403보다 매우 크다. 그리고 p–값은 0.000으로 유의수준 0.05보다 매우 작다. 따라서 약의 종류 간에 치료효과는 통계적으로 유의한 차이가 있다. 인자 B(열)는 F–통계량이 207.773으로 임계치 3.009보다 매우 크다. 그리고 p–값은 0.000으로 유의수준 0.05보다 매우 작다. 따라서 투약 주기 간에 치료효과도 통계적으로 유의한 차이가 있다. 교호작용(엑셀에서는 상호작용을 교호작용이라 표기한다)은 F–통계량 18.437로 임계치 2.508보다 7~8배 크다. 그리고 p–값은 0.000으로 유의수준 0.05보다 매우 작다. 따라서 통계적으로 유의한 상호작용 효과가 있다.

여기서 상호작용 효과에 대해서 좀 더 자세히 살펴보겠다.

병원에서 의사가 약을 처방하면서 환자에게 먹지 말아야 할 음식에 대해서 주의를 주곤 한다. 대개의 경우 약을 복용하는 기간에 술을 먹지 말라고 하는 경우가 많다. 이는 약과 술을 동시에 먹으면 화학적 작용이 발생하면서 인체에 좋지 않은 영향을 미칠 수 있기 때문이다. 상호작용이란, 2개의 인자가 동시에 작동하면서 만들어내는 영향력을 의미한다. 다음의 그림을 보자.

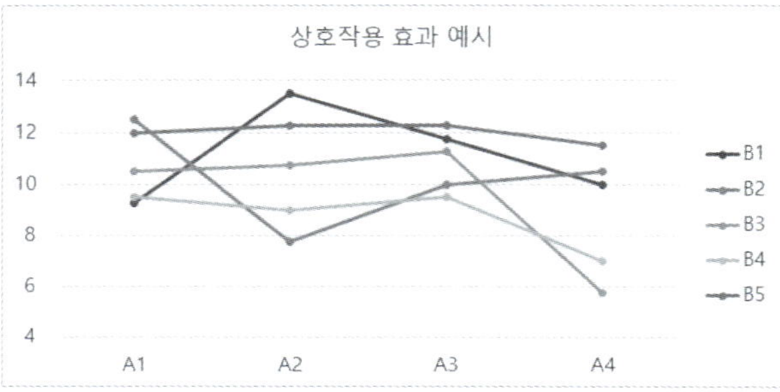

그림 37.4 상호작용 효과 그래프

상호작용 효과가 없으면 인자들 간의 변화 직선은 평행하거나 한 방향으로만 움직인다. 반면 상호작용 효과가 크게 나타나면 인자 간에는 서로 다른 기울기의 직선으로 나타나거나 〈그림 37.4〉와 같이 서로 교차하기도 한다.

〈그림 37.5〉는 예제데이터를 사용하여 상호작용 효과 그래프를 그린 것이다.

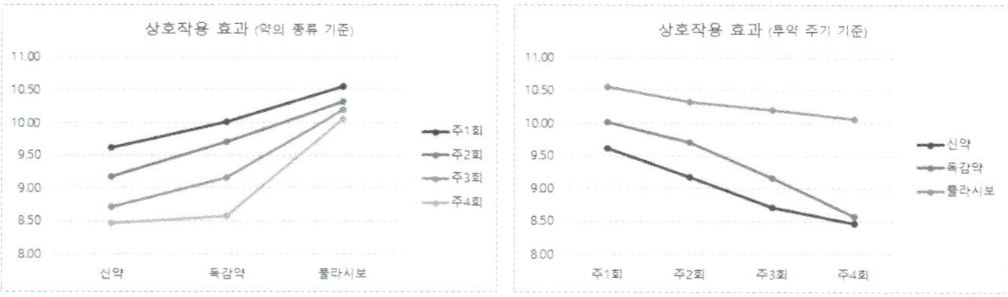

그림 37.5 약의 종류와 투약 주기 간의 상호작용 효과 그래프

왼쪽 그래프는 약의 종류를 기준으로 투약 주기의 변화를 그린 것이다. 전체적으로 신약의 치료효과가 독감약이나 플라시보에 비해서 빠른 것으로 보이나 독감약의 경우 투약 주기가 빨라지면 치료효과가 더욱 빨라져 주4회 투약 시 신약의 치료효과에 근사하게 됨을 알 수 있다. 오른쪽 그래프는 투약 주기를 기준으로 약의 종류별로 치료효과가 변하는 것을 그린 것이다. 여기서도 기존의 독감약은 주4회 투약 시 신약만큼 치료효과가 빨리

나타나는 것을 알 수 있다. 이는 치료효과에 있어서 약의 성분이 주요한 영향을 미치지만 투약 주기에 따라서 치료효과에 미치는 영향도가 달라짐을 나타내는 것으로 약의 종류와 투약 주기의 상호작용 효과가 있음을 의미한다.

이상과 같이 분산분석표에서 통계적 수치로 상호작용 효과를 파악할 수 있으며 그래프를 통해서 좀 더 직관적으로 상호작용 효과에 대해서 알 수 있다.

이제 Jamovi 통계 패키지로 반복 이원분산분석을 해보자.

ID	약의 종류	투약기간	치료효과
1	신약	1회	9.65
2	신약	1회	9.6
3	신약	1회	9.58
4	신약	2회	9.12
5	신약	2회	9.23
6	신약	2회	9.15
7	신약	3회	8.79
8	신약	3회	8.65
9	신약	3회	8.71
10	신약	4회	8.38
11	신약	4회	8.55
12	신약	4회	8.49
13	독감약	1회	9.98
14	독감약	1회	10.2

그림 37.6 통계패키지의 이원분산분석 데이터 구조

Jamovi에서 엑셀 파일을 불러들이기 전에 데이터 구조를 <그림 37.6>과 같이 바꿔야 한다. 엑셀에서의 데이터 구조는 <표 37.1>의 형태이지만 Jamovi와 같은 통계패키지에서 사용하려면 데이터 구조를 인자별로 하나의 열에 정렬해야 한다.

일원분산분석에서 설명했던 것과 같이 Jamovi에서 엑셀파일을 불러오면, <그림 37.7>과 같다.

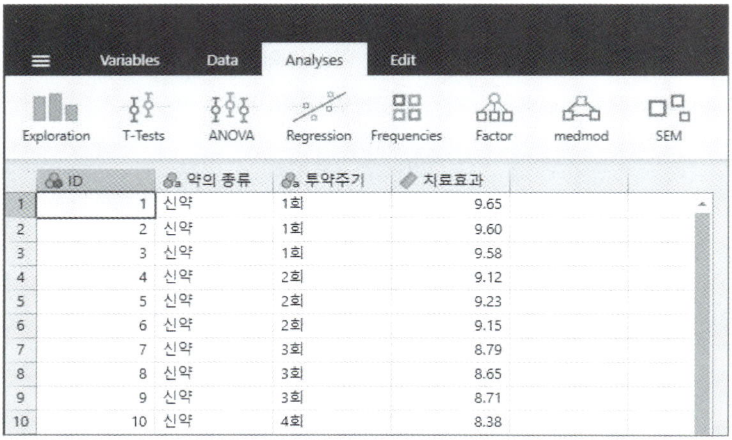

그림 37.7 Jamovi 데이터 정렬 화면

다음으로 Data 탭으로 가서 변수를 설정한다. 먼저 변수명을 영문으로 변환할 것을 권장한다. Jamovi에서는 한글 변수명을 지원하고 있지만 간혹 한글 변수명으로 인한 오류가 생길 수 있기 때문이다. 여기서는 '약의 종류'를 Medicine으로, '투약주기'를 Cycle로, 그리고 '치료효과'를 Effect로 변환하도록 하겠다.

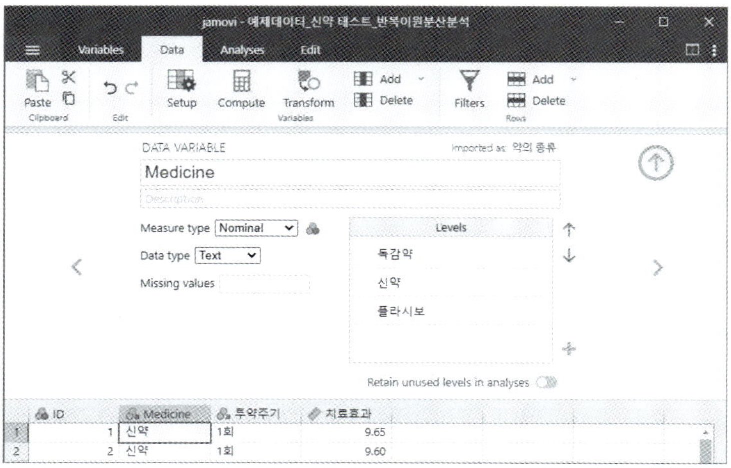

그림 37.8 변수 설정

Data탭에서 Setup 아이콘을 클릭하면 <그림 37.8>과 같은 화면이 나온다. DATA VARIABLE의 아래 창에 있는 한글 변수명을 영문으로 바꿔준다. 그리고 변수의 유형도 확인해서 명목변수, 연속변수 등 변수의 성격에 맞게 변경한다. 여기서 '약의 종류'와 '투약주기'는 명목변수이고, '치료효과'는 연속변수이다.

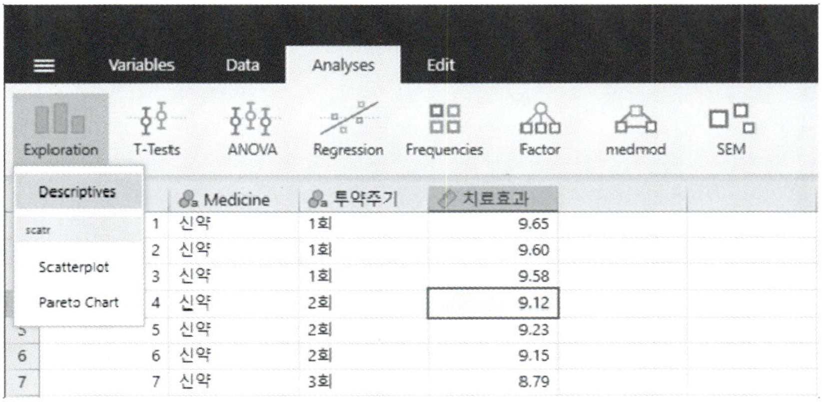

그림 37.9 기술통계량 실행

변수 설정이 완료되었으면, 먼저 기술통계량을 출력한다. Anayses 탭에서 Exploration 아이콘을 클릭하면 아래로 Descriptives 메뉴를 실행할 수 있는 창이 나타난다. Descriptives를 실행하면 다음 그림과 같이 기술통계량 옵션을 선택할 수 있도록 창이 펼쳐진다.

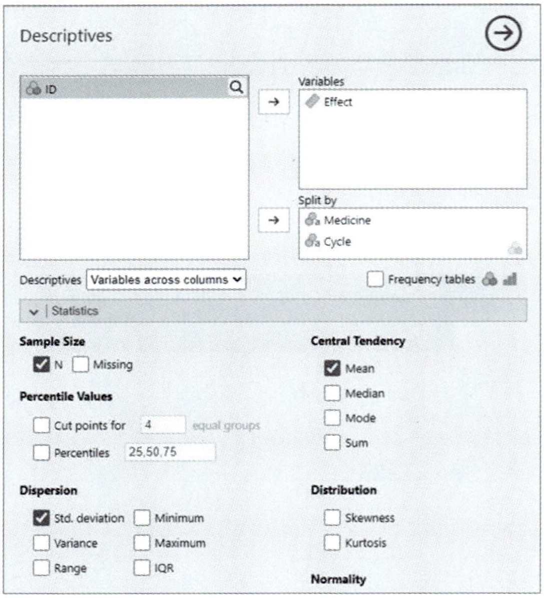

Descriptives

Descriptives

	Medicine	Cycle	Effect
Mean	독감약	1회	10.0
		2회	9.71
		3회	9.15
		4회	8.58
	신약	1회	9.61
		2회	9.17
		3회	8.72
		4회	8.47
	플라시보	1회	10.6
		2회	10.3
		3회	10.2
		4회	10.1
Standard deviation	독감약	1회	0.177
		2회	0.0666
		3회	0.0872
		4회	0.105
	신약	1회	0.0361
		2회	0.0569
		3회	0.0702
		4회	0.0862
	플라시보	1회	0.157
		2회	0.0404
		3회	0.0416
		4회	0.0513

그림 37.10 기술통계량 실행 결과

기술통계량 옵션에는 여러 가지가 있으나 여기서는 평균(Mean)과 표준편차(Std.deviation)를 체크해서 보았다. <그림 37.10>의 오른쪽에 약의 종류와 투약 주기에 따른 평균과 표준편차가 출력되었다.

다음으로 메뉴 탭에서 Analyses를 클릭하면 ANOVA 기법을 선택할 수 있는 목록 창이 나타난다.

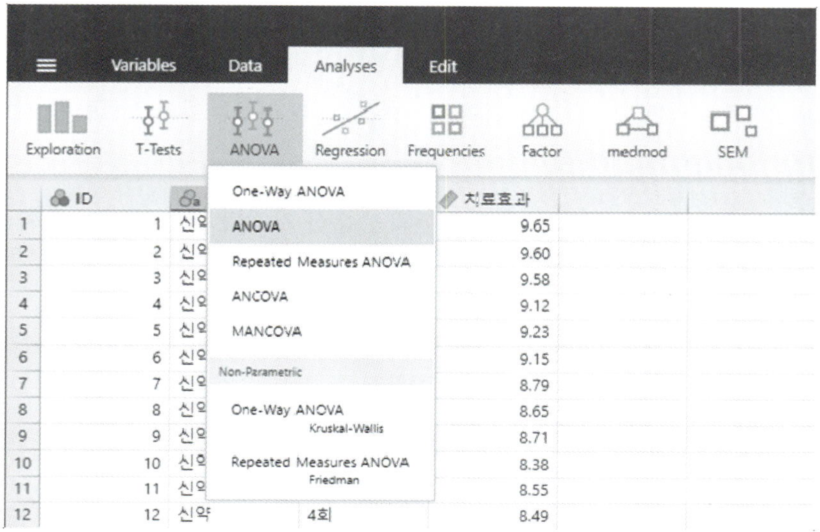

그림 37.11 이원분산분석 실행

일원분산분석은 One-Way ANOVA를 선택했지만, 이원분산분석은 ANOVA를 선택한다.

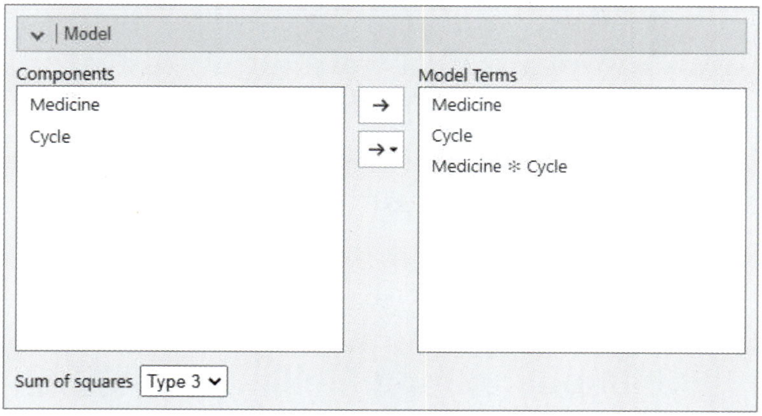

그림 37.12 모델 설정 확인

<그림 37.12>에 보면 Medicine(약의 종류), Cycle(투약주기), Medicine*Cycle(약의 종류와 투약주기의 상호작용)의 측정모델로 설정되어 있는 것을 알 수 있다. 제곱합(Sum of squares)의 유형은 Type3으로 설정되었다. Type3은 독립변수의 주효과와 상호작용 효과를 모두 포함하는 것이다.

본격적인 분산분석을 하기 전에 데이터의 등분산 가정과 정규성 가정을 확인해야 한다.

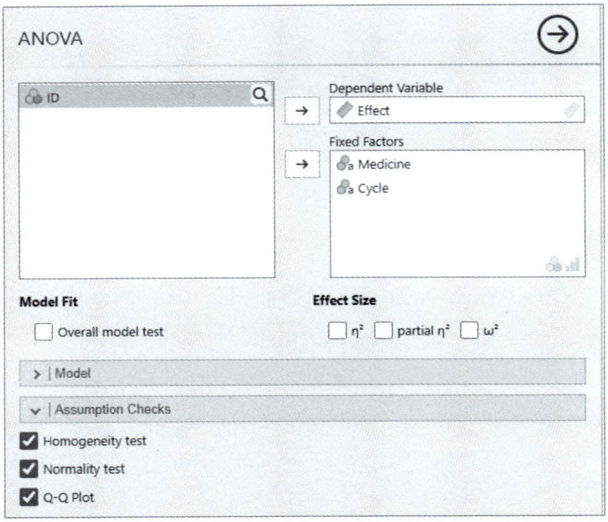

그림 37.13 등분산 및 정규성 가정 확인

<그림 37.13>과 같이 Assumption Checks의 목록을 모두 체크한다.

Assumption Checks

Homogeneity of Variances Test (Levene's)

F	df1	df2	p
1.68	11	24	0.140

[3]

Normality Test (Shapiro-Wilk)

Statistic	p
0.981	0.786

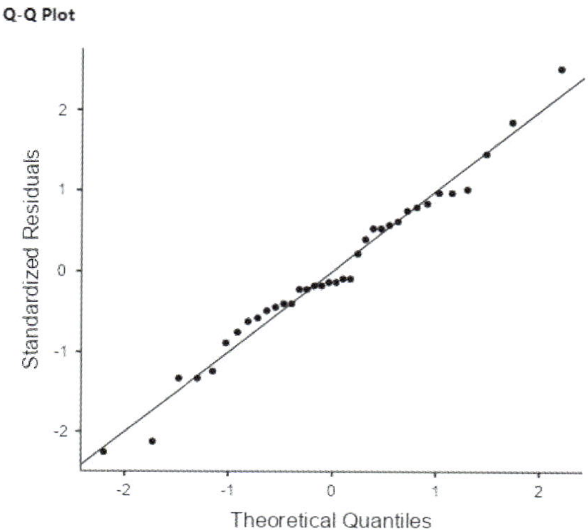

그림 37.14 등분산 및 정규성 가정 확인 결과

<그림 37.14>와 같이 레빈 검정에서 p-값이 0.140으로 나와 유의수준 5%보다 큰 값이므로 귀무가설을 기각할 수 없다. 즉, 등분산을 가정한다. 그리고 정규성 검정에서도 p-값이 0.786으로 귀무가설을 기각할 수 없어 정규성을 가정한다. 우측의 Q-Q Plot 그래프를 보면, 모든 관측치가 45도 직선 주변으로 강하게 밀집되어 있어 정규성을 가정할 수 있다.

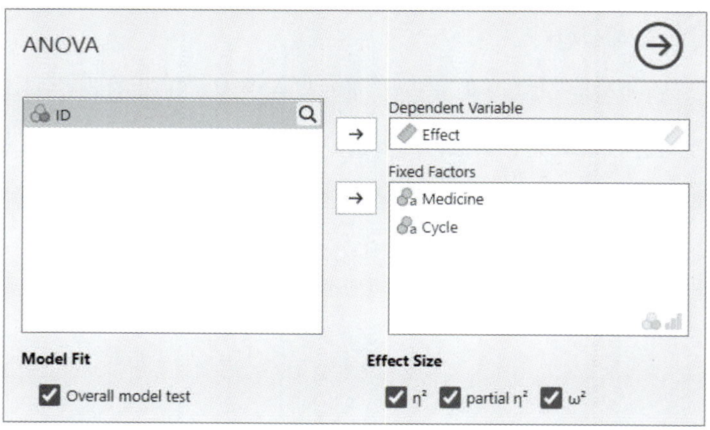

그림 37.15 모델 적합도와 효과 크기 설정

이제 분산분석을 위해 모델 적합도와 효과 크기를 설정한다. Jamovi는 효과의 크기를 판단할 수 있도록 에타제곱(η^2), 부분에타제곱, 그리고 오메가제곱(ω^2)에 대한 값을 출력 결과로 제공한다(주로 오메가제곱 값으로 효과의 크기를 판단할 수 있다).

ANOVA

ANOVA - Effect

	Sum of Squares	df	Mean Square	F	p	η²	η²p	ω²
Overall model	16.904	11	1.53672	180.7	< .001			
Medicine	10.663	2	5.33170	627.1	< .001	0.623	0.981	0.622
Cycle	5.300	3	1.76665	207.8	< .001	0.310	0.963	0.308
Medicine ※ Cycle	0.941	6	0.15677	18.4	< .001	0.055	0.822	0.052
Residuals	0.204	24	0.00850					

그림 37.16 이원분산분석 결과: ANOVA 표

결과 창에 <그림 37.16>과 같은 분산분석표가 생겼다. 전체 모델 적합도는 p−값 0.001로 유의수준 0.05보다 작으므로 통계적으로 유의하고, 2개 변수와 상호작용 효과 또한 통계적으로 유의한 것으로 나타났다. 그리고 오메가제곱(ω^2)의 값이 Medicine은 0.622, Cycle은 0.308, 그리고 상호작용(Medicine*Cycle)은 0.052로 출력되었다. 오메가제곱 값은 0.01은 효과가 상대적으로 작은 것으로 판단, 0.06은 중간 크기, 그리고 0.14 이상은 효과가 큰 것으로 해석한다.

엑셀 프로그램에서는 상호작용 효과에 대해서 ANOVA 표의 결과 수치 외에 그래프를 그려 좀 더 직관적으로 판단하였다. Jamovi에서도 상호작용 효과 그래프를 출력하여 직관적인 판단을 할 수 있도록 지원한다. 상호효과 그래프를 그리기 위해서는 Estimated Marginal Means(추정된 마진 평균)에서 몇 가지 설정을 해야 한다.

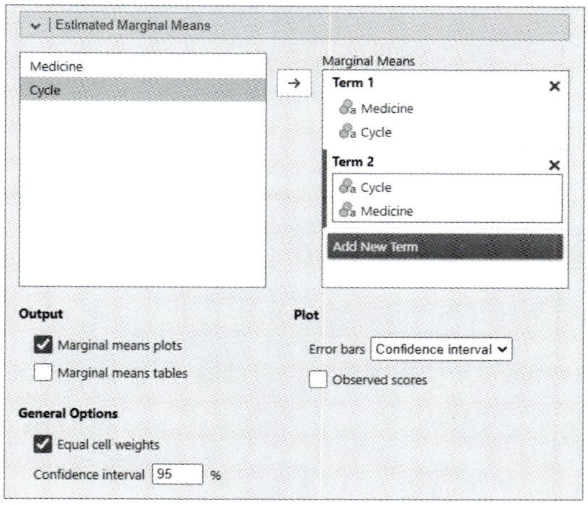

그림 37.17　상호작용 효과 설정

<그림 37.17>에서 보듯이 2개의 변수를 오른쪽 Marginal Means 창으로 옮겨준다. 여기서 어느 변수를 먼저 옮기느냐에 따라 상호작용 효과 그래프의 형태가 달라진다. Term1에는 Medicine을 먼저 옮겼고, Term2에는 Cycle을 먼저 옮겼다. 다음의 그림과 같이 결과가 출력되었다.

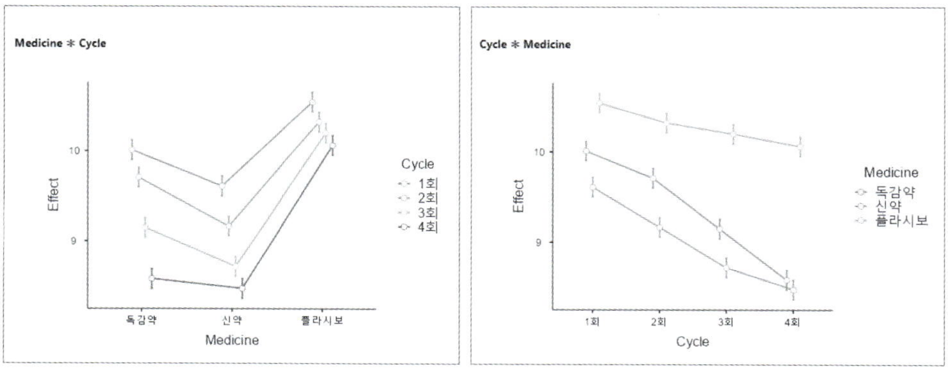

그림 37.18　상호작용 효과 그래프

<그림 37.18>을 보면 엑셀에서 그렸던 상호작용 효과 그래프와 같다는 것을 알 수 있다. 이처럼 Jamovi에서는 엑셀과 마찬가지로 통계량을 수치로 보여줄 뿐만 아니라 직관적인 그래프 형태로도 결과치를 제공한다.

마지막으로 사후검정을 하자. Jamovi의 One-Way ANOVA 메뉴에서는 사후검정 유형이 두 개 밖에 없었다. 하나는 등분산을 가정한 Tukey 검정이었고 다른 하나는 등분산이 아닌 것으로 가정한 Welch의 자유도를 이용한 검정이었다. ANOVA 메뉴에서는 사후검정 유형으로 좀 더 다양한 방법을 제공한다. Tukey 검정 외에 Scheffe, Bonferroni, Holm 등의 검정기법을 사용할 수 있다. 여기서는 가장 보수적이고 엄격한 사후검정으로 알려진 Scheffe 검정을 Tukey 검정과 함께 사용해보겠다.

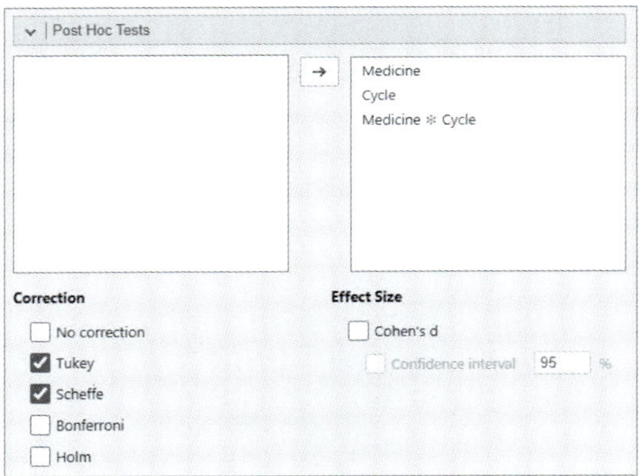

그림 37.19 Tukey와 Scheffe 항목 체크

<그림 37.19>에 나타난 것과 같이 Post Hoc Tests에서 Tukey와 Scheffe 항목에 체크를 한다. 우측 결과 창에 다음과 같은 결과가 출력될 것이다.

Post Hoc Tests

Post Hoc Comparisons - Medicine

Comparison								
Medicine		Medicine	Mean Difference	SE	df	t	p_{tukey}	$p_{scheffe}$
독감약	-	신약	0.370	0.0376	24.0	9.83	< .001	< .001
	-	플라시보	−0.924	0.0376	24.0	−24.55	< .001	< .001
신약	-	플라시보	−1.294	0.0376	24.0	−34.38	< .001	< .001

Note. Comparisons are based on estimated marginal means

Post Hoc Comparisons - Cycle

Comparison								
Cycle		Cycle	Mean Difference	SE	df	t	p_{tukey}	$p_{scheffe}$
1회	-	2회	0.323	0.0435	24.0	7.44	< .001	< .001
	-	3회	0.700	0.0435	24.0	16.10	< .001	< .001
	-	4회	1.018	0.0435	24.0	23.41	< .001	< .001
2회	-	3회	0.377	0.0435	24.0	8.67	< .001	< .001
	-	4회	0.694	0.0435	24.0	15.98	< .001	< .001
3회	-	4회	0.318	0.0435	24.0	7.31	< .001	< .001

Note. Comparisons are based on estimated marginal means

그림 37.20 사후검정 결과

<그림 37.20>의 사후검정 결과는 일부 내용만 소개한 것이다. 각 변수의 수준 간에도 통계적으로 유의미한 평균의 차이가 있는지를 검정한 결과를 보여주는데, 워낙 내용이 많아서 책에서는 그림으로 추가하지 않았다. 여러분이 직접 해보고 내용들을 해석해보기 바란다.

9장

회귀분석

D+38 회귀분석의 개념
D+39 단순회귀모형
D+40 단순회귀모형의 유의성 검정
D+41 다중회귀모형
D+42 다중회귀모형의 적합도 검정
D+43 다중공선성과 이분산성
D+44 더미변수를 이용한 회귀분석
D+45 이항 로지스틱 회귀분석

D+38

회귀분석의 개념

회귀(regression)라는 단어를 사전에서 찾아보면, "한 바퀴 돌아 제자리로 돌아오거나 돌아감"이라고 정의되어 있다. 즉, 처음의 위치로 돌아온다는 의미이다. 한자로는 '돌아갈 회(回)'와 '돌아갈 귀(歸)'라는 문자의 조합이다.

그렇다면 통계학에서 회귀분석은 무엇이 어디로 돌아간다는 것일까? 이 질문에 답하기 위해서 회귀분석의 목적이 무엇인지 알아보자.

회귀분석은 주어진 독립변수로 종속변수를 예측하는 것이다. 예를 들어서 마케팅 부서에서 이번 분기에 판촉예산을 편성하여 고객을 대상으로 프로모션을 진행했을 때, 얼마만큼의 매출이 발생할 것인지를 예측하는 것이다. 여기서 판촉을 위해 투입된 비용의 크기가 독립변수이고 매출액은 종속변수가 된다. 앞에서 t-검정이나 분산분석이 지난 분기의 매출액과 이번 분기의 매출액 간의 차이 비교에 방점이 찍혀있다면, 회귀분석은 투입과 산출 간의 상관관계에 방점이 찍혀있다.

우리는 D+22 차수에서 공분산과 상관관계에 대해서 알아보았다.

공분산과 상관계수의 개념을 다시 떠올려 보자. 공분산(covariance)은 두 변수, 즉 확률변수 X와 Y 간의 분산으로 변수 X가 상승하는 값을 가질 때 나머지 변수 Y가 상승하는지 감소하는지를 판단할 수 있는 통계량이다. 그런데 확률변수 X와 Y의 단위가 다를 경우 측정 단위가 모호해져 공분산을 표준화할 필요가 생긴다. 그래서 X의 표준편차와 Y의 표준편차를 곱한 값으로 공분산을 나누어 표준화된 값을 구하는데 이 값이 상관계수이다. 상관계수는 변수 X와 Y의 영향 관계의 세기를 나타내는 통계량이기도 하다.

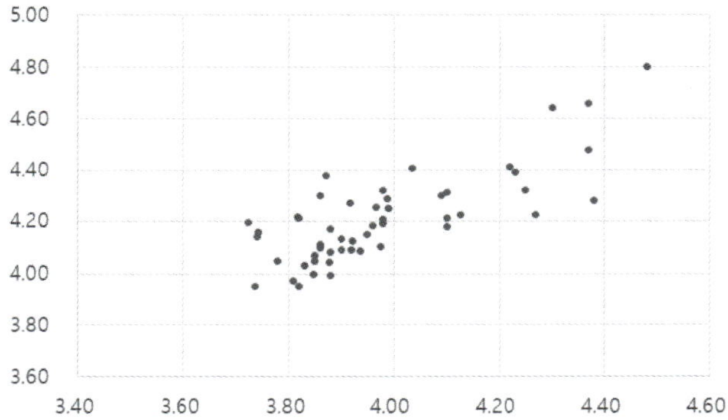

그림 38.1 산포도

<그림 38.1>은 두 확률변수 X와 Y의 상관관계를 시각적으로 나타낸 산포도이다. 데이터의 분포를 봤을 때 두 변수 간에 상관관계가 꽤 있는 것으로 보인다. 실제 이 데이터 세트의 상관계수는 0.779이다. 수치적으로도 상당히 강한 양(+)의 상관관계라고 할 수 있다.

표본의 상관계수(r)은 지난 D+22 차수에서 살펴본 바와 같이 다음의 수식으로 구한다.

$$r = \frac{\sum_{i=1}^{n}(x_i - \bar{x})(y_i - \bar{y})}{\sqrt{\sum_{i=1}^{n}(x_i - \bar{x})^2}\sqrt{\sum_{i=1}^{n}(y_i - \bar{y})^2}} \tag{38.1}$$

수식 (38.1)에서 분자는 확률변수 X의 평균과 개별 관측치 간의 거리, 그리고 확률변수 Y의 평균과 개별 관측치 간의 거리를 곱하여 계산한다. 분모는 확률변수 X의 평균과 개별 관측치 간의 거리를 제곱한 뒤 다시 제곱근으로 계산한다. 확률변수 Y도 X와 같은 방식으로 계산한다.

$$-1 \le r \le +1$$

표본상관계수 r의 값은 -1에서 $+1$의 사이에 있다. 상관계수가 $+1$에 가까우면 강한 양(+)의 상관관계를 갖는다고 해석하고, -1에 가까우면 강한 음(−)의 상관관계를 갖는다고 해석한다. 만약 상관계수가 0이거나 0에 매우 근사한다면 상관관계가 (거의) 없다고 해석한다.

표본상관계수 r은 모상관계수 ρ에 대한 추정치이므로 그 값이 통계적으로 유의하는지 검정할 필요가 있다. 상관계수의 통계적 유의성은 일반적인 가설검정의 단계로 검정할 수 있다. 즉, 1단계로 가설을 설정하는 것이다. 귀무가설은 $H_0 : \rho = 0$으로 설정하여 검정한다. 검정통계량은 다음과 같이 구한다.

$$t_{calc} = r\sqrt{\frac{n-2}{1-r^2}} \tag{38.2}$$

예제 38.1

표본상관계수가 0.779이다. 표본의 개수는 51개이다. 유의수준 0.05에서 상관계수의 유의성을 검정하시오.

풀이

예제는 〈그림 38.1〉의 산포도에 대한 정보이다. 가설검정의 단계에 따라 다음과 같이 검정할 수 있다.

1) 1단계: 가설설정

$$H_0 : \rho = 0$$
$$H_1 : \rho \neq 0$$

2) 2단계: 결정규칙 설정

〈부록〉 스튜던트 t-분포표에서 자유도 $d.f. = n - 2 = 51 - 2 = 49$의 양측검정에 해당하는 t-분포값을 확인한다. $t_{0.025} = 2.010$으로 확인된다. 따라서 결정규칙은 검정통계량이 임계치 +2.010보다 크거나 -2.010보다 작으면 귀무가설을 기각한다.

참고로 여기서 자유도 계산 시 전체 관측치 51에서 2를 빼주는 이유는 표본평균이 2개($\bar{x}$와 $\bar{y}$)가 사용되었기 때문이다.

3) 3단계: 검정통계량

$$t_{calc} = r\sqrt{\frac{n-2}{1-r^2}} = 0.779\sqrt{\frac{51-2}{1-(0.779)^2}} \approx 8.697$$

4) 4단계: 의사결정

검정통계량 8.697은 임계치 +2.010보다 매우 크다. 따라서 상관계수가 0이라는 귀무가설을 기각한다.

이상으로 상관계수가 두 확률변수 X와 Y 간의 영향 관계를 판단할 수 있는 통계량이라는 것을 알았다. 그러나 상관계수는 독립변수와 종속변수 간에 어떠한 영향도가 있는지를 알 수 있는 정보일 뿐, 회귀분석 본연의 목적인 종속변수에 대한 예측 정보로는 불충분하다.

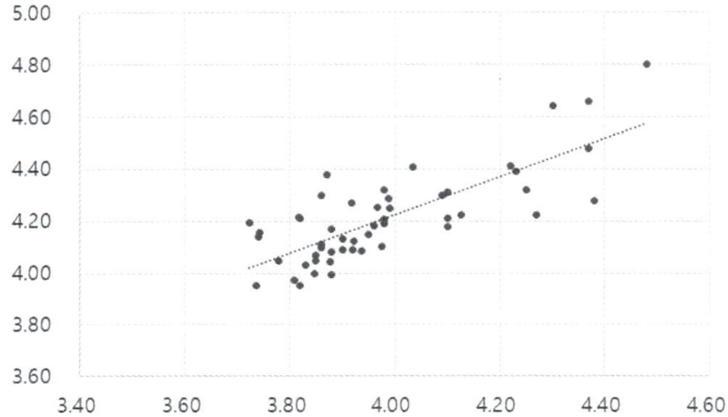

그림 38.2 산포도와 회귀선

<그림 38.2>는 앞의 <그림 38.1>의 산포도에 회귀선(추세선이라고도 부른다)을 그은 것이다. 종속변수에 대한 예측을 위해서는 회귀선이 필요하다. 문제는 회귀선을 어떻게 합리적으로 구하는가이다. 회귀선을 구하기 위해서는 회귀방정식을 구해야 한다.

다음은 회귀선을 구하는 방정식의 기본 모형이다.

$$\hat{y} = b_0 + b_1 x \tag{38.3}$$

수식 (38.3)에서 b_0는 y 절편이고, b_1은 기울기이다. 독립변수 X의 개별 관측치가 방정식의 x에 대입되어 계산해서 나온 $\hat{y}$의 값이 회귀선을 이루는 것이다. $\hat{y}$[1]의 값은 실제 값이 아니라 독립변수 X의 개별 관측치에 대한 추정된 값이다. 따라서 실제 값과는 차이가 있다.

독립변수 X의 개별 관측치에 대한 실제 y의 값은 다음의 수식으로 구해진 값이다.

$$y = \beta_0 + \beta_1 x + \epsilon \tag{38.4}$$

즉, $\hat{y}$은 독립변수 X의 개별 관측치에 대한 기댓값 $E(Y|x)$인 것이고, y는 실제 값이

1 y-hat 으로 읽는다.

다. 따라서 수식 (38.3)의 오차 ϵ는 $\hat{y}$과 y 간의 거리이다. <그림 38.2>에서 독립변수 X의 개별 관측치 x값에 대응하는 실제 점과 회귀선 간의 거리인 셈이다. 가장 합리적인 회귀선은 이 거리를 최소화한 것이다.

지금까지 설명한 것처럼 회귀분석은 종속변수에 대한 예측을 목적으로 주어진 표본 데이터를 사용하여 실제 관측치들의 오차가 최소가 되도록 하는 회귀식을 구함으로써 예측의 정확도를 높이는 것이라고 할 수 있다.

다시 처음의 질문으로 돌아가 보자. 통계에서 '회귀'는 무엇이 어디로 되돌아가는 것을 의미하는가? 독립변수와 종속변수 간의 상관관계, 종속변수 관측치에 대한 기댓값, 그리고 기댓값과 실제값 간의 오차를 최소화하는 회귀선의 설정. 회귀분석의 이러한 개념을 통해서 종속변수 주변의 분산이 예측에 대한 기댓값에 근사하도록($\approx$ 되돌아가도록) 하는 것이 회귀분석의 '회귀'라는 단어의 의미가 될 것이다.

영국의 통계학자이자 인류학자인 프랜시스 골턴(Francis Galton, 1822~1911)은 부모와 자녀 간의 키에 대한 상관관계를 연구하면서 부모의 키가 아무리 크더라도 자녀의 키는 자녀 세대의 평균키로 접근하는 경향을 발견하였다고 한다. 이 현상을 평균으로의 회귀라고 불렀다. 그래서 골턴은 부모와 자녀의 키 사이의 관계를 나타내는 직선을 회귀선(regression line)이라고 했다.

이처럼 회귀분석은 독립변수가 종속변수에 영향을 미치는 관계를 식별하기 위한 통계적 기법이다. 회귀분석은 종속변수에 영향을 미치는 독립변수의 개수에 따라 수리적 모형을 달리한다. 독립변수가 1개인 경우를 단순회귀모형이라고 하고 독립변수가 2개 이상인 경우를 다중회귀모형이라고 한다.

D+39

단순회귀모형

단순회귀모형은 독립변수가 1개인 경우이다. 단순회귀모형에서 가정하는 선형관계는 다음의 수식으로 표현된다.

$$Y = y\ 절편 + 기울기 \cdot X \tag{39.1}$$

<그림 39.1>은 D+38의 내용에 있는 <그림 38.2>의 데이터 분포와 회귀선에 대한 회귀

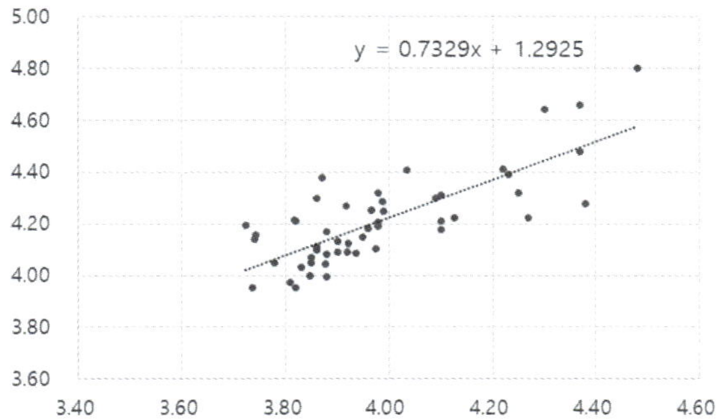

그림 39.1 회귀선과 회귀방정식

방정식의 기술을 포함한 그래프이다.

회귀방정식을 해석하자면, X 변수가 1단위 증가할수록 Y의 값은 0.7329씩 증가하게 됨을 예측하고 있다. 수식에서 Y의 값은 X 변수에 어떠한 값이 대입되느냐에 따라 달라지는 확률변수이고 독립변수 X와 종속변수 Y의 관계는 영향을 주고받는 관계이지만 원인과 결과의 인과관계로 단정할 수는 없다. 그리고 X가 0인 경우 Y의 값은 y 절편인 1.2925가 되는데 이 상수항은 수식의 조건이 합리적일 때만 의미 있는 수치가 된다.

다음의 수식을 예로 들어보자.

$$Y(\text{매출액}) = ₩50,000,000 + ₩1,000,000 \times X(\text{판촉 활동}) \tag{39.2}$$

위의 수식은 판촉 활동이 1단위 증가하면 매출액이 100만 원씩 증가할 것으로 예측한다. 여기서 판촉 활동을 전혀 하지 않으면 X는 0이 되는데, 이 경우 매출액은 5천만 원이 된다. 이 5천만 원은 의미가 있는 수치라고 할 수 있다. 왜냐하면 매출액의 증감에 영향을 주는 요인은 판촉 활동 외에도 소득, 물가, 비수기 또는 성수기와 같은 외부환경 요인이나 제품의 속성(가격, 기능, 품질 등등)과 같은 요인들도 있기 때문이다. 만약 제품이 생활필수품 범주에 속한다면 판촉 활동을 전혀 하지 않아도 어느 정도의 매출이 발생할 것이다.

또 다른 수식을 예로 들어보겠다.

$$Y(\text{제로백}) = 20\text{초} + (-0.3) \times X(\text{마력}) \tag{39.3}$$

위의 수식은 엔진의 출력이 1마력 증가하면 제로백(시속 100 km에 도달하는 시간)이 0.3초씩 감소한다고 예측한다. 여기서 출력이 0이 되면 상수항 20초는 자동차가 엔진의 가동 없이 시속 100 km에 도달하는 데에 걸리는 시간을 의미한다. 그런데 엔진의 출력이 0마력이면 자동차는 움직이지 않는 상태이며 따라서 시속 100 km에 도달할 수 없다. 따라서 이 경우 상수항은 의미가 없다.

이상과 같이 상수항 y 절편은 수식이 예측하고자 하는 상황과 조건에 따라서 의미가 있는 수치일 수도 있고, 전혀 의미가 없는 수치일 수도 있다.

다음의 예제를 풀이하여 X의 변화에 따른 Y의 변화량에 대해서 예측해 보자.

예제 39.1

다음의 회귀식을 보고 기울기를 해석하고 상수항이 의미가 있는 수치인지 판단하시오.

(1) R&D 투자 비율 = 0.01 + 0.002×매출액

(2) 불량률 = 0.05 + (−0.001)×품질비용

(3) 월간 임차료 = ₩500,000 + ₩700,000×사무실의 개수

(4) 영업직 급여 = ₩800,000 + ₩100,000×판매수량

풀이

(1)의 수식에서는 매출액이 1단위 증가할수록 R&D 투자 비율이 0.2%씩 상승한다고 예측한다. 만약 매출액이 0인 경우는 R&D 투자 비율이 1%인 것을 의미한다. 그런데 매출액이 0이면 투자할 재무자원이 하나도 없으므로 이 수식에서 상수항 0.01은 의미가 없는 수치로 해석된다.

(2)의 수식에서는 품질비용이 1단위 증가할수록 불량률이 0.1%씩 감소한다고 예측한다. 만약 품질비용이 0인 경우 불량률은 5%인 것을 의미한다. 이 경우 상수항 0.05는 의미가 있는 수치이다. 왜냐하면 품질 예방을 위한 비용을 투입하지 않으면 생산되는 제품 중에 일부는 불량이 발생할 가능성이 있기 때문이다.

(3)의 수식에서는 사무용 빌딩의 임차료와 관련하여 임차하는 사무실의 개수가 1단위 증가할수록 월간 임차료가 70만 원씩 증가한다고 예측한다. 상수항은 임차하는 사무실의 개수가 0이라면 50만 원의 임차비용이 소요됨을 의미한다. 이 경우 상수항은 의미가 없는 수치이다. 임차하는 공간이 없다면 임차비용도 발생하지 않기 때문이다.

(4)의 수식에서는 영업직 급여 지급에 있어서 영업사원이 판매하는 수량이 1단위 증가할수록 인센티브로 10만 원씩 지급하게 된다는 것을 예측한다. 그런데 상수항 80만 원은 영업사원이 단 한 개도 제품을 판매하지 못하는 경우를 가정하는 것인데, 이 경우 상수항이 의미가 있는지 없는지는 수식만을 보고 단정할 수는 없다. 왜냐하면 회사와 영업직

사원 간의 계약조건이 어떻게 되느냐에 따라 달리 해석할 수 있기 때문이다. 만약 근로계약의 조건에 회사가 영업사원에게 기본급으로 80만 원을 지급하기로 되어 있다면 상수항은 의미 있는 수치이고, 이와 달리 기본급 없이 인센티브만 지급하기로 되어 있다면 상수항은 의미 없는 수치가 될 것이다.

지금까지 회귀모형을 통해서 독립변수 X의 변동에 따라 종속변수 Y가 어떻게 변화하고 움직이는지를 예측할 수 있다는 것을 알았다.

모수를 가정하는 회귀모형

회귀모형도 앞에서 살펴보았던 t-검정이나 분산분석처럼 표본을 통해서 알려지지 않은 모수를 추정하기 위해 만들어진 것이다. 모집단에서 선형관계를 나타내는 **모집단의 회귀모형**은 다음과 같다.

$$y = \beta_0 + \beta_1 x + \epsilon \tag{39.4}$$

위의 수식에서 β_0는 상수항을 의미하고 β_1은 기울기를 의미한다는 것을 우리는 이미 알고 있다. 그런데 여기서 오차항(ϵ)이 포함되는 이유를 이해할 필요가 있다. 그 이유는 크게 2가지이다.

첫째, X 변수 이외에 다른 변수가 Y 변수에 영향을 미칠 수 있다. 수식 (39.2)를 예로 들어보자. 매출액에 영향을 미치는 변수는 판촉 활동 외에 소비자들의 소득이나 물가지수 같은 것이 있을 수 있다. 경쟁사에서 신제품이 출시되었다면 이 또한 매출액에 영향을 미치는 요인이 될 것이다. 이처럼 회귀모형에서는 Y 변수에 영향을 미치는 모든 요인을 변수로 포함하고 있지 않으므로 이 점을 고려하여 오차를 포함해야 한다.

둘째, Y 변수에 측정오차가 존재할 수 있다. [예제 39.1]의 (3)번 문항을 예로 들어보자. 사무실 1개를 임차할 때마다 월간 임차료가 70만 원씩 상승한다는 것을 모든 빌딩에 일률적으로 적용할 수 있는 것은 아니다. 주변의 다른 빌딩은 사무실 1개당 월 임차료가 70만 원보다 높을 수도 있고 반대로 낮을 수도 있다. 이러한 경우를 고려하여 오차를 포함해야 한다.

그런데 오차는 실제로 관찰이 불가능하다. 그래서 오차는 평균이 0이고 표준편차가 σ인 정규분포를 따른다고 가정한다. 그리고 모든 x에 대해 σ는 동일하며 서로 독립이라고 가정한다. 이러한 가정을 바탕으로 표본으로부터 회귀식을 추정하고 추정된 회귀식을 사용하여 X 변수의 값에 해당하는 Y 변수의 기댓값을 예측하는 회귀식을 **추정된 회귀식**이라고 한다. 추정된 회귀식은 다음과 같다.

$$\hat{y} = b_0 + b_1 x \tag{39.5}$$

위의 수식에서 b_0는 추정된 상수항이고 b_1은 추정된 기울기이다. 추정된 상수항과 추정된 기울기를 사용하여 계산된 것이기 때문에 $\hat{y}$은 실제 관측된 y와는 수치상의 차이가 발생한다.

다음의 <그림 39.2>를 살펴보자.

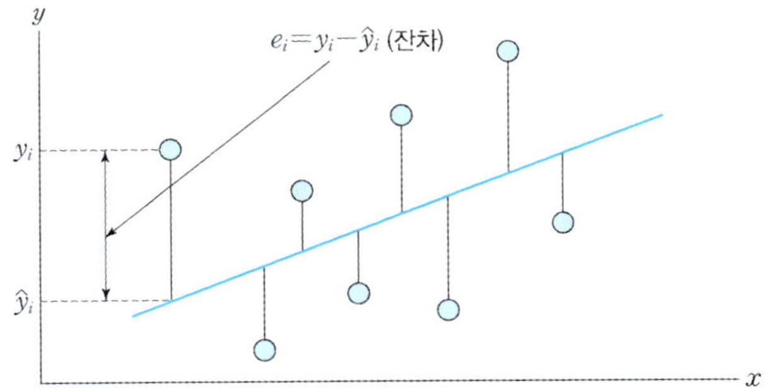

그림 39.2 잔차

그림에서처럼 추정된 y의 값인 $\hat{y}_i$은 추정된 회귀선 위에 있다. 반면에 실제로 관측된 y값인 y_i는 추정된 회귀선과 일치하지 않고 거리를 두고 떨어져 있다. 이를 잔차(residual)라 부르고 e_i의 기호로 표기한다. 가장 합리적인 회귀선은 이 잔차의 제곱이 최소화된 선이다.

보통최소제곱법(OLS)

잔차의 제곱합을 최소화하는 것을 최소제곱법(Ordinary Least Square; OLS) 또는 최소자승법이라고 한다. 즉, 관측치와 예측치 간의 차이를 최소화하는 것이다. 따라서 OLS로 구한 직선이 나오도록 하는 수식이 회귀분석의 방정식이 된다. 이 직선이 평균을 지나므로 이 회귀선은 앞에서 얘기한 것과 같이 평균으로 회귀하는(되돌아가는) 의미를 갖는다.

OLS의 특징은 회귀선을 기준으로 잔차들의 합이 항상 0이 된다는 것이다. <그림 39.2>에서처럼 회귀선 상단에 있는 관측치와 회귀선 상의 추정치 간의 양(+)의 잔치와 회귀선 아래에 있는 관측치와 회귀선 상의 추정치 간의 음(−)의 잔차는 서로 상쇄된다. 따라서 OLS는 잔차의 제곱을 계산한다. 수식 (39.5)의 추정된 상수항 b_0와 추정된 기울기 b_1은 추정된 회귀식이 가장 작은 잔차제곱합(sum of squared residuals: SSE)을 가질 수 있도록 계산된 것이다.

$$SSE = \sum_{i=1}^{n} e_i^2 = \sum_{i=1}^{n} \left(y_i - \hat{y}_i\right)^2 = \sum_{i=1}^{n} (y_i - b_0 - b_1 x_i)^2 \quad (39.6)$$

여기서 기울기 b_1과 상수항 b_0에 대한 OLS 추정량은 다음의 수식으로 구할 수 있다.

$$b_1 = \frac{\sum_{i=1}^{n}(x_i - \overline{x})(y_i - \overline{y})}{\sum_{i=1}^{n}(x_i - \overline{x})^2} \tag{39.7}$$

$$b_0 = \overline{y} - b_1\overline{x} \tag{39.8}$$

OLS 회귀선은 항상 표본평균 $\overline{x}$와 $\overline{y}$가 만나는 지점을 통과한다. 그리고 OLS 공식은 모집단의 회귀모형인 수식 (39.4)의 β_0와 β_1에 대한 불편일치추정량(unbiased and consistent estimates)을 제시한다. 앞에서 이미 설명한 개념이지만 불편추정량(unbiased estimator)의 기댓값은 실제 모수이고, 일치추정량(consistent estimator)은 표본의 크기가 커질수록 모수에 접근한다는 의미이다. 따라서 OLS에 의해 추정된 상수항 및 기울기는 모집단 회귀모형의 상수항 및 기울기와 같다고 보는 것이다.

회귀모형은 종속변수 Y가 평균을 기준으로 얼마나 변동하는지를 설명하는 것이다. Y 변수의 총변동은 다음의 제곱합(SST)으로 계산한다.

$$SST = \sum_{i=1}^{n}\left(y_i - \overline{y}\right)^2 \tag{39.9}$$

총제곱합은 회귀식에 의해 설명된 변동(SSR)과 설명되지 않는 변동, 즉 잔차변동(SSE)으로 구성된다.

$$SST = SSR + SSE \tag{39.10}$$

위의 수식에서 SSR은 종속변수 Y에 대한 설명된 변동으로 추정된 평균 $\hat{y}_i$과 표본평균 $\overline{y}$ 간 차이의 제곱을 합산하여 구한다. 그리고 SSE는 Y에 대한 설명되지 않는 변동으로 잔차제곱합(수식 39.6)으로 계산한다. 따라서 수식 (39.10)은 다음과 같이 정의할 수 있다.

$$SST = \sum_{i=1}^{n}(\hat{y}_i - \bar{y})^2 + \sum_{i=1}^{n}(y_i - \hat{y}_i)^2 \tag{39.11}$$

만약 회귀모형의 적합도가 우수하다면, SSE가 SST에 비해 상대적으로 작을 것이다. 따라서 실제 관측치(y_i)가 추정치($\hat{y}_i$)와 정확히 일치한다면 SSE는 0이 될 것이다.

결정계수(R^2)

회귀분석는 추정된 회귀식이 모수를 추정하는 데 적합한가를 아는 것이 중요하다. 회귀모형의 적합도를 판단하는 데에 있어서 잔차변동(SSE)을 사용하는데, SSE는 표본의 크기나 측정 단위에 따라 변동하므로 이를 표준화하여 측정할 필요가 있다. 여기서 SST를 SSR과 비교함으로써 상대적인 적합도를 평가하는 지표를 만드는 아이디어를 떠올려 보자.

앞의 수식 (39.10)에서 SST는 SSR과 SSE의 합으로 계산한다고 하였다. 이 수식의 좌변과 우변의 항 모두를 SST로 나누어 보자. 그러면 우변은 다음과 같은 두 비율의 합으로 표시될 것이다.

$$\frac{SST}{SST} = \frac{SSR}{SST} + \frac{SSE}{SST} \Rightarrow 1 = \frac{SSR}{SST} + \frac{SSE}{SST} \tag{39.12}$$

위의 수식에서 SSR/SST 또는 1−(SSE/SST)를 결정계수(R^2)라고 한다. 따라서 결정계수의 범위는 $0 \le R^2 \le 1$이다. 회귀모형이 완벽한 적합도를 보인다면, 앞에서 설명한 바와 같이 SSE=0이므로 R^2의 최댓값은 1이다.

결정계수가 의미하는 것은 무엇인가?

이에 대한 답변을 위해서 앞에서 살펴봤던 수식 (39.4)로 돌아가 보자.

수식 (39.4)의 설명 중에 오차항(ϵ)이 수식에 포함되는 이유가 있었다. 그 이유 중의 하나는 Y 변수에 영향을 미치는 요인이 수식에 사용된 X 변수 외에 다른 변수들이 존재할 수 있다는 것이고, 다른 하나는 Y 변수에 표본 선정에 따른 측정오차가 존재할 수 있다는 것이다.

R^2는 잔차변동(SSE)을 표준화하여 SST에 대한 SSR의 비율로 계산된 것이다. 즉, R^2의 값이 크다는 것은 SSE의 비율이 그만큼 적다는 것이고, 이는 실제 관측된 통계량과 추정된 통계량의 차이가 작다는 것을 의미한다. 따라서 R^2가 크면 종속변수 Y의 변동에 대해서 독립변수 X가 갖는 설명력이 높다고 판단할 수 있다.

다음의 예제를 풀이해보자.

예제 39.2

'Data02_직무만족과 조직충성'의 데이터를 사용하여 다음의 통계량을 구하시오.

(1) 추정된 회귀식

(2) 결정계수

풀이

(1) 추정된 회귀식을 구하려면 OLS를 사용한 추정된 상수항과 추정된 기울기를 구해야 한다. 기울기 b_1과 상수항 b_0에 대한 OLS 추정량은 수식 (39.7)과 (39.8)에 기술되어 있다. 먼저 기울기를 구해야 하는데 이를 위해서 X 변수의 실제 관측치(x_i)와 표본평균($\overline{x}$) 간의 차이 값과 Y 변수의 실제 관측치(y_i)와 표본평균($\overline{y}$) 간의 차이값을 구하여 수식 (39.7)에 대입한다.

추정된 기울기는 다음과 같이 계산된다.

$$b_1 = \frac{\sum_{i=1}^{n}(x_i - \overline{x})(y_i - \overline{y})}{\sum_{i=1}^{n}(x_i - \overline{x})^2} = \frac{67.647}{122.157} \approx 0.554$$

추정된 기울기 b_1은 0.554이다. 이제 추정된 상수항을 구할 차례이다. 추정된 상수항은 수식 (39.8)을 이용하여 다음과 같이 구할 수 있다.

$$b_0 = \bar{y} - b_1\bar{x} = 3.455 - (0.554 \times 3.447) \approx 1.546$$

추정된 상수항은 1.546이다. 따라서 앞에서 구한 추정된 기울기와 추정된 상수항을 이용하여 추정된 회귀모형을 다음과 같이 정의할 수 있다.

$$\hat{y} = 1.546 + 0.554x$$

위의 수식은 직무만족도(X)가 1단위 상승할 때마다 조직충성도(Y)가 0.554만큼 상승한다는 예측이다.

(2) 결정계수(R^2)는 수식 (39.11)을 사용하여 총제곱합(SST)을 구하고 SSR의 비율을 계산하여 구한다고 했다. 따라서 예제데이터를 이용하여 R^2를 구하면 다음과 같다.

$$SST = SSR + SSE = \sum_{i=1}^{n}(\hat{y}_i - \bar{y})^2 + \sum_{i=1}^{n}(y_i - \hat{y}_i)^2 = 37.492 + 67.918$$
$$\approx 105.410$$

$$R^2 = \frac{SSR}{SST} = \frac{(1 - SSE)}{SST} \approx 0.3557$$

결정계수는 0.3557, 즉 35.57%로 나타났다. 이 수치가 의미하는 것은 종속변수인 Y(조직충성도)의 변동에 대한 독립변수 X(직무만족도)의 설명력이 35.57%라는 것이다. 이는 조직충성도에 대하여 영향을 미치는 변수 중에서 직무만족도가 35.57%의 영향을 미친다는 것이다.

여기서 우리가 알아야 할 것은 회귀모형에서 결정계수가 높다고 회귀모형이 좋다고 판단할 수만은 없다는 점이다. 독립변수의 개수가 늘어나면 늘어날수록 결정계수는 높아진다. 그런데 추가된 독립변수가 종속변수의 변동을 설명하는 데에 중요하지 않은 변수라면 큰 의미가 없다. 따라서 종속변수에 의미 있는 영향력을 미치는 독립변수를 선별하여 회귀모형에 포함시키는 것이 중요하다. 만약 조직충성도에 미치는 영향이 있는 독립변수가 여러 개라면 독립변수로서 단독으로 35.57%의 설명력을 갖는다면 매우 중요한 변수라고 해석할 수 있다.

D+40

단순회귀모형의 유의성 검정

우리는 앞에서 결정계수(R^2)를 계산하여 종속변수에 대한 독립변수의 설명력을 가늠하였다. 그런데 R^2은 종속변수의 변동을 설명하는 데에 독립변수가 얼마나 적합한 변수인지를 설명할 수 있을 뿐이다. 단순회귀모형의 유의성을 검정하는 것은 R^2을 계산하는 것 외에 다양한 관점에서 이루어질 필요가 있다.

표준오차: 표본평균의 표준편차

표본은 확률변수이므로 모집단과 완전히 일치하지 않는다. 추정된 회귀모형도 표본 데이터에 기초하여 계산된 것이기 때문에 모집단의 회귀모형과 일치한다고 보기는 어렵다. 이론적으로는 같은 모집단에서 적합한 방법으로 표본을 구한 것이기 때문에 추정된 회귀식의 상수항과 기울기가 모수에 대한 불편일치추정량이라고 하지만 실제로 표본집단의 평균은 표본을 추출할 때마다 조금씩 다를 수밖에 없다.

표준오차는 회귀모형의 전체적인 적합도를 측정하는 지표로서 의미가 있는 통계량이다. 여기서 표준오차는 표본 평균값들의 표준편차이다. 표준오차를 구하여 회귀계수의 유의성(회귀식의 적합성)을 판단할 수 있다.

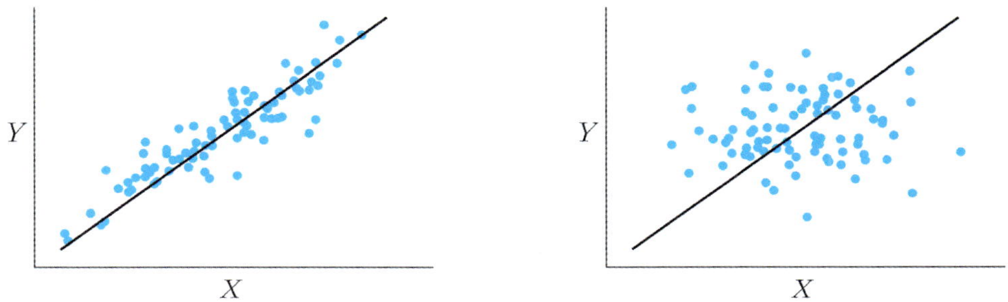

$y=0.3+1.5x$ $y=0.3+1.5x$

그림 40.1 회귀모형과 표준오차

<그림 40.1>에 있는 두 그래프를 보자. 그림을 통해서 우리는 회귀모형이 같더라도 데이터의 퍼짐 정도, 즉 분산이 다를 수 있다는 것을 알 수 있다. 왼쪽의 그림은 데이터의 퍼짐이 오른쪽 그림에 비해서 작다. 이는 표준오차가 작다는 의미이다. 표준오차가 작으면 회귀계수가 우연일 확률이 낮고 통계적으로 유의할 가능성이 크다.

여기서 회귀계수는 회귀모형의 기울기를 의미한다. 회귀계수의 유의성은 t−검정으로 판단할 수 있다. 즉, 기울기의 모수(β_1)가 0인지 아닌지를 검정하는 것이다. 만약 $\beta_1 = 0$이면, X 변수는 Y 변수에 영향을 미치지 않고 회귀모형은 상수항 β_0와 무작위 오차항 ϵ의 합으로 구성된다.

최초 모형	만약 $\beta_1 = 0$이면	최종 모형
$y = \beta_0 + \beta_1 + \epsilon$	$y = \beta_0 + (0)x + \epsilon$	$y = \beta_0 + \epsilon$

회귀계수의 검정은 자유도 $d.f. = n-2$인 t−검정을 사용한다. 가설과 검정통계량은

다음과 같다.

표 40.1 회귀계수의 가설검정과 검정통계량

계수	가설	검정통계량
기울기	$H_0 : \beta_1 = 0$ $H_1 : \beta_1 \neq 0$	$t_{calc} = \dfrac{\text{추정된 기울기} - \text{가설의 기울기}}{\text{기울기의 표준오차}} = \dfrac{b_1 - 0}{s_{b_1}}$
상수항	$H_0 : \beta_0 = 0$ $H_1 : \beta_0 \neq 0$	$t_{calc} = \dfrac{\text{추정된 상수항} - \text{가설의 상수항}}{\text{상수항의 표준오차}} = \dfrac{b_0 - 0}{s_{b_0}}$

표준오차는 회귀모형의 전체적인 적합도를 측정하는 지표이다. 표준오차는 다음과 같이 계산할 수 있다.

$$s_e = \sqrt{\frac{SSE}{n-2}} \tag{40.1}$$

만약 추정된 모형의 예측이 완벽하다면, SSE=0이고 따라서 표준오차도 0이 될 것이다. 표준오차가 주어지면 아래의 공식을 이용하여 추정계수(기울기의 표준오차 s_{b_1}와 상수항의 표준오차 s_{b_0})에 대한 신뢰구간을 구할 수 있다.

$$s_{b_1} = \frac{s_e}{\sqrt{\sum_{i=1}^{n}(x_i - \overline{x})^2}} \tag{40.2}$$

$$s_{b_0} = \sqrt{\frac{1}{n} + \frac{\overline{x}^2}{\sum_{i=1}^{n}(x_i - \overline{x})^2}} \tag{40.3}$$

유의수준 5%에서 양측검정으로 모수에 대한 신뢰구간은 다음과 같이 구할 수 있다.

$$b_1 - t_{\alpha/2} s_{b_1} \leq \beta_1 \leq b_1 + t_{\alpha/2} s_{b_1} \tag{40.4}$$

$$b_0 - t_{\alpha/2} s_{b_0} \le \beta_0 \le b_0 + t_{\alpha/2} s_{b_0} \tag{40.5}$$

수식 (40.4)는 기울기 모수에 대한 신뢰구간을 추정하는 것이고, 수식 (40.5)는 상수항 모수에 대한 신뢰구간을 추정하는 것이다.

예제 40.1

'Data02_직무만족과 조직충성'의 데이터를 사용하여 다음의 통계량을 구하시오(표본 개수는 123개이다).

(1) 기울기의 표준오차와 상수항의 표준오차

(2) 기울기 모수에 대한 신뢰구간과 상수항 모수에 대한 신뢰구간

풀이

(1) 기울기의 표준오차와 상수항의 표준오차를 구하기 위해서는 먼저 수식 (40.1)을 사용하여 표준오차 s_e를 구해야 한다.

$$s_e = \sqrt{\frac{SSE}{n-2}} = \sqrt{\frac{67.918}{123-2}} \approx 0.7492$$

D+39 차수의 [예제 39.2]에서 SSE는 67.918임을 알고 있으므로 수식의 분자에 이 값을 대입하고 사용된 평균이 2개이므로 분모의 자유도는 표본 개수 123에서 2를 차감하여 계산한다. 계산을 통해 표준오차가 0.7492라는 것을 알았다.

다음으로 수식 (40.2)와 (40.3)을 이용하여 표준오차를 대입해서 기울기의 표준오차와 상수항의 표준오차를 구한다.

(기울기의 표준오차)

$$s_{b_1} = \frac{s_e}{\sqrt{\sum_{i=1}^{n}(x_i - \overline{x})^2}} = \frac{0.7492}{\sqrt{122.157}} \approx 0.0678$$

(상수항의 표준오차)

$$s_{b_0} = \sqrt{\frac{1}{n} + \frac{\overline{x}^2}{\sum_{i=1}^{n}(x_i - \overline{x})^2}} = \sqrt{\frac{1}{123} + \frac{3.45^2}{122.157}} = 0.2432$$

(2) 기울기의 표준오차와 상수항의 표준오차를 구했으면, 이 수치를 수식 (40.4)와 (40.5)에 대입하여 신뢰구간을 구한다. 수식에서 사용할 추정된 기울기 b_1과 추정된 상수항 b_0는 D+39의 [예제 39.2]의 문항 (1)에서 이미 구했으므로 해당 값을 사용하면 된다.

(기울기 모수 β_1의 신뢰구간)

$$b_1 \pm t_{\alpha/2} s_{b_1} = 0.554 \pm 1.980 \bullet 0.0678 = [0.4198, 0.6882]$$

(상수항 모수 β_0의 신뢰구간)

$$b_0 \pm t_{\alpha/2} s_{b_0} = 1.546 \pm 1.980 \bullet 0.2432 = [1.0645, 2.0275]$$

기울기 모수의 신뢰구간은 0.4198~0.6882로 계산되었다. 그리고 상수항 모수의 신뢰구간은 1.0645~2/0275로 계산되었다. 신뢰구간을 구하여 회귀모형의 추정된 회귀계수 적합성을 판단하는 것은 신뢰구간 안에 0이 포함되었는가를 확인하면 된다. 만약 신뢰구간 안에 0이 포함되었다면, 추정된 회귀계수는 기울기가 0이므로 통계적으로 유의하지 않다고 판단한다. 본 예제에서는 기울기 모수의 신뢰구간 안에 0이 포함되지 않으므로 회귀모형이 적합하다고 판단할 수 있다.

기울기가 0인지 가설검정

회귀모형의 유의성 검정은 기울기 모수가 0인지 여부를 가설로 설정하고 이를 t-통계량을 이용하여 검정하는 방법도 가능하다.

위의 [예제 40.1]을 유의수준 5%에서 가설검정의 단계에 따라 회귀모형의 적합도를 검정해보자.

1) 1단계: 가설설정

<표 40.1>에 정리된 것을 참고하여 다음과 같이 가설을 설정한다.

$$H_0 : \beta_1 = 0$$
$$H_1 : \beta_1 \neq 0$$

2) 2단계: 결정규칙 설정

유의수준 $\alpha = 0.05$이고 자유도 $d.f. = n - 2 = 123 - 2 = 121$이다. <부록> 스튜던트 t−분포표에서 이에 해당하는 임계치를 찾으면 1.980이다. 따라서 결정규칙은 다음과 같다.

검정통계량 > 1.980 또는 < −1.980이면 귀무가설 기각

3) 3단계: 검정통계량 계산

검정통계량의 계산은 <표 40.1>의 수식을 사용하여 다음과 같이 구한다.

$$t_{calc} = \frac{b_1 - 0}{s_{b_1}} = \frac{0.554 - 0}{0.0678} = 8.1711$$

4) 4단계: 의사결정

검정통계량이 8.1711이므로 임계치 1.980보다 매우 크다. 따라서 기울기의 모수가 0이 아니므로 귀무가설을 기각한다. 즉, 회귀모형은 통계적으로 유의하다고 판단할 수 있다.

분산분석(ANOVA)표를 이용한 유의성 검정

회귀모형의 유의성을 검정하는 또 다른 방법으로 종속변수 Y의 분산 정보를 이용하여 분산분석을 하는 것이다. 분산분석(ANOVA)를 통한 검정은 F-검정을 사용한다. F-검정은 회귀모형에 의해 설명되는 변동의 제곱합(SSR)과 설명되지 않는 변동의 제곱합(SSE)을 비교한다. 즉 각 제곱합을 자유도로 나누어 평균 제곱합 MSR과 MSE를 구하여 이 두 값의 비율을 구하는 것이다.

표 40.2 단순회귀모형의 ANOVA 표

변동요인	제곱합	d.f.	평균제곱합	F	p-값
회귀모형	$SSR=\sum_{i=1}^{n}(\hat{y}_i-\bar{y})^2$	1	$MSR=\frac{SSR}{1}$	$F_{calc}=\frac{MSR}{MSE}$	엑셀함수 =F.DIST(Fcalc,1,n-2)
잔차	$SSE=\sum_{i=1}^{n}(y_i-\hat{y}_i)^2$	n-2	$MSE=\frac{SSE}{n-2}$		
합계	$SST=\sum_{i=1}^{n}(y_i-\bar{y})^2$	n-1			

F-통계량이 클수록, 즉 SSR 값이 클수록 회귀모형의 적합도가 상대적으로 우수하다고 판단한다. 이는 SSE가 설명되지 않는 분산에 대한 값이기 때문에 SSE보다 SSR이 크다는 것은 종속변수의 변동에 대한 독립변수의 설명력이 좋다는 것을 의미하기 때문이다.

예제 40.2

'Data02_직무만족과 조직충성'의 데이터를 엑셀 프로그램을 사용하여 회귀모형의 유의성을 검정해보자.

풀이

엑셀 프로그램을 사용하면 〈표 40.2〉의 ANOVA표를 자동으로 출력해준다. 또한 지금까지 살펴봤던 결정계수, 표준오차, t–통계량, p–값, 그리고 신뢰구간 등 회귀모형의 유의성 판단에 필요한 정보들을 자동으로 계산하여 보여준다.

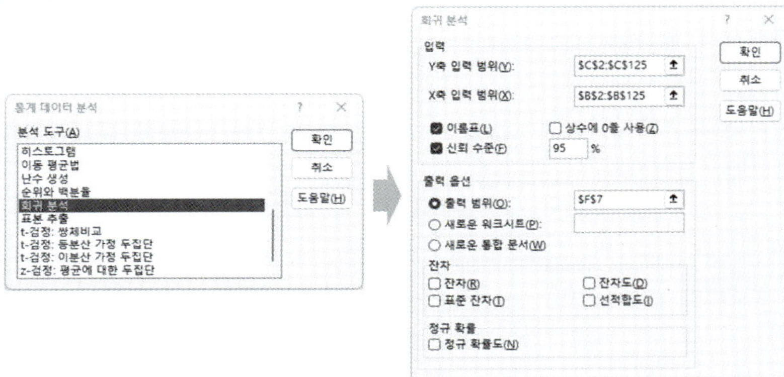

그림 40.2 회귀분석 실행

데이터 탭에서 '데이터 분석' 아이콘을 클릭하면, 〈그림 40.2〉의 좌측 그림과 같이 분석 도구를 선택하는 창이 나타난다. 여기서 '회귀 분석'을 선택하여 실행한다. 그러면 우측 그림과 같이 X 변수와 Y 변수를 입력할 수 있는 창이 나타난다. 예제 파일에서 '직무만족'에 해당하는 데이터 열을 모두 선택하여 X 변수 입력 범위에 넣고, '조직충성'에 해당하는 데이터 열을 모두 선택하여 Y 변수 입력 범위에 넣는다. 이때 변수명이 있는 셀까지 포함하여 입력 범위에 넣고 '이름표' 옵션을 체크한다. '신뢰 수준'은 95%로 설정하여 체크하고 결과가 출력될 셀을 지정하여 '출력 범위'에 넣는다. 확인을 눌러 실행한다.

요약 출력

회귀분석 통계량	
다중 상관계수	0.5962
결정계수	0.3555
조정된 결정계수	0.3502
표준 오차	0.7492
관측수	123

그림 40.3 회귀분석 요약 통계량

회귀분석을 실행하면 엑셀에서는 〈그림 40.3〉과 같은 요약 통계량을 출력한다. 독립변수가 하나인 단순회귀분석이므로 여기서는 '다중 상관계수'와 '조정된 결정계수'는 해석할 필요가 없다. 결정계수(R^2)가 0.3555로 종속변수에 대한 독립변수의 설명력은 35.6%로 출력되었다. 표준오차는 0.7492이다. 관측수는 표본의 개수로 123개로 집계되었다. 결정계수와 표준오차 수치를 보니 앞에서 수식에 수치를 대입하여 계산한 값과 같은 것을 알 수 있다.

분산 분석

	자유도	제곱합	제곱 평균	F 비	유의한 F
회귀	1	37.4609	37.4609	66.7388	0.0000
잔차	121	67.9181	0.5613		
계	122	105.3791			

	계수	표준 오차	t 통계량	P-값	하위 95%	상위 95%
Y 절편	1.5463	0.2432	6.3573	0.0000	1.0648	2.0279
직무만족	0.5538	0.0678	8.1694	0.0000	0.4196	0.6880

그림 40.4 분산분석(ANOVA)표와 회귀분석 결과

〈그림 40.4〉의 상단에 있는 표가 분산분석(ANOVA)표이다. 〈표 40.2〉와 동일한 형식으로 되어있는 것을 알 수 있다. 분산분석 결과는 회귀모형의 전체적인 적합도를 판단하는 정보이다. 분산분석 결과를 보면, 유의수준 5%에서 p-값(유의한 F)이 0.0000으로 나와 유의수준 $\alpha = 0.05$보다 매우 작다. 따라서 회귀모형의 전체 적합도는 매우 우수한 것으로 판단할 수 있다.

하단에 있는 표는 추정된 계수, t-통계량, p-값, 그리고 신뢰구간을 보여준다. Y절편과 직무만족(독립변수)에 대한 통계량이 출력되어 있는데, 이 중에서 독립변수에 대한 통계량만 해석하여 판단하면 된다. [예제 40.1]에서 수식을 직접 풀이하여 얻은 t-통계량 결괏값이 8.1711이므로 엑셀에서 자동으로 계산한 독립변수(직무만족)의 t-통계량 8.1694와 거의 유사하다. p-값도 0.000으로 유의수준 $\alpha = 0.05$보다 매우 작다. 그리고 하위 95%와 상위 95%의 신뢰구간이 0.4196~0.6880으로 구간 내에 0이 포함되지 않았으므로 회귀계수는 통계적으로 유의하다고 판단할 수 있다.

D+41

다중회귀모형

기업이 매출액을 증대시키기 위한 활동을 하기 위해서는 어떠한 요인들을 고려해야 할까? 우선 단순회귀모형에서 언급했던 판촉 활동을 들 수 있을 것이다. 그런데 판촉 활동만으로 매출을 올릴 수는 없을 것이다. 판촉 활동은 매출 증대에 기여할 수 있는 여러 요인 중의 하나일 뿐이기 때문이다.

<그림 41.1>과 같이 판촉활동 외에도 매출에 영향을 주는 요인은 다양하다. 제품의 가격요인, 성능, 품질 등 시장에서 경쟁하는 다른 제품과의 비교우위 요인들을 고려해야 할 것이고, 소비자의 욕구(needs), 소비자의 재정상태(소득), 그리고 소비자 물가지수와 같은 경제적 지표들도 매출에 영향을 주는 요인이다. 그래서 현실에서는 판촉 활동 하나만을 갖고 매출에 영향을 주는 요인을 파악하는 건 잘못된 의사결정으로 유도할 수 있다. 매출이라는 종속변수에 영향을 주는 여러 가지 요인들을 동시에 고려하는 것을 다중회귀분석이라고 한다.

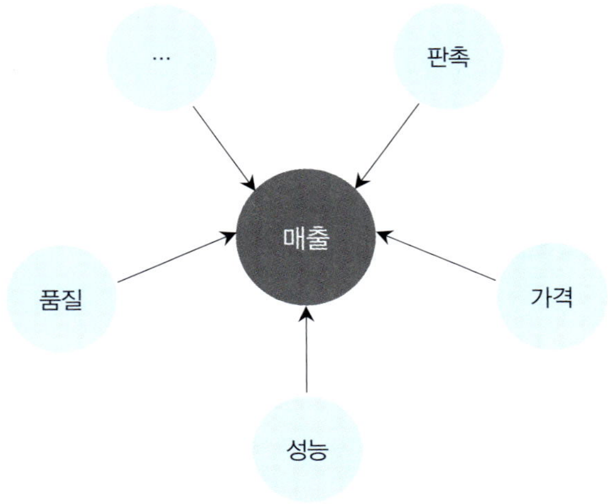

그림 41.1 매출에 영향을 주는 요인들

독립변수와 종속변수

다중회귀모형은 2개 이상의 독립변수를 포함하여 1개의 종속변수의 변동을 설명하는 모형이다. D+33 차수의 분산분석 개념에서도 설명한 내용이지만, 독립변수는 예측변수 또는 설명변수라고도 하고, 종속변수는 반응변수 또는 결과변수라고도 한다. 분산분석에서 독립변수는 이산형/범주형 변수만 가능했지만, 회귀분석에서는 이산형/범주형 변수 외에 연속형 변수도 가능하다. 이 점이 변수 설정에 있어서 회귀분석이 분산분석과 다른 점이다.

다중회귀모형에서는 종속변수의 변동을 설명하는 데 있어서 사용된 독립변수 모두가 통계적으로 유의한 결과로 나오는 경우는 드물다. 어떤 독립변수는 종속변수에 통계적으로 유의한 영향을 미치고 어떤 독립변수는 그렇지 않은 경우가 있다. 또한 종속변수에 대해서 통계적으로 유의한 영향이 있더라도 영향의 강도가 독립변수에 따라 다르게 나타날 수도 있다. 회귀분석은 종속변수에 영향을 미치는 변수와 영향을 미치지 않는 변수 또는 영향이 미약한 변수들을 구별해 준다. 따라서 판촉 활동, 가격, 성능, 품질, 그리고 그 외의 다른 독립변수 중에서 매출에 영향을 주는 변수와 영향이 없는 변수가 무엇인지 식별함으로써 의사결정권자는 한정된 자원을 어디에 투입해야 할지 명쾌한 의사결정을 할 수 있게 된다.

또한, 회귀모형에 얼마나 적합한 변수들이 사용되었는지를 판단할 수 있는 근거가 되기도 한다. 단순회귀모형에서 설명했던 결정계수(R^2)를 독립변수들을 선별하는 데에 유용하게 사용할 수 있다. 적절하지 못한 변수를 사용하거나 적절한 변수를 제외하면 추정치에 편의가 발생하여 결과 해석에 오류가 생길 수 있다. 따라서 유용한 독립변수들을 선별하는 것은 회귀분석의 목적 중의 하나이다.

다중회귀모형

다중회귀모형은 다음과 같은 선형방정식으로 표현할 수 있다.

$$y = \beta_0 + \beta_1 x_1 + \beta_2 x_2 + \cdots + \beta_k x_k + \epsilon \tag{41.1}$$

위의 수식에서 알 수 있듯이 다중회귀모형의 회귀방정식은 단순회귀모형에서 변수의 개수만 늘어난 형태이다. 그리스 문자로 표기된 회귀계수 $\beta_0, \beta_1, \beta_2, \cdots, \beta_k$는 알려지지 않은 모수이며 각 계수 β_j는 다른 변수들의 변화가 없을 때 해당 계수의 변수 x_j가 1단위 변화할 때마다 종속변수 y의 변화량에 대한 예측이 된다. 오차항(ϵ)은 단순회귀모형과 같은 의미를 갖는다. 즉, 회귀모형에 포함되지 않았지만, 종속변수의 변동에 영향을 줄 수 있는 요인과 종속변수에 존재할 수 있는 측정오차를 고려한 것이다.

다중회귀모형에서 회귀계수의 계산은 다음과 같이 행렬의 곱셈과 덧셈을 사용한다.

$$\begin{bmatrix} y_1 \\ y_2 \\ \vdots \\ y_n \end{bmatrix} = \begin{bmatrix} 1 & x_{11} & x_{12} & \cdots & x_{1k} \\ 1 & x_{21} & x_{22} & \cdots & x_{2k} \\ \vdots & \vdots & \vdots & \ddots & \vdots \\ 1 & x_{n1} & x_{n2} & \cdots & x_{nk} \end{bmatrix} \begin{bmatrix} \beta_0 \\ \beta_1 \\ \vdots \\ \beta_k \end{bmatrix} + \begin{bmatrix} \epsilon_1 \\ \epsilon_2 \\ \vdots \\ \epsilon_n \end{bmatrix} \tag{41.2}$$

다중회귀모형에서의 오차는 단순회귀분석과 마찬가지로 관찰이 불가하고 평균이 0이며 표준편차가 σ인 정규분포를 따른다고 가정한다. 그리고 모든 x에 대해 σ는 동일하며 서로 독립이라고 가정한다. 이러한 가정을 바탕으로 다음과 같은 추정된 회귀식을 설정할 수 있다.

$$\hat{y} = b_0 + b_1x_1 + b_2x_2 + \cdots + b_kx_k \tag{41.3}$$

로마문자로 표기된 $b_0, b_1, b_2, \cdots, b_k$는 모수에 대한 표본추정치, 즉 추정계수이다. 회귀모형을 추정하기 위해서는 종속변수 Y의 독립변수인 X_1, X_2, $\cdots$, X_k에 대해서 n개의 관측치가 필요하다. 그래서 데이터의 형태는 $n \times k$의 행렬로 구조화되어 있다.

표 41.1 다중회귀분석의 데이터 구조

ID	종속변수	예측변수(독립변수)			
	Y	X_1	X_2	$\cdots$	X_k
1	y_1	x_{11}	x_{12}	$\cdots$	x_{1k}
2	y_2	x_{21}	x_{22}	$\cdots$	x_{2k}
$\vdots$	$\vdots$	$\vdots$	$\vdots$	$\vdots$	$\vdots$
n	y_n	x_{n1}	x_{n2}	$\cdots$	x_{nk}

다음의 예제 풀이를 통해 다중회귀모형에 대한 이해를 심화시키자.

예제 41.1

회사에 대한 종업원의 충성도에 영향을 미치는 요인을 파악하기 위해 재직자들을 대상으로 설문조사를 수행했다. 종속변수와 독립변수는 다음과 같다. 변수 이름을 사용하여 회귀식을 작성하시오(Data09_조직충성).

변수 정의	변수 이름
Y = 조직충성도	Loyalty (L)
X_1 = 고용불안정	Employment (Emply)
X_2 = 차별대우	Discrimination (Discrim)
X_3 = 상생경영	WinWin (Win)
X_4 = 자선활동	Charity (Charity)

설문문항은 현재 재직 중인 회사에 대해서 느끼는 정도를 5점 리커트 척도로 응답하도록 구성되었다. 조직충성도(Y)는 응답자가 회사에 대해서 어느 정도로 높은 충성심을 가졌는지, 고용불안정(X_1)은 응답자가 회사로부터 퇴직압력 같은 것을 받고 있는지, 차별대우(X_2)는 응답자가 조직 내에서 업무 배분이나 진급 등에 차별을 받고 있는지, 상생경영(X_3)은 회사가 협력사와의 상생을 위해 투명한 정보공유와 공정한 수익배분을 하고 있는지, 그리고 자선활동(X_4)은 회사가 지역사회를 위한 자선활동을 하고 있는지를 묻는 것으로 설계되어 있다.

풀이

회귀식은 다음과 같이 표현할 수 있다(변수 이름은 한글로 작성해도 무방하다).

$$L = \beta_0 + \beta_1 Emply + \beta_2 Discrim + \beta_3 Win + \beta_4 Charity$$

위의 모집단 회귀모형에 기초하여 추정된 회귀식를 작성할 때 추정계수의 부호를 예상해볼 필요가 있다. 추정계수의 부호는 각 독립변수가 종속변수에 어떠한 영향을 미치는지를 생각해보면 예상할 수 있다. 예제에서 설명된 설문문항들을 보면 고용불안정(X_1)과 차별대우(X_2) 문항은 응답이 높은 수치로 측정되면 조직에 대한 충성도(Y)는 낮아질 것으로 예측할 수 있다. 따라서 추정계수의 부호는 음(−)이 될 것이다. 반면 상생경영(X_3)과 자선활동(X_4)은 응답이 높은 수치로 측정되면 조직에 대한 충성도(Y)가 높아질 것으로 예측되어 추정계수는 양(+)의 부호가 될 것이다.

엑셀 프로그램으로 예제데이터를 사용하여 추정된 회귀식을 작성해보자.

ID	조직충성	고용불안	차별대우	상생경영	자선활동
1	3.00	1.00	3.50	3.33	3.67
2	5.00	1.00	1.00	5.00	5.00
3	5.00	1.00	1.00	5.00	5.00
4	3.00	1.00	1.00	5.00	5.00
5	3.33	1.50	2.00	2.67	5.00
6	5.00	1.00	1.00	4.00	4.33
7	2.67	1.50	2.50	4.67	4.67
8	5.00	1.00	1.50	5.00	5.00
9	4.00	1.00	2.00	4.00	5.00
10	5.00	1.00	1.00	5.00	5.00
11	2.67	1.00	4.00	4.00	5.00
12	4.67	1.00	3.00	4.00	4.00
13	4.33	1.50	1.00	4.33	3.00
14	4.00	1.00	1.00	5.00	5.00
15	4.33	3.00	1.50	4.00	3.00
16	3.67	1.00	2.50	4.67	4.67
17	5.00	4.00	1.50	4.33	1.00
18	4.33	1.00	1.50	3.00	5.00
19	2.67	1.50	2.00	3.00	4.00

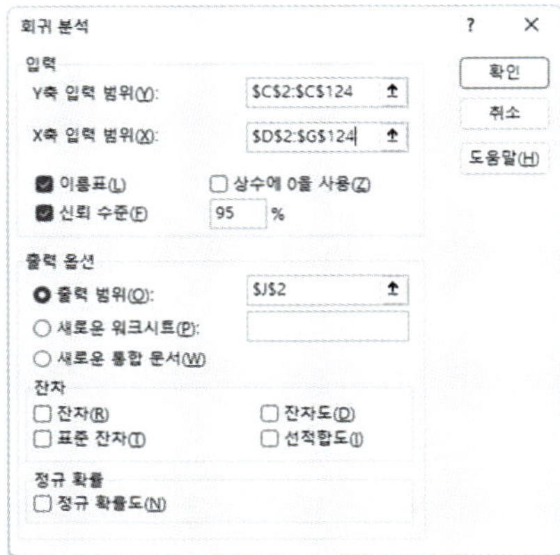

그림 41.2 다중회귀분석 실행

엑셀 프로그램에서 다중회귀분석은 단순회귀분석과 동일한 방법과 절차를 따르면 된다. 데이터 탭에서 데이터 분석 아이콘을 클릭하여 회귀분석을 선택한다. 〈그림 41.2〉의 우측 그림처럼 변수를 입력하는 창이 나타날 것이다. 다만 단순회귀분석과 다른 점은 다중회귀분석에서 X 변수들의 입력 방법에서 약간의 차이가 있을 뿐이다. 독립변수가 여러 개이므로 X축 입력 범위에 독립변수의 데이터 값이 있는 셀을 모두 한꺼번에 지정해야 한다. 따라서 데이터 파일을 만들 때 X 변수 데이터의 열을 모두 연속하게 배열해야 한다.

이름표 체크, 신뢰수준 95% 체크, 그리고 출력 범위 지정하여 확인을 클릭하면 다음과 같은 결과가 나올 것이다(여기서는 추정계수만 살펴보자).

	계수	표준 오차	t 통계량	P-값	하위 95%	상위 95%
Y 절편	2.040	0.474	4.308	0.000	1.102	2.978
고용불안	-0.103	0.090	-1.148	0.253	-0.282	0.075
차별대우	-0.163	0.074	-2.193	0.030	-0.310	-0.016
상생경영	0.476	0.104	4.584	0.000	0.270	0.681
자선활동	0.076	0.083	0.916	0.362	-0.088	0.239

그림 41.3 다중회귀모형의 추정계수 결괏값

〈그림 41.3〉에서 나타난 것과 같이 엑셀 프로그램을 사용하여 출력한 추정계수로 다음과 같이 추정된 회귀식을 설정할 수 있다.

$$L = 2.040 - 0.103 Emply - 0.163 Discrim + 0.476\, Win + 0.076 Charity$$

먼저 상수항을 보자. 4개의 독립변수가 모두 0이라면 조직충성도는 2.040이 된다. 조직충성도에 영향을 미치는 변수가 이 회귀모형에 투입된 4개 외에 다른 요인들도 있을 수 있으므로 상수항은 의미가 있는 것으로 해석할 수 있다.

고용불안정(Emply)에 대한 인식이 1단위 높아지면 조직충성도는 -0.103씩 낮아진다. 그리고 차별대우(Discrim)에 대한 인식이 1단위 높아지면 조직충성도는 -0.163씩 낮아진다. 반면 상생경영에 대한 인식이 1단위 높아지면 조직충성도는 0.476씩 상승하며 자선활동에 대한 인식이 1단위 높아지면 조직충성도는 0.076씩 상승할 것으로 예측할 수 있다.

이제 추정된 회귀식을 이용하여 각 변수의 값에 따른 조직충성도를 예측해보자. 만약 어떤 직원이 설문응답에서 재직 중인 회사로부터 느끼는 고용불안정의 수준이 2로 측정되고, 차별대우를 3의 수준으로 느끼고 있으며, 회사가 협력사와 3의 수준으로 상생경영을 하고 있으면서 2의 수준의 자선활동을 한다고 응답했다면, 그 직원의 조직충성도 수준은 다음과 같이 예측할 수 있다.

$$L = 2.040 - 0.103 \cdot 2 - 0.163 \cdot 3 + 0.476 \cdot 3 + 0.076 \cdot 2 = 2.925$$

따라서 해당 직원의 조직충성도는 2.925로 예측된다.

D+42

다중회귀모형의 적합도 검정

단순회귀모형에서 모형의 유의성, 즉 적합도를 검정했던 것과 마찬가지로 다중회귀모형에서도 모형의 유의성 검정이 필요하다. 다중회귀모형에서 모형의 유의성 검정에 자주 사용되는 지표는 결정계수(R^2)와 조정된 결정계수(R^2_{adj})이다.

결정계수와 조정된 결정계수

다중회귀모형에서 결정계수(R^2)의 개념은 D+39 차수에서 설명한 단순회귀모형의 결정계수와 같다. 회귀모형에 대해 설명된 제곱합(SSR), 설명되지 않은 오차 제곱합(SSE), 그리고 총제곱합(SST)을 이용하여 R^2를 구할 수 있다.

$$R^2 = \frac{SSR}{SST} = \frac{\sum_{i=1}^{n}\left(\hat{y}_i - \bar{y}\right)^2}{\sum_{i=1}^{n}\left(y_i - \hat{y}_i\right)^2} \tag{42.1}$$

수식 (42.1)에 표현된 것과 같이 결정계수 R^2는 종속변수 Y의 총변동 중에서 설명된 변동의 비율이 얼마인가를 보는 것이다. 그래서 회귀모형의 총변동 제곱합(SSR) 대비 설명가능한 변동의 제곱합(SSR)을 수식으로 계산한다. 반면 R^2를 다음과 같은 방법으로 구할 수도 있다.

$$R^2 = 1 - \frac{SSE}{SST} = 1 - \frac{\sum_{i=1}^{n}\left(y_i - \hat{y}_i\right)^2}{\sum_{i=1}^{n}\left(y_i - \bar{y}\right)^2} \tag{42.2}$$

즉, 수식 (42.2)와 같이 총변동 제곱합(SSR) 대비 설명되지 않은 변동인 오차의 제곱합(SSE)의 비율을 구하여 1에서 뺀 값을 구하는 것이다.

'Data09_조직충성' 데이터를 이용하여 결정계수를 포함한 기본 통계량을 구해보자. <그림 41.2>에 나와있는 것처럼 엑셀 프로그램의 다중회귀분석을 실행한다. <그림 42.1>과 같이 분산분석 통계량이 나올 것이다.

요약 출력

회귀분석 통계량	
다중 상관계수	0.539
결정계수	0.290
조정된 결정계수	0.266
표준 오차	0.802
관측수	122

그림 42.1 다중회귀분석 통계량

먼저 다중 상관계수를 보면, 0.539로 종속변수와 독립변수 간에 어느 정도 상관관계가 있는 것으로 나타났다. 결정계수는 0.290이다. 결정계수는 종속변수 Y의 변동에 대한 독립변수 X의 설명력이라고 했다. 여기서는 4개의 독립변수가 29.0%의 설명력을 갖는 것으로 분석되었다. 앞에서도 설명했지만, 결정계수의 높고 낮음은 모형이 좋고 나쁘고를 판단하는 기준은 아니다. 다만, 현재 모형에 투입된 독립변수들 외에 종속변수의 변동에 영향을 주는 다른 요인들이 상당수 있다는 것을 알려주는 정보인 것이다. 따라서 결정계수가 낮게 나오면 새로운 독립변수들을 모형에 투입하는 것을 고려해볼 수도 있다. 그러나 결정계수는 독립변수가 늘어날수록 계수값이 증가하는 경향이 있다. 따라서 통계분석의 목적에 따라 결정계수를 의도적으로 높이기 위해 목적에 부합하지 않은 요인들을 일부러 추가할 필요는 없다.

다음으로 <그림 42.1>에서 '조정된 결정계수'라는 통계량을 볼 수 있다. 이는 바로 앞에서 얘기했던 것처럼 결정계수의 수치만 높이고 분석의 목적에 크게 부합되지 않는 변수들이 모형에 얼마나 포함되었는지를 판단하는 지표이다. 조정된 결정계수(R^2_{adj})는 다음과 같이 구한다.

$$R^2_{adj} = 1 - \frac{\left(\frac{SSE}{n-k-1}\right)}{\left(\frac{SST}{n-1}\right)} \tag{42.3}$$

수식 (42.2)의 R^2을 구하는 수식에서는 1에서 (오차 제곱합/총제곱합)을 차감하여 계산했는데 수식 (42.3)을 보면 R^2_{adj}은 1에서 (오차의 평균제곱합/총평균제곱합)을 차감하여 계산한다. <그림 42.1>의 R^2_{adj}는 0.266으로 R^2보다 작은 수치로 계산되었다. 일반적으로 R^2_{adj}는 R^2보다 작고 두 계수의 차이가 작을수록 모형에 투입된 변수들의 적합도가 좋은 것으로 판단할 수 있다. 다만 두 계수의 차이가 어느 정도 작아야 적절하다는 객관적 기준은 없다. 현재 모형에 투입된 독립변수 중에서 설명력이 약한 변수를 하나씩 제거하면서 R^2와 R^2_{adj}의 차이가 감소하는지를 살펴보면서 판단하는 것이다.

모형에 변수가 과도하게 포함되었는지를 판단하는 방법으로 표본의 수에 따라 독립변수의 수를 제한하는 방법이 있다. 이는 전체 표본의 수를 변수의 개수로 나눈 값이 10 이상이 되는지를 보는 것이다. 즉, $n/k \geq 10$인지를 보고 판단한다. <그림 42.1>에서 관측수가 122개이므로 독립변수 개수 4로 나누면, $122 \div 4 = 30.5$로 계산되어 현재 모형의 독립변수는 적절한 것으로 판단할 수 있다.

분산분석(ANOVA)표

다중회귀모형의 유의성 검정에는 F-검정을 이용하는 방법이 있다. 즉, 분산분석(ANOVA)표를 만들어 회귀모형의 전체적인 적합도를 검정하는 것이다.

D+41 차수 <표 41.1>에서 보았던 다중회귀분석의 데이터 구조를 떠올려 보자. 독립변수가 k개 있다고 가정하면 회귀모형에 대해 검정할 가설은 다음과 같이 설정할 수 있다.

$$H_0 : \beta_1 = \beta_2 = \cdots = \beta_k = 0$$
$$H_1 : \text{모든 계수가 0은 아니다(즉, 적어도 하나는 0이 아니다).}$$

F-통계량은 두 분산의 비율이다. 이를 위해 종속변수의 총변동(SST)을 회귀모형에 의해 설명된 변동(SSR)과 설명되지 않은 변동(SSE)을 계산하여 구한다.

표 42.1 다중회귀모형의 ANOVA 표

변동요인	제곱합	d.f.	평균제곱합	F	p-값
회귀모형	$SSR=\sum_{i=1}^{n}(\hat{y}_i-\bar{y})^2$	k	$MSR=\frac{SSR}{k}$	$F_{calc}=\frac{MSR}{MSE}$	엑셀함수 =F.DIST(Fcalc, k,n-k-1)
잔차	$SSE=\sum_{i=1}^{n}(y_i-\hat{y}_i)^2$	n-k-1	$MSE=\frac{SSE}{n-k-1}$		
합계	$SST=\sum_{i=1}^{n}(y_i-\bar{y})^2$	n-1			

<표 42.1>은 SSR과 SSE를 구하는 제곱합 수식과 자유도로 나누어 준 평균제곱합 MSR, MSE에 대한 수식을 설명한 것이다. 이 값들을 수식을 사용하여 구할 수 있지만, 여기서는 엑셀의 회귀분석 기능을 사용하여 구하도록 하겠다.

'Data09_조직충성' 데이터를 엑셀 프로그램에서 다중회귀분석한 결과 중에 분산분

석(ANOVA)표는 아래와 같다.

분산 분석

	자유도	제곱합	제곱 평균	F 비	유의한 F
회귀	4	30.708	7.677	11.948	0.000
잔차	117	75.176	0.643		
계	121	105.884			

그림 42.2 다중회귀분석 ANOVA표

<그림 42.2>의 ANOVA 표를 보면, 유의수준 5%에서 p-값(유의한 F)이 0.000으로 나와 회귀모형의 전체적인 적합도는 매우 우수한 것으로 판단할 수 있다. F-통계량(F 비)은 11.948이다. <부록> F-분포표에서 분자의 $df_1 = k = 4$, 분모의 $df_2 = n - k - 1 = 122 - 4 - 1 = 117$을 대입하여 임계치를 구하면, $F_{4,\,117} = 2.45$이다. 따라서 F-통계량이 임계치보다 큰 것으로 나타나 회귀모형 적합도는 통계적으로 유의하다고 판단할 수 있다.

독립변수의 유의성 검정

회귀모형의 적합도 검정에는 독립변수의 유의성을 검정하는 방법도 있다. 이는 단순회귀모형에서 기울기 모수가 0인지를 가설로 설정하고 t-통계량을 이용하여 검정했던 방법과 같다. 'Data09_조직충성' 데이터를 이용하여 유의수준 5%에서 가설검정의 단계에 따라 독립변수의 유의성을 검정해보자.

1) 1단계: 가설설정

여기서는 다중회귀모형이므로 변수별 모수에 대해서 일일이 가설을 설정해야 한다. 모수를 β_j로 하여 다음과 같이 가설설정 한다.

$$H_0 : \beta_j = 0$$
$$H_1 : \beta_j \neq 0$$

2) 2단계: 결정규칙 설정

유의수준 $\alpha = 0.05$이고, 자유도 $d.f. = n - 2 = 122 - 2 = 120$이다. <부록> 스튜던트 t-분포표에서 이에 해당하는 임계치를 찾으면 1.980이다. 따라서 결정규칙은 다음과 같다.

검정통계량 $>$ 1.980 또는 < -1.980이면 귀무가설 기각

3) 3단계: 검정통계량 계산

검정통계량의 계산은 다음의 수식을 사용하여 구할 수 있다.

$$t_{calc} = \frac{b_1 - 0}{s_{b_1}}$$

그러나 여기서는 엑셀 프로그램을 사용하여 검정통계량의 계산을 하도록 하겠다.

	계수	표준 오차	t 통계량	P-값	하위 95%	상위 95%
Y 절편	2.040	0.474	4.308	0.000	1.102	2.978
고용불안	-0.103	0.090	-1.148	0.253	-0.282	0.075
차별대우	-0.163	0.074	-2.193	0.030	-0.310	-0.016
상생경영	0.476	0.104	4.584	0.000	0.270	0.681
자선활동	0.076	0.083	0.916	0.362	-0.088	0.239

그림 42.3 검정통계량과 회귀분석 결과

<그림 42.3>과 같이 t-통계량은 고용불안 변수가 −1.148, 차별대우 변수가 −2.193, 상생경영 변수가 4.584, 그리고 자선활동 변수가 0.196으로 출력되었다.

4) 4단계: 의사결정

독립변수별 t–통계량과 임계치를 비교하면, 차별대우(−2.193)가 임계치 −1.980보다 작고, 상생경영(4.584)이 임계치 +1.980보다 크므로 두 변수의 기울기 모수는 0이 아니다. 따라서 귀무가설을 기각할 수 있다. 반면 고용불안(−1.148)과 자선활동(0.916)은 통계적으로 유의하지 않아 두 변수의 기울기 모수는 0이라고 할 수 있어 종속변수에 미치는 영향이 없다고 판단한다.

신뢰구간 검정

다중회귀분석에서 신뢰구간을 계산하여 신뢰구간이 0을 포함하는지를 확인하는 방법으로 모형의 적합도를 검정할 수 있다. 다중회귀모형에서 신뢰구간을 구하는 방법은 단순회귀모형의 신뢰구간 수식과 같다. 독립변수마다 수식을 이용하여 신뢰구간을 구하면 된다.

$$b_j - t_{\alpha/2}s_j \le \beta_j \le b_j + t_{\alpha/2}s_j \tag{42.4}$$

여기서도 수식을 직접 계산하여 신뢰구간을 구하는 것은 생략하겠다. 우리는 신뢰구간을 이미 엑셀 프로그램을 통해 구하였다. <그림 42.3>에 독립변수별 신뢰구간이 있다. 신뢰구간은 다음과 같다.

$$\text{고용불안: } -0.282 \le \beta_1 \le +0.075$$

$$\text{차별대우: } -0.310 \le \beta_2 \le -0.016$$

$$\text{상생경영: } +0.270 \le \beta_3 \le +0.681$$

$$\text{자선활동: } -0.088 \le \beta_4 \le +0.239$$

위의 출력 결과를 보면, 고용불안 변수와 자선활동 변수는 신뢰구간에 0을 포함한다.

반면 차별대우 변수와 상생경영 변수는 신뢰구간에 0을 포함하고 있지 않다. 이러한 결과는 독립변수의 기울기 모수가 0인지 검정한 결과와 동일하다. 즉, 고용불안 변수와 자선활동 변수는 조직충성에 미치는 영향이 통계적으로 유의하지 않고, 상생경영 변수와 자선활동 변수는 조직충성에 미치는 영향이 통계적으로 유의하다고 판단할 수 있다.

D+43

다중공선성과 이분산성

회귀모형의 적합성 검정에 있어서 다중회귀분석은 단순회귀분석과 달리 다중공선성과 이분산성에 대한 검정이 필요하다. 이는 다중회귀분석의 독립변수가 여러 개이기 때문에 발생할 수 있는 측정모형 상의 문제들을 확인하는 절차이다.

다중공선성

다중공선성(multicollinearity)이란 독립변수 $X_1, X_2, \cdots, X_k$가 서로 독립적이지 않고 상관관계가 있는 상태를 말한다. 다중공선성의 개념을 쉽게 이해하도록 표현한 <그림 43.1>을 살펴보자.

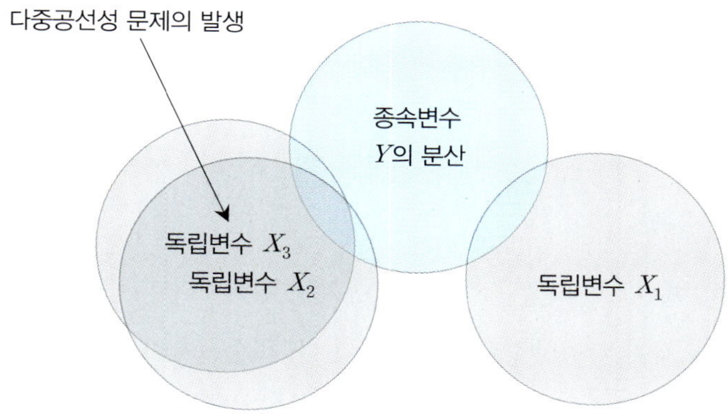

그림 43.1 다중공선성의 개념

그림에서 독립변수 X_2와 X_3는 변수의 변동이 겹치는 부분이 많은 것으로 표현되었다. 그림 상으로는 70% 이상이 겹치는 것으로 보인다. 독립변수 간에는 어느 정도의 상관관계가 있을 수 있다. 그러나 독립변수 간의 상관관계가 강하면 다중공선성 문제가 발생한다. 다중공선성은 불편일치추정량으로서는 문제가 없으나 추정치의 분산팽창 문제를 야기한다.

분산팽창

분산팽창(variance inflation)은 추정계수의 분산이 커지게 되면서 계수의 신뢰구간이 넓어지는 것을 말한다. 신뢰구간이 넓어지는 것은 정상적인 범위보다 0을 포함하게 될 가능성이 커지는 것을 의미한다. 이는 기각할 수 있는 귀무가설을 기각하지 못하는 결과를 낳게 될 수 있다. 즉, 귀무가설이 거짓인데 참으로 판정하게 되는 제2종 오류가 발생하는 것이다.

그리고 다중공선성이 발생한다는 것은 두 변수가 유사한(또는 동일한) 속성을 갖는다는 의미이다. 이는 회귀모형에 동일한 변수를 두 번 투입하여 측정하는 것으로 최소제곱법 계산이 불가하게 된다.

다음의 수식을 보자.

$$t_{calc} = \frac{b_j - 0}{s_j} = \frac{\text{기울기}}{\text{표준오차}} \tag{43.1}$$

수식 (43.1)은 변수의 유의성을 검정하는 통계량 수식이다. 다중공선성이 발생하면 회귀계수의 표준오차가 비정상적으로 커지게 된다. 표준오차가 커진다는 것은 t-통계량이 작아지는 계산 결과로 이어진다. t-통계량이 작아지면 p-값이 커지게 되어 통계적으로 유의한 변수가 유의하지 않은 결괏값이 나오는 문제가 발생한다. 즉, 신뢰구간이 넓어지면서 생길 수 있는 제2종 오류가 발생한다는 의미이다.

상관계수

다중공선성은 독립변수 간에 강한 상관관계가 있는 것에서부터 출발하는 문제이다. 따라서 변수 간의 상관관계를 확인할 필요가 있다. 회귀모형에 투입된 변수 간의 상관관계를 직관적으로 확인하기 위해 다음과 같이 상관계수 행렬(corelation matrix)을 만들어 본다.

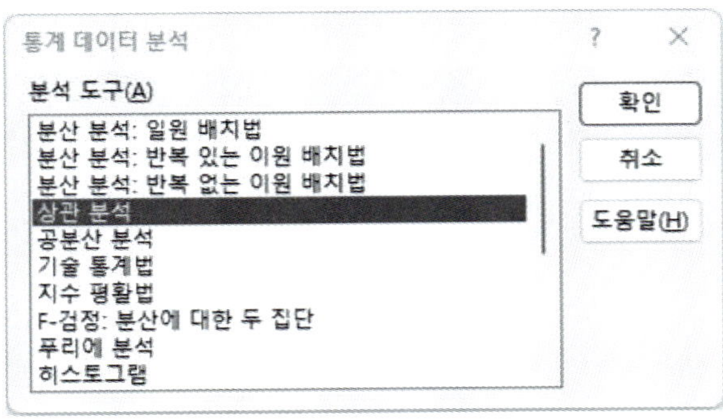

그림 43.2 상관분석 실행

엑셀 프로그램의 데이터 탭에서 데이터 분석 아이콘을 클릭한다. <그림 43.2>의 분석 도구 선택 창이 나타나면 '상관 분석' 도구를 선택한다.

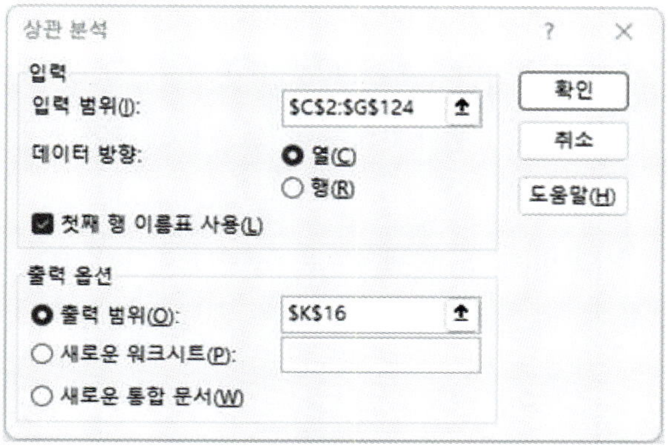

그림 43.3 변수 입력 범위 지정

<그림 43.3>의 변수 입력 범위 지정 창이 생기면, D+41 차수 [예제 41.1]의 데이터를 이용하여 모든 독립변수에 해당하는 셀을 입력한다. 다음으로 데이터 방향을 '열'에 체크하고 '첫째 행 이름표 사용'에도 체크한다. 출력 범위를 지정하고 확인을 클릭한다.

	고용불안	차별대우	상생경영	자선활동
고용불안	1			
차별대우	0.294	1		
상생경영	-0.043	-0.221	1	
자선활동	-0.256	0.010	0.3833	1

그림 43.4 상관계수 행렬

<그림 43.4>와 같이 상관계수 행렬이 생성될 것이다. 이 행렬표에서 각 변수 간의 일대일 대응된 상관계수값을 보고 두 변수의 상관관계를 가늠한다. 표에서 같은 변수 간에는 상관계수가 1로 나와 있다. D+22 차수에서 설명한 바와 같이 상관계수는 $-1 \leq r \leq +1$

의 범위에서 값을 갖는다. +1 또는 −1에 가까울수록 강한 상관관계가 있다. 그러나 상관계수는 상관관계의 상대적인 강도를 나타낼 뿐이다.

다중공선성의 문제를 발생시킬 수 있는 수준의 상관계수값인지는 다중상관계수와의 비교를 통해서 판단하면 된다. 우리는 예제데이터에 대한 기본 회귀분석 통계량을 D+42 차수 <그림 42.1>에서 이미 구했다. 다중 상관계수는 0.539로 나와 있다. 여기서 변수 간의 상관계수값이 다중 상관계수보다 작으면 다중공선성의 문제를 발생시킬 가능성이 작은 것으로 판단한다.

예제데이터의 각 독립변수 간의 상관계수는 모두 다중 상관계수보다 작으므로 다중공선성 발생 가능성이 작다고 판단할 수 있다.

분산팽창인수

상관계수는 변수 간의 상관관계의 강도를 반영하고 있고 다중 상관계수와의 비교를 통해서 모형에 투입된 독립변수에 대한 전반적인 상관관계를 파악하고 있지만, 분산팽창인수(variance inflation factor; VIF)는 독립변수에 대한 더욱 포괄적인 검정방법이다.

VIF는 다음과 같은 수식으로 정의할 수 있다.

$$VIF = \frac{1}{1 - R_j^2} \tag{43.2}$$

위의 수식이 의미하는 것은 독립변수 중의 하나(X_j)를 종속변수로 설정하고, 나머지 독립변수들만으로 새로 설정된 종속변수(X_j)를 추정해서 새로운 결정계수를 계산하는 것이다(이때 기존의 종속변수 Y는 계산에서 제외한다). 다음의 <표 43.1>을 보면 VIF 계산에 대한 이해가 더욱 쉬울 것이다.

표 43.1 분산팽창인수(VIF) 계산을 위한 변수 재설정

새로운 종속변수	나머지 독립변수	새로운 결정계수
X_1	$X_2, X_3, \cdots, X_k$	R_1^2
X_2	$X_1, X_3, \cdots, X_k$	R_2^2
$\vdots$	$\vdots$	$\vdots$
X_k	$X_1, X_2, \cdots, X_{k-1}$	R_k^2

<표 43.1>에 기술되어 있는 것처럼, 회귀모형에 투입된 모든 독립변수 $X_1, X_2, X_3, \cdots, X_k$에 대해서 VIF 계산을 한다. 독립변수 X_1을 새로운 종속변수로 설정한 경우는 X_1을 제외한 나머지 독립변수 $X_2, X_3, \cdots, X_k$로 회귀분석을 하여 결정계수 R_1^2을 계산한다. 그리고 그다음 변수 X_2를 새로운 종속변수로 설정한 경우는 X_2를 제외한 나머지 독립변수 $X_1, X_3, \cdots, X_k$로 결정계수 R_2^2을 계산한다. 이렇게 모든 독립변수를 순서대로 새로운 종속변수로 설정하여 결정계수를 계산한 후 <표 43.2>에 정리된 계수값에 따라 분산팽창의 수준을 판단한다.

표 43.2 VIF의 해석

R_j^2	VIF	해석
0.00	$\frac{1}{1-R_j^2}=\frac{1}{1-0.00}=1.0$	분산팽창 없음
0.50	$\frac{1}{1-R_j^2}=\frac{1}{1-0.50}=2.0$	약한 분산팽창
0.90	$\frac{1}{1-R_j^2}=\frac{1}{1-0.90}=10.0$	강한 분산팽창
0.99	$\frac{1}{1-R_j^2}=\frac{1}{1-0.99}=100.0$	심각한 분산팽창

<표 43.2>에 나와 있는 것처럼, VIF=1.0의 값에 근사하면 분산팽창이 없는 것으로 해석한다. 만약 VIF=2.0의 값에 근사하면 분산팽창이 미세한 것으로 판단하며, VIF=10.0에 근접하면 강한 분산팽창이 있는 것으로 해석한다. 만약 VIF=100.0이면 분산팽창이 심각한 수준으로 이에 해당하면 회귀모형이 적합하다고 볼 수 없다.

'Data09_조직충성' 데이터를 이용하여 VIF 값을 구하고 해석해 보자. 여기서는 <표 43.2>의 수식을 직접 계산하는 것은 생략하고 통계 패키지 Jamovi를 사용하여 다중회귀분석 결과와 VIF 값을 구하도록 하겠다.

먼저 Jamovi를 실행하여 'Data09_조직충성' 엑셀파일을 불러온다.

그림 43.5 Jamovi에서 회귀분석 실행

엑셀 파일을 불러오면 대부분 변수가 연속변수로 자동 설정되어 있을 것이다. 데이터 원본 자체가 연속형 입력값으로 되어 있는 경우 Jamovi는 이를 자동 인식하여 연속변수로 설정한다. 파일을 불러온 후 Analyses 메뉴를 클릭하여 메뉴 아이콘 아래로 나타난 항목 중에서 선형회귀분석(Linear Regression)을 선택한다.

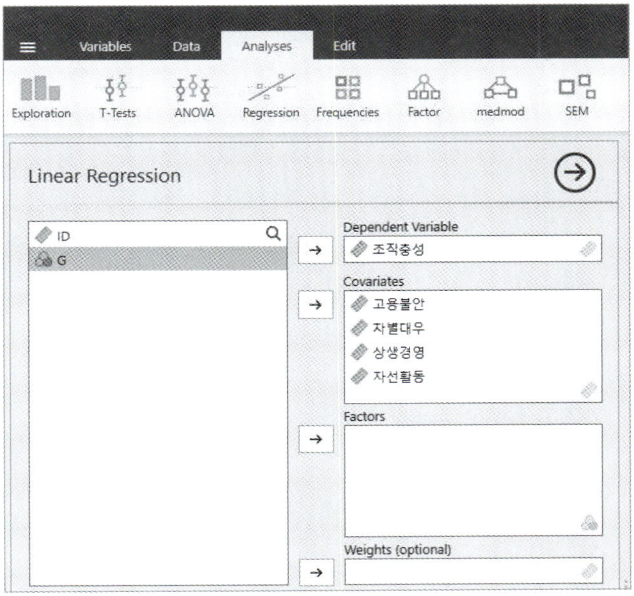

그림 43.6 변수 이동

Linear Regression을 선택하면 <그림 43.6>과 같이 데이터 항목(왼쪽 창)에 있는 변수들을 종속변수(Dependent Variable)와 공변량(Covariates) 범주에 분류하여 이동시킨다. '조직충성' 변수는 Dependent Variable로 옮기고, 독립변수(고용불안, 차별대우, 상생경영, 자선활동)는 Covariates로 옮겨준다.

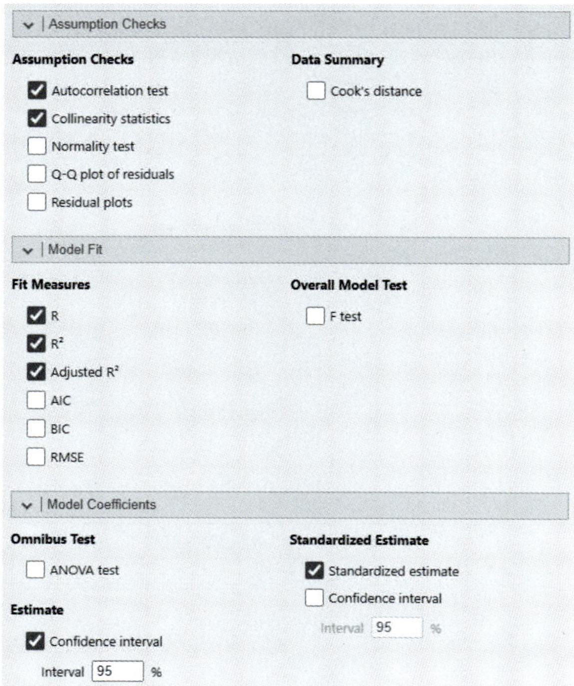

그림 43.7 회귀분석 옵션 체크

변수들을 적절한 범주로 이동시켰으면, 그 아래에 가정확인(Assumption Checks), 모형 적합도(Model Fit), 그리고 모형 계수(Model Coefficients) 항목을 클릭하여 활성화시킨다. 그러면 <그림 43.7>의 화면이 생긴다. 여기서 자기상관검정(Autocorrelation test), 공선성 통계(Collinearity statistics), 상관계수(R), 결정계수(R^2), 조정된 결정계수 ($Adujusted\ R^2$), 표준화된 추정치(Standardized estimate)를 체크한다.

Linear Regression

Model Fit Measures

Model	R	R^2	Adjusted R^2
1	0.539	0.290	0.266

Model Coefficients - 조직충성

			95% Confidence Interval				
Predictor	Estimate	SE	Lower	Upper	t	p	Stand. Estimate
Intercept	2.0403	0.4737	1.1022	2.9783	4.308	< .001	
고용불안	−0.1033	0.0900	−0.2816	0.0749	−1.148	0.253	−0.0983
차별대우	−0.1627	0.0742	−0.3096	−0.0158	−2.193	0.030	−0.1868
상생경영	0.4756	0.1038	0.2702	0.6811	4.584	< .001	0.4030
자선활동	0.0756	0.0826	−0.0879	0.2391	0.916	0.362	0.0816

그림 43.8 다중회귀분석 결과

먼저 다중회귀분석 결과를 보자. <그림 43.8>의 상단에 있는 출력 결과는 모형적합도 결과이다. 이는 앞서 살펴봤던, 엑셀 프로그램에서 출력한 <그림 42.1>의 회귀분석 통계량과 동일한 결과치이다. 다중상관계수(R)는 0.539, 결정계수(R^2)는 0.290, 그리고 조정된 결정계수(R^2_{adj})는 0.266으로 나타났다. 하단의 출력결과는 <그림 42.2>에서 보았던 분산분석(ANOVA)표이다. 이 역시 엑셀이 출력한 수치들과 크게 다르지 않다.

Assumption Checks

Durbin–Watson Test for Autocorrelation

Autocorrelation	DW Statistic	p
−0.0716	2.14	0.400

[3]

Collinearity Statistics

	VIF	Tolerance
고용불안	1.21	0.828
차별대우	1.20	0.837
상생경영	1.27	0.785
자선활동	1.31	0.765

그림 43.9 자기상관검정과 VIF

<그림 43.9>는 자기상관 검정과 VIF 값에 대한 결과이다. Durbin-Watson 검정은 회귀 모형의 오차에 자기상관이 있는지를 검정하는 것이다. 자기상관은 인접한 관측치의 오차가 상관되어 있음을 의미하는데, 오차가 상관되면 최소제곱법이 계수의 표준오차를 과소 추정하게 된다. 여기서 Durbin-Watson 검정에 대한 자세한 설명은 생략하겠다. 출력된 결과에서 더빈-왓슨의 통계량(DW Statistic)이 0에 가까울수록 양(+)의 상관관계가 강한 것으로 해석하고, 4에 가까울수록 음(−)의 상관관계가 강한 것으로 해석한다. 반면 2에 가까울수록 상관관계가 없거나 매우 미약한 것으로 해석한다. 따라서 DW Statistic이 2.14이므로 독립변수 간의 상관관계가 없거나 매우 미약한 것으로 해석할 수 있다.

공선성 통계를 보면 VIF 값이 출력되어 있다. 4개의 독립변수 모두 VIF가 1에 가깝게 나왔다. 즉, <표 43.2>를 참고했을 때, 모든 독립변수 간에 분산팽창이 없다고 해석할 수 있다.

이분산성

D+38 차수 회귀분석의 개념에서 오차항(ϵ)의 가정에 대해서 설명한 바 있다.

첫째, 오차들은 정규분포를 따른다.
둘째, 오차들의 분산은 일정하다(등분산 가정)
셋째, 오차들은 서로 독립적이다(자기상관이 존재하지 않음)

비록 오차항이 관찰되는 값은 아니지만 잔차(e_i)를 통해서 오차항에 대해 추정할 수 있다. 따라서 잔차가 위의 가정을 위배하는 경우 회귀모형은 유의성 측면에서 적합하지 않게 된다. 오차항의 가정에 대한 잔차검정은 통계 패키지의 시각화 도구를 사용하여 확인할 수 있다.

회귀모형은 독립변수와 종속변수의 모든 값에 대해 분산이 일정해야 한다. 오차항의 분산이 일정하지 않은 것을 이분산적이라고 한다. 이분산성이 존재하면 추정량의 분산이 과소 추정될 수 있고 그로 인해 t-통계량이 증가하여 신뢰구간이 좁게 설정된다. 이 경우에 귀무가설이 참인데도 기각하는 제1종 오류가 발생한다.

다중회귀모형에서는 추정된 종속변수($\hat{y}_i$)에 대한 잔차 산포도를 이용하여 이분산성을 검정할 수 있다.

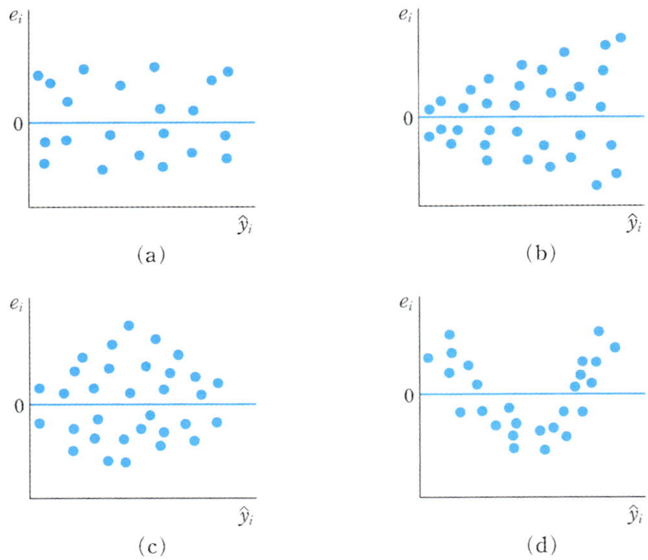

그림 43.10 $\hat{y}_i$의 잔차 산포도

<그림 43.10>은 잔차 산포도의 예시이다. (a)의 산포도는 잔차의 합(=0)을 기준으로 그어진 X축 선을 중심으로 골고루 퍼져있는 형상이다. 이렇게 아무런 패턴이 없이 모든 Y에 대해서 오차의 분산이 동일하게 나타나야 등분산 가정에 위배되지 않는 오차항이라고 할 수 있다. 반면 (b)의 산포도는 좌측에서 우측으로 점점 넓게 퍼져나가는 분산의

패턴을 보인다. 또한 (c)의 산포도는 중앙에 두텁게 형성된 분산의 분포가 좌우로 점점 얇아지는 패턴을 보인다. 그리고 (d)의 산포도는 U자형 패턴으로 오차의 분산이 나타나고 있다. 이와 같이 어떤 특정한 패턴을 보이게 되는 경우 등분산 가정을 위배하는 것으로 판단할 수 있다.

예제데이터를 이용하여 잔차의 산포도를 그려보자. 여기서는 Jamovi의 잔차 그래프(Residual plots) 그리기 기능을 활용하여 잔차의 산포도를 그리도록 하겠다.

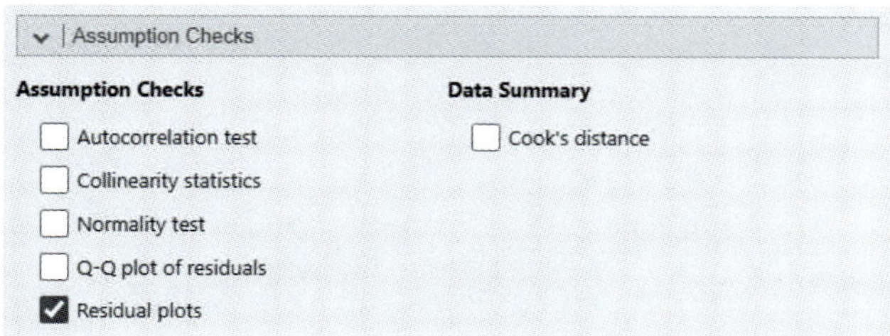

그림 43.11 잔차 그래프 그리기

<그림 43.11>의 화면에 보이는 것처럼 Jamovi의 회귀분석에서 가정확인(Assumption Checks)에 있는 Residual plots 옵션에 체크하면 우측 결과 창에 다음과 같은 잔차 그래프가 나타날 것이다.

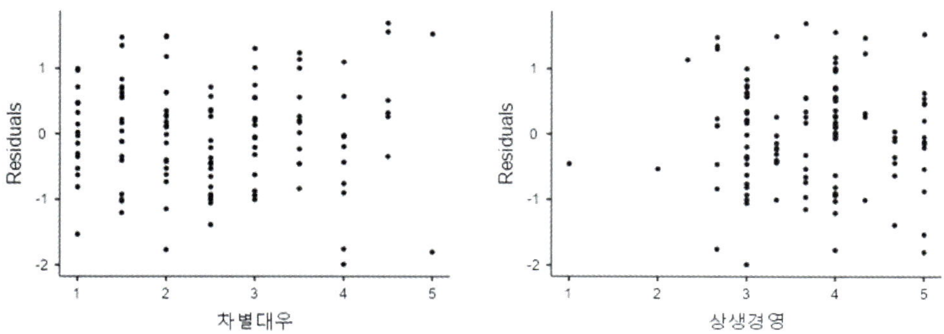

그림 43.12 잔차 산포도 결과

<그림 43.12>에 나타난 것과 같이 잔차의 합(=0)를 중심으로 비교적 고르게 퍼져있는 것을 알 수 있다. 따라서 데이터에서 추정된 y값의 잔차는 등분산 가정을 만족하는 것으로 판단할 수 있다.

D+44

더미변수를 이용한 회귀분석

지금까지 단순회귀모형과 다중회귀모형에 관해서 알아보았다. 단순회귀모형은 1개의 독립변수가 종속변수에 미치는 영향 관계를 분석하는 모형이고, 다중회귀모형은 2개 이상의 독립변수가 종속변수에 미치는 영향 관계를 분석하는 모형이다. 그런데 회귀분석에 사용된 예제데이터들에는 모두 연속형 변수를 독립변수로 사용하였다. 그렇다면 범주형 변수는 회귀모형에서 사용할 수 없는 것일까?

결론부터 얘기하자면 범주형 변수도 회귀모형에 사용할 수 있다.

범주형 변수를 회귀모형에 사용하기 위해서는 변수를 숫자로 변환해야 한다. 예를 들어서 대표적인 범주형 변수인 남성과 여성을 독립변수에 투입하여 회귀분석을 하려면 남성과 여성을 각각 0과 1, 또는 1과 0으로 변환해야 한다. 여기서 어떤 범주형 변수를 0으로 변환할지 혹은 1로 변환할지는 남성과 여성 중의 어떤 성별을 기준으로 할 것이냐에 따라 달라진다. 만약 여성을 기준으로 한다면, 남성을 0으로 변환하고 여성을 1로 변환한다.

이렇게 범주형 변수를 독립변수로 투입할 때 숫자로 변환한 변수를 더미변수(dummy

variable)라고 한다. 그리고 남성과 여성처럼 범주형 변수를 어떤 사건의 성공과 실패의 2가지 경우로 나타내는 것을 이항변수라고 한다.

이항 독립변수의 유의성 검정

이항 독립변수의 유의성 확인에도 t-검정을 한다. 이항변수의 계수가 0과 통계적으로 유의하게 다르다면 이항변수는 종속변수 Y에게 유의한 영향을 미치는 변수가 된다. 즉, 이항변수의 계수가 1이면 Y의 예측값에 영향을 주지만 이항변수의 계수가 0이면 영향을 미치지 않는다.

정량적인 연속형 독립변수 1개와 이항 독립변수 1개로 이루어진 회귀모형을 가정하면 다음과 같다.

$$y = b_0 + b_1 x_1 + b_2 x_2 \tag{44.1}$$

여기서 x_1이 이항변수일 때, 수식 (44.1)의 모형은 다음과 같이 계산될 것이다.

만약 $x_1 = 0$이면, $y = b_0 + b_1(0) + b_2 x_2 = b_0 + b_2 x_2$

만약 $x_1 = 1$이면, $y = b_0 + b_1(1) + b_2 x_2 = (b_0 + b_1) + b_2 x_2$

위의 계산에서 알 수 있듯이 이항 독립변수는 그 값이 무엇이냐에 따라서 회귀모형에서 다른 독립변수의 기울기에는 아무런 영향을 주지 않고, 다만 상수항에만 영향을 준다. 즉, 상수항이 b_0 또는 $(b_0 + b_1)$이 되는 것이다.

다음의 <그림 44.1>은 이항변수의 변화에 따른 회귀선의 변화를 나타낸 것이다.

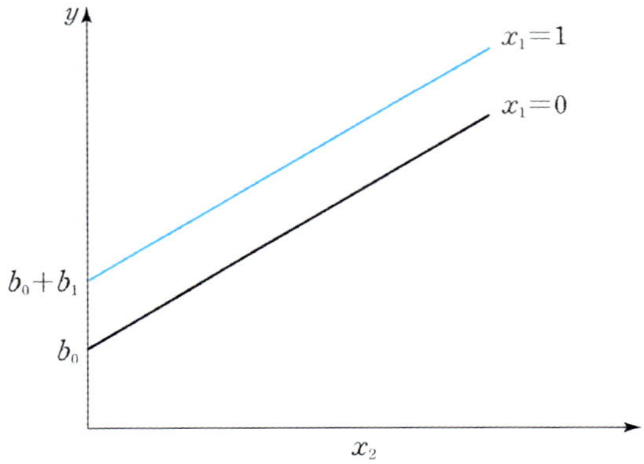

그림 44.1 이항변수와 회귀선 이동

그림에서 이항변수 x_1이 0인 경우와 1인 경우의 그래프는 기울기는 변하지 않고 상수항의 차이만큼만 위·아래로 이동하는 것을 알 수 있다. 따라서 이항 독립변수의 통계적 유의성 검정은 추정계수 β_1이 0인지에 대해서 가설을 설정하는 것으로부터 시작한다.

$$H_0 : \beta_1 = 0$$
$$H_1 : \beta_1 \neq 0$$

회귀모형에 이항변수를 독립변수로 투입하는 경우의 데이터 구조는 <표 44.1>과 같다.

표 44.1 이항 독립변수를 투입한 회귀모형 데이터 구조

ID	매출액(억 원)	면적(평)	지역(수도권)
1	749.9	3755	0
2	724.2	3456	0
3	686.4	3392	1
4	569.8	2375	1
5	643.1	3002	0
⋮	⋮	⋮	⋮
20	616.5	3056	0

<표 44.1>은 유통매장의 매출액에 영향을 주는 요인을 매장의 규모와 위치(지역)로 설정한 분석자료이다. 일반적으로 오프라인 소매매장은 매장의 규모가 매출액에 가장 큰 영향을 끼치는 요인이다. 왜냐하면 매장의 규모가 커야 판매할 수 있는 상품의 종수를 많이 진열할 수 있어 쇼핑객에게 다양한 선택의 폭을 제공할 수 있다. 또한 매장의 규모가 크다는 것은 한꺼번에 더 많은 쇼핑객을 수용할 수 있으므로 매출 발생의 기회가 그만큼 더 늘어나는 것이다. 여기에 매장의 위치가 어디냐에 따라 매출에 영향을 받는다. 즉, 인구밀집도가 높은 지역일수록 매장에 방문하는 쇼핑객이 더 많을 것이기에 유통업계에서는 매출액 결정요인으로 매장의 규모와 위치를 주요 요인으로 설정하는 경향이 있다.

표에서 면적은 숫자형 변수이다. 반면 위치는 전형적인 범주형 변수이다. 따라서 위치를 숫자로 변환해야 한다. 표에 사용된 데이터는 위치를 수도권 지역과 지방으로 구분한 것이고 수도권을 기준으로 삼았다. 따라서 지역(수도권) 열에 있는 숫자 중 0은 지방을 의미하고 1은 수도권을 의미한다.

<표 44.1>의 데이터인 'Data10_지역별 매장 매출'을 이용하여 회귀분석을 시행해보자. 더미변수를 독립변수로 투입한 회귀분석은 엑셀 프로그램으로 가능하다. 분석 결과는 <그림 44.2>와 같이 출력되었다.

요약 출력

회귀분석 통계량	
다중 상관계수	0.960
결정계수	0.921
조정된 결정계수	0.912
표준 오차	30.088
관측수	20

그림 44.2 회귀분석 통계량

결정계수와 조정된 결정계수를 보면, 종속변수에 대한 독립변수들의 설명력은 매우 높은 것으로 나왔다. 이는 유통매장의 경우 매장의 규모가 매출액에 미치는 영향력이 매우 큰 변수라는 것을 의미한다.

<그림 44.3>은 예제데이터의 회귀모형 적합도와 변수의 통계적 유의성 검정 결과이다.

분산 분석

	자유도	제곱합	제곱 평균	F 비	유의한 F
회귀	2	179652.190	89826.095	99.226	0.000
잔차	17	15389.475	905.263		
계	19	195041.666			

	계수	표준 오차	t 통계량	P-값	하위 95%	상위 95%	하위 95.0%	상위 95.0%
Y 절편	8.158	45.345	0.180	0.859	-87.512	103.829	-87.512	103.829
면적(평)	0.200	0.014	13.891	0.000	0.169	0.230	0.169	0.230
지역(수도권)	33.942	14.534	2.335	0.032	3.277	64.606	3.277	64.606

그림 44.3 분산분석표와 변수의 유의성 결과

모형의 적합도는 p−값(유의한 F)이 0.000이고 F−통계량(F 비)이 99.226으로 매우 좋은 것으로 나타났다. 독립변수는 종속변수에 미치는 영향력에 있어서 모두 통계적으로 유의한 것으로 나타났다. t−통계량과 p−값을 보면 매장의 면적이 매장의 위치보다 매출에 더 큰 영향력이 있는 것을 알 수 있다. 이항변수인 지역(수도권) 계수가 33.942로 나와 있는데, 이는 수도권이 지방보다 매출 실적이 33.942억 원 정도 더 높은 것을 의미한다. 상수항(Y 절편)을 보면, p−값이 0.859이고 t−통계량이 0.180으로 통계적으로는 0과 유의하게 다르지 않은 것으로 나타났다. 상수항에 대한 95% 신뢰구간에 0이 포함되어 있으므로 신뢰구간을 통한 검정에서도 상수항은 통계적으로 0과 다르지 않다는 것이다.

범주형 변수가 3개 이상의 경우

만약 범주형 변수가 3개 이상의 경우는 어떻게 숫자로 변환해야 할까?

<표 44.2>를 살펴보자. 이 표의 내용은 'Data09_조직충성' 데이터에 '대기업', '중견기업', '중소기업'의 종사자를 범주형 이항변수로 투입하는 것을 가정한 데이터 구조이다.

표 44.2 3개의 이항 독립변수를 투입한 회귀모형 데이터 구조

ID	조직충성	연속형 독립변수				범주형 독립변수	
		고용불안	차별대우	상생경영	자선활동	중견기업	중소기업
1	3.00	1.00	3.50	3.33	3.67	0	1
2	5.00	1.00	1.00	5.00	5.00	0	0
3	5.00	1.00	1.00	5.00	5.00	0	0
4	3.00	1.00	1.00	5.00	5.00	0	1
5	3.33	1.00	2.00	2.67	5.00	1	0
⋮	⋮	⋮	⋮	⋮	⋮	⋮	⋮
122	4.33	1.50	1.00	5.00	5.00	0	0

데이터 구조를 보면, 범주형 독립변수의 항목에서 '대기업' 변수가 제외된 것을 알 수 있다. 독립변수에 투입할 범주형 변수가 3개 이상의 경우는 기준이 되는 변수를 제외하고 나머지 변수들만 독립변수로 투입한다. 즉, 여기서는 '대기업' 변수를 기준변수로 설정한 것이다.

따라서 <표 44.2>의 범주형 독립변수에는 '중견기업'과 '중소기업' 변수만 포함되어 있다. 두 변수의 값이 모두 0인 경우의 ID가 '대기업' 종사자에 해당하는 것이다. 만약 '중견기업' 열에 1의 값이 투입되어 있으면 해당 ID는 '중견기업' 종사자이고, '중소기업' 열에 1의 값이 투입되어 있으면 '중소기업' 종사자이다.

엑셀 프로그램에서 'Data11_조직충성+기업규모' 데이터를 사용하여 회귀분석을 실행하면 다음과 같은 결과가 출력된다.

요약 출력

회귀분석 통계량	
다중 상관계수	0.901
결정계수	0.812
조정된 결정계수	0.802
표준 오차	0.416
관측수	122

그림 44.4 회귀분석 통계량

<그림 44.4>의 출력결과를 보면, 결정계수는 81.2%이고 조정된 결정계수는 80.2%이다. 결정계수는 종속변수에 대한 독립변수들의 설명력을 나타낸 것으로 비교적 설명력이 높다고 할 수 있다. 또한 조정된 결정계수 80.2%가 결정계수와 큰 차이가 없어 모형에 투입된 변수 중에 제외시킬 변수는 없는 것으로 보인다.

분산 분석

	자유도	제곱합	제곱 평균	F 비	유의한 F
회귀	6	85.986	14.331	82.824	0.000
잔차	115	19.898	0.173		
계	121	105.884			

	계수	표준 오차	t 통계량	P-값	하위 95%	상위 95%	하위 95.0%	상위 95.0%
Y 절편	4.194	0.278	15.108	0.000	3.644	4.744	3.644	4.744
고용불안	-0.010	0.047	-0.216	0.830	-0.104	0.084	-0.104	0.084
차별대우	-0.090	0.039	-2.338	0.021	-0.167	-0.014	-0.167	-0.014
상생경영	0.136	0.058	2.346	0.021	0.021	0.250	0.021	0.250
자선활동	-0.003	0.044	-0.060	0.953	-0.089	0.084	-0.089	0.084
중견기업	-0.773	0.097	-7.985	0.000	-0.965	-0.582	-0.965	-0.582
중소기업	-1.869	0.105	-17.803	0.000	-2.077	-1.661	-2.077	-1.661

그림 44.5 분산분석표와 변수의 유의성 결과

<그림 44.5>는 분산분석표와 변수의 유의성을 검정한 결과이다.

모형의 적합도는 p−값(유의한 F)이 0.000이고 F−통계량(F 비)이 82.824로 매우 좋은 것으로 나타났다. 독립변수는 종속변수에 미치는 영향력에 있어서 연속형 독립변수 중에 '차별대우', '상생경영' 두 변수가 모두 p−값 0.021로 유의수준 5%에서 통계적으로 유의한 것으로 나타났다. 이항변수인 '중견기업'과 '중소기업'도 두 변수가 모두 p−값 0.000으로 나타났다. 이 결과는 종속변수인 '조직충성'에 미치는 영향에 있어서 기준변수인 '대기업'과 차이가 있다는 의미이다. 전체적으로 회귀계수를 봤을 때, '차별대우'는 '조직충성'에 통계적으로 유의한 음(−)의 영향력이 있는 변수이고, '상생경영'은 '조직충성'에 양(+)의 영향력이 있는 변수인 것으로 판단할 수 있다. 그리고 기업의 규모가 작아질수록 '조직충성'에 음(−)의 영향력이 커진다고 판단할 수 있다.

참고로 <그림 44.6>은 이항변수 중에 '중견기업'을 기준으로 설정했을 때의 회귀분석 결과이다.

	계수	표준 오차	t 통계량	P-값	하위 95%	상위 95%	하위 95.0%	상위 95.0%
Y 절편	3.421	0.261	13.116	0.000	2.904	3.937	2.904	3.937
고용불안	-0.010	0.047	-0.216	0.830	-0.104	0.084	-0.104	0.084
차별대우	-0.090	0.039	-2.338	0.021	-0.167	-0.014	-0.167	-0.014
상생경영	0.136	0.058	2.346	0.021	0.021	0.250	0.021	0.250
자선활동	-0.003	0.044	-0.060	0.953	-0.089	0.084	-0.089	0.084
대기업	0.773	0.097	7.985	0.000	0.582	0.965	0.582	0.965
중소기업	-1.095	0.099	-11.103	0.000	-1.291	-0.900	-1.291	-0.900

그림 44.6 변수의 유의성 검정 결과

'중견기업'을 이항변수의 기준으로 했기 때문에 출력 결과는 '대기업'과 '중소기업'의 유의성 결과가 나와있다. 계수를 보면, 대기업은 0.773으로 양(+)의 계수이고, '중소기업'은 −1.095로 음(−)의 계수이다. 즉, 기준변수인 '중견기업'에 비해서 '대기업'은 종속변수에 주는 영향이 상대적으로 크기 때문에 양(+)의 계수로 나타난 것이고, 반면에 '중소기업'은 종속변수에 주는 영향이 상대적으로 적기 때문에 음(−)의 계수로 나타난 것이다.

만약 '중견기업'이나 '중소기업'의 p-값이 0.05보다 커서 통계적으로 유의하지 않은 결과가 나온다면, 해당 변수는 종속변수에 미치는 영향에 있어서 기준변수인 '대기업'과 통계적으로 차이가 없다는 의미로 해석하면 된다.

지금까지 독립변수에 이항변수를 더미변수로 투입하는 회귀분석에 대해서 알아보았다. 그렇다면 이항변수를 종속변수에도 투입하여 분석할 수 있는지 궁금할 수 있다. 다음 차수에서는 이항변수를 종속변수로 투입하는 이항 로지스틱 회귀분석에 대해서 알아보겠다.

D+45

이항 로지스틱 회귀분석

명목척도인 이항변수를 종속변수로 설정하여 분석하는 기법을 이항 로지스틱 회귀분석(Binomial Logistic Regression)이라고 한다.

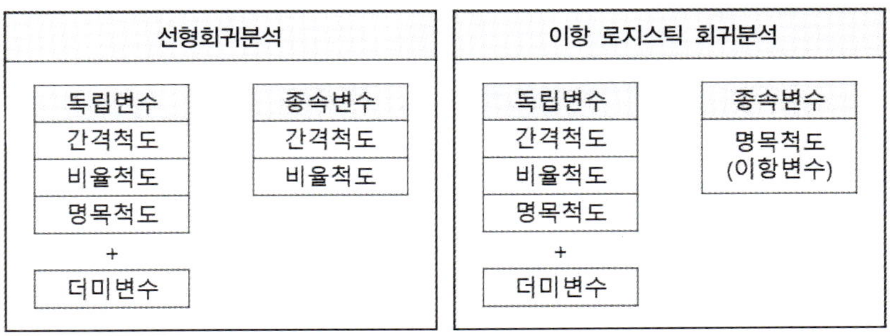

그림 45.1 선형회귀분석과 로지스틱 회귀분석

<그림 45.1>에 표현한 것처럼 단순회귀분석이나 다중회귀분석과 같은 선형회귀분석은 종속변수가 등간척도나 비율척도인 연속형 변수이다. 반면 이항 로지스틱 회귀분석

에서는 선형회귀분석과 달리 종속변수로 명목척도인 이항변수를 사용한다. 이항변수를 사용한다는 것은 회귀분석의 목적이 '성공'과 '실패'의 두 가지 판단 중에 하나를 선택하는 의사결정에 있음을 의미한다. 그런데 종속변수가 이항변수이므로 회귀분석 결과가 1이나 0으로 출력될 것 같지만 이항 로지스틱 회귀분석의 결과는 확률값으로 주어진다.

이항 로지스틱 선형모형의 유도

종속변수가 이항변수인데 분석 결과가 확률값으로 주어지는 과정에 대해서 이해해 보자.

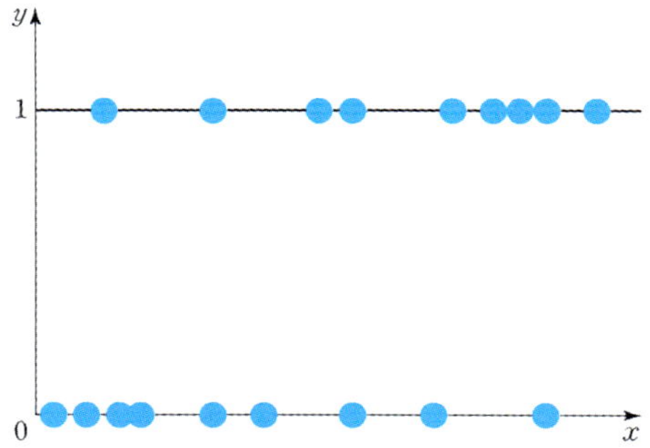

그림 45.2 이항변수 Y 그래프

<그림 45.2>는 종속변수 Y가 이항변수일 때 나타나는 결과에 대해 가정한 그래프이다. Y 변수는 결괏값으로 1 또는 0의 두 가지 값만 가질 수 있으므로 x_i에 대응하는 y_i는 그림과 같이 Y축의 값이 1과 0인 지점에서 수평으로 나열된다.

이 그래프에서 X축을 일정한 간격으로 나누어 구간을 만든다.

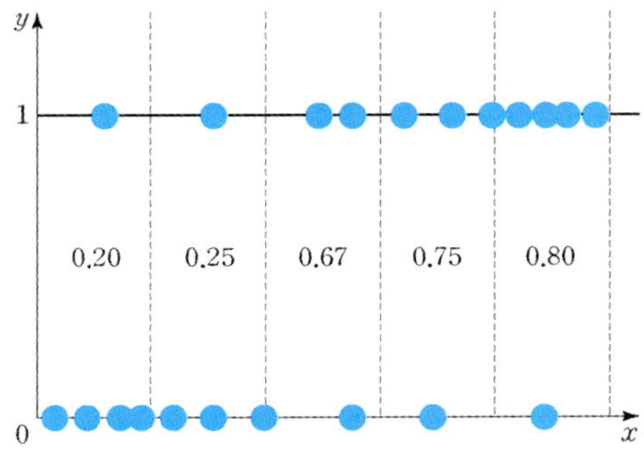

그림 45.3 X 변수의 구간별 비율

<그림 45.3>은 X축을 일정한 간격으로 구간을 나눈 모습이다. 수직으로 그어진 점선이 구간 경계선이다. X축의 간격이 일정한 구간으로 구분되었으면 각 구간 내에 있는 관측치 중에서 성공(1)의 값을 갖는 관측치의 비율을 구한다. 비율을 구하는 수식은 아래와 같다.

$$\text{구간의 비율} = \frac{\text{성공 개수}}{\text{성공 개수} + \text{실패 개수}} \tag{45.1}$$

수식 (45.1)을 사용하여 <그림 45.3>의 첫 번째 구간 비율을 구하면, 성공 개수가 1개이고, 실패 개수가 4개이므로 1/(1+4)=0.20이 된다. 이와 같은 방법으로 나머지 구간들에 대해서도 성공 비율을 구한다. 이렇게 함으로써 Y축의 값은 비율의 값이 된다. 즉, Y축의

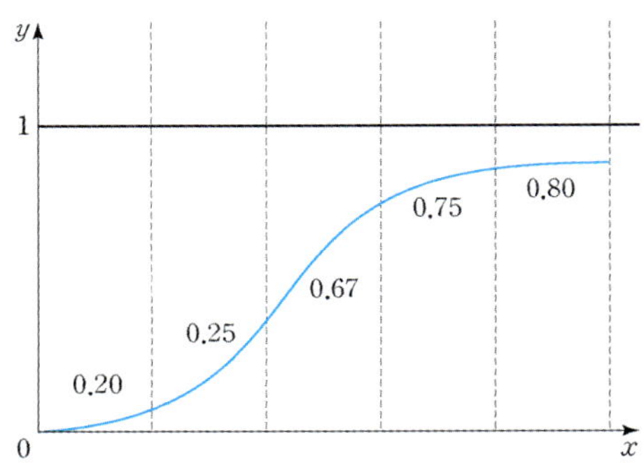

그림 45.4 Y축의 비율 전환과 S-곡선

1은 100%를 의미하게 된다.

구간별 비율을 계산한 다음 단계로 <그림 45.4>와 같이 구간별 비율에 해당하는 Y축의 값을 지나는 곡선을 그린다. 곡선은 S-곡선를 이루며 이렇게 한정된 구간 사이의 값으로 단조롭게 증가하는 함수를 시그모이드(sigmoid)라고 한다. 시그모이드 함수에는 로지스틱(Logistic) 함수, 하이퍼볼릭 탄젠트(Hyperbolic tangent) 함수, 스무스스텝(Smoothstep) 함수, 대수(Algebraic) 함수 등이 있다. 여기서는 로지스틱 함수에 대해서만 이해하도록 하겠다.

이항 로지스틱 회귀분석은 <그림 45.4>의 S-곡선의 확률값들에 대한 회귀식을 구하는 것이다. 회귀식을 구하기 위한 로지스틱 함수는 다음과 같다.

$$f(x) = \frac{1}{1+e^{-x}} \tag{45.2}$$

이항계수가 확률로 변형되었으므로 로지스틱 함수의 $f(x)$ 기호를 다음과 같이 확률 기호 $p(x)$로 바꿔 표기할 수 있다.

$$P(x) = \frac{1}{1+e^{-x}} \tag{45.3}$$

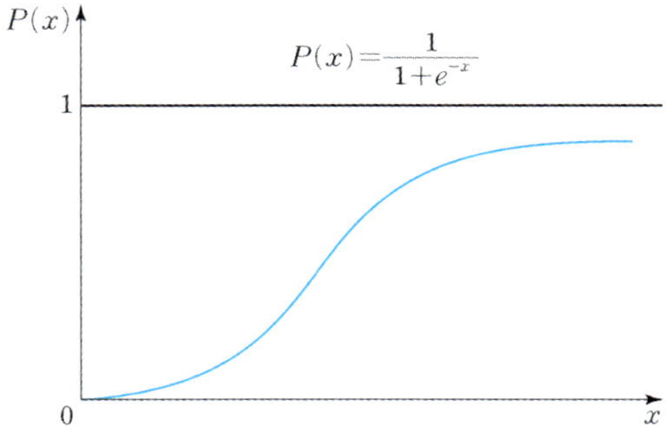

그림 45.5 S-곡선과 로지스틱 함수

S−곡선의 기울기와 시작점을 파악하기 위해 $P(x) = \dfrac{1}{1+e^{-x}}$ 의 수식에서 분모에 있는 자연상수 e의 지수 x를 회귀식 $b_0 + b_1x$로 대체한다.

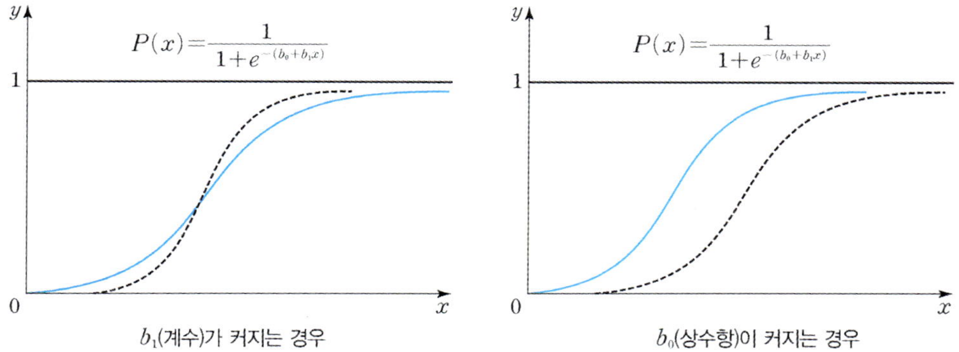

그림 45.6 S−곡선의 변화

로지스틱 함수의 결과를 확률값으로 변환하고 자연상수의 지수를 회귀식으로 대체함으로써 S−곡선의 변화에 영향을 주는 기울기와 상수항을 알 수 있게 된다. <그림 45.6>에서처럼 자연상수의 지수에서 b_1(계수)가 커지면 S−곡선의 기울기는 가파르게 변하고, b_0(상수항)이 커지면 S−곡선은 본래 있던 위치에서 우측으로 이동하게 된다.

수식 (45.3)에서 분모에 있는 자연상수($e^{b_0 + b_1x}$)만 우변에 남겨두고 나머지 식을 좌변으로 옮기면 다음과 같은 수식이 나온다.

$$\frac{P(x)}{1-P(x)} = e^{b_0 + b_1x} \tag{45.4}$$

수식 (45.4)의 좌변은 성공확률 $P(x)$와 실패확률 $1 - P(x)$의 비율을 말한다. 즉, 실패확률에 비해서 성공확률이 얼마나 큰지를 확인하는 것이다. 이를 오즈비(승산비; Odds Ratio; OR)라고 한다. 이제 이 수식의 양변에 로그를 취한다; Log(Odds).

$$\ln\left(\frac{P(x)}{1-P(x)}\right)=b_0+b_1x \tag{45.5}$$

수식 (45.4)의 양변에 로그를 취하면, 자연상수 e를 밑으로 하는 지수함수 $y=e^x$와 로그함수 $y=\ln x$가 역함수 관계가 되는 것처럼 수식 (45.5)는 수식 (45.4)의 역함수 관계가 성립된다. 여기서 수식 (45.5)의 우변에 있는 b_0+b_1x는 추정된 회귀식의 형태를 이룬다. 따라서 시그모이드 함수인 로지스틱 함수의 그래프였던 S-곡선은 <그림 45.7>의 우측 그림과 같이 선형회귀모형으로 변환하게 된다.

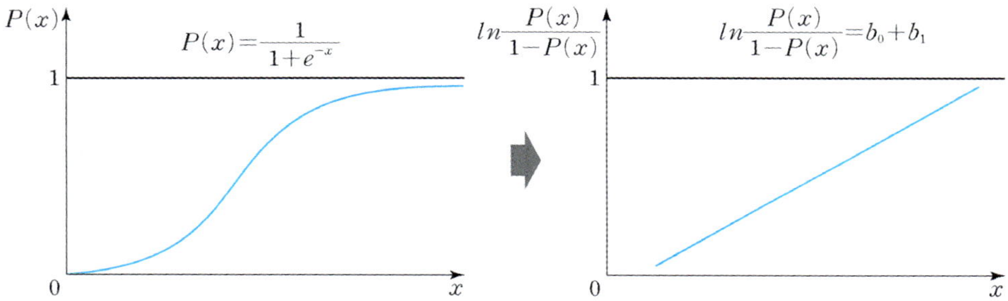

그림 45.7 S-곡선에서 선형모형으로 변환

이렇게 로지스틱 함수 $P(x)=\dfrac{1}{1+e^{-x}}$를 이용하여 자연상수 e에 로그를 취해 역함수를 만들어 선형회귀식 $\ln\left(\dfrac{P(x)}{1-P(x)}\right)=b_0+b_1x$을 유도하여 데이터를 분석하는 것을 이항 로지스틱 회귀분석이라고 한다.

Jamovi를 사용한 이항 로지스틱 회귀분석

엑셀 프로그램에서는 이항 로지스틱 회귀분석을 할 수 없다. 그래서 여기서는 Jamovi를 사용하여 로지스틱 회귀분석을 하도록 하겠다. Jamovi 프로그램으로 'Data12_공부시간과 IQ' 파일을 불러오자.

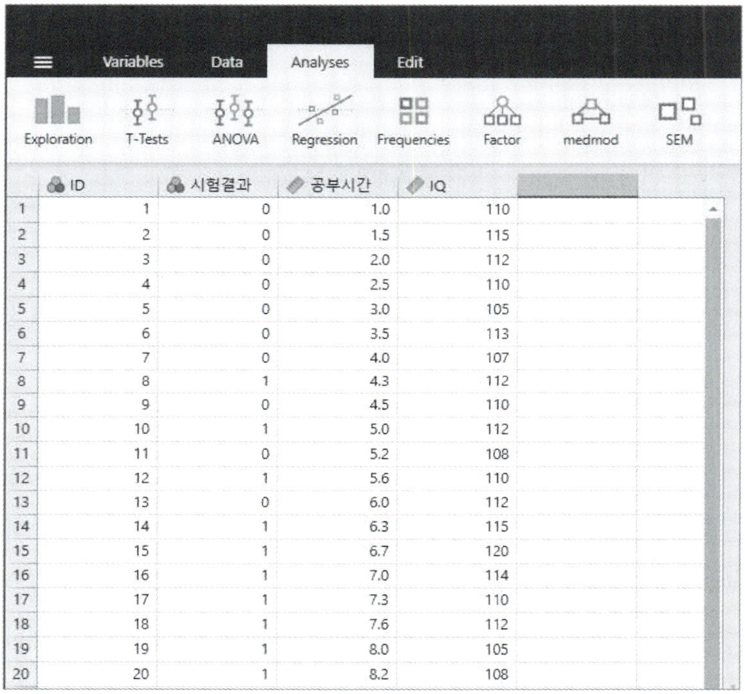

	ID	시험결과	공부시간	IQ
1	1	0	1.0	110
2	2	0	1.5	115
3	3	0	2.0	112
4	4	0	2.5	110
5	5	0	3.0	105
6	6	0	3.5	113
7	7	0	4.0	107
8	8	1	4.3	112
9	9	0	4.5	110
10	10	1	5.0	112
11	11	0	5.2	108
12	12	1	5.6	110
13	13	0	6.0	112
14	14	1	6.3	115
15	15	1	6.7	120
16	16	1	7.0	114
17	17	1	7.3	110
18	18	1	7.6	112
19	19	1	8.0	105
20	20	1	8.2	108

그림 45.8 예제데이터 불러오기

<그림 45.8>은 예제데이터를 불러온 화면이다. 예제데이터는 학생들의 시험 결과에 대해서 공부시간과 IQ의 영향도를 확인하는 것이다. 종속변수는 '시험 결과'이고 합격은 1, 불합격은 0으로 코딩되어 있는 이항변수이다. 독립변수는 '공부시간'과 'IQ'로 모두 연속형 변수이다. 먼저 각각의 변수가 속성에 따라 제대로 설정되어 있는지를 확인해야 한다. 만약 <그림 45.9>의 화면처럼 변수들의 속성이 설정되어 있지 않으면 Data 탭에서 Setup 메뉴를 실행시키거나 현재의 화면에서 변수명을 더블 클릭하여 변수를 설정한다.

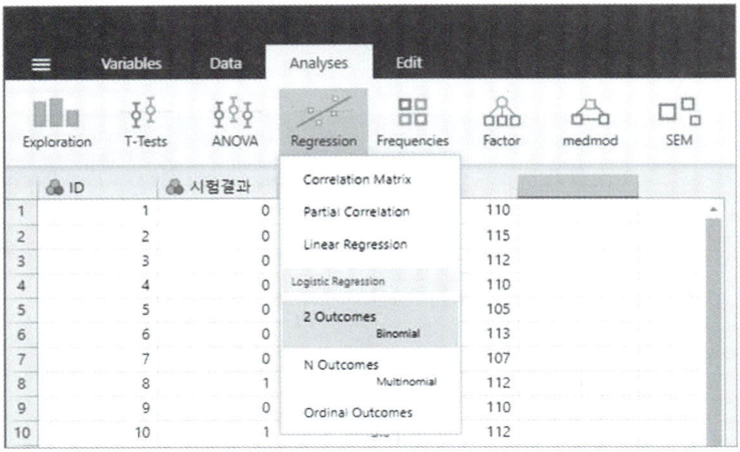

그림 45.9 이항로지스틱 회귀분석 선택

다음으로 Analyses 탭을 클릭하면 <그림 45.9>와 같이 회귀분석 기법의 목록을 선택할 수 있는 창이 나타난다. 여기서 '2 Outcomes Binomial'을 선택한다. 예제데이터가 이항 종속변수이므로 이항 로지스틱 분석을 해야 하기 때문이다. 만약 종속변수가 이항이 아니라 다항변수(변수의 범주가 3개 이상인 경우, 예를 들어 혈액형 A, B, O, AB형)인 경우에는 목록에서 'N Outcomes Multinomial'을 선택한다(다항 로지스틱 회귀분석은 본서에서 다루지 않으므로 관련 설명은 생략한다).

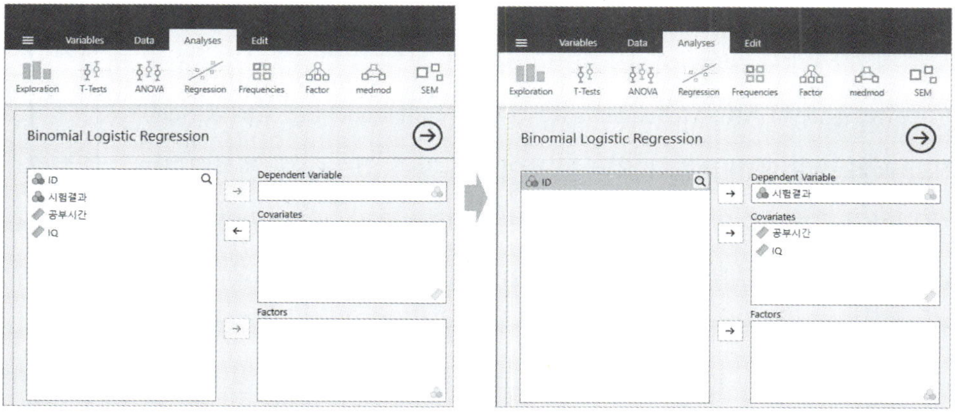

그림 45.10 종속변수와 독립변수 설정

'2 Coutcomes Binomial'을 클릭하면 <그림 45.10>의 왼쪽 그림과 같이 변수목록을 보여주는 화면이 나타난다. 아직 변수들을 모형에 투입하기 전이다. 우측 그림은 목록에 있는 변수들이 모형에 투입된 상태이다. 이항변수인 '시험 결과'는 종속변수(Dependent variable)로 이동시키고 연속형 변수인 '공부시간'과 'IQ'는 공변량(Covariates)으로 이동시킨다.

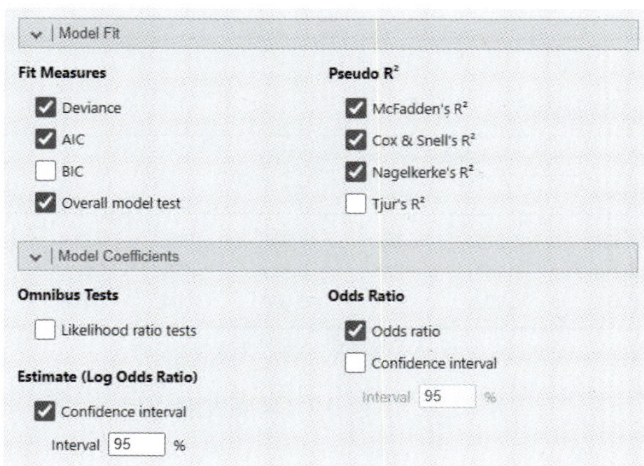

그림 45.11 분석 옵션 설정

다음으로 회귀분석 옵션을 설정한다. <그림 45.11>과 같이 모델 적합도(Model Fit)와 모델계수(Model Coefficients)를 활성화시킨다. 모델 적합도에서는 기본으로 설정되어 있는 Deviance와 AIC, McFadden's R^2 외에 Overall model test, Cox & Snell's R^2, 그리고 Nagelkerke's R^2에 체크한다. R^2라는 용어에서 알 수 있듯이 이 분석도구들은 종속변수에 대한 독립변수들의 설명력을 확인하는 것이다. 로지스틱 회귀분석에서는 여러 방식으로 설명력을 확인할 수 있다. 모델 적합도의 옵션을 설정했으면 다음으로 모델 계수, 즉 회귀계수를 설정한다. 여기서는 오즈비(Odds ration)와 오즈비의 신뢰구간을 95%로 선택하여 체크한다. 앞에서 설명한 것처럼 이항 로지스틱 회귀분석에서는 실패확률에 대한 성공확률의 비율 파악이 주요 목적이므로 오즈비 분석을 필수적으로 선택해 줄 필요가 있다.

이제 결과 창에 예제데이터의 분석 결과가 나왔다.

Binomial Logistic Regression

Model Fit Measures

Model	Deviance	AIC	R^2_{McF}	R^2_{CS}	R^2_N	Overall Model Test		
						χ^2	df	p
1	10.6	16.6	0.619	0.576	0.768	17.2	2	< .001

Model Coefficients - 시험결과

Predictor	Estimate	95% Confidence Interval		SE	Z	p	Odds ratio
		Lower	Upper				
Intercept	-54.422	-145.920	37.08	46.683	-1.17	0.244	2.32e-24
공부시간	1.555	0.154	2.96	0.715	2.18	0.030	4.73
IQ	0.420	-0.372	1.21	0.404	1.04	0.298	1.52

Note. Estimates represent the log odds of "시험결과 = 1" vs. "시험결과 = 0"

그림 45.12 이항 로지스틱 회귀분석 결과

먼저 모델 적합도를 살펴보자. Overall Model Test(전체모형검정)의 p-값이 0.001보다 작은 것으로 검정되어 회귀모형의 적합도는 통계적으로 유의한 것으로 나타났다. 설명력은 측정방법에 따라 57.6%~76.8%로 나왔다.

다음으로 회귀계수를 살펴보자. 먼저 알아야 할 것은 이항 로지스틱 회귀분석에서 Estimate(추정량)은 단순회귀분석이나 다중회귀분석처럼 의미있는 수치로 해석하지 않는다는 점이다. 여기서는 Estimate 정보가 양수(+)인지 또는 음수(-)인지만 의미가 있다고 기억해두자. Odds ratio(오즈비)를 보면 '공부시간' 변수가 4.73, 그리고 'IQ' 변수가 1.52로 나와 있다. 앞에서 설명한 것처럼 Odds ratio는 실패확률에 대한 성공확률의 비율이다. 따라서 '공부시간' 변수의 추정량이 양수(+)이므로 1시간 증가할수록 시험 결과에서 합격할 확률이 4.73배 높아진다. 그리고 'IQ' 변수도 추정량이 양수(+)이므로 1단위 증가할수록 합격할 확률이 1.52배 높아진다. 만약 추정량이 음수(-)라면 Odds ratio 값은 반대로 낮아지는 것으로 해석한다. 그런데 두 변수의 p-값을 보면, '공부시간'은 0.030으로 유의수준 5%에서 통계적으로 유의한 변수이고 'IQ'는 0.298로 유의하지 않다. 통계적 유의성을 기준으로 두 변수의 Odds ratio 값이 의미가 있는지 없는지를 판단하면 된다.

이상으로 이항 로지스틱 회귀분석에 대해서 살펴보았다. 다항 로지스틱 회귀분석도 이항 로지스틱 분석과 마찬가지로 변수들을 적합하게 설정하여 분석을 시행하면 그 결괏값을 해석하는 데 어려움이 없다.

10 장

실전 데이터 분석

D+46 설문지의 설계와 예시
D+47 제품 & 서비스 품질 변수의 요인분석
D+48 종업원의 조직충성에 미치는 영향 관계 분석
D+49 명목변수를 사용한 데이터 분석

D+46

설문지의 설계와 예시

통계분석에 있어서 가장 선행되어야 할 일은 데이터 수집이다. 데이터는 통계분석의 목적에 따라 재무 자료 혹은 제품의 품질 데이터를 사용하기도 하고 설문조사를 통해 어떠한 이슈나 주제에 대해 사람들이 느끼는 생각이나 감정을 측정하여 수집하기도 한다. 여기서는 설문지를 만들어서 배포하고 설문지 응답 내용을 수집하여 통계처리에 필요한 데이터로 가공하는 방법에 대해서 알아보겠다.

설문지 설계

설문지 설계의 방법과 절차는 특별히 정해진 규칙이 있는 것은 아니지만 관련 선행문헌들과 필자의 경험에 비추었을 때 다음과 같은 절차가 적절하다고 본다.

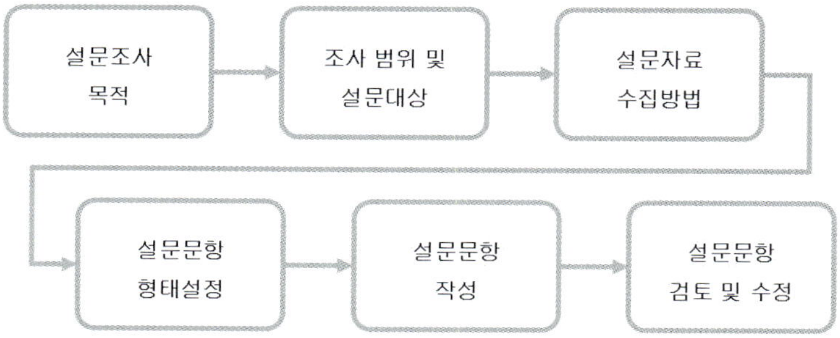

그림 46.1 설문지 설계 절차

설문지 작성에 있어서 초보자가 범하는 실수는 설문조사에 대한 계획을 부실하게 설계하는 것이다. 설문조사는 많은 시간과 비용이 소요되기 때문에 설문조사가 끝난 뒤에 설계가 잘못된 것을 발견하면 돌이킬 수 없는 일이 되어버린다. 따라서 절차에 따라 계획 단계에서 충분히 검토하면서 진행할 것을 권장한다.

1) 설문조사 목적

먼저 이 설문지를 왜 만드는지, 즉 설문조사를 하는 목적을 명확하게 정의해야 한다. 설문조사를 통해 얻고자 하는 정보가 무엇인지, 누구에게 분석한 결과를 공유 또는 보고하는 것인지, 그리고 분석 결과를 토대로 이루어질 의사결정은 무엇인지 등 설문조사의 목적을 구체적으로 정의할 필요가 있다.

2) 조사 범위 및 설문 대상

설문조사의 목적이 명확하게 정의되었으면 다음으로 설문조사의 범위와 설문 대상을 설정해야 한다. 만약 설문조사의 목적이 오프라인 소매매장 직원들이 제공하는 서비스 만족도를 조사하는 것이라면 설문조사의 범위는 오프라인 소매매장을 이용하는 쇼핑객으로 정하고 설문 대상을 계층화하여 설정해야 한다. 여기서 설문 대상을 계층화한다는 것은 매장의 주요 방문객이 누구인가를 타겟팅하는 것이라고 할 수 있다. 여기에는 어떠한 시점 또는 장소에서 제공되는 서비스인가를 고려할 수 있다. 즉, 매장이 가장 붐비는 주말에 제공되는 서비스 만족도를 조사하는 것이라면 가족 단위의 쇼핑객을 타겟으로 설문조사를 실시할 수 있다. 만약 평일 저녁이라면 전업주부를 타겟으로 할 수 있다. 또한 매장의 남성복 코너에서의 서비스 만족도를 조사하는 것이라면 당연히 중년 남성을 대상으로 조사해야 할 것이다.

이처럼 설문조사의 목적에 따라 조사 범위와 설문 대상에 대한 정의가 이루어져야 한다.

3) 설문자료 수집 방법

설문자료의 수집 방법은 오프라인 대면조사와 온라인 기반의 비대면 조사로 구분할 수 있다. 대면조사는 전통적인 설문자료 수집 방법으로 조사자가 설문 대상자(설문응답자)를 직접 접촉하여 설문지를 전달하고 그 자리에서 설문응답을 받는 방법이다. 반면 온라인 기반의 비대면 조사는 구글 폼이나 올서베이넷과 같은 온라인 설문조사 툴을 이용하여 설문지를 만들고 이메일이나 모바일로 설문 링크를 설문 대상자에게 보내어 응답하도록 하는 방법이다. 대면조사는 조사자가 설문 대상자와 상호작용을 하면서 응답 요령이나 응답 과정에서 발생할 수 있는 문의사항에 즉각적으로 대응할 수 있어 설문응답의 품질을 관리할 수 있다는 장점이 있으나 상당한 비용과 시간이 소요된다는 단점이 있다. 이와 대조적으로 비대면 조사는 단시간에 많은 대상자에게 설문지를 배포하고 손쉬운 방법으로 응답 데이터의 수집을 할 수 있는 장점이 있으나 설문응답의 품질을 관리하는 데에 한계가 있는 단점이 있다. 따라서 설문조사의 목적과 설문 대상자의 특성, 그리고 설문문항의 난이도를 고려하여 설문응답의 품질에 악영향을 미치지 않는 수집 방법을 선택해야 한다.

4) 설문문항 형태 설정

설문지에서 사용되는 문항의 형태는 크게 개방형 질문과 선택형 질문이 있다. 먼저 개방형 질문에 대해서 알아보자.

• **개방형 질문**

개방형 질문은 문항에 대한 답변을 함에 있어서 응답의 형태에 제약이 적고 자유롭게 응답하는 유형이다. 따라서 응답자 관점에서는 무언가를 선택해야 하는 강제성이 크지 않고, 조사자 관점에서는 다양한 응답을 유도할 수 있어 탐색적인 조사에 유용하다.

개방형 질문은 제한이 있는 질문과 제한이 없는 질문으로 구분할 수 있다.

제한이 있는 질문은 답변의 범위가 정해져 있는 질문 형태이다. 예를 들어 "매장을 이용하실 때 가장 중요하게 생각하시는 요인을 한 가지만 말씀해 주십시오" 또는 "서비스 직원의 고객 대응과 관련하여 가장 먼저 개선해야 할 사항에 대해서 말씀해 주십시오"와 같은 방식의 질문이 이에 해당한다.

제한이 없는 질문은 답변의 범위가 정해져 있지 않은 질문 형태이다. 예를 들어 "매장을 이용하실 때 중요하게 생각하시는 요인들을 생각나는 대로 모두 말씀해 주십시오" 또는 "서비스 직원의 고객 응대와 관련하여 개선해야 할 사항에 대해서 자유롭게 말씀해 주십시오"와 같은 방식의 질문이 이에 해당한다.

몇 가지 장점에도 불구하고 개방형 질문은 응답자가 답하기 어려운 경우가 많고, 수집된 자료의 분석이 쉽지 않다는 단점이 있다. 하지만 개방형 질문은 설문으로 얻고자 하는 정보가 특정하기 어렵거나 매우 광범위한 경우에 응답자의 주관적인 의견을 토대로 조사자가 향후 정보수집의 방향성을 수립하거나 구체적인 설문 항목을 만드는 데 유용하게 사용할 수 있는 조사 방법이다.

개방형 질문을 사용한 설문조사의 대표적인 사례로 델파이 기법(Delphi method)을 들 수 있다. 델파이 기법은 어떠한 문제에 관해 전문가들의 견해를 유도하고 종합하여 집단적 판단으로 정리하는 조사 방법이다. 이는 한 사람의 의견보다 여러 사람의 의견이 상대적으로 정확하다는 계량적 객관의 원리와 민주적 의사결정 원리에 논리적 근거를 두고 있다. 델파이 기법은 1964년 미국의 RAND 연구소에서 개발되어 군사 분야에서 활용되기 시작하여 현재는 연구개발, IT, 교육 분야 등 다양한 분야에서 활용되고 있다.

- **선택형 질문**

선택형 질문은 선택 항목의 수에 따라 양자택일형 질문과 다지선다형 질문으로 구분할 수 있다.

양자택일형 질문은 긍정이나 부정과 같이 두 가지 항목 중 하나만을 선택하도록 구성된 질문 형태이다. 양자택일형은 응답이 쉽고 자료 처리가 매우 간단하다. 다만 극단적인 응답 항목으로 인해 그 중간 정도의 값을 선택하길 원하는 응답자가 있는 경우 그 의견이 반영될 수 없다는 단점이 있다. 따라서 질문 항목에 대해서 중요한 정보가 제외될 위험이 있다.

다음과 같은 질문이 양자택일형 질문에 해당한다.

■ 귀하께서는 우리 매장에서 상품을 구매하신 경험이 있습니까?
① 예　　　② 아니오

다지선다형 질문은 답변 항목을 복수로 제시하고 하나의 답을 선택하도록 하는 질문 형태이다. 답변의 구성은 상호배타적이고 누락되는 항목 없이 전체 범위를 포괄해야 한다. 만약 답변 항목에서 중요한 내용이 빠지면 조사 결과에 중요한 정보가 제외되는 결과로 이어진다. 반면 신속한 응답이 가능하고 수집된 자료의 분석이 수월하다는 장점이 있다.

다음과 같은 질문이 다지선다형 질문에 해당한다.

■ 현재 근무하는 직장에서 귀하의 직급은 무엇입니까?
① 사원　② 대리　③ 과장　④ 차장　⑤ 부장　⑥ 임원

■ 우리 회사가 제공하는 모바일 결제 서비스에 대해서 어느 정도 만족하십니까?
① 매우 불만족 ② 불만족 ③ 보통 ④ 만족 ⑤ 매우 만족

5) 설문문항 작성

이제 본격적으로 설문지 문항 작성 방법에 대해서 알아보자. 설문문항을 작성할 때는 다음의 몇 가지 사항에 대해서 충분히 고려해야 한다.

• 첫째, 설문응답자가 이해하기 쉬운 용어와 문장으로 작성해야 한다.

설문조사에 있어서 조사자가 범하기 쉬운 오류 중의 하나는 설문과 관련된 전문지식에 대해서 응답자가 조사자 자신과 비슷한 수준에 있을 것이라는 가정이나 착각에서 발생한다. 이를 "지식의 저주"[1]라고 한다. 즉, 타인의 행동이나 반응을 예상할 때, 상대방도 나와 같은 지식 배경을 갖고 있다고 자신도 모르게 추측하여 발생하는 인식적 편견을 버려야 한다.

• 둘째, 다지선다형 질문은 응답 항목의 중복이나 누락을 피해야 한다.

설문문항은 응답자가 생각하는 한 가지 답변에 대해서 두 가지 이상의 답변이 가능하도록 응답 항목의 내용이 중복되면 안 된다. 즉, 여러 답변 중에 어느 한 가지로 답변할 수 있도록 명확하게 작성되어야 한다. 예를 들어 구매한 제품을 얼마나 자주 사용하는지를 질문해놓고 응답자의 선택지에 '매우', '매일', '자주'와 같은 유사한 의미의 수식어를

1 1989년 경제학자인 Colin Camerer, George Loewenstein, Martin Weber에 의해서 고안된 용어이다. 사람들은 어떤 분야에 대해 잘 알게 되면 그것을 모르는 상태가 어떤 것인지 상상하지 못한다는 것이다. 1990년 Elizabeth Newton은 이와 관련한 실험으로 스탠퍼드 대학에서 심리학 박사 학위를 취득했다. 그녀는 실험 참가자들을 두 그룹으로 나누고, 한쪽 그룹의 사람들에게 잘 알려진 노래를 들으면서 리듬에 맞춰 테이블을 두드리도록 하였고 다른 한쪽 그룹의 사람들에게는 노래에 대한 정보를 알려주지 않고 테이블을 두드리는 소리만 듣고 곡명을 맞추도록 했다. 실험 결과 120곡의 노래 중의 3곡만을 맞혔다고 한다.

나열하면 안 된다. 또한 응답자가 생각할 수 있는 답변이 누락되지 않도록 해야 한다. 만약 답변에 누락된 항목이 있다면 응답자는 답변을 회피하거나 정확하지 않은 답변을 하게 될 것이다.

- **셋째, 하나의 문항에서 두 가지 내용을 동시에 질문하지 않도록 한다.**

설문의 설계 경험이 적은 조사자가 자주 범하는 오류이다. 서로 다른 속성을 하나의 문항으로 묻는 경우를 종종 발견하게 된다. 와인을 유통하는 회사가 소비자들에게 "구매한 와인의 맛과 향기에 대해서 얼마나 만족합니까?"와 같은 질문이 그러한 경우이다. 맛과 향기는 와인의 다른 속성이다. 그렇기 때문에 이 질문은 두 개의 항목으로 나누어 별도로 질문해야 한다.

- **넷째, 대답하기 곤란한 질문이나 사적인 정보를 너무 자세하게 질문하지 않도록 한다.**

응답자의 개인 신상이나 사회적으로 민감한 주제에 관한 질문은 응답자가 정확하지 않은 답변을 하도록 유인하는 결과를 낳는다. 예를 들어서 인사팀에서 직원을 대상으로 설문조사를 하면서 응답자가 소속된 부서나 직급을 묻는다든가 경영진에 대한 평가를 하도록 하는 질문은 응답자 관점에서 답변하기 곤란하고 부담되는 일이다.

- **다섯째, 조사자가 원하는 대답을 유도하는 질문을 하지 않도록 한다.**

설문문항에 대한 응답자의 이해를 돕기 위한 부가적인 설명을 작성하는 경우가 종종 있다. 그런데 그러한 설명이 과도하거나 조사자의 의도가 들어가는 경우 질문 문항에 대해서 응답자가 자신의 의견이 아닌 조사자의 의견에 경도될 위험이 생긴다. 따라서 조사자는 설문문항을 포함하여 설문지 전체 내용의 구성에 있어서 이러한 점을 방지할 수 있도록 유의해야 한다.

• **여섯째, 조사자가 임의로 가정하고 설문문항을 구성하지 않도록 한다.**

설문조사가 통계분석을 목적으로 하는 경우라면 설문문항의 작성에 있어서 과거 다른 설문조사에서 검증된 문항들을 사용하는 것이 바람직하다. 이는 그동안 연구자들의 경험에서 비롯된 권장 사항이다. 필자도 설문조사에 기반한 학술연구를 진행하면서 경험한 바이기도 하다. 이 책에서 사용된 예제데이터 중에 설문조사 응답 데이터의 경우 상당수가 선행된 연구에서 사용된 문항에 기초하여 작성된 것들이다. 물론 설문조사의 문항을 만들 때 과거에 사용된 문항들만 사용하면 새로운 주제나 이슈에 대한 조사가 불가능하므로 전체 설문문항의 설계에는 선행문헌에 기초한 문항들과 함께 새롭게 개발된 문항들이 적절히 구성되도록 해야 한다. 새롭게 개발된 문항들은 반복적으로 설문조사에 사용하면서 수정과 보완을 통해 검증되어야 비로소 쓸만한 문항으로 인정받게 된다.

6) 설문문항 검토 및 수정

설문문항이 완성되었으면 마지막으로 설문지의 첫 페이지에 설문조사의 목적, 설문을 수행하는 기관(또는 주체)에 대한 정보, 그리고 설문응답자의 개인정보 보호에 대한 조사자의 의무사항을 명시해야 한다. 정보보호의 법적 의무사항과 관련해서는 일반적으로 통계법 제33조 (비밀의 보호) 조항을 준용하는 추세이다. 다음은 설문지 첫 페이지의 안내문구 예시이다.

> 본 설문은 00자동차의 고객을 대상으로 중형세단 **모델의 소비자 만족도 조사를 목적으로 하는 것입니다. 통계법 제33조에 의하여 귀하가 본 설문에 응답하여 제공한 정보는 조사목적으로만 사용됩니다.
>
> 조사기관: 00자동차 고객센터 / 담당자: 김00 / 연락처: 02-000-0000

이로써 설문지가 완성되었다. 그런데 이 설문지를 곧바로 설문조사에 투입하는 것은 권장하지 않는다. 가능하다면, 사전조사(파일럿 조사)를 통해서 설문문항이 응답자 관점에서 충분히 이해할 수 있도록 구성되었는지, 혹시 작성과정에서 놓치거나 누락하여 미흡한 부분이 있는 것은 아닌지를 검토해야 한다. 따라서 본 조사를 실시하기 전에 사전조사를 통해 문제점들을 미리 찾아내어 수정함으로써 본 조사의 결과가 목적한 바대로 이루어질 수 있도록 하는 것이 필요하다.

설문지 작성 예시

다음은 필자가 과거 진행했던 학술연구에서 사용한 설문문항의 일부를 변형하여 작성한 것이다.

표 46.1 제품 및 서비스 품질 설문문항 예시

차원	요인	문항
제품 품질	PQ1	소유하고 있는 자동차의 연비가 만족스럽다.
	PQ2	소유하고 있는 자동차의 가속력이 만족스럽다.
	PQ3	소유하고 있는 자동차는 잔고장이 없다.
	PQ4	소유하고 있는 자동차는 카탈로그에 명시된 사양에 부합한다.
	PQ5	소유하고 있는 자동차는 보증기간 동안 문제가 없다.
	PQ6	소유하고 있는 자동차의 외관 디자인은 미적으로 수려하다.
서비스 품질	SQ1	서비스 센터는 최신의 장비를 갖추고 있다.
	SQ2	서비스 센터는 약속된 시간을 지키려고 노력한다.
	SQ3	서비스 센터는 적시에 서비스를 제공하고 있다.
	SQ4	서비스 센터는 자동차 유지보수에 필요한 기술을 보유하고 있다.
	SQ5	서비스 센터는 고객의 요구사항에 귀를 기울인다.

<표 46.1>에 기술된 설문문항은 세단 자동차를 소유하고 있는 고객을 대상으로 자동차의 품질과 자동차 유지보수를 위해 제공하는 서비스 품질에 대한 만족도를 측정하기 위해 설계된 것이다.

설문조사의 목적이 자동차의 품질과 서비스 품질에 대한 만족도를 측정하는 것이므로 변수의 구조는 제품 품질과 서비스 품질의 2개 차원으로 구성되었다. 요인의 열 아래로 나열된 PQ1~SQ5는 각 문항에 부여된 번호이다. 설문조사를 시행하고 데이터를 수집한 이후에 통계 프로그램에서 문항들을 쉽게 식별하기 위해 제품 품질(Product Quality)과 서비스 품질(Service Quality)의 영문 단어의 첫 글자들을 조합하여 일련번호를 부여한 것으로 이해하면 되겠다.

각 문항은 필자가 문장을 만들어 작성한 것이다. 그러나 문항이 의미하는 바에 대해서는 과거 선행된 연구논문으로부터 근거를 찾아서 문항 작성에 참고하였다.

여기서 다음과 같은 질문이 생길 수 있다. 제품 품질이나 서비스 품질에 대한 만족도를 질문할 때, 예시된 것처럼 제품 품질에 대해서 6개의 문항으로 질문하고 서비스 품질에 대해서 5개의 문항으로 질문할 필요가 있을까? 제품 품질과 관련해서 "소유하고 있는 자동차의 품질이 만족스럽다" 또는 "서비스 센터의 서비스 품질이 만족스럽다"라고 질문하면 되지 않을까?

이 질문에 대한 답변은 그렇게 할 수 없다는 것이다. 왜냐하면 여기서 제품 품질과 서비스 품질은 추상적인 개념이기 때문이다. 설문응답자가 생각하는 제품 품질은 다양할 수 있다. 어떤 응답자는 연비를 가장 중요한 제품 품질의 척도로 인식할 수 있고 또 다른 응답자는 가속력을 품질의 척도로 인식할 수 있다. 따라서 추상적인 개념에 대해서 측정하기 위해서는 그 개념과 밀접하게 연관된 구체적인 사항을 질문하여야 한다.

제품 품질과 관련해서는 1987년에 미국의 하버드 경영대학원에서 발행한 하버드비즈니스리뷰(Harvard Business Review)라는 학술지에 실린 논문에서 이론적 근거를 찾았다. David A. Garvin(1952~1917) 교수가 저술한 논문[2]에서는 품질을 Performance(성능), Features(특징), Reliability(신뢰성), Conformance(적합성), Durability(내구성), Serviceability

(서비스 가능성), Aesthetics(심미성), Perceived quality(인지된 품질)의 8가지 차원으로 분류하였다. <표 46.1>의 제품 품질 차원에 해당하는 설문문항 PQ1~PQ6는 Garvin 교수의 논문을 참고하여 작성한 문항이다(Serviceability는 서비스 품질을 별도로 질문하므로 제외하였고, Percievied quality는 제품 품질을 직접적으로 묻는 문항이 아니기 때문에 제외하였다).

서비스 품질과 관련해서는 1988년에 발행된 Journal of Retailing이라는 학술지에 실린 논문에서 이론적 근거를 찾았다. Parasuraman, Zeithaml, 그리고 Berry 교수가 공동으로 저술한 논문[3]에서는 서비스 품질을 Tangibles(유형성), Reliability(신뢰성), Responsiveness(반응성), Assurance(확신성), Empathy(공감성)의 5개 차원으로 분류하였다. 이 논문에는 서비스 품질의 5가지 차원에 근거한 설문문항까지 구체적으로 제시되어 있다. 서비스 품질 차원의 설문문항 SQ1~SQ5는 이 논문에서 제시한 문항을 참고하여 작성한 것이다.

문항에 대한 답변은 5점 리커트 척도로 응답하도록 하였다. 5점 리커트 척도 응답은 다음과 같다.

- 소유하고 있는 자동차의 연비가 만족스럽다.
  ① 매우 그렇지 않다 ② 그렇지 않다 ③ 보통이다 ④ 그렇다 ⑤ 매우 그렇다

이상과 같이 설문문항의 설계는 최대한 선행된 연구물에서 근거를 찾아서 작성하여야 설문조사를 통해 수집된 데이터가 통계적으로 의미 없는 결과로 나타날 위험성을 회피할 수 있고 과거 수행된 선행연구들과의 연관성 측면에서 더욱 의미 있는 결과 해석이 가능하게 될 것이다.

---

2 Garvin, D. A. (1987). Competing on the eight dimensions of quality, Harvard Business Review, Nov.-Dec., pp.101-109.

3 Parasuraman, A., Zeithaml, V. A., and Berry, L. L. (1988). SERVQUAL: A multiple-item scale for measuring consumer perceptions of service quality, Journal of Retailing, 64(1), pp.12-40.

D+47

제품 & 서비스 품질 변수의 요인분석

앞에서 우리는 설문문항 설계 방법과 절차에 대해서 알아봤고, 필자가 과거에 수행했던 연구물의 설문문항이 어떠한 과정을 거쳐 설계되었는지 간략히 살펴보았다.

이번에는 요인분석(Factor analysis)에 대해서 알아보겠다.

요인분석이 무엇이고 왜 해야 하는지에 대해서 설명하기 위해서는 앞에서 살펴봤던 설문지 작성 예시의 제품 품질과 서비스 품질 차원에 관한 내용을 상기할 필요가 있다.

앞에서 제품 품질에 대한 설문응답자의 인식을 측정하는 데에 6개의 설문문항을 사용한 이유를 설명하였다. 즉, 제품 품질이라는 추상적 개념을 응답자가 정확히 인식하고 답변하도록 유도하기 위해서 제품 품질의 개념과 관련된 구체적인 사항들을 문항으로 만들어 질문해야 한다고 했다. 여기서 추상적 개념과 관련된 '구체적인 사항'이 요인에 해당한다고 이해하면 되겠다.

그런데 제품 품질의 개념과 관련된 6개의 요인이 이론적으로는 동일한 요인, 즉 제품 품질의 개념을 설명하는 것으로 알려졌지만 실제로 설문의 응답자들이 그렇게 인식하고 답변했는지를 확인할 필요가 있다. 즉, 요인분석이란 무수히 많은 변수 혹은 측정치들을 상관관계의 수리적 원리를 이용하여 공통된 것을 묶어서 인자를 추출하는 분석 방법이다.

요인분석을 하는 목적은, 1) 변수의 수를 축소해서 내용을 단순화, 2) 중요도가 낮거나 불필요한 변수를 제거, 3) 공통된 변수를 묶어 그 특성을 파악, 4) 측정항목의 타당성을 평가하는 데에 있다.

요인분석을 통한 타당성 평가는 내용 타당성(연구자가 측정하고자 하는 개념을 실제로 측정하였는가?), 예측 타당성(측정된 요인이 미래에 대한 기대나 예측과 관련성이 높은가?), 집중 타당성(하나의 개념을 측정하기 위해 사용된 측정치 간에 상관관계가 높은가?), 그리고 판별 타당성(서로 다른 개념을 측정하기 위해 사용한 측정치 간에 상관관계가 낮은가?) 등의 방법이 있다.

요인분석을 하는 방법으로는 상관관계를 검토하여 하나의 개념을 설명하는 데에 높은 상관관계가 있는 요인들을 추출하거나 통계 패키지들을 사용한 주성분분석(Principal Component Analysis; PCA), 탐색적 요인분석(Exploratory Factor Analysis; EFA), 확인적 요인분석(Confirmatory Factor Analysis; CFA) 등이 있다. PCA, EFA, 그리고 CFA에 대한 설명은 뒤에서 다루도록 하겠다.

Jamovi에서 'Data13_제품서비스품질' 파일을 불러와 요인분석을 실시해보자.

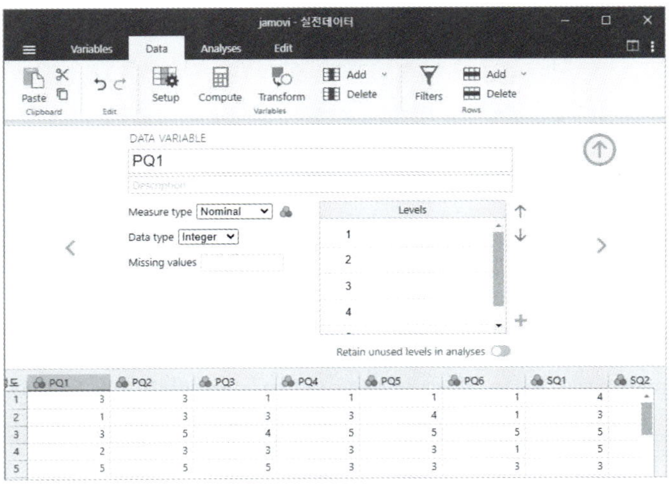

그림 47.1 변수 속성 설정

데이터 파일을 불러온 뒤에 제일 먼저 해야 할 일은 변수의 속성에 맞게 변수설정하는 것이다. <그림 47.1>을 보면 리커트 척도로 측정한 결과들이 모두 명목척도로 되어 있는 것을 알 수 있다. PQ1을 선택하여 더블 클릭하면 그림과 같이 변수를 설정할 수 있는 화면이 나타난다.

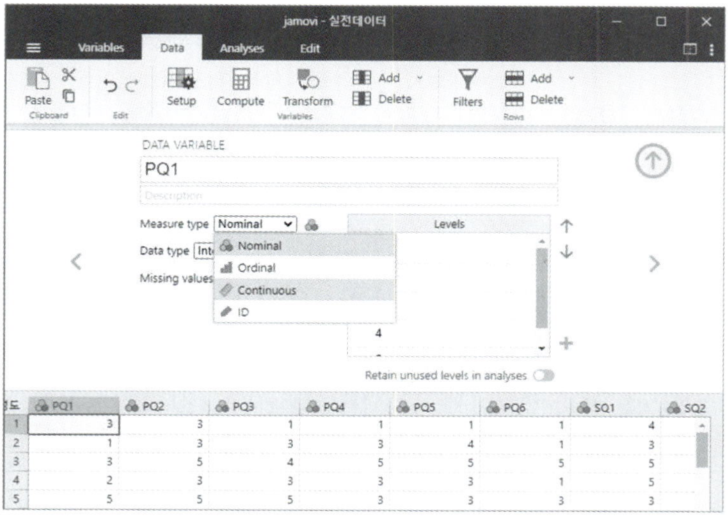

그림 47.2 변수 속성 변환

여기서 <그림 47.2>와 같이 명목(Nominal)변수를 연속형(Continuous) 변수로 변환하여 준다. 설문응답 데이터는 리커트(등간척도)로 측정된 것이기 때문에 연속형 변수이다. 나머지 항목들 모두 연속형 변수로 변환한다.

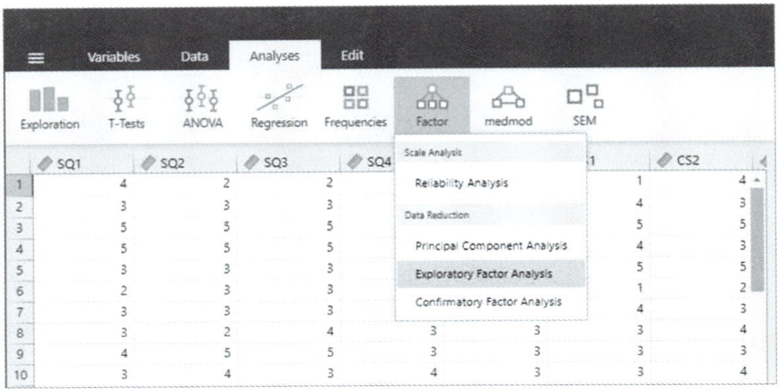

그림 47.3 탐색적 요인분석 선택

변수 설정이 완료되면, Analyses 탭에서 Factor(요인) 아이콘을 클릭한다. <그림 47.3>과 같이 요인분석 목록 창에서 주성분분석(Principal Component Analysis), 탐색적 요인분석(Exploratory Factor Analysis), 확인적 요인분석(Confirmatory Factor Analysis)을 선택할 수 있다. PCA는 개별 자료의 상관관계를 이용해 자료의 차원을 줄이는 방법이고, EFA는 변수들의 관계와 구조가 불분명한 경우에 데이터의 패턴을 찾아내는 데에 중점을 두는 방법이다. 그리고 CFA는 데이터에 이미 가설이나 이론적 근거가 있을 때 해당 가설과 이론이 데이터와 얼마나 잘 부합하는지를 평가하는 방법이다. 여기서는 EFA를 통해 요인분석을 해보겠다.

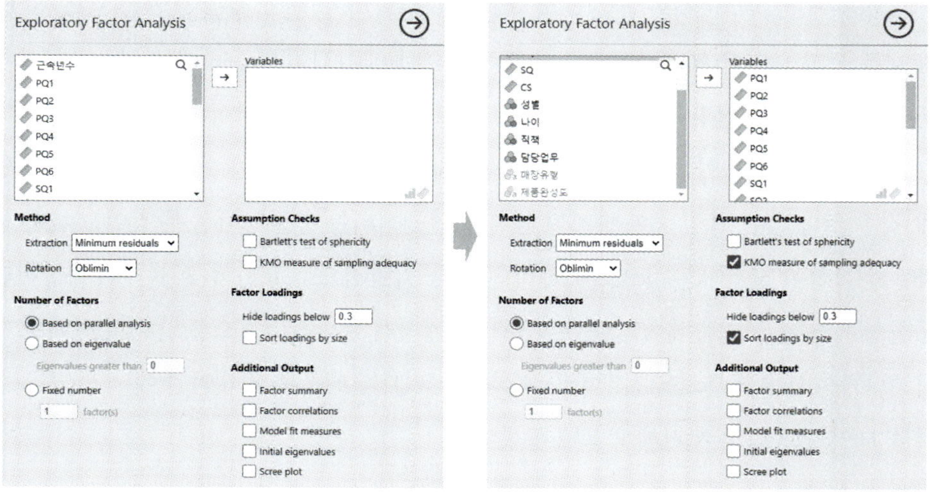

그림 47.4 변수 투입과 분석 옵션 선택

Exploratory Factor Analysis를 선택 후 <그림 47.4>와 같이 변수목록에 있는 항목 중에 요인분석할 항목들을 Variables 창으로 이동시킨다. 그리고 하단의 분석 옵션 선택 창에서 Rotation을 Varimax로 선택해주고 Sort loading by size 항목에 체크한다. 이 항목에 체크하는 이유는 분석 결과가 요인적재치 순서대로 나열되도록 하기 위함이다.

Exploratory Factor Analysis

Factor Loadings

	Factor		
	1	2	Uniqueness
SQ2	0.916		0.203
SQ4	0.872		0.250
SQ3	0.855		0.223
SQ1	0.825		0.369
SQ5	0.648		0.320
PQ2		0.813	0.425
PQ5		0.661	0.481
PQ4		0.646	0.532
PQ6		0.566	0.602
PQ1		0.552	0.644
PQ3		0.436	0.820

Note. 'Minimum residual' extraction method was used in combination with a 'oblimin' rotation

그림 47.5 탐색적 요인분석 결과

결과 창에 <그림 47.5>와 같이 분석 결과가 나타났다. 서비스 품질 요인들(SQ1~SQ5)과 제품 품질 요인들(PQ1~PQ6)이 서로 다른 열에 배치되어 있는 것을 볼 수 있다. 이것은 서비스 품질 요인과 제품 품질 요인이 서로 다른 요인으로 인식되었다는 의미이다. 그런데 여기서 각 요인들의 우측에 있는 숫자에 주목해야 한다. 이 숫자가 요인적재치인데, 같은 열에 있는 요인 중에 숫자가 높을 요인들끼리는 동질성이 높은 것이고 낮은 숫자는 동질성이 떨어지는 것으로 이해하면 된다. 일반적으로 요인적재치는 0.4 이상이면 동질성이 높은 것으로 해석되나 분석자가 요인적재치가 상대적으로 낮은 순서대로 제거해나가면서 요인분석을 진행한다. 여기서는 PQ3가 제품품질 요인 중에 가장 낮은 수치를 보이므로 먼저 제거해보도록 하겠다.

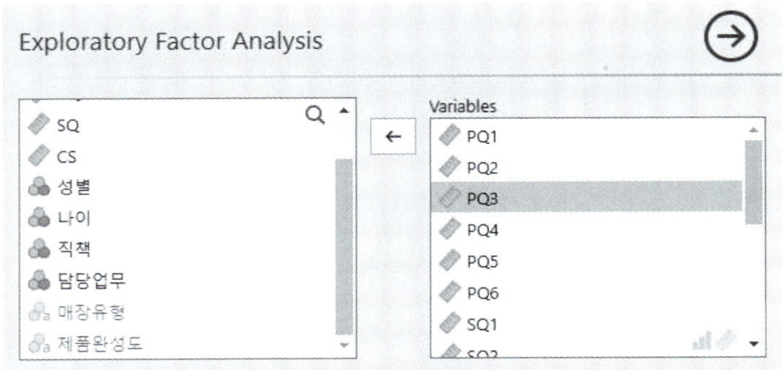

그림 47.6 제품품질 요인 제거

<그림 47.6>과 같이 투입된 변수들이 있는 목록에서 PQ3를 선택하여 원래 있었던 좌측의 변수목록 창으로 이동시킨다.

Exploratory Factor Analysis

Factor Loadings

	Factor		
	1	2	Uniqueness
SQ2	0.904		0.208
SQ4	0.880		0.248
SQ3	0.856		0.223
SQ1	0.828		0.369
SQ5	0.663		0.323
PQ2		0.833	0.396
PQ4		0.651	0.520
PQ5		0.630	0.499
PQ1		0.561	0.633
PQ6		0.531	0.621

Note. 'Minimum residual' extraction method was used in combination with a 'oblimin' rotation

그림 47.7 수정된 요인분석 결과

<그림 47.7>과 같이 수정된 요인분석 결과가 나왔다. 이와 같은 방식으로 제품 품질 요인에서 추가해서 요인적재치가 낮은 순서대로 제거해나간다. 여기서 제품품질 요인들을 추가로 제거하여 나타난 결과는 다음과 같다.

Exploratory Factor Analysis

Factor Loadings

	Factor		
	1	2	Uniqueness
SQ2	0.913		0.186
SQ3	0.855		0.236
SQ4	0.852		0.267
SQ1	0.809		0.359
PQ2		0.950	0.138
PQ1		0.544	0.604
PQ4		0.528	0.588

Note. 'Minimum residual' extraction method was used in combination with a 'oblimin' rotation

그림 47.8 제품품질 요인 분석 최종 결과

이제 제품 품질 요인에는 3개의 요인(PQ1, PQ2, PQ4)만 남았다. 이 3개의 요인을 합해서 평균을 계산하는 방법으로 변수계산을 한다.

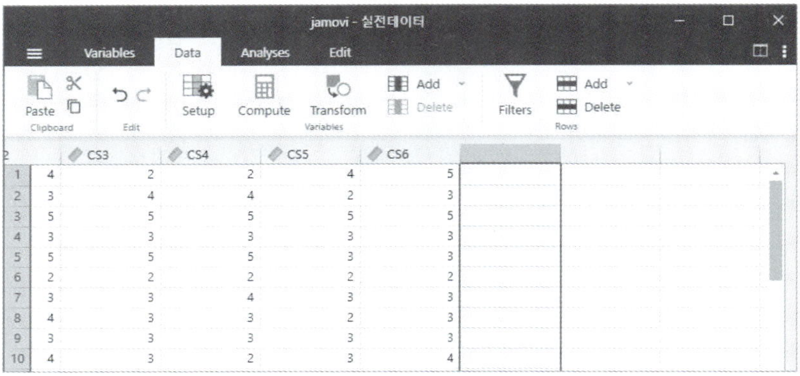

그림 47.9 새로운 변수 열 선택

변수계산을 할 셀을 선택하고 변수명이 입력될 셀을 더블 클릭하면 다음과 같이 변수를 계산할 수 있는 창이 생긴다.

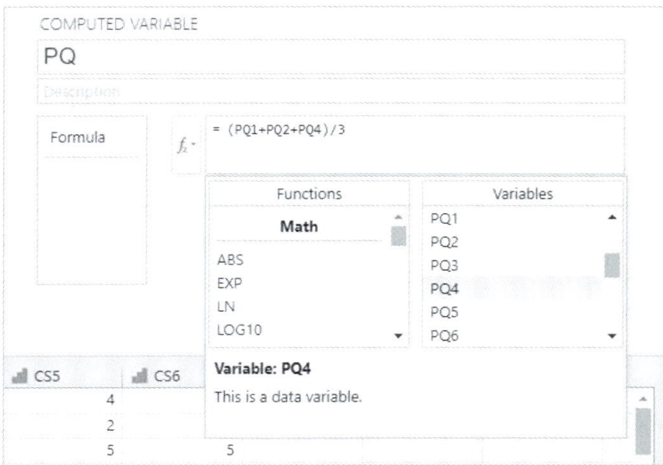

그림 47.10 변수계산

변수를 계산할 창에 함수 기호 f_x를 클릭하면 Variables 창 아래로 요인들을 선택할 수 있도록 목록이 나타난다. 여기서 <그림 47.8>에서 최종적으로 남은 3개의 제품품질 요인들을 하나하나 선택해서 합산하여 평균값을 구하는 수식을 입력한다; =(PQ1+PQ2+PQ4)/3

수식 입력이 완료되면 엔터 키를 누른다.

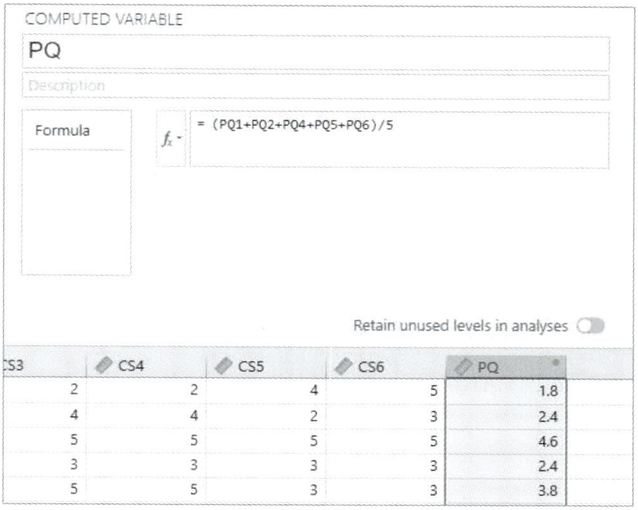

그림 47.11 변수계산 결과 확인

엔터 키를 누르면, <그림 47.11>과 같이 PQ 열이 생성되고 그 아래로 평균 값들이 입력된 것을 확인할 수 있다. 이러한 방식으로 서비스 품질 요인과 고객만족 요인도 요인분석을 하고 변수계산을 해준다.

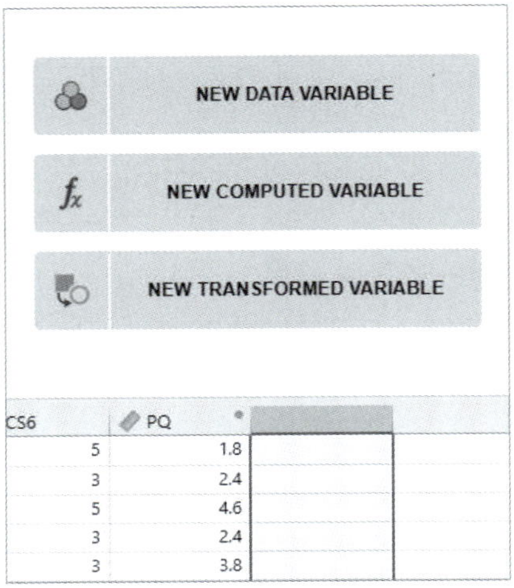

그림 47.12 새로운 변수 계산

<그림 47.12>는 새로운 변수계산 메뉴를 실행하는 화면이다. Data 탭에서 COMPUTE 아이콘을 클릭하면 생성되는 화면이다. 여기서 새로운 변수계산 결과가 나올 셀을 선택하고 NEW COMPUTED VARIABLE 바를 클릭한다.

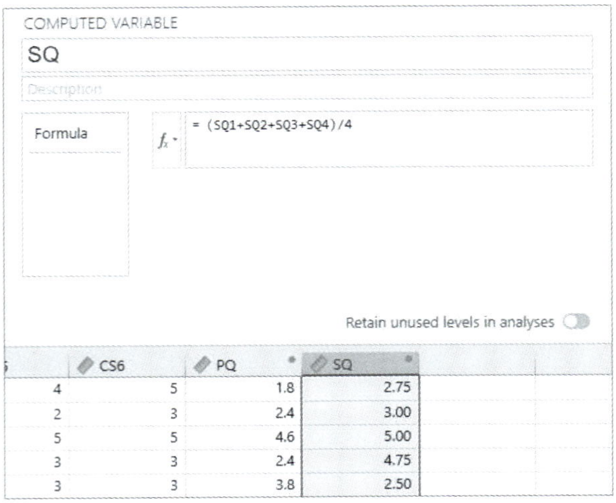

그림 47.13 서비스 품질 변수계산

<그림 47.13>은 위의 과정을 거쳐 변수계산한 결과 화면이다. 서비스 품질 요인들은 요인분석 결과 4개의 요인이 남았다. 그래서 f_x=(SQ1+SQ2+SQ3+SQ4)/4의 수식으로 변수계산을 하였다.

고객만족 요인들은 제품 품질 및 서비스 품질 요인들과는 별도로 탐색적 요인분석을 한다. 독립변수는 독립변수의 요인들을 함께 요인분석하고 종속변수는 종속변수의 요인들을 함께 요인분석한다고 이해하면 되겠다.

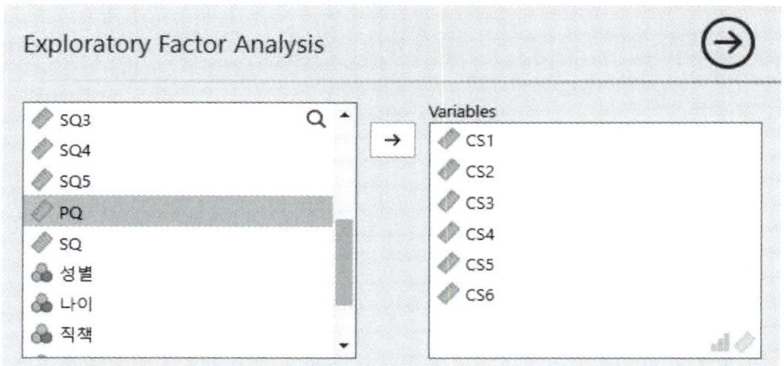

그림 47.14 고객만족 요인분석

<그림 47.14>와 같이 고객만족의 6개 요인을 분석할 변수목록으로 이동한다.

Exploratory Factor Analysis

Factor Loadings

	Factor		
	1	2	Uniqueness
CS1	0.795		0.514
CS2	0.653		0.308
CS3	0.933		0.135
CS4	0.811		0.218
CS5		0.626	0.318
CS6		1.013	4.98e−4

Note. 'Minimum residual' extraction method was used in combination with a 'oblimin' rotation

Exploratory Factor Analysis

Factor Loadings

	Factor	
	1	Uniqueness
CS1	0.674	0.546
CS2	0.814	0.338
CS3	0.939	0.117
CS4	0.880	0.226

Note. 'Minimum residual' extraction method was used in combination with a 'oblimin' rotation

그림 47.15 고객만족 요인분석 결과

<그림 47.15>는 고객만족 요인분석 결과이다. 좌측의 그림은 최초 요인분석 결과이고 우측의 그림은 최종 결과 화면이다. 좌측 그림을 보면 6개의 요인 중에 CS5와 CS6이 나머지 4개의 요인과는 다른 요인으로 인식되고 있다. 그래서 2개의 요인을 제거하여 우측과 같은 최종 결과를 출력하였다.

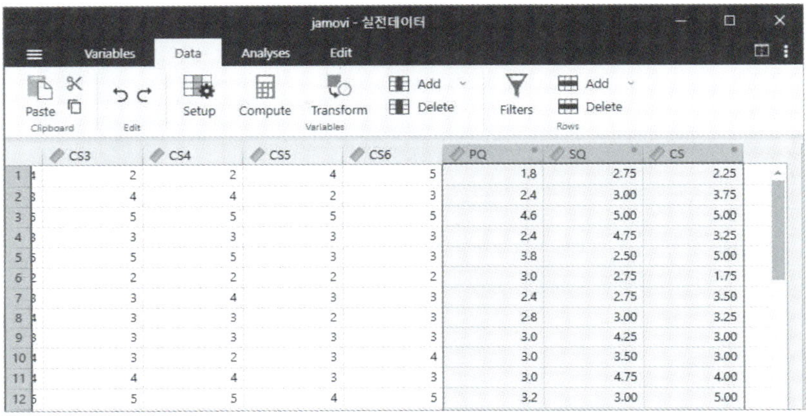

그림 47.16 변수계산 최종 결과

<그림 47.16>은 제품 품질, 서비스 품질, 고객만족 요인들을 탐색적 요인분석을 통해 불필요한 요인들을 제거하고 변수계산한 최종 결과 화면이다. 우측에 PQ, SQ, CS의 3개 열 아래로 평균값들이 계산되어 출력된 것을 알 수 있다.

이상과 같이 요인분석과 변수계산에 대해서 살펴봤다. 변수 측정에 있어서 추상적 개념을 구체적으로 질문하여 응답자가 명확한 답변을 하도록 하기 위해서 하나의 변수에 구체적인 여러 개의 질문으로 설문문항을 설계하고, 측정한 결과를 토대로 요인분석을 수행하여 불필요한 요인들을 제거한 뒤 변수계산을 해서 이제 통계분석에 사용할 변수들을 만들었다.

이제 남은 일은 통계 패키지를 사용하여 본격적인 통계분석을 하는 일이다.

D+48

종업원의 조직충성에 미치는 영향 관계 분석

기업의 조직책임자는 조직구성원의 조직충성도를 높이기 위해 다차원적인 인적자원 관리를 위해 노력한다. 최근 들어 ESG 경영의 중요성이 커지면서 종업원에 대한 처우나 고용안정성, 차별대우 등이 조직충성도에 영향을 미치는 주요 요인으로 주목받고 있으며, 업무적으로 연관성이 높은 협력사와의 상생 노력, 그리고 기업이 속해 있는 지역사회에 대한 공헌과 자선활동 또한 중요한 요인으로 인식되고 있다.

여기서는 'Data14_조직충성에 영향을 주는 요인' 파일과 Jamovi 통계 패키지를 사용하여 다중회귀분석을 해보겠다.

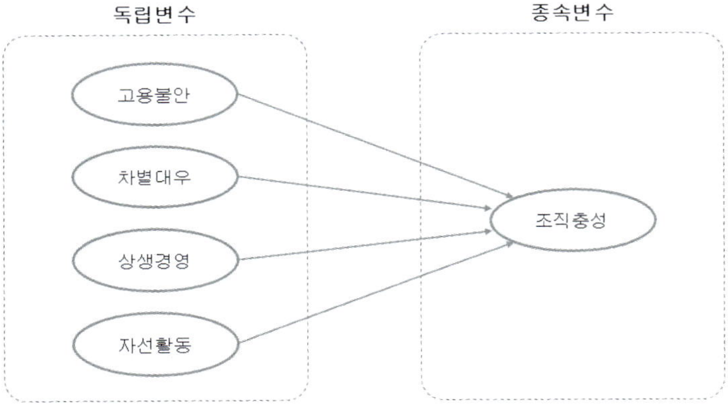

그림 48.1 연구모형

<그림 48.1>의 연구모형에 표현된 바와 같이 고용불안, 차별대우, 상생경영, 자선활동 측정치는 조직충성에 영향을 주는 독립변수로 설정되었고, 조직충성은 영향을 받는 종속변수로 설정되었다. 따라서 다중회귀모형이 적절한 모형이라고 할 수 있겠다.

이제 Jamovi를 사용하여 다중회귀분석을 실시해보자.

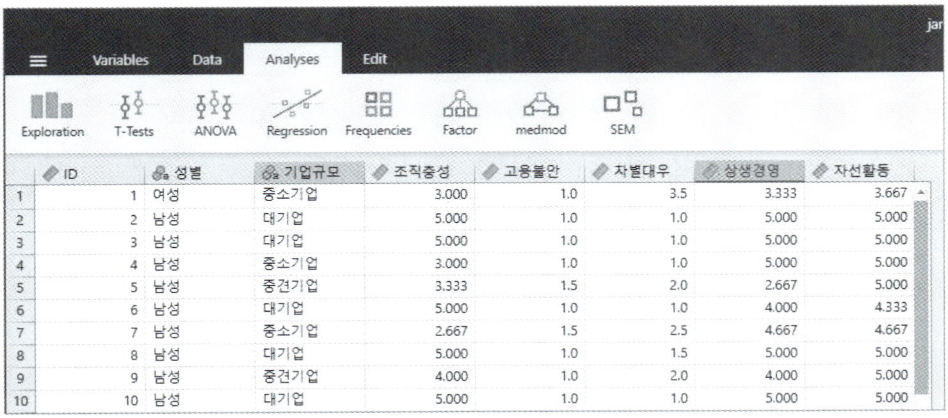

	ID	성별	기업규모	조직충성	고용불안	차별대우	상생경영	자선활동
1	1	여성	중소기업	3.000	1.0	3.5	3.333	3.667
2	2	남성	대기업	5.000	1.0	1.0	5.000	5.000
3	3	남성	대기업	5.000	1.0	1.0	5.000	5.000
4	4	남성	중소기업	3.000	1.0	1.0	5.000	5.000
5	5	남성	중견기업	3.333	1.5	2.0	2.667	5.000
6	6	남성	대기업	5.000	1.0	1.0	4.000	4.333
7	7	남성	중소기업	2.667	1.5	2.5	4.667	4.667
8	8	남성	대기업	5.000	1.0	1.5	5.000	5.000
9	9	남성	중견기업	4.000	1.0	2.0	4.000	5.000
10	10	남성	대기업	5.000	1.0	1.0	5.000	5.000

그림 48.2 데이터 불러오기

데이터 파일을 불러오고 제일 먼저 해야 할 일은 데이터 전처리를 통해 변수의 속성을 적합하게 설정하고 요인분석을 하는 것이다. 분석할 데이터는 이미 변수의 속성 설정, 그리고 요인분석과 변수계산이 완료된 것이다. D+47에서 이미 이 과정에 관한 설명과 실습이 이루어졌으므로 여기서는 이에 대한 설명 및 데이터 전처리 과정은 생략하도록 하겠다.

회귀분석이나 분산분석 등 어떠한 통계분석을 하더라도 변수에 대한 빈도분석과 기초적인 통계량을 분석해놓는 것이 좋다.

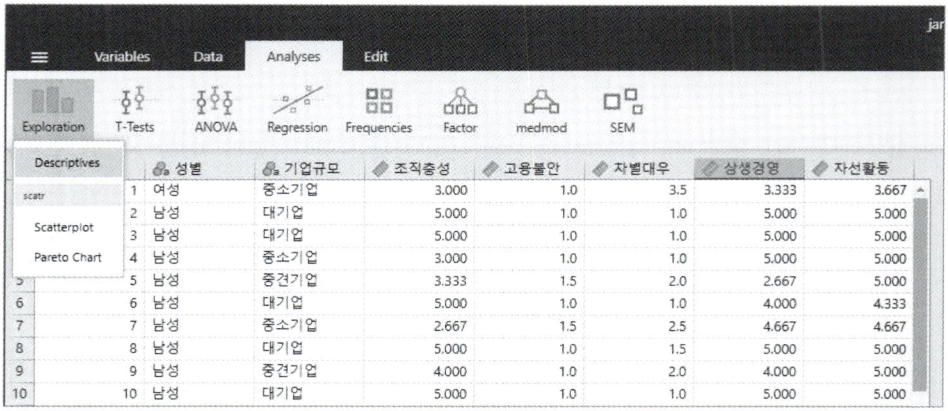

그림 48.3 기술통계 분석

기술통계분석은 <그림 48.3>과 같이 Analyses 탭에서 Exploration 아이콘을 클릭하여 Descriptives를 선택하여 실행한다.

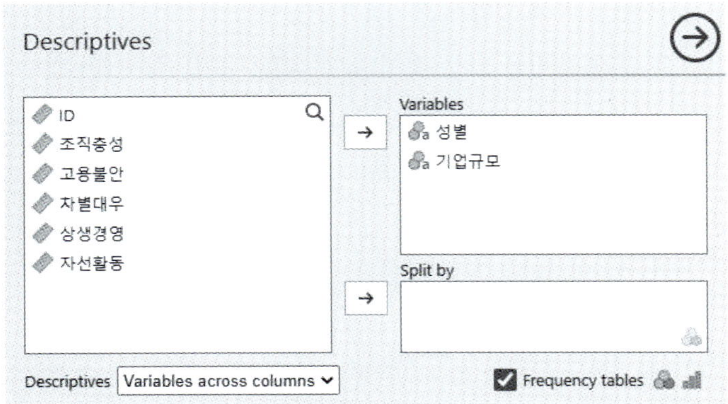

그림 48.4 명목변수 빈도분석

Descriptives를 실행하면 <그림 48.4>와 같은 화면이 생긴다. 여기서 좌측의 변수목록에서 명목변수인 '성별'과 '기업규모'를 우측의 Variables로 이동한다. 그리고 화면의 우측 하단에 있는 Frequency tables 항목을 선택한다.

Frequencies of 성별

성별	Counts	% of Total	Cumulative %
남성	61	50.0 %	50.0 %
여성	61	50.0 %	100.0 %

Frequencies of 기업규모

기업규모	Counts	% of Total	Cumulative %
대기업	40	32.8 %	32.8 %
중견기업	42	34.4 %	67.2 %
중소기업	40	32.8 %	100.0 %

그림 48.5 빈도분석 결과

Jamovi의 결과 창에 <그림 48.5>와 같이 빈도분석 결과가 출력되는 것을 확인할 수 있다. 빈도분석 결과를 보면, 성별은 남성이 61명, 여성이 61명으로 전체 관측치 122명의

50%씩 분포하고 있는 것을 알 수 있다. 기업규모는 대기업 직원이 40명, 중견기업 직원이 42명, 중소기업 직원이 40명으로 거의 전체 관측치의 1/3씩 분포되어 있다.

빈도분석 결과를 시각적으로 표현하기 위해 그래프를 그려보자.

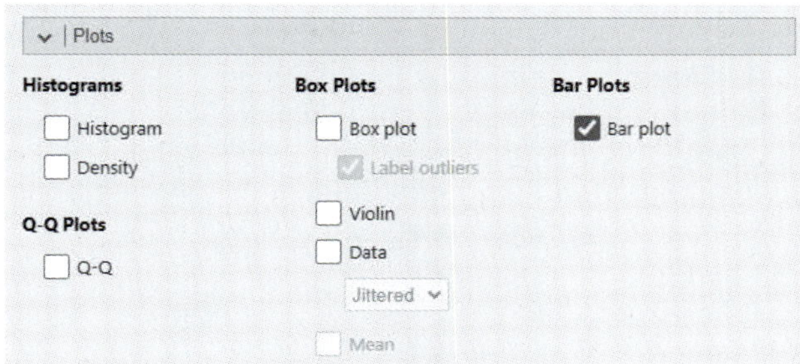

그림 48.6 Bar Plot 선택하기

기술통계 옵션에 보면, Plots 옵션이 있다. 여기서 Bar Plot을 선택한다.

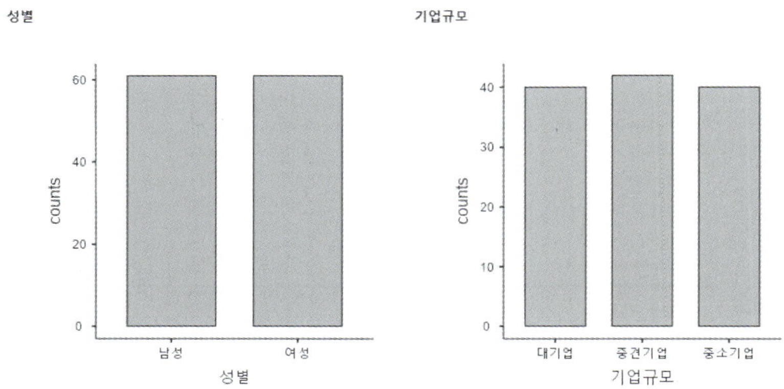

그림 48.7 빈도분석 막대도표 출력

<그림 48.7>과 같이 성별과 기업규모에 대한 그래프로 막대도표가 출력되었다. 다음은 독립변수와 종속변수 항목들의 기술통계량을 출력한다.

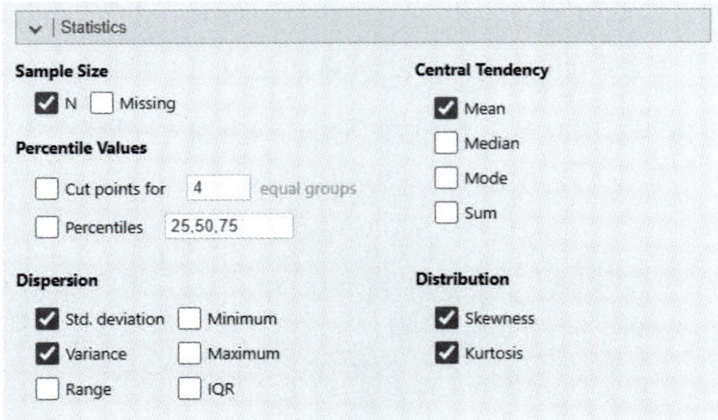

그림 48.8 통계량 분석 옵션 선택

<그림 48.8>의 통계량 분석 옵션 항목에서 N, Mean, Std.deviation, Variance, Shewness, Kurtosis에 체크한다.

Descriptives

Descriptives

	조직충성	고용불안	차별대우	상생경영	자선활동
N	122	122	122	122	122
Mean	3.57	1.50	2.46	3.73	4.16
Standard deviation	0.935	0.890	1.07	0.793	1.01
Variance	0.875	0.791	1.15	0.628	1.02
Skewness	−0.362	2.17	0.407	−0.117	−1.47
Std. error skewness	0.219	0.219	0.219	0.219	0.219
Kurtosis	−0.334	4.43	−0.747	−0.0417	1.89
Std. error kurtosis	0.435	0.435	0.435	0.435	0.435

그림 48.9 통계량 분석 결과

<그림 48.9>의 통계량 분석 결과를 보자. 5개의 변수 모두 관측치(N)는 122개로 <그림 48.5>의 빈도분석 결과와 일치한다. 즉, 누락된 값이 없다는 것이다. 평균(Mean), 표준편차(standard deviation), 분산(Variance)에 대한 값이 나와있다. 여기서 고용불안과 차별대우 변수의 경우 다른 변수들에 비해서 평균이 낮은 값을 갖는 이유는 "고용불안을 느끼

는가?", "차별대우를 받고 있는가?"와 같이 네거티브 문항이기 때문에 리커트 척도 응답의 수치가 높을수록 고용불안과 차별대우를 받는 응답이 되기 때문이다. 따라서 응답 수치가 낮을수록 고용불안을 느끼지 않고 차별대우를 받지 않는다는 방향의 응답이 되겠다. 왜도(Skewness)는 데이터 분포의 좌우대칭에 대한 값으로 음(−)의 값은 데이터의 분포가 왼쪽으로 기운 형태임을 의미한다. 반대로 양(+)의 값은 오른쪽으로 기운 데이터 분포 형태이다. 첨도(Kurtosis)는 최빈값 봉우리가 얼마나 높게 솟아있는지를 가늠하는 통계량으로 음(−)의 값은 정규분포보다 낮은 봉우리의 데이터 분포이고 양(+)의 값은 정규분포보다 높은 봉우리의 데이터 분포 형태임을 의미한다.

다음으로 변수 간의 상관관계를 살펴보자.

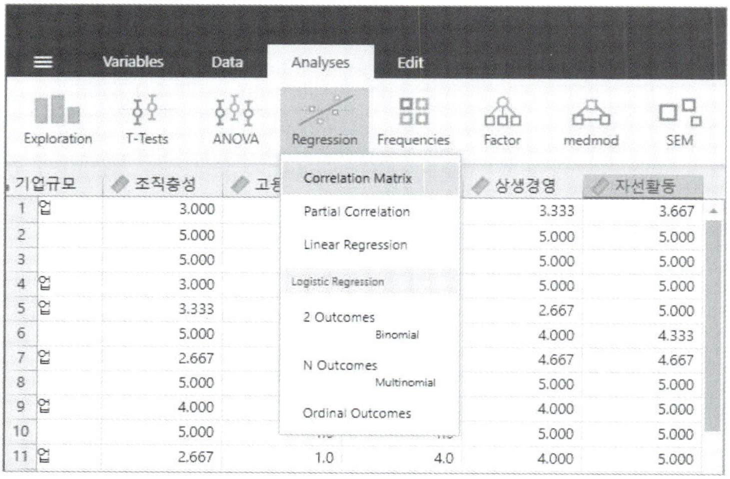

그림 48.10 상관관계 분석

Analyses 탭에서 Regression 아이콘을 클릭하면 <그림 48.10>과 같이 회귀분석 유형 목록이 나타난다. 여기서 Correlation Matrix를 선택하면 다음과 같이 투입할 변수를 선택하는 목록 창이 나온다.

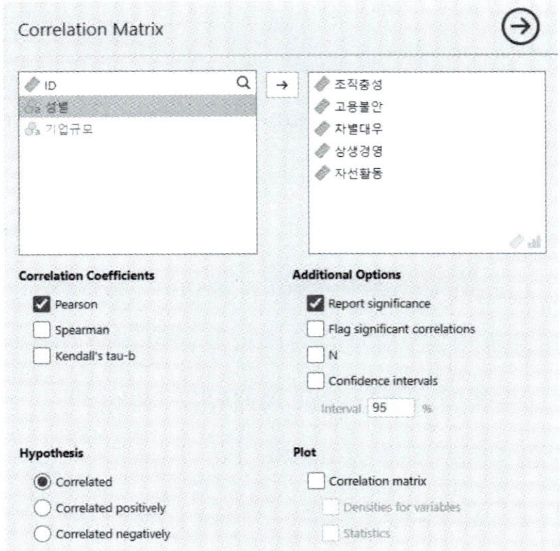

그림 48.11 변수 이동 및 분석 옵션

독립변수와 종속변수 모두 <그림 48.11>의 그림처럼 우측 창으로 이동시킨다. 분석할 변수들이 연속형 변수이므로 옵션 목록에서 Pearson 상관계수를 선택한다. 만약 변수들이 서열변수라면 Spearman 상관계수를 선택한다.

Correlation Matrix

		조직충성	고용불안	차별대우	상생경영	자선활동
조직충성	Pearson's r	—				
	df	—				
	p-value	—				
고용불안	Pearson's r	−0.192	—			
	df	120	—			
	p-value	0.035	—			
차별대우	Pearson's r	−0.304	0.294	—		
	df	120	120	—		
	p-value	< .001	0.001	—		
상생경영	Pearson's r	0.480	−0.043	−0.221	—	
	df	120	120	120	—	
	p-value	< .001	0.636	0.015	—	
자선활동	Pearson's r	0.259	−0.256	0.010	0.383	—
	df	120	120	120	120	—
	p-value	0.004	0.005	0.909	< .001	—

그림 48.12 상관관계 분석 결과

<그림 48.12>의 분석 결과를 보자. 상관계수의 절댓값이 1에 가까울수록 상관관계가 강한 것으로 해석하고 0에 가까울수록 약한 것으로 해석하는데 대략 상관계수가 0.5 이상이면 어느 정도 상관관계가 있는 것으로 해석한다. 결과값을 보았을 때 대부분의 변수 간에 상관관계는 미약한 것으로 나타난다.

이제 본격적으로 다중회귀분석을 해보자.

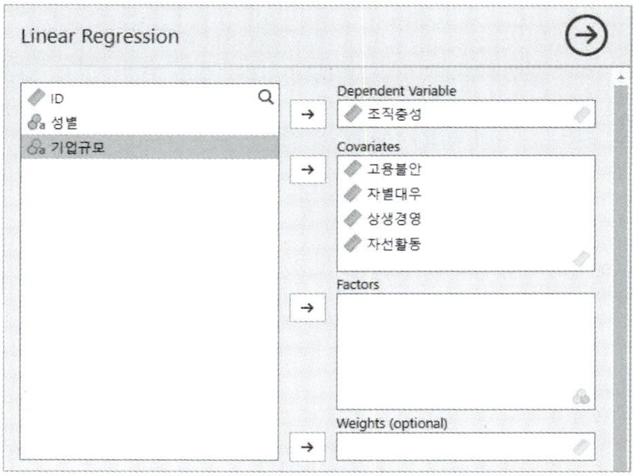

그림 48.13 변수 투입

Analyses 탭에서 Regression을 클릭하여 Linear Regression 항목을 선택한다. <그림 48.13>가 같이 변수목록 창이 나오면 Dependent Variable에 조직충성을, Covariates에 고용불안, 차별대우, 상생경영, 자선활동 등 독립변수들을 이동시킨다.

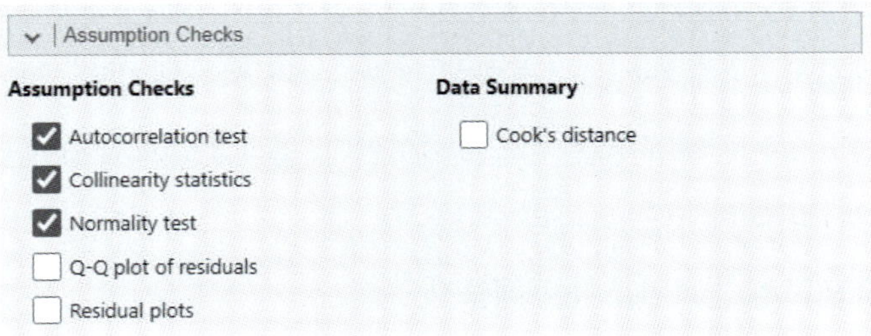

그림 48.14 가정 확인

Assumption Checks 목록에서 Autocorrelation test(자기상관 검정), Collinearity statistics(공분산 통계량), Normality test(정규성 검정) 옵션을 선택한다.

Assumption Checks

Durbin–Watson Test for Autocorrelation

Autocorrelation	DW Statistic	p
−0.0716	2.14	0.428

[3]

Collinearity Statistics

	VIF	Tolerance
고용불안	1.21	0.828
차별대우	1.20	0.837
상생경영	1.27	0.785
자선활동	1.31	0.765

[3]

Normality Test (Shapiro-Wilk)

Statistic	p
0.991	0.586

그림 48.15 가정 확인 결과

<그림 48.15>는 가정 확인 결과이다. 가장 위의 그림은 자기상관 검정 결과이고 가운데 그림은 공분산 통계량이다. 그리고 가장 아래의 그림은 정규성 가정 결과이다. 자기

상관 검정 결과는 DW Statistic이 2에 가까우면 오차항의 독립성 가정을 위배하지 않은 것으로 본다. 여기서는 DW Statistc이 2.14이고 p-값이 0.436이므로 귀무가설(H_0: 오차항 간에 자기상관관계가 없다)을 기각하지 못하므로 오차항의 독립성 가정을 위배하지 않은 것으로 해석할 수 있다. 공분산 통계량은 분산팽창지수 VIF와 공차한계 Tolerance를 보여준다. VIF가 10보다 매우 작기 때문에 다중공선성 문제가 없다고 해석할 수 있고, 공차한계는 0.1 미만인 경우 다중공선성 문제가 있는 것으로 보기 때문에 여기서는 문제가 없는 것으로 해석할 수 있다. 그리고 정규성 가정은 p-값이 0.586이므로 귀무가설(H_0: 잔차들의 분포가 정규분포를 따른다)을 기각할 수 없으므로 정규성 가정에 위배되지 않는 것으로 확인된다.

다음으로 모델 적합도와 변수의 통계적 유의성을 확인한다.

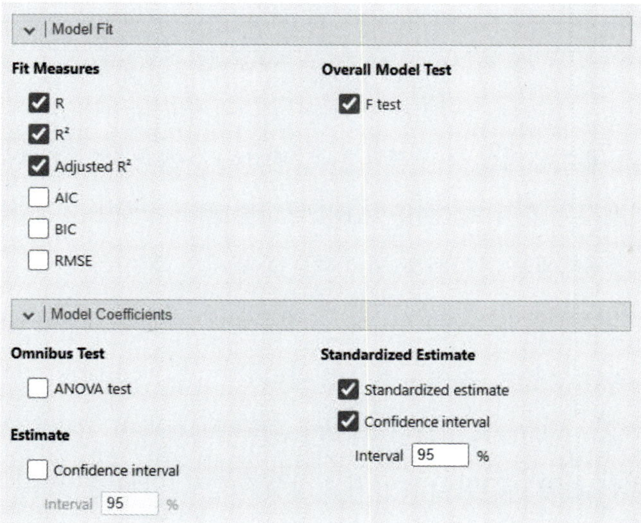

그림 48.16 모델적합도 및 계수

<그림 48.16>과 같이 Model Fit에서 R(상관계수), R^2(결정계수), $Adjusted\ R^2$(조정된 결정계수)와 F test(F-검정) 옵션을 선택한다. 그리고 Model Coefficients에서

Standardized estimate(표준화된 추정량)와 Confidence interval(신뢰구간) 옵션을 선택한다.

Model Fit Measures

Model	R	R^2	Adjusted R^2	Overall Model Test			
				F	df1	df2	p
1	0.539	0.290	0.266	11.9	4	117	< .001

Model Coefficients - 조직충성

Predictor	Estimate	SE	t	p	Stand. Estimate	95% Confidence Interval	
						Lower	Upper
Intercept	2.0403	0.4737	4.308	< .001			
고용불안	−0.1033	0.0900	−1.148	0.253	−0.0983	−0.2678	0.0712
차별대우	−0.1627	0.0742	−2.193	0.030	−0.1868	−0.3554	−0.0181
상생경영	0.4756	0.1038	4.584	< .001	0.4030	0.2289	0.5771
자선활동	0.0756	0.0826	0.916	0.362	0.0816	−0.0948	0.2579

그림 48.17 모델적합도와 계수 유의성 검정 결과

모델적합도와 계수 유의성 검정 결과를 <그림 48.17>에서 확인할 수 있다. 결정계수와 조정된 결정계수는 각각 29.0%와 26.6%로 나타났다. 전체 모델 검정 결과 p−값이 0.001로 유의수준 5%에서 적합한 회귀모형으로 해석할 수 있다.

회귀계수의 유의성 결과는 종속변수인 조직충성에 차별대우와 상생경영 변수만이 통계적으로 유의한 영향을 미치는 것으로 나타났다. 두 변수의 p−값은 각각 0.03과 0.001로 유의수준 $\alpha = 0.05$보다 작다. 회귀계수를 해석하자면, 차별대우가 1단위 증가할수록 조직충성도는 0.1627만큼 낮아지고 상생경영이 1단위 증가할수록 조직충성도는 0.4756만큼 높아지는 것으로 해석된다. 고용불안은 1단위 증가할수록 조직충성도가 0.1033만큼 낮아지고 자선활동이 1단위 증가할수록 조직충성도는 0.0756만큼 높아지는 것으로 해석할 수 있지만 통계적으로 유의하다고 볼 수는 없다.

이상으로 Jamovi를 사용하여 다중회귀분석을 해보았다. 데이터 분석을 할 때는 분석하는 데이터의 기초적인 정보라고 할 수 있는 빈도분석과 기술통계 정보를 파악하고, 다음으로 상관관계와 회귀분석에서 가정하는 항목들을 확인한 다음 전체적인 모형의 적합도와 사용된 변수간의 통계적 유의성을 검정하는 절차를 거치도록 하자.

D+49

명목변수를 사용한 데이터 분석

통계분석에서 사용되는 데이터의 변수들은 대부분 연속형 변수이다. 그러나 명목형 변수도 독립변수나 종속변수로 사용할 수 있다. 8장에서 살펴봤던 분산분석에서는 명목변수만을 독립변수로 투입한다. 그리고 9장 회귀분석에서는 명목변수를 더미변수로 하여 독립변수로 투입할 수 있다는 것을 알았고, 아예 명목변수를 종속변수로 하는 로지스틱 회귀분석이란 것도 있었다.

여기서는 D+48 차수에서 분석한 종업원의 조직충성도에 미치는 영향 관계 모형에 명목변수를 더미변수로 투입하는 회귀분석과 명목변수를 독립변수로 하는 분산분석을 Jamovi 통계 패키지를 활용하여 좀 더 자세하게 알아보겠다.

더미변수를 이용한 회귀분석

다음의 그림을 자세히 살펴보자.

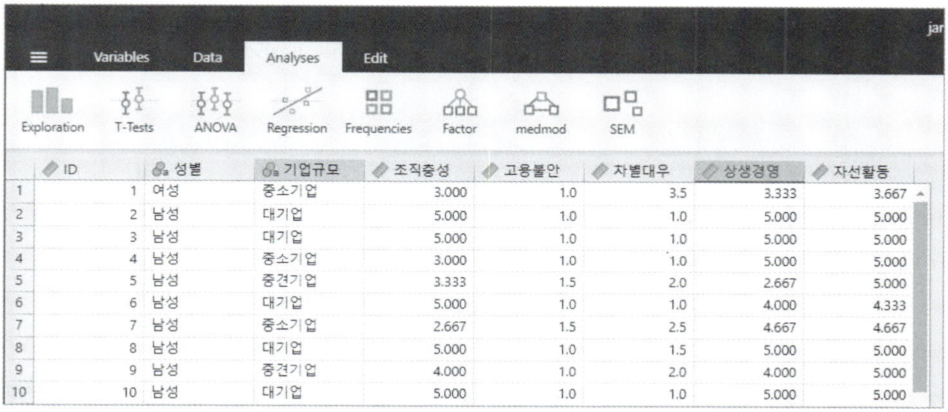

	ID	성별	기업규모	조직충성	고용불안	차별대우	상생경영	자선활동
1	1	여성	중소기업	3.000	1.0	3.5	3.333	3.667
2	2	남성	대기업	5.000	1.0	1.0	5.000	5.000
3	3	남성	대기업	5.000	1.0	1.0	5.000	5.000
4	4	남성	중소기업	3.000	1.0	1.0	5.000	5.000
5	5	남성	중견기업	3.333	1.5	2.0	2.667	5.000
6	6	남성	대기업	5.000	1.0	1.0	4.000	4.333
7	7	남성	중소기업	2.667	1.5	2.5	4.667	4.667
8	8	남성	대기업	5.000	1.0	1.5	5.000	5.000
9	9	남성	중견기업	4.000	1.0	2.0	4.000	5.000
10	10	남성	대기업	5.000	1.0	1.0	5.000	5.000

그림 49.1 명목변수가 있는 데이터

<그림 49.1>은 D+48 차수의 <그림 48.2>와 동일한 화면이다. 여기서 '성별' 변수와 '기업규모' 변수를 주목하자. '성별' 변수는 여성과 남성으로 측정값이 입력되어 있고, '기업규모'는 대기업, 중견기업, 중소기업으로 입력되어 있다. 입력값이 숫자가 아니라 범주형 명목척도로 되어 있는 것이다. 문제는 컴퓨터가 숫자로 입력된 값이 아니면 해석하지 못한다는 것이다. 그래서 컴퓨터가 읽을 수 있도록 0과 1이라는 숫자로 코딩해줘야 한다. D+44 차수에서는 엑셀 프로그램으로 더미변수를 일일이 숫자로 코딩하여 분석했다.

그런데 Jamovi에서는 명목변수를 숫자로 변환하는 작업을 할 필요가 없다. 문자로 되어 있는 입력값을 Jamovi가 명목변수로 인식하여 자동으로 숫자로 변환하기 때문이다. 별도로 숫자 변환 코딩을 하지 않아도 되므로 매우 편리하다.

더미변수를 이용한 회귀분석은 Jamovi에서 다중회귀분석 기능을 사용하면 된다. Analyses 탭에서 Linear Regression을 선택하여 변수를 용도에 맞게 투입한다.

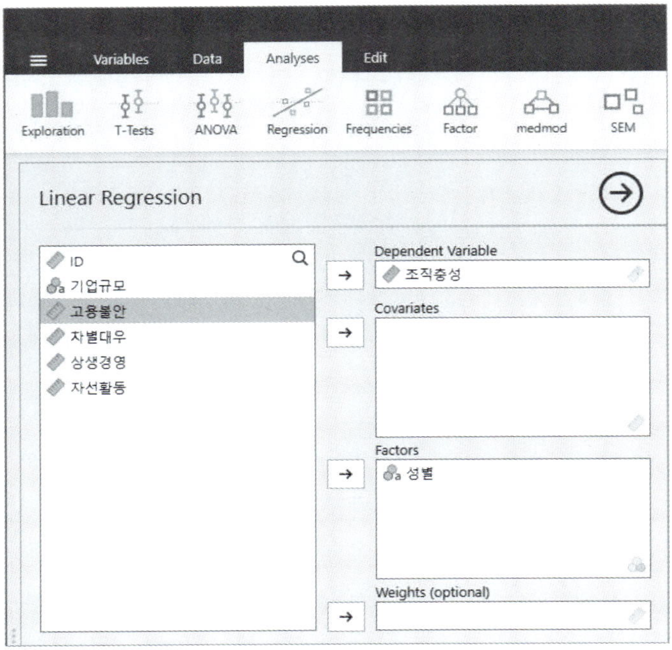

그림 49.2 변수 투입

<그림 49.2>와 같이 종속변수인 '조직충성'을 Dependent Variable로 이동시키고, 명목변수인 '성별'을 Factor로 이동시킨다. 다중회귀분석에서는 독립변수를 Covariates로 이동시킨다. 그러나 그림에서 Covariates 변수 투입 창의 우측 하단에 보면 연속형 변수 아이콘이 있는 것처럼 Covariates에는 연속형 변수만 이동시킬 수 있다. 명목변수는 명목변수 아이콘이 있는 Factors 창으로 이동시킨다.

Linear Regression

Model Fit Measures

Model	R	R^2
1	0.144	0.0207

Model Coefficients - 조직충성

Predictor	Estimate	SE	t	p
Intercept ª	3.705	0.119	31.13	< .001
성별:				
여성 – 남성	-0.268	0.168	-1.59	0.114

ª Represents reference level

그림 49.3 성별에 따른 조직충성도 차이

<그림 49.3>은 성별에 따른 조직충성도 차이 분석 결과이다. 더미변수를 이용한 회귀분석에서는 회귀계수(estimate)는 의미가 없다. 따라서 이 수치는 해석하지 않고 t-통계량과 p-값만 갖고 판단한다. 여성-남성 간의 조직충성도 측정값 차이의 t-통계량은 -1.59, 그리고 p-값은 0.114로 나왔다. t-통계량이 음(-)의 결과로 나왔기 때문에 여성 응답자의 조직충성도가 남성 응답자보다 낮다는 의미이다. 다만 p-값이 0.114로 유의수준 5%에서 통계적으로 유의한 차이라고 보기 어렵다. 여기서 예측변수(Predictor), 즉 독립변수가 남성-여성의 순서로 되어있다면 t-통계량은 -1.59가 아니라 +1.59로 나왔을 것이다.

이번에는 다중회귀분석에서는 독립변수로 사용되었던 '차별대우' 변수를 종속변수로 투입하여 성별 간에 인식의 차이가 있는지를 살펴보자. <그림 49.2>의 화면에서 Dependent variable에 있는 '조직충성' 변수를 제거하고 '차별대우'를 이동시킨다. 결과는 다음과 같이 나타났다.

Linear Regression

Model Fit Measures

Model	R	R^2
1	0.341	0.116

Model Coefficients - 차별대우

Predictor	Estimate	SE	t	p
Intercept [a]	2.098	0.130	16.16	< .001
성별:				
여성 – 남성	0.730	0.184	3.97	< .001

[a] Represents reference level

그림 49.4 성별에 따른 차별대우 인식의 차이

<그림 49.4>에서 알 수 있듯이 여성 응답자와 남성 응답자 간에는 조직 내 차별대우 인식에 있어서 차이가 있는 것으로 나타났다. 여기서 차별대우 변수는 조직에서 공정하게 업무분배가 이루어지는지, 경력개발을 위해 제공되는 교육의 기회가 공평한지, 그리고 승진이나 급여와 같은 처우에 있어서 불이익이 있다고 생각하는지 등의 문항에 대한 답변을 측정한 것이다. 여성 응답자와 남성 응답자 간의 인식 차이 t–통계량은 3.97이다. 이는 여성 응답자가 남성 응답자보다 차별대우를 받는다는 인식이 높다는 의미이다. p–값은 0.001로 유의수준 5%에서 여성 응답자와 남성 응답자 간에 차별대우에 대한 인식의 차이는 통계적으로 유의한 것으로 판단할 수 있다.

이와 같은 방법으로 고용불안, 상생경영, 자선활동 변수에 대해서도 성별에 따른 차이가 있는지를 확인할 수 있다. 나머지 변수들에 대해서는 여러분이 직접 분석하기 바란다.

다음으로 기업의 규모에 따른 차이를 살펴보도록 하자.

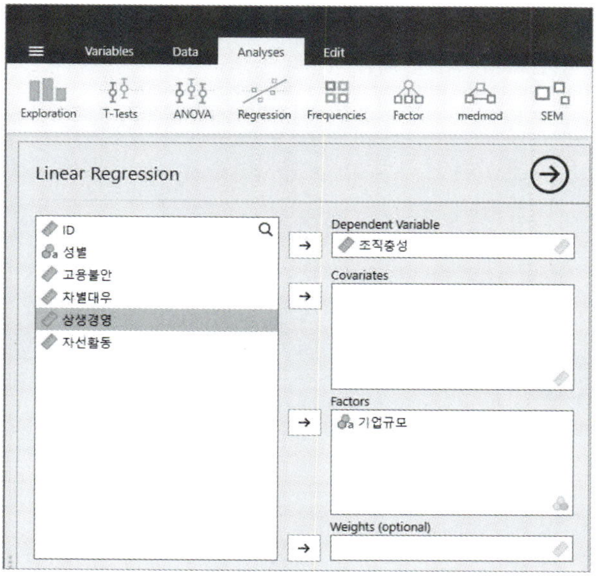

그림 49.5 변수 투입

<그림 49.5>와 같이 Dependent variable에는 '조직충성' 변수를, Factors에는 '기업규모' 변수를 투입한다. 곧바로 분석 결과를 확인할 수 있다.

Linear Regression

Model Fit Measures

				Overall Model Test			
Model	R	R^2	Adjusted R^2	F	df1	df2	p
1	0.887	0.787	0.784	220	2	119	< .001

Model Coefficients - 조직충성

Predictor	Estimate	SE	t	p
Intercept [a]	4.533	0.0688	65.92	< .001
기업규모:				
중견기업 – 대기업	−0.859	0.0961	−8.94	< .001
중소기업 – 대기업	−2.033	0.0972	−20.91	< .001

[a] Represents reference level

그림 49.6 기업규모에 따른 조직충성도 차이

그런데 여기서 대기업 직원과 중견기업 직원 간의 비교, 그리고 대기업 직원과 중소기업 간의 비교는 가능했으나, 중견기업 직원과 중소기업 직원 간에는 통계적으로 어떠한 차이가 있는지를 알 수 없다. t-통계량을 비교하면 중소기업 직원의 조직충성도가 중견기업 직원보다 낮은 수준이라고 추론할 수 있지만 이는 통계적 사고가 아니다. 즉, t-통계량의 단순 비교만으로 이 두 그룹의 차이를 단정할 수는 없는 것이다.

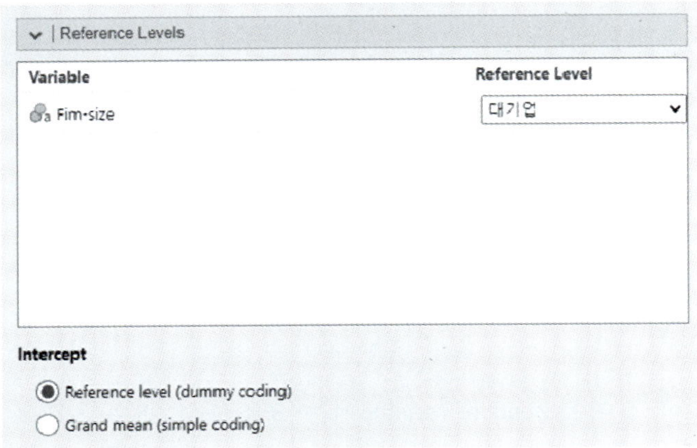

그림 49.7 대기업으로 기준값 자동 설정

Jamovi에서는 변수명이 가장 빠른 더미변수를 자동으로 기준값 처리를 한다. 그래서 <그림 49.7>과 같이 Reference levels 메뉴를 활성화하면, '대기업'이 기준값으로 자동 설정되어 있는 것을 알 수 있다. 앞에서 '성별'을 더미변수로 사용했을 때는 '여성'보다 '남성'이 빠른 변수명이었기 때문에 기준값으로 설정되었다.

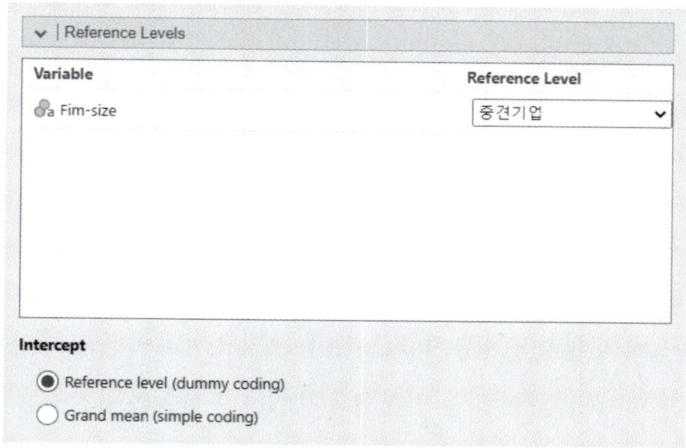

그림 49.8 중견기업으로 기준값 수동 설정

중견기업과 중소기업 직원 간의 비교를 위해서 <그림 49.8>과 같이 '중견기업'을 기준값으로 변경한다. 그러면 다음과 같이 중견기업과 중소기업 직원 간의 차이를 알 수 있다.

Linear Regression

Model Fit Measures

				Overall Model Test			
Model	R	R^2	Adjusted R^2	F	df1	df2	p
1	0.887	0.787	0.784	220	2	119	< .001

Model Coefficients - 조직충성

Predictor	Estimate	SE	t	p
Intercept ª	3.675	0.0671	54.76	< .001
Fim-size:				
대기업 – 중견기업	0.859	0.0961	8.94	< .001
중소기업 – 중견기업	−1.175	0.0961	−12.22	< .001

ª Represents reference level

그림 49.9 중견기업 기준값 결과

<그림 49.9>를 보면, 중소기업-중견기업 간의 차이의 p−값이 0.001보다 작은 것으로 측정되어 두 그룹 간의 차이가 통계적으로 유의하다는 것을 알 수 있다. 그리고 이 두 그룹의 t−통계량은 −12.22로써 중소기업 직원의 조직충성도가 중견기업 직원보다 낮은 것으로 해석할 수 있다.

이와 같이 더미변수가 3개 이상일 경우에는 Jamovi가 더미변수 중에서 변수명이 선행되는 변수를 기준값으로 자동 설정하지만, 더미변수 간의 추가적인 분석이 필요한 경우 기준값을 수동으로 재설정하여 분석할 수 있다. 그리고 여타의 통계 패키지들이 더미변수 코딩을 처음부터 직접 해야 하는 번거로움이 있는 반면 Jamovi에서는 변수명을 그대로 분석에 사용할 수 있다는 장점이 있다.

분산분석(ANOVA)

통계분석에서 범주형 명목변수를 사용하는 경우는 더미변수를 이용한 회귀분석 외에 분산분석이 있다. 분산분석에서는 독립변수가 범주형 명목변수이어야만 한다. 왜냐하면 분산분석은 3개 이상의 집단 간의 추정된 모수의 차이를 구하는 것이기 때문이다. 즉, 집단은 범주형 명목변수이다.

이제 앞에서 사용했던 데이터를 갖고 성별 그룹과 기업 규모별 그룹에 따른 모수(여기서는 '차별대우'를 사용)의 차이를 분석해보자.

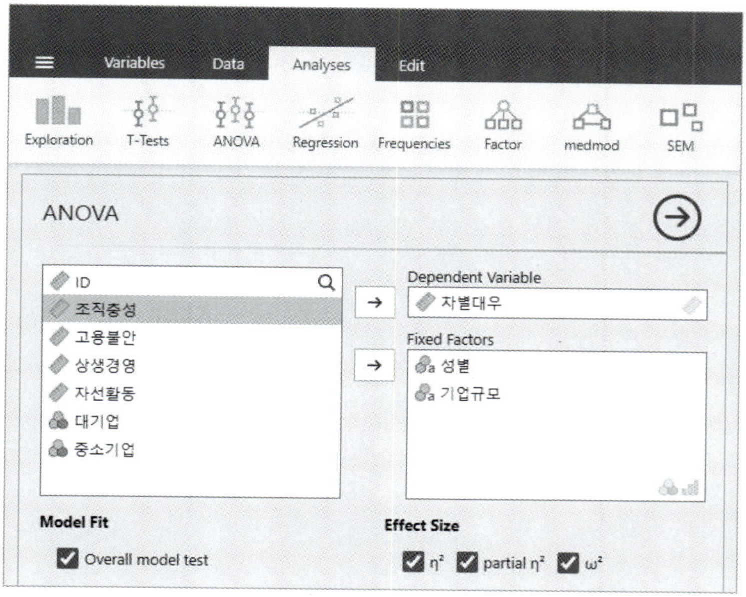

그림 49.10 변수 투입

성별 그룹과 기업규모 그룹에 따른 차이를 보는 것이므로 이원분산분석을 한다. <그림 49.10>과 같이 Dependent variables에 '차별대우' 변수를 투입하고 Fixed Factors에 '성별'과 '기업규모' 변수를 투입한다. 그리고 Model FIt과 Effect Size의 모든 옵션을 선택한다.

그런데 결과 창에서 출력된 결과에 문제가 있는 것을 발견하게 될 것이다.

ANOVA

ANOVA - 차별대우

	Sum of Squares	df	Mean Square	F	p	η^2	η^2p	ω^2
Overall model	21.2	5	4.24	4.36	0.001			
성별	0.0	NaN						
기업규모	0.0	NaN						
성별 ✻ 기업규모	0.0	NaN						
Residuals	117.5	116	1.01					

그림 49.11 분석 결과 출력 오류

<그림 49.11>의 출력된 분석 결과를 보면, 성별, 기업규모, 그리고 성별*기업규모의 상호작용에 대한 자유도 d.f.가 NaN으로 계산할 수 없는 오류로 나타난 것을 알 수 있다. 이는 Jamovi가 독립변수명을 인식하는 데 있어서 한글 인식 오류가 있어서 나타난 결과이다. 회귀분석이나 일원분산분석에서는 이러한 오류가 없다. 따라서 독립변수에 투입할 명목변수의 변수명을 영문으로 바꾸면 오류는 사라진다.

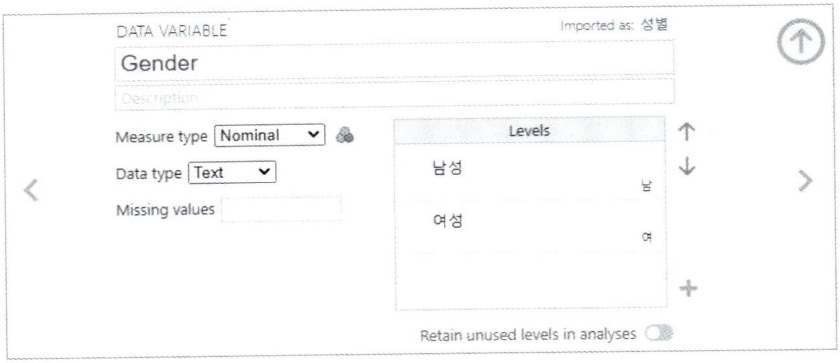

그림 49.12 한글 변수명 영문 변환

데이터 테이블에서 변수명을 더블 클릭하면 <그림 49.12>와 같이 변수명을 변경할 수 있는 창이 열린다. '성별'은 'Gender'로 '기업규모'는 'Firm-size'로 변환하도록 하자.

ANOVA

ANOVA - 차별대우

	Sum of Squares	df	Mean Square	F	p	η^2	$\eta^2 p$	ω^2
Overall model	21.204	5	4.241	4.355	0.001			
Gender	14.955	1	14.955	14.762	< .001	0.108	0.113	0.100
Fim-size	5.435	2	2.717	2.682	0.073	0.039	0.044	0.024
Gender ✻ Fim-size	0.814	2	0.407	0.402	0.670	0.006	0.007	−0.009
Residuals	117.521	116	1.013					

그림 49.13 분석결과 오류 수정

<그림 49.11>에서 NaN으로 표기된 영역들이 <그림 49.13>에서와 같이 정상적으로 출력되는 것을 확인할 수 있다. 여기서는 이 결과치에 대한 해석은 뒤로 하고, 분산분석과 관련한 가정들이 위배되지 않았는지를 먼저 확인해 보겠다.

그림 49.14 분산분석 가정 확인

가정 확인(Assumption Checks) 분석 옵션에서 3개의 가정검정 모두 선택한다.

Assumption Checks

Homogeneity of Variances Test (Levene's)

F	df1	df2	p
1.96	5	116	0.090

[3]

Normality Test (Shapiro-Wilk)

Statistic	p
0.980	0.073

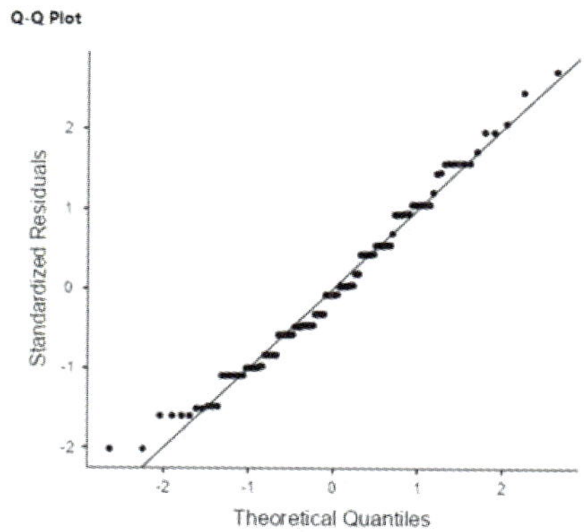

그림 49.15 분산분석 가정 확인 결과

<그림 49.15>의 가정 확인 결과를 살펴보자.

먼저 분산의 동질성 검정(Homogeneity of Variances Test: Levene's)은 귀무가설 "H_0: 집단 간 분산의 차이가 없다(등분산)"을 검정하는 것이다. 따라서 p-값이 유의수준 $\alpha = 0.05$보다 커야 등분산 가정에 위배되지 않는다. 여기서 p-값이 0.090이므로 유의

수준 5%에서 등분산을 가정한다고 해석한다.

두 번째로 정규성 검정(Normality Test; Shapiro-Wilk)은 귀무가설 "H_0: 표본의 분포와 정규분포가 동일하다(정규분포)"를 검정하는 것이다. 따라서 p-값이 유의수준 $\alpha = 0.05$보다 커야 등분산 가정에 위배되지 않는다. 여기서 p-값이 0.073이므로 유의수준 5%에서 분석에 사용된 표본의 분포가 정규분포에 근사한다고 해석한다.

마지막으로 Q-Q Plot은 정규성 가정을 만족하는지 시각적으로 확인하는 것이다. Q-Q Plot의 점들이 기울기 45도인 직선에 가깝게 분포해야 정규성을 가정할 수 있다. 여기서 시각적으로 정규성 가정을 만족하고 있음을 알 수 있다.

다음으로 분석모형 설정을 보자.

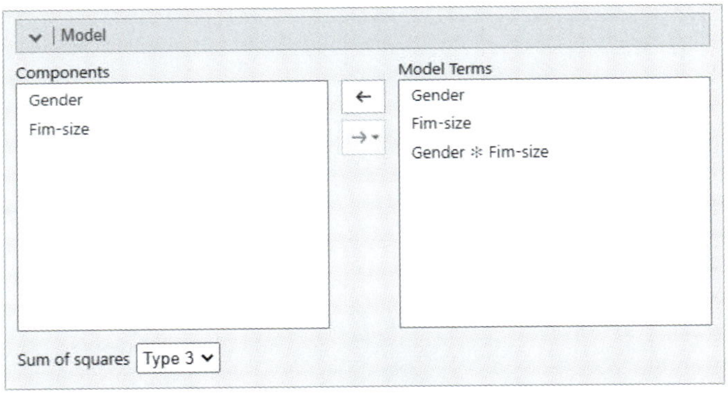

그림 49.16 분석모형 설정

<그림 49.16>은 분석모형 설정 창이다. Jamovi에서는 분석모형이 Type 3으로 자동설정된다. Type 3은 주효과와 상호작용효과를 포함하는 모형이다. 이제 분산분석 결과를 살펴보자.

ANOVA

ANOVA - 차별대우

	Sum of Squares	df	Mean Square	F	p	η^2	$\eta^2 p$	ω^2
Overall model	21.204	5	4.241	4.355	0.001			
Gender	14.955	1	14.955	14.762	< .001	0.108	0.113	0.100
Fim-size	5.435	2	2.717	2.682	0.073	0.039	0.044	0.024
Gender ∗ Fim-size	0.814	2	0.407	0.402	0.670	0.006	0.007	-0.009
Residuals	117.521	116	1.013					

그림 49.17 분산분석 결과

<그림 49.17>의 분산분석 결과를 보면, 차별대우에 대한 인식에 있어서 성별(Gender) 그룹 간에는 p−값 0.001로 유의수준 5%에서 통계적으로 유의한 차이가 있는 것으로 나타났다. 반면 기업규모(Firm-size)는 p−값 0.073으로 유의수준 5%에서는 통계적으로 유의한 차이가 없는 것으로 나타났다. 다만 유의수준, 즉 1종 오류 발생확률을 5%에서 10%로 상향 조정한다면, 유의수준 $\alpha = 0.10$에서 기업규모에 따라 차별대우 인식에 통계적으로 유의한 차이가 있는 것으로 볼 수 있다. 그렇지만 성별과 기업규모의 상호작용효과(Gender*Firm-size)는 p−값이 0.670으로 통계적으로 유의한 차이가 있다고 볼 수 없다.

우리는 앞의 <그림 49.10>의 변수 투입 과정에서 효과크기(Effect Size)의 3가지 옵션을 선택했다. <그림 49.17>의 결과표에 이 3가지 효과, 에타제곱(η^2), 부분에타제곱($\eta^2 p$), 오메가제곱(ω^2)의 결과가 나와있다. 이 중에서 오메가제곱 값을 해석한다. 오메가제곱 값 0.01은 효과가 상대적으로 작은 것으로 판단하고, 0.06은 중간 크기의 효과, 그리고 0.14 이상은 효과가 큰 것으로 해석한다. 여기서 Gender는 효과가 큰 것으로 해석할 수 있고, Firm-size는 상대적으로 작은 효과가 있는 것으로 해석할 수 있다. Gender*Firm-size는 −0.090의 음(−)의 값으로 매우 적은 네거티브 효과로 해석한다.

마지막으로 사후검정을 해보자.

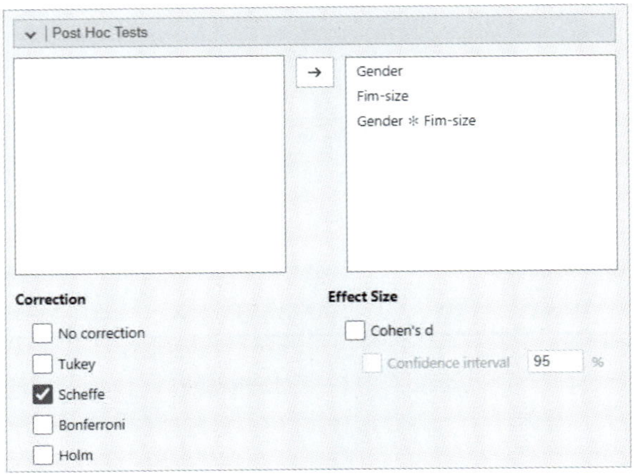

그림 49.18 사후검정 옵션 선택

사후검정(Post Hoc Tests) 설정 창에서 사후검정 방법으로 Scheffe를 선택한다. Scheffe는 D+35의 <표 35.1>에서 설명한 바와 같이 가장 보수적이고 엄격한 사후검정 방법이다. 또한 집단 표본 수가 동일하지 않아도 사용할 수 있다. 남성과 여성의 비율이 동일하고 기업규모에 따른 그룹의 관측치도 거의 동일하지만(대기업=40, 중견기업=42, 중소기업=40), 여기서는 Scheffe 검정 방법을 선택하자.

Post Hoc Comparisons - Gender

Comparison							
Gender		Gender	Mean Difference	SE	df	t	$p_{scheffe}$
남성	-	여성	−0.712	0.185	116	−3.84	< .001

Note. Comparisons are based on estimated marginal means

Post Hoc Comparisons - Fim-size

Comparison							
Fim-size		Fim-size	Mean Difference	SE	df	t	$p_{scheffe}$
대기업	-	중견기업	−0.329	0.226	116	−1.458	0.349
	-	중소기업	−0.520	0.228	116	−2.285	0.078
중견기업	-	중소기업	−0.191	0.228	116	−0.837	0.705

Note. Comparisons are based on estimated marginal means

그림 49.19 주효과의 사후검정

<그림 49.19>는 주효과의 사후검정 결과이다. 먼저 성별에 따른 차이는 t-통계량 −3.84이고 p-값이 0.01로 유의수준 5%에서 통계적으로 유의한 것으로 나타난다. 즉, 남성 응답자보다 여성 응답자 답변의 평균이 더 높게 측정되었는데 이는 여성이 조직 내에서 차별대우를 더 크게 느끼고 있는 것으로 해석되는 결과이다.

다음으로 두 번째 주효과인 기업규모에 따른 차이이다. 대기업과 중견기업, 대기업과 중소기업, 그리고 중견기업과 중소기업 직원 간에는 통계적으로 유의한 차이가 없다. 모두 p-값이 유의수준 $\alpha = 0.05$보다 큰 것으로 나온다. 하지만 대기업과 중소기업 간의 차이는 p-값이 0.078로 유의수준 $\alpha = 0.10$에서는 통계적으로 유의한 차이가 있다고 볼 수 있다. 다만 이 경우는 제1종 오류 확률이 높아진다는 점을 기억해야 한다.

비록 <그림 49.17>의 분산분석 결과에서 상호작용 효과가 통계적으로 유의하지 않은 것으로 나왔지만 사후검정 결과를 확인할 필요가 있다.

Post Hoc Comparisons - Gender ✻ Fim-size

Comparison									
Gender	Fim-size		Gender	Fim-size	Mean Difference	SE	df	t	$p_{scheffe}$
남성	대기업	-	남성	중견기업	−0.2611	0.304	116	−0.8596	0.980
		-	남성	중소기업	−0.6530	0.342	116	−1.9119	0.602
		-	여성	대기업	−0.7556	0.319	116	−2.3711	0.351
		-	여성	중견기업	−1.1530	0.342	116	−3.3759	0.051
		-	여성	중소기업	−1.1425	0.309	116	−3.6965	0.023
	중견기업	-	남성	중소기업	−0.3918	0.320	116	−1.2251	0.912
		-	여성	대기업	−0.4945	0.295	116	−1.6745	0.730
		-	여성	중견기업	−0.8918	0.320	116	−2.7885	0.178
		-	여성	중소기업	−0.8814	0.285	116	−3.0935	0.097
	중소기업	-	여성	대기업	−0.1027	0.334	116	−0.3074	1.000
		-	여성	중견기업	−0.5000	0.356	116	−1.4050	0.852
		-	여성	중소기업	−0.4896	0.325	116	−1.5071	0.809
여성	대기업	-	여성	중견기업	−0.3973	0.334	116	−1.1895	0.922
		-	여성	중소기업	−0.3869	0.301	116	−1.2864	0.893
	중견기업	-	여성	중소기업	0.0104	0.325	116	0.0321	1.000

Note. Comparisons are based on estimated marginal means

그림 49.20 상호작용 효과 사후검정 결과

<그림 49.20>의 상호작용 효과 사후검정을 살펴보면, 대기업의 남성 직원과 중소기업의 여성 직원 간의 차별대우 인식은 t−통계량 −3.6965이고 p−값 0.023으로 유의수준 5%에서 통계적으로 유의한 차이가 있는 것으로 볼 수 있다. 그리고 대기업의 남성 직원과 중견기업의 여성 직원, 대기업의 남성 직원과 중소기업의 여성 직원 간에는 유의수준 10%($\alpha = 0.10$)에서 통계적으로 유의한 차이가 있는 것으로 해석할 수 있다. 즉, <그림 49.17>에서 상호작용 효과는 전체적으로 통계적 유의한 차이가 없는 것으로 나타났으나 개별 항목들에 있어서는 통계적 유의한 차이가 있는 것으로 해석될 항목들이 일부 있는 것이다.

상호작용 효과와 관련하여 시각화 도구를 사용하여 확인하도록 하자.

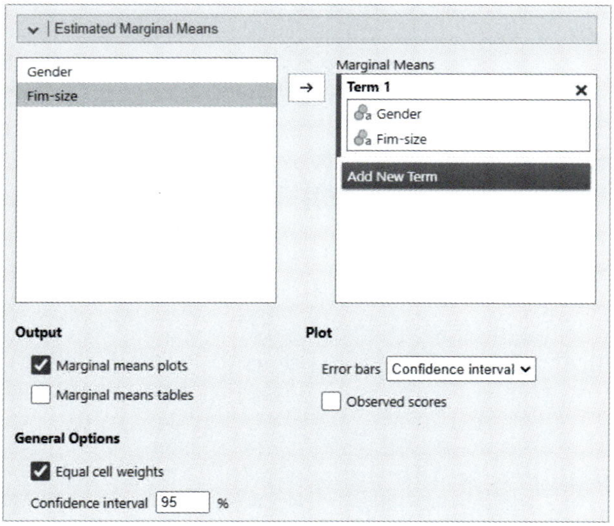

그림 49.21 상호작용 효과 그래프 설정

<표 49.21>과 같이 Estimated Marginal Means 옵션에서 Term 1의 목록에 Gender와 Firm-size 변수를 투입한다. 그리고 Marginal means plots 옵션을 선택한다. 다음과 같이 그래프가 출력되는 것을 확인할 수 있다.

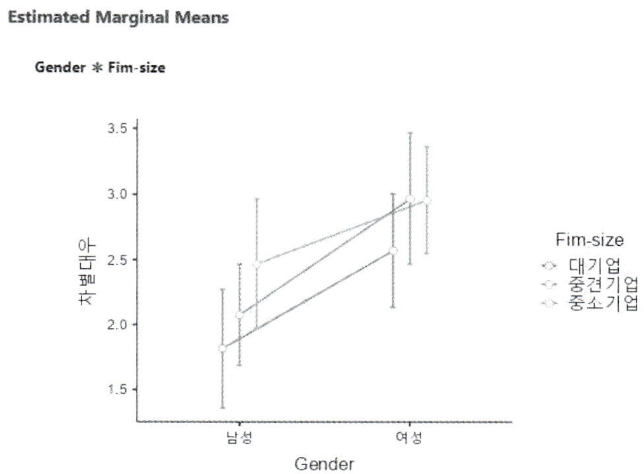

그림 49.22 상호작용 효과 그래프

<그림 49.22>의 그래프를 보면, 대기업과 중소기업에 재직 중인 남성과 여성 간의 차별대우에 대한 인식의 차이는 큰 상호작용이 없으나 중견기업 재직자의 경우 여성이 느끼는 조직 내 차별대우가 다른 기업 규모에 비해서 상대적으로 크게 작용하고 있는 것으로 해석된다.

이상으로 범주형 명목변수를 사용한 데이터 분석 방법 중에 명목변수를 더미변수로 만들어 회귀분석에 사용하는 방법과 명목변수를 독립변수로 설정하여 그룹 간의 모수 차이를 비교하는 분산분석에 대해서 실제 데이터를 사용하여 알아보았다. 단순회귀분석 및 다중회귀분석과 함께 더미변수를 이용한 분석과 분산분석 기법은 실제 학술연구나 기업의 실무에서 자주 사용되는 통계분석 기법이므로 여러분의 핵심 역량으로 만들 수 있도록 하자.

부록

1. Jamovi 설치 방법
2. 표준정규분포표
3. 누적 표준정규분포표
4. 스튜던트 t-분포표
5. 카이제곱 분포표
6. F-분포표

부록 1 Jamovi 설치 방법

이 책에서 엑셀(Excel)과 함께 데이터 분석에 사용하는 Jamovi(자모비)는 무료 오픈 소스 프로그램인 R 기반으로 만들어진 통계 프로그램이다. 사용자가 직접 코딩해야만 분석 결과물을 출력할 수 있는 Python이나 R 프로그램과는 달리 마이크로소프트사의 파워포인트나 한글과 컴퓨터의 한글 프로그램과 같이 GUI(그래픽 유저 인터페이스)로 구성되어 있어서 직관적이고 메뉴의 구성이 시각화되어 있어서 누구에게든 손쉬운 접근성을 보장한다.

서두에서도 설명했듯이 이 책은 데이터 분석 전문가뿐만 아니라 일반인들에게도 확률과 통계의 이론과 활용에 대한 진입장벽을 낮추기 위해 유료 상용 통계 소프트웨어가 아니라 누구나 쉽게 사용할 수 있는 엑셀 프로그램을 기반으로 쓰였다. 그러나 엑셀이 갖고 있는 기능상의 한계를 보완하기 위해 책의 내용 중간중간에 Jamovi의 활용법을 함께 소개하고 있다.

• Jamovi 다운로드

Jamovi 홈페이지에 접속하면 다음과 같은 화면이 나온다.

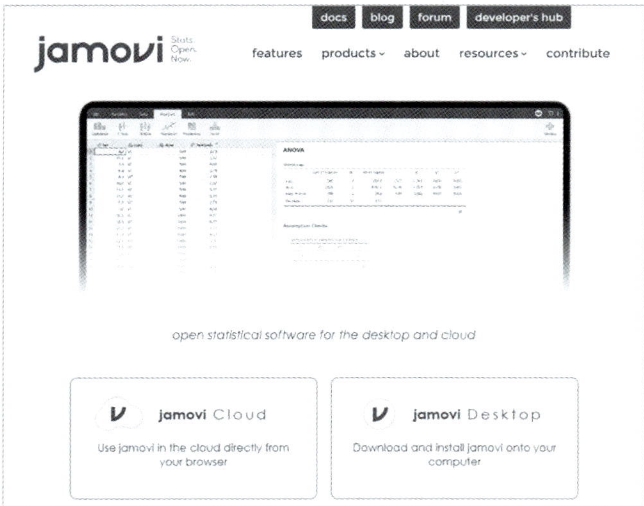

그림 1 Jamovi 홈페이지 첫 화면

<그림 1>의 화면에서 알 수 있듯이 Jamovi에서는 클라우드(Cloud) 버전과 데스크탑(Desktop)의 2가지 버전을 제공한다. 클라우드 버전은 소프트웨어를 자신의 PC에 설치할 필요 없이 웹에서 사용할 수 있다. 다만 회원가입이 필요하다. 클라우드 버전은 무료 서비스뿐만 아니라 월정료를 내는 유료 버전으로도 서비스를 제공받을 수 있다.

여기서는 데스크탑 버전을 자신의 PC에 설치하여 사용하도록 하겠다.

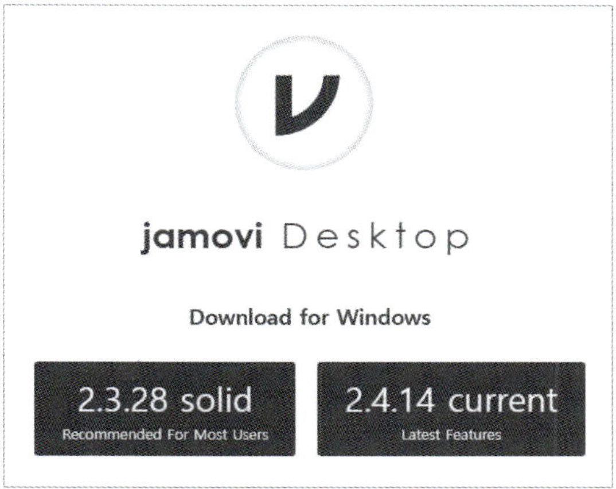

그림 2 Windows 버전 선택 화면

데스크탑 버전의 Jamovi는 가장 널리 사용되는 마이크로소프트의 Windows OS를 지원할뿐만 아니라 Apple사의 macOS, Linux, 그리고 ChromeOS 등 다양한 OS를 지원한다. 여기서는 Windows OS를 선택하여 설명하도록 하겠다.

Windows OS를 지원하는 버전은 <그림 2>와 같이 solid 버전과 current 버전 중에 선택할 수 있도록 되어 있다. 대부분의 사용자에게는 solid 버전을 권장한다고 문구가 적혀있다. solid 버전은 베타 테스트를 통해 버그를 수정한 상용화 버전으로 이해하면 된다. 반면 current 버전은 가장 최신의 버전이지만 아직 안정성이 완벽히 검증되지 않은 베타 버전이다. 따라서 solid 버전을 다운로드하자.

설치파일은 대략 258MB의 용량이다. 설치파일을 더블 클릭하면 다음과 같은 설치 대화상자가 나타난다.

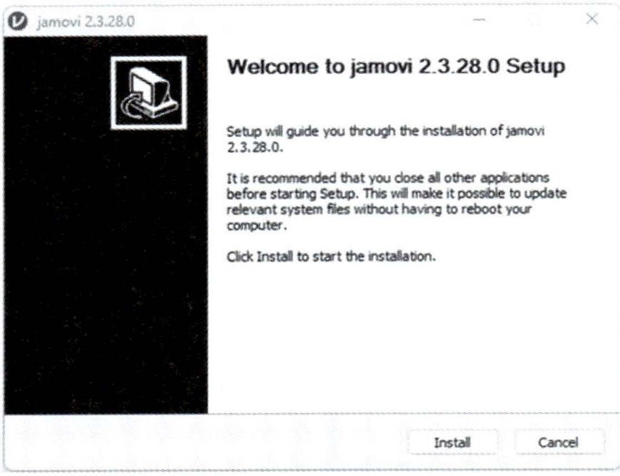

그림 3 Jamovi 설치 대화상자

Install 버튼을 클릭하면 Jamovi의 설치가 진행된다.

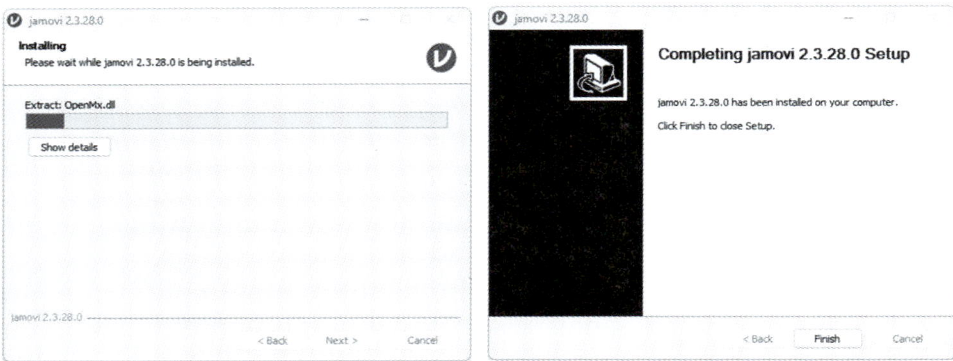

그림 4 설치 진행 화면

설치가 완료되는 데까지 1분이 채 못 미치는 시간이 소요된다. 눈 깜빡하는 사이에 설치가 완료된다. 이제 설치된 소프트웨어를 Windows 검색창에서 찾아서 실행해 보자.

• Jamovi의 실행 및 기본 기능

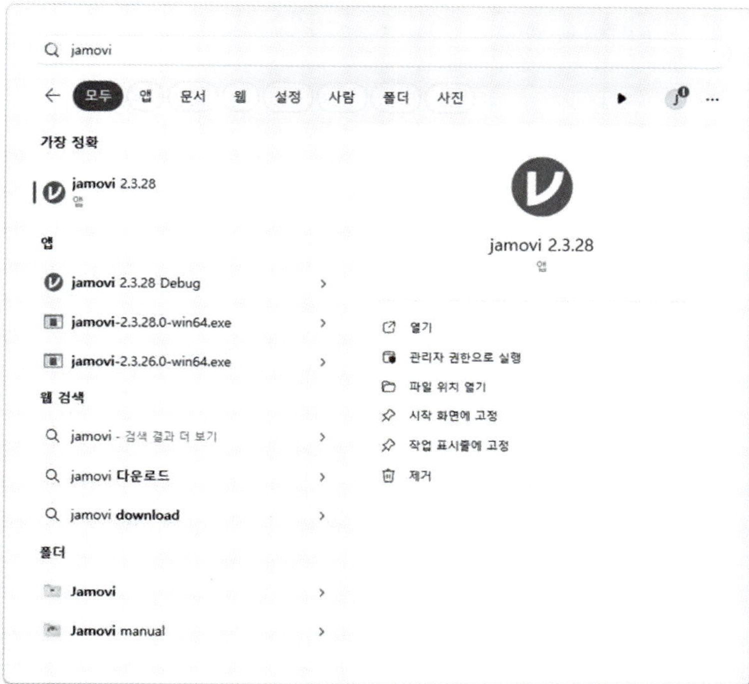

그림 5 Jamovi 실행

이 책에서 설치한 버전은 solid 2.3.28이다. 이 버전은 2023년 5월 25일에 배포된 버전으로 current 버전으로 2022년 2월 8일에 배포된 2.3.0X 버전의 모든 버그가 수정된 것으로 공지되어 있다. 현재 배포되고 있는 current 버전은 2.4.XX이다. <그림 5>와 같이 검색을 통해 Jamovi 소프트웨어 실행파일을 찾았으면 해당 아이콘을 바탕화면이나 작업줄에 옮겨놓도록 하자.

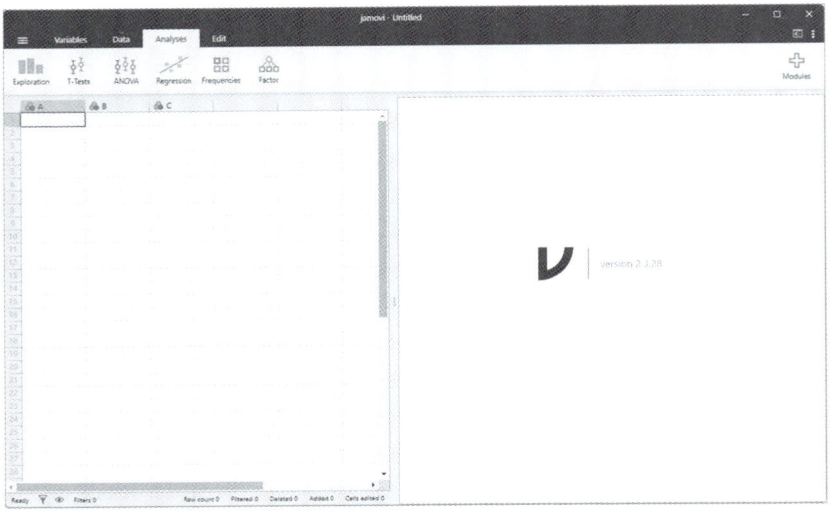

그림 6 Jamovi 메인화면

<그림 6>은 Jamovi 소프트웨어를 실행했을 때 나타나는 메인화면이다. 화면 상단에 변수, 데이터, 분석, 편집 탭이 있고 그 아래로 2분할된 화면이 보인다. 좌측에 엑셀의 행과 열 셀처럼 생긴 화면이 데이터를 직접 입력하거나 불러온 데이터 파일을 정렬하고 편집하는 화면이다. 우측의 화면은 상단의 분석메뉴를 이용하여 데이터를 분석했을 때 그 결과가 나타나는 화면이다. Jamovi에서는 엑셀, SPSS, R, Stata, SAS, JASP 등의 통계 프로그램에서 작성한 데이터 파일을 불러올 수 있다. 그림의 좌측 상단에 있는 ≡ 아이콘을 클릭하면 메뉴 바가 나타난다.

그림 7 Jamovi 메뉴 바 화면

<그림 7>은 메뉴 바가 나타난 화면이다. 새로운 분석파일을 생성하거나(New), 예전에 작업하던 파일을 불러오거나(Open), 다른 형식의 파일을 불러오기(Special Import), 작업 중인 파일을 저장하기(Save), 새로운 이름으로 저장하기(Save as), 그리고 다른 형식의 파일로 내보내기(Export) 기능이 있다.

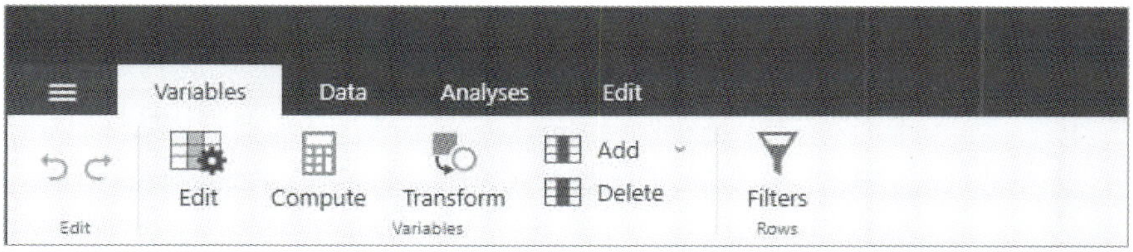

그림 8 변수(Variables) 탭

<그림 8>은 변수(Variables) 탭 화면이다. 데이터(Data) 탭의 기능과 일부 중복되는 기능이 있는데 주로 변수들을 편집하는 기능들이 있다.

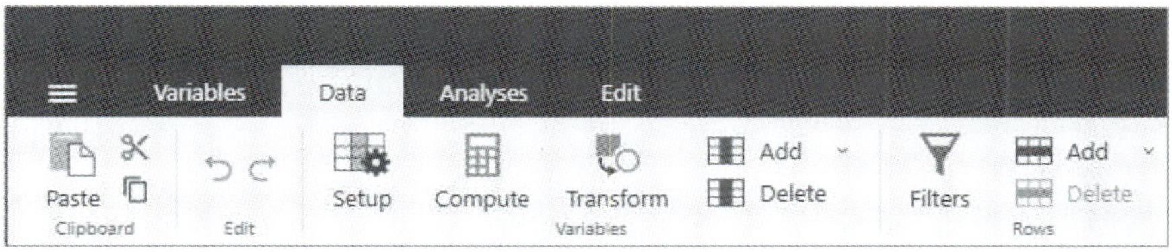

그림 9 데이터(Data) 탭

<그림 9>는 데이터(Data) 탭 화면이다. 데이터를 클립보드에서 자르거나 복사할 수 있고(Paste), 진행한 작업을 되돌리거나 다시 실행(Edit), 변수 정의 및 설정(Setup), 변수 계산(Compute), 변수의 유형을 변환(Transform), 열을 추가하거나(Add) 삭제(Delete)할 수 있으며, 특정조건의 변수만을 분석할 수 있는 기능(Filters)을 사용할 수 있다.

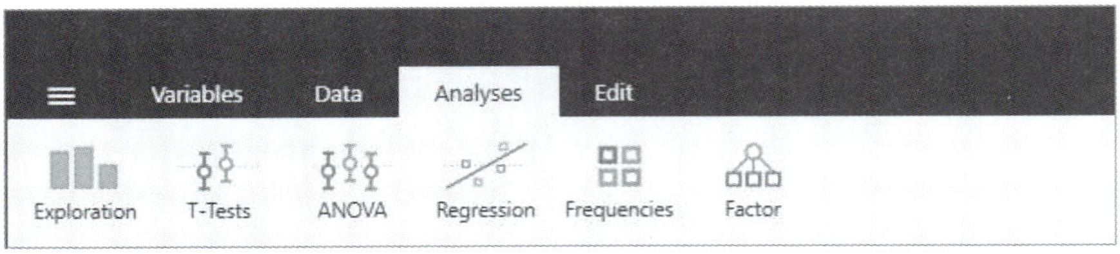

그림 10 분석(Analyses) 탭

<그림 10>은 분석(Analyses) 탭 화면이다. 여기서는 데이터를 탐색(Exploation)하여 다양한 통계분석을 수행할 수 있다. T-test, ANOVA(분산분석), Regression(회귀분석), Frequencies(빈도분석), Factor(요인분석)을 할 수 있다. 뒤에서 설명하겠지만 분석 탭에서는 분석 모듈을 추가하여 더욱 다양한 통계분석을 할 수 있도록 기능을 지원한다.

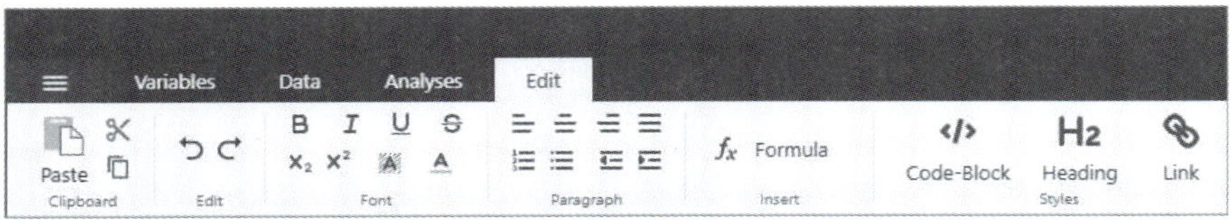

그림 11 편집(Edit) 탭

<그림 11>은 편집(Edit) 탭이다. 편집 탭에서는 <그림 6>의 우측 결과 창에 나타난 통계분석 결과를 편집할 수 있도록 하는 기능들을 지원한다. 예를 들어 표의 제목이나 결과에 대한 해석 등을 결과 창에서 직접 입력할 수 있고, 다양하게 편집할 수 있다.

• **모듈 추가**

이번에는 모듈 추가를 통해서 더욱 다양한 통계분석 도구들을 설치해 보자.

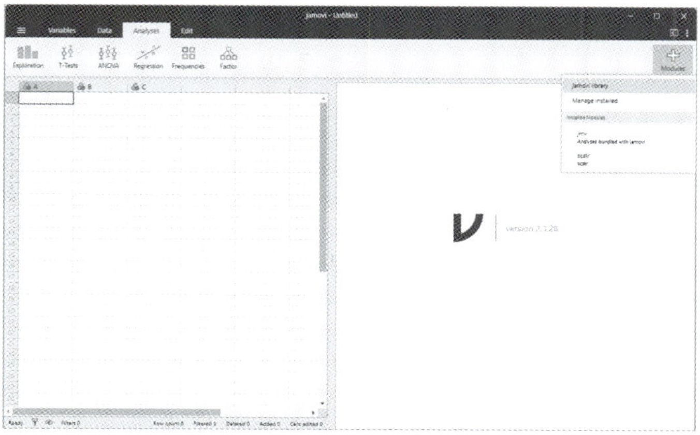

그림 12 Jamovi 라이브러리

메인화면의 우측 상단을 보면, Modules 아이콘이 있다. 이 아이콘을 클릭하면 <그림 12>와 같이 Jamovi의 라이브러리를 선택할 수 있는 창이 활성화된다. 여기서 Jamovi library를 선택하면 다양한 통계분석 도구들을 선택할 수 있는 창이 나타난다.

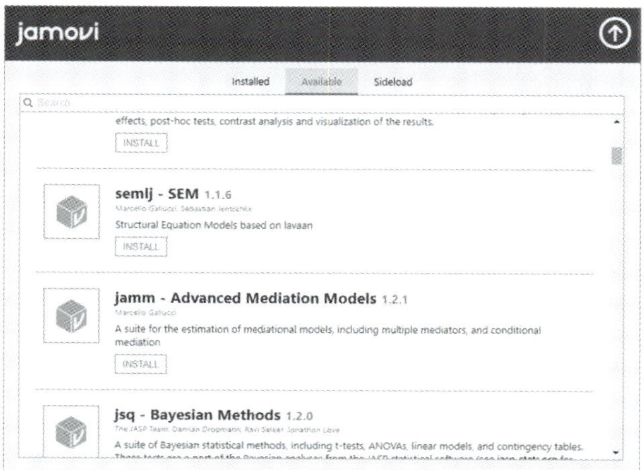

그림 13 모듈 추가

<그림 13>은 통계분석 도구를 추가할 수 있는 모듈 추가 창이다. 여기서는 Jamovi의 분석 탭에서 기본적으로 제공하고 있는 통계분석 도구 외에 더욱 전문적인 기능이 있는 분석 도구의 목록을 보여주며, Jamovi 프로그램은 해당 목록을 클릭하면 다운로드하여 자동으로 설치한다. medmod 모듈과 SEM 모듈을 찾아서 설치해 보자.

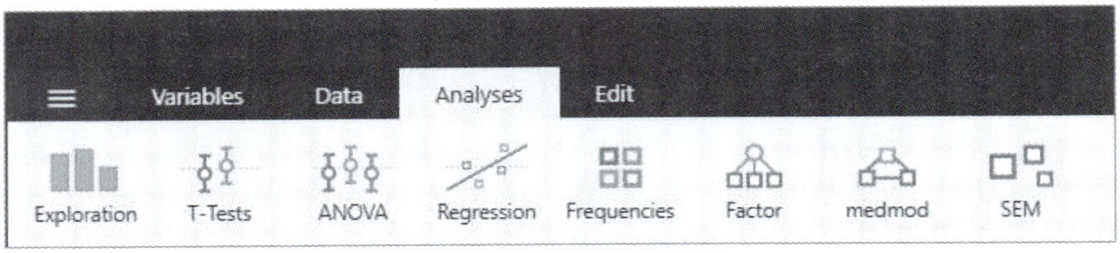

그림 14 모듈이 추가된 분석 탭

<그림 14>는 memod 모듈과 SEM 모듈이 설치된 분석 탭 화면이다.

memod는 회귀분석에서 독립변수와 종속변수 간에 매개변수(mediator) 효과와 조절변수(moderator)의 효과를 분석할 수 있는 도구이다. SEM은 구조방정식(Structural equation model)에 기반한 경로분석을 할 수 있는 도구이다. 이 2개의 통계분석 방법은 이 책에서 사용법을 소개하지는 않는다. 여러분이 향후 좀 더 전문적이고 복잡한 통계모형을 다루고자 할 때 사용법을 공부할 수 있기를 바란다.

이상으로 Jamovi의 다운로드 방법, 설치 방법, 기본적인 기능, 그리고 모듈 추가에 관해서 알아보았다.

부록 2 표준정규분포표

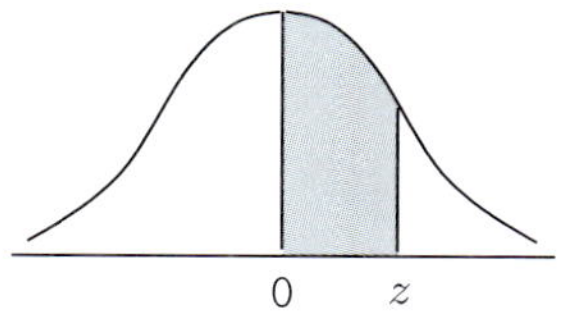

* 표의 숫자는 0부터 z까지의 정규분포 면적을 나타낸다.

z	.00	.01	.02	.03	.04	.05	.06	.07	.08	.09
0.0	0.0000	0.0040	0.0080	0.0120	0.0160	0.0199	0.0239	0.0279	0.0319	0.0359
0.1	0.0398	0.0438	0.0478	0.0517	0.0557	0.0596	0.0636	0.0675	0.0714	0.0753
0.2	0.0793	0.0832	0.0871	0.0910	0.0948	0.0987	0.1026	0.1064	0.1103	0.1141
0.3	0.1179	0.1217	0.1255	0.1293	0.1331	0.1368	0.1406	0.1443	0.1480	0.1517
0.4	0.1554	0.1591	0.1628	0.1664	0.1700	0.1736	0.1772	0.1808	0.1844	0.1879
0.5	0.1915	0.1950	0.1985	0.2019	0.2054	0.2088	0.2123	0.2157	0.2190	0.2224
0.6	0.2257	0.2291	0.2324	0.2357	0.2389	0.2422	0.2454	0.2486	0.2517	0.2549
0.7	0.2580	0.2611	0.2642	0.2673	0.2704	0.2734	0.2764	0.2794	0.2823	0.2852
0.8	0.2881	0.2910	0.2939	0.2967	0.2995	0.3023	0.3051	0.3078	0.3106	0.3133
0.9	0.3159	0.3186	0.3212	0.3238	0.3264	0.3289	0.3315	0.3340	0.3365	0.3389
1.0	0.3413	0.3438	0.3461	0.3485	0.3508	0.3531	0.3554	0.3577	0.3599	0.3621
1.1	0.3643	0.3665	0.3686	0.3708	0.3729	0.3749	0.3770	0.3790	0.3810	0.3830
1.2	0.3849	0.3869	0.3888	0.3907	0.3925	0.3944	0.3962	0.3980	0.3997	0.4015
1.3	0.4032	0.4049	0.4066	0.4082	0.4099	0.4115	0.4131	0.4147	0.4162	0.4177
1.4	0.4192	0.4207	0.4222	0.4236	0.4251	0.4265	0.4279	0.4292	0.4306	0.4319
1.5	0.4332	0.4345	0.4357	0.4370	0.4382	0.4394	0.4406	0.4418	0.4429	0.4441
1.6	0.4452	0.4463	0.4474	0.4484	0.4495	0.4505	0.4515	0.4525	0.4535	0.4545
1.7	0.4554	0.4564	0.4573	0.4582	0.4591	0.4599	0.4608	0.4616	0.4625	0.4633
1.8	0.4641	0.4649	0.4656	0.4664	0.4671	0.4678	0.4686	0.4693	0.4699	0.4706
1.9	0.4713	0.4719	0.4726	0.4732	0.4738	0.4744	0.4750	0.4756	0.4761	0.4767
2.0	0.4772	0.4778	0.4783	0.4788	0.4793	0.4798	0.4803	0.4808	0.4812	0.4817
2.1	0.4821	0.4826	0.4830	0.4834	0.4838	0.4842	0.4846	0.4850	0.4854	0.4857
2.2	0.4861	0.4864	0.4868	0.4871	0.4875	0.4878	0.4881	0.4884	0.4887	0.4890
2.3	0.4893	0.4896	0.4898	0.4901	0.4904	0.4906	0.4909	0.4911	0.4913	0.4916
2.4	0.4918	0.4920	0.4922	0.4925	0.4927	0.4929	0.4931	0.4932	0.4934	0.4936
2.5	0.4938	0.4940	0.4941	0.4943	0.4945	0.4946	0.4948	0.4949	0.4951	0.4952
2.6	0.4953	0.4955	0.4956	0.4957	0.4959	0.4960	0.4961	0.4962	0.4963	0.4964
2.7	0.4965	0.4966	0.4967	0.4968	0.4969	0.4970	0.4971	0.4972	0.4973	0.4974
2.8	0.4974	0.4975	0.4976	0.4977	0.4977	0.4978	0.4979	0.4979	0.4980	0.4981
2.9	0.4981	0.4982	0.4982	0.4983	0.4984	0.4984	0.4985	0.4985	0.4986	0.4986
3.0	0.4987	0.4987	0.4987	0.4988	0.4988	0.4989	0.4989	0.4989	0.4990	0.4990
3.1	0.4990	0.4991	0.4991	0.4991	0.4992	0.4992	0.4992	0.4992	0.4993	0.4993
3.2	0.4993	0.4993	0.4994	0.4994	0.4994	0.4994	0.4994	0.4995	0.4995	0.4995
3.3	0.4995	0.4995	0.4995	0.4996	0.4996	0.4996	0.4996	0.4996	0.4996	0.4997
3.4	0.4997	0.4997	0.4997	0.4997	0.4997	0.4997	0.4997	0.4997	0.4997	0.4998

부록 3 누적 표준정규분포표

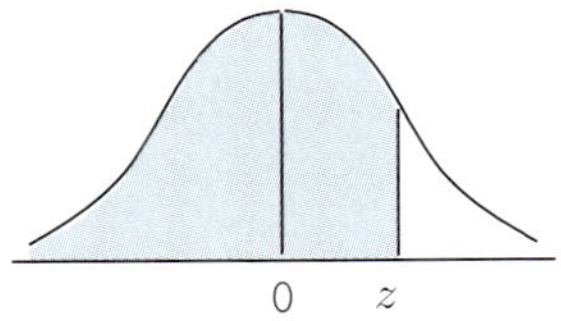

* 표의 숫자는 z 이하의 정규분포 면적을 나타낸다.

z	.00	.01	.02	.03	.04	.05	.06	.07	.08	.09
−3.4	.0003	.0003	.0003	.0003	.0003	.0003	.0003	.0003	.0003	.0002
−3.3	.0005	.0005	.0005	.0004	.0004	.0004	.0004	.0004	.0004	.0003
−3.2	.0007	.0007	.0006	.0006	.0006	.0006	.0006	.0005	.0005	.0005
−3.1	.0010	.0009	.0009	.0009	.0008	.0008	.0008	.0008	.0007	.0007
−3.0	.0013	.0013	.0013	.0012	.0012	.0011	.0011	.0011	.0010	.0010
−2.9	.0019	.0018	.0018	.0017	.0016	.0016	.0015	.0015	.0014	.0014
−2.8	.0026	.0025	.0024	.0023	.0023	.0022	.0021	.0021	.0020	.0019
−2.7	.0035	.0034	.0033	.0032	.0031	.0030	.0029	.0028	.0027	.0026
−2.6	.0047	.0045	.0044	.0043	.0041	.0040	.0039	.0038	.0037	.0036
−2.5	.0062	.0060	.0059	.0057	.0055	.0054	.0052	.0051	.0049	.0048
−2.4	.0082	.0080	.0078	.0075	.0073	.0071	.0069	.0068	.0066	.0064
−2.3	.0107	.0104	.0102	.0099	.0096	.0094	.0091	.0089	.0087	.0084
−2.2	.0139	.0136	.0132	.0129	.0125	.0122	.0119	.0116	.0113	.0110
−2.1	.0179	.0174	.0170	.0166	.0162	.0158	.0154	.0150	.0146	.0143
−2.0	.0228	.0222	.0217	.0212	.0207	.0202	.0197	.0192	.0188	.0183
−1.9	.0287	.0281	.0274	.0268	.0262	.0256	.0250	.0244	.0239	.0233
−1.8	.0359	.0351	.0344	.0336	.0329	.0322	.0314	.0307	.0301	.0294
−1.7	.0446	.0436	.0427	.0418	.0409	.0401	.0392	.0384	.0375	.0367
−1.6	.0548	.0537	.0526	.0516	.0505	.0495	.0485	.0475	.0465	.0455
−1.5	.0668	.0655	.0643	.0630	.0618	.0606	.0594	.0582	.0571	.0559
−1.4	.0808	.0793	.0778	.0764	.0749	.0735	.0721	.0708	.0694	.0681
−1.3	.0968	.0951	.0934	.0918	.0901	.0885	.0869	.0853	.0838	.0823
−1.2	.1151	.1131	.1112	.1093	.1075	.1056	.1038	.1020	.1003	.0985
−1.1	.1357	.1335	.1314	.1292	.1271	.1251	.1230	.1210	.1190	.1170
−1.0	.1587	.1562	.1539	.1515	.1492	.1469	.1446	.1423	.1401	.1379
−0.9	.1841	.1814	.1788	.1762	.1736	.1711	.1685	.1660	.1635	.1611
−0.8	.2119	.2090	.2061	.2033	.2005	.1977	.1949	.1922	.1894	.1867
−0.7	.2420	.2389	.2358	.2327	.2296	.2266	.2236	.2206	.2177	.2148
−0.6	.2743	.2709	.2676	.2643	.2611	.2578	.2546	.2514	.2483	.2451
−0.5	.3085	.3050	.3015	.2981	.2946	.2912	.2877	.2843	.2810	.2776
−0.4	.3446	.3409	.3372	.3336	.3300	.3264	.3228	.3192	.3156	.3121
−0.3	.3821	.3783	.3745	.3707	.3669	.3632	.3594	.3557	.3520	.3483
−0.2	.4207	.4168	.4129	.4090	.4052	.4013	.3974	.3936	.3897	.3859
−0.1	.4602	.4562	.4522	.4483	.4443	.4404	.4364	.4325	.4286	.4247
−0.0	.5000	.4960	.4920	.4880	.4840	.4801	.4761	.4721	.4681	.4641

(계속)

z	.00	.01	.02	.03	.04	.05	.06	.07	.08	.09
0.0	.5000	.5040	.5080	.5120	.5160	.5199	.5239	.5279	.5319	.5359
0.1	.5398	.5438	.5478	.5517	.5557	.5596	.5636	.5675	.5714	.5753
0.2	.5793	.5832	.5871	.5910	.5948	.5987	.6026	.6064	.6103	.6141
0.3	.6179	.6217	.6255	.6293	.6331	.6368	.6406	.6443	.6480	.6517
0.4	.6554	.6591	.6628	.6664	.6700	.6736	.6772	.6808	.6844	.6879
0.5	.6915	.6950	.6985	.7019	.7054	.7088	.7123	.7157	.7190	.7224
0.6	.7257	.7291	.7324	.7357	.7389	.7422	.7454	.7486	.7517	.7549
0.7	.7580	.7611	.7642	.7673	.7704	.7734	.7764	.7794	.7823	.7852
0.8	.7881	.7910	.7939	.7967	.7995	.8023	.8051	.8078	.8106	.8133
0.9	.8159	.8186	.8212	.8238	.8264	.8289	.8315	.8340	.8365	.8389
1.0	.8413	.8438	.8461	.8485	.8508	.8531	.8554	.8577	.8599	.8621
1.1	.8643	.8665	.8686	.8708	.8729	.8749	.8770	.8790	.8810	.8830
1.2	.8849	.8869	.8888	.8907	.8925	.8944	.8962	.8980	.8997	.9015
1.3	.9032	.9049	.9066	.9082	.9099	.9115	.9131	.9147	.9162	.9177
1.4	.9192	.9207	.9222	.9236	.9251	.9265	.9279	.9292	.9306	.9319
1.5	.9332	.9345	.9357	.9370	.9382	.9394	.9406	.9418	.9429	.9441
1.6	.9452	.9463	.9474	.9484	.9495	.9505	.9515	.9525	.9535	.9545
1.7	.9554	.9564	.9573	.9582	.9591	.9599	.9608	.9616	.9625	.9633
1.8	.9641	.9649	.9656	.9664	.9671	.9678	.9686	.9693	.9699	.9706
1.9	.9713	.9719	.9726	.9732	.9738	.9744	.9750	.9756	.9761	.9767
2.0	.9772	.9778	.9783	.9788	.9793	.9798	.9803	.9808	.9812	.9817
2.1	.9821	.9826	.9830	.9834	.9838	.9842	.9846	.9850	.9854	.9857
2.2	.9861	.9864	.9868	.9871	.9875	.9878	.9881	.9884	.9887	.9890
2.3	.9893	.9896	.9898	.9901	.9904	.9906	.9909	.9911	.9913	.9916
2.4	.9918	.9920	.9922	.9925	.9927	.9929	.9931	.9932	.9934	.9936
2.5	.9938	.9940	.9941	.9943	.9945	.9946	.9948	.9949	.9951	.9952
2.6	.9953	.9955	.9956	.9957	.9959	.9960	.9961	.9962	.9963	.9964
2.7	.9965	.9966	.9967	.9968	.9969	.9970	.9971	.9972	.9973	.9974
2.8	.9974	.9975	.9976	.9977	.9977	.9978	.9979	.9979	.9980	.9981
2.9	.9981	.9982	.9982	.9983	.9984	.9984	.9985	.9985	.9986	.9986
3.0	.9987	.9987	.9987	.9988	.9988	.9989	.9989	.9989	.9990	.9990
3.1	.9990	.9991	.9991	.9991	.9992	.9992	.9992	.9992	.9993	.9993
3.2	.9993	.9993	.9994	.9994	.9994	.9994	.9994	.9995	.9995	.9995
3.3	.9995	.9995	.9995	.9996	.9996	.9996	.9996	.9996	.9996	.9997
3.4	.9997	.9997	.9997	.9997	.9997	.9997	.9997	.9997	.9997	.9998

부록 4 스튜던트 t-분포표

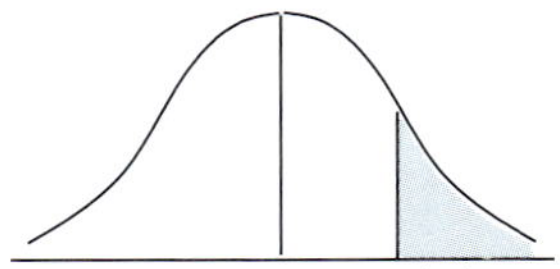

* 표의 숫자는 주어진 α값에 대한 t_α의 값을 나타낸다.

ϕ	α					
	.25	.10	.05	.025	.01	.005
1	1.000	3.078	6.314	12.706	31.821	63.657
2	0.816	1.886	2.920	4.303	6.965	9.925
3	0.765	1.638	2.353	3.182	4.541	5.841
4	0.741	1.533	2.132	2.776	3.747	4.604
5	0.727	1.476	2.015	2.571	3.365	4.032
6	0.718	1.440	1.943	2.447	3.143	3.707
7	0.711	1.415	1.895	2.365	2.998	3.499
8	0.706	1.397	1.860	2.306	2.896	3.355
9	0.703	1.383	1.833	2.262	2.821	3.250
10	0.700	1.372	1.812	2.228	2.764	3.169
11	0.697	1.363	1.796	2.201	2.718	3.106
12	0.695	1.356	1.782	2.179	2.681	3.055
13	0.694	1.350	1.771	2.160	2.650	3.012
14	0.692	1.345	1.761	2.145	2.624	2.977
15	0.691	1.341	1.753	2.131	2.602	2.947
16	0.690	1.337	1.746	2.120	2.583	2.921
17	0.689	1.333	1.740	2.110	2.567	2.898
18	0.688	1.330	1.734	2.101	2.552	2.878
19	0.688	1.328	1.729	2.093	2.539	2.861
20	0.687	1.325	1.725	2.086	2.528	2.845
21	0.686	1.323	1.721	2.080	2.518	2.831
22	0.686	1.321	1.717	2.074	2.508	2.819
23	0.685	1.319	1.714	2.069	2.500	2.807
24	0.685	1.318	1.711	2.064	2.492	2.797
25	0.684	1.316	1.708	2.060	2.485	2.787
26	0.684	1.315	1.706	2.056	2.479	2.779
27	0.684	1.314	1.703	2.052	2.473	2.771
28	0.683	1.313	1.701	2.048	2.467	2.763
29	0.683	1.311	1.699	2.045	2.462	2.756
30	0.683	1.310	1.697	2.042	2.457	2.750
40	0.681	1.303	1.684	2.021	2.423	2.704
60	0.679	1.296	1.671	2.000	2.390	2.660
120	0.677	1.289	1.658	1.980	2.358	2.617
∞	0.677	1.282	1.645	1.960	2.326	2.576

부록 5 카이제곱 분포표

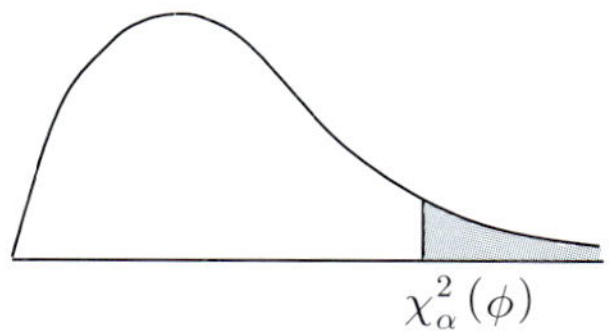

* 표의 숫자는 주어진 α 값에 대한 χ^2_α 값을 나타낸다.

ϕ \ α	.005	.010	.025	.050	.100	.900	.950	.975	.990	.995
1	7.8794	6.6349	5.0239	3.8415	2.7055	0.0158	0.0039	0.0010	0.0002	0.0000
2	10.5966	9.2103	7.3778	5.9915	4.6052	0.2107	0.1026	0.0506	0.0201	0.0100
3	12.8382	11.3449	9.3484	7.8147	6.2514	0.5844	0.3518	0.2158	0.1148	0.0717
4	14.8603	13.2767	11.1433	9.4877	7.7794	1.0636	0.7107	0.4844	0.2971	0.2070
5	16.7496	15.0863	12.8325	11.0705	9.2364	1.6103	1.1455	0.8312	0.5543	0.4117
6	18.5476	16.8119	14.4494	12.5916	10.6446	2.2041	1.6354	1.2373	0.8721	0.6757
7	20.2777	18.4753	16.0128	14.0671	12.0170	2.8331	2.1673	1.6899	1.2390	0.9893
8	21.9550	20.0902	17.5345	15.5073	13.3616	3.4895	2.7326	2.1797	1.6465	1.3444
9	23.5894	21.6660	19.0228	16.9190	14.6837	4.1682	3.3251	2.7004	2.0879	1.7349
10	25.1882	23.2093	20.4832	18.3070	15.9872	4.8652	3.9403	3.2470	2.5582	2.1559
11	26.7568	24.7250	21.9200	19.6751	17.2750	5.5778	4.5748	3.8157	3.0535	2.6032
12	28.2995	26.2170	23.3367	21.0261	18.5493	6.3038	5.2260	4.4038	3.5706	3.0738
13	29.8195	27.6882	24.7356	22.3620	19.8119	7.0415	5.8919	5.0088	4.1069	3.5650
14	31.3193	29.1412	26.1189	23.6848	21.0641	7.7895	6.5706	5.6287	4.6604	4.0747
15	32.8013	30.5779	27.4884	24.9958	22.3071	8.5468	7.2609	6.2621	5.2293	4.6009
16	34.2672	31.9999	28.8454	26.2962	23.5418	9.3122	7.9616	6.9077	5.8122	5.1422
17	35.7185	33.4087	30.1910	27.5871	24.7690	10.0852	8.6718	7.5642	6.4078	5.6972
18	37.1565	34.8053	31.5264	28.8693	25.9894	10.8649	9.3905	8.2307	7.0149	6.2648
19	38.5823	36.1909	32.8523	30.1435	27.2036	11.6509	10.1170	8.9065	7.6327	6.8440
20	39.9968	37.5662	34.1696	31.4104	28.4120	12.4426	10.8508	9.5908	8.2604	7.4338
21	41.4011	38.9322	35.4789	32.6706	29.6151	13.2396	11.5913	10.2829	8.8972	8.0337
22	42.7957	40.2894	36.7807	33.9244	30.8133	14.0415	12.3380	10.9823	9.5425	8.6427
23	44.1813	41.6384	38.0756	35.1725	32.0069	14.8480	13.0905	11.6886	10.1957	9.2604
24	45.5585	42.9798	39.3641	36.4150	33.1962	15.6587	13.8484	12.4012	10.8564	9.8862
25	46.9279	44.3141	40.6465	37.6525	34.3816	16.4734	14.6114	13.1197	11.5240	10.5197
26	48.2899	45.6417	41.9232	38.8851	35.5632	17.2919	15.3792	13.8439	12.1981	11.1602
27	49.6449	46.9629	43.1945	40.1133	36.7412	18.1139	16.1514	14.5734	12.8785	11.8076
28	50.9934	48.2782	44.4608	41.3371	37.9159	18.9392	16.9279	15.3079	13.5647	12.4613
29	52.3356	49.5879	45.7223	42.5570	39.0875	19.7677	17.7084	16.0471	14.2565	13.1211
30	53.6720	50.8922	46.9792	43.7730	40.2560	20.5992	18.4927	16.7908	14.9535	13.7867
40	66.7659	63.6907	59.3417	55.7585	51.8051	29.0505	26.5093	24.4331	22.1643	20.7065
50	79.4900	76.1539	71.4202	67.5048	63.1671	37.6886	34.7642	32.3574	29.7067	27.9907
60	91.9517	88.3794	83.2976	79.0819	74.3970	46.4589	43.1879	40.4817	37.4848	35.5346
70	104.215	100.425	95.0231	90.5312	85.5270	55.3289	51.7393	48.7576	45.4418	43.2752
80	116.321	112.329	106.629	101.879	96.5782	64.2778	60.3915	57.1532	53.5400	51.1720
90	128.299	124.116	118.136	113.145	107.565	73.2911	69.1260	65.6466	61.7541	59.1963
100	140.169	135.807	129.561	124.342	118.498	82.3581	77.9295	74.2219	70.0648	67.3276

부록 6 F-분포표

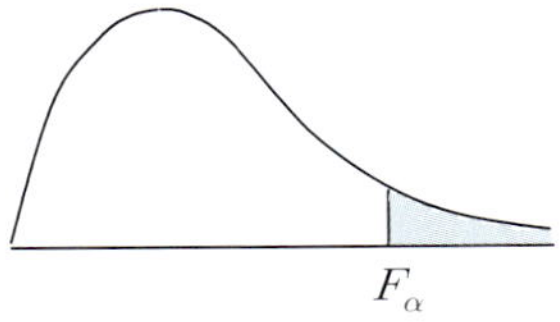

(A) $\alpha = 0.10$

df_2 \ df_1	1	2	3	4	5	6	7	8	9	10
1	39.86	49.50	53.59	55.83	57.24	58.20	58.91	59.44	59.86	60.19
2	8.53	9.00	9.16	9.24	9.29	9.33	9.35	9.37	9.38	9.39
3	5.54	5.46	5.39	5.34	5.31	5.28	5.27	5.25	5.24	5.23
4	4.54	4.32	4.19	4.11	4.05	4.01	3.98	3.95	3.94	3.92
5	4.06	3.78	3.62	3.52	3.45	3.40	3.37	3.34	3.32	3.30
6	3.78	3.46	3.29	3.18	3.11	3.05	3.01	2.98	2.96	2.94
7	3.59	3.26	3.07	2.96	2.88	2.83	2.78	2.75	2.72	2.70
8	3.46	3.11	2.92	2.81	2.73	2.67	2.62	2.59	2.56	2.54
9	3.36	3.01	2.81	2.69	2.61	2.55	2.51	2.47	2.44	2.42
10	3.29	2.92	2.73	2.61	2.52	2.46	2.41	2.38	2.35	2.32
11	3.23	2.86	2.66	2.54	2.45	2.39	2.34	2.30	2.27	2.25
12	3.18	2.81	2.61	2.48	2.39	2.33	2.28	2.24	2.21	2.19
13	3.14	2.76	2.56	2.43	2.35	2.28	2.23	2.20	2.16	2.14
14	3.10	2.73	2.52	2.39	2.31	2.24	2.19	2.15	2.12	2.10
15	3.07	2.70	2.49	2.36	2.27	2.21	2.16	2.12	2.09	2.06
16	3.05	2.67	2.46	2.33	2.24	2.18	2.13	2.09	2.06	2.03
17	3.03	2.64	2.44	2.31	2.22	2.15	2.10	2.06	2.03	2.00
18	3.01	2.62	2.42	2.29	2.20	2.13	2.08	2.04	2.00	1.98
19	2.99	2.61	2.40	2.27	2.18	2.11	2.06	2.02	1.98	1.96
20	2.97	2.59	2.38	2.25	2.16	2.09	2.04	2.00	1.96	1.94
21	2.96	2.57	2.36	2.23	2.14	2.08	2.02	1.98	1.95	1.92
22	2.95	2.56	2.35	2.22	2.13	2.06	2.01	1.97	1.93	1.90
23	2.94	2.55	2.34	2.21	2.11	2.05	1.99	1.95	1.92	1.89
24	2.93	2.54	2.33	2.19	2.10	2.04	1.98	1.94	1.91	1.88
25	2.92	2.53	2.32	2.18	2.09	2.02	1.97	1.93	1.89	1.87
26	2.91	2.52	2.31	2.17	2.08	2.01	1.96	1.92	1.88	1.86
27	2.90	2.51	2.30	2.17	2.07	2.00	1.95	1.91	1.87	1.85
28	2.89	2.50	2.29	2.16	2.06	2.00	1.94	1.90	1.87	1.84
29	2.89	2.50	2.28	2.15	2.06	1.99	1.93	1.89	1.86	1.83
30	2.88	2.49	2.28	2.14	2.05	1.98	1.93	1.88	1.85	1.82
40	2.84	2.44	2.23	2.09	2.00	1.93	1.87	1.83	1.79	1.76
60	2.79	2.39	2.18	2.04	1.95	1.87	1.82	1.77	1.74	1.71
120	2.75	2.35	2.13	1.99	1.90	1.82	1.77	1.72	1.68	1.65
∞	2.71	2.30	2.08	1.94	1.85	1.77	1.72	1.67	1.63	1.60

$\alpha = 0.10$(계속)

df_2 \ df_1	12	15	20	24	30	40	60	120	∞
1	60.71	61.22	61.74	62.00	62.26	62.53	62.79	63.06	63.33
2	9.41	9.42	9.44	9.45	9.46	9.47	9.47	9.48	9.49
3	5.22	5.20	5.18	5.18	5.17	5.16	5.15	5.14	5.13
4	3.90	3.87	3.84	3.83	3.82	3.80	3.79	3.78	3.76
5	3.27	3.24	3.21	3.19	3.17	3.16	3.14	3.12	3.10
6	2.90	2.87	2.84	2.82	2.80	2.78	2.76	2.74	2.72
7	2.67	2.63	2.59	2.58	2.56	2.54	2.51	2.49	2.47
8	2.50	2.46	2.42	2.40	2.38	2.36	2.34	2.32	2.29
9	2.38	2.34	2.30	2.28	2.25	2.23	2.21	2.18	2.16
10	2.28	2.24	2.20	2.18	2.16	2.13	2.11	2.08	2.06
11	2.21	2.17	2.12	2.10	2.08	2.05	2.03	2.00	1.97
12	2.15	2.10	2.06	2.04	2.01	1.99	1.96	1.93	1.90
13	2.10	2.05	2.01	1.98	1.96	1.93	1.90	1.88	1.85
14	2.05	2.01	1.96	1.94	1.91	1.89	1.86	1.83	1.80
15	2.02	1.97	1.92	1.90	1.87	1.85	1.82	1.79	1.76
16	1.99	1.94	1.89	1.87	1.84	1.81	1.78	1.75	1.72
17	1.96	1.91	1.86	1.84	1.81	1.78	1.75	1.72	1.69
18	1.93	1.89	1.84	1.81	1.78	1.75	1.72	1.69	1.66
19	1.91	1.86	1.81	1.79	1.76	1.73	1.70	1.67	1.63
20	1.89	1.84	1.79	1.77	1.74	1.71	1.68	1.64	1.61
21	1.87	1.83	1.78	1.75	1.72	1.69	1.66	1.62	1.59
22	1.86	1.81	1.76	1.73	1.70	1.67	1.64	1.60	1.57
23	1.84	1.80	1.74	1.72	1.69	1.66	1.62	1.59	1.55
24	1.83	1.78	1.73	1.70	1.67	1.64	1.61	1.57	1.53
25	1.82	1.77	1.72	1.69	1.66	1.63	1.59	1.56	1.52
26	1.81	1.76	1.71	1.68	1.65	1.61	1.58	1.54	1.50
27	1.80	1.75	1.70	1.67	1.64	1.60	1.57	1.53	1.49
28	1.79	1.74	1.69	1.66	1.63	1.59	1.56	1.52	1.48
29	1.78	1.73	1.68	1.65	1.62	1.58	1.55	1.51	1.47
30	1.77	1.72	1.67	1.64	1.61	1.57	1.54	1.50	1.46
40	1.71	1.66	1.61	1.57	1.54	1.51	1.47	1.42	1.38
60	1.66	1.60	1.54	1.51	1.48	1.44	1.40	1.35	1.29
120	1.60	1.55	1.48	1.45	1.41	1.37	1.32	1.26	1.19
∞	1.55	1.49	1.42	1.38	1.34	1.30	1.24	1.17	1.00

(B) $\alpha = 0.05$

df_2 \ df_1	1	2	3	4	5	6	7	8	9	10
1	161.45	199.50	215.71	224.58	230.16	233.99	236.77	238.88	240.54	241.88
2	18.51	19.00	19.16	19.25	19.30	19.33	19.35	19.37	19.38	19.40
3	10.13	9.55	9.28	9.12	9.01	8.94	8.89	8.85	8.81	8.79
4	7.71	6.94	6.59	6.39	6.26	6.16	6.09	6.04	6.00	5.96
5	6.61	5.79	5.41	5.19	5.05	4.95	4.88	4.82	4.77	4.74
6	5.99	5.14	4.76	4.53	4.39	4.28	4.21	4.15	4.10	4.06
7	5.59	4.74	4.35	4.12	3.97	3.87	3.79	3.73	3.68	3.64
8	5.32	4.46	4.07	3.84	3.69	3.58	3.50	3.44	3.39	3.35
9	5.12	4.26	3.86	3.63	3.48	3.37	3.29	3.23	3.18	3.14
10	4.96	4.10	3.71	3.48	3.33	3.22	3.14	3.07	3.02	2.98
11	4.84	3.98	3.59	3.36	3.20	3.09	3.01	2.95	2.90	2.85
12	4.75	3.89	3.49	3.26	3.11	3.00	2.91	2.85	2.80	2.75
13	4.67	3.81	3.41	3.18	3.03	2.92	2.83	2.77	2.71	2.67
14	4.60	3.74	3.34	3.11	2.96	2.85	2.76	2.70	2.65	2.60
15	4.54	3.68	3.29	3.06	2.90	2.79	2.71	2.64	2.59	2.54
16	4.49	3.63	3.24	3.01	2.85	2.74	2.66	2.59	2.54	2.49
17	4.45	3.59	3.20	2.96	2.81	2.70	2.61	2.55	2.49	2.45
18	4.41	3.55	3.16	2.93	2.77	2.66	2.58	2.51	2.46	2.41
19	4.38	3.52	3.13	2.90	2.74	2.63	2.54	2.48	2.42	2.38
20	4.35	3.49	3.10	2.87	2.71	2.60	2.51	2.45	2.39	2.35
21	4.32	3.47	3.07	2.84	2.68	2.57	2.49	2.42	2.37	2.32
22	4.30	3.44	3.05	2.82	2.66	2.55	2.46	2.40	2.34	2.30
23	4.28	3.42	3.03	2.80	2.64	2.53	2.44	2.37	2.32	2.27
24	4.26	3.40	3.01	2.78	2.62	2.51	2.42	2.36	2.30	2.25
25	4.24	3.39	2.99	2.76	2.60	2.49	2.40	2.34	2.28	2.24
26	4.23	3.37	2.98	2.74	2.59	2.47	2.39	2.32	2.27	2.22
27	4.21	3.35	2.96	2.73	2.57	2.46	2.37	2.31	2.25	2.20
28	4.20	3.34	2.95	2.71	2.56	2.45	2.36	2.29	2.24	2.19
29	4.18	3.33	2.93	2.70	2.55	2.43	2.35	2.28	2.22	2.18
30	4.17	3.32	2.92	2.69	2.53	2.42	2.33	2.27	2.21	2.16
40	4.08	3.23	2.84	2.61	2.45	2.34	2.25	2.18	2.12	2.08
60	4.00	3.15	2.76	2.53	2.37	2.25	2.17	2.10	2.04	1.99
120	3.92	3.07	2.68	2.45	2.29	2.18	2.09	2.02	1.96	1.91
∞	3.84	3.00	2.60	2.37	2.21	2.10	2.01	1.94	1.88	1.83

$\alpha =$ 0.05(계속)

df_2 \ df_1	12	15	20	24	30	40	60	120	∞
1	243.91	245.95	248.01	249.05	250.10	251.14	252.20	253.25	254.3
2	19.41	19.43	19.45	19.45	19.46	19.47	19.48	19.49	19.50
3	8.74	8.70	8.66	8.64	8.62	8.59	8.57	8.55	8.53
4	5.91	5.86	5.80	5.77	5.75	5.72	5.69	5.66	5.63
5	4.68	4.62	4.56	4.53	4.50	4.46	4.43	4.40	4.36
6	4.00	3.94	3.87	3.84	3.81	3.77	3.74	3.70	3.67
7	3.57	3.51	3.44	3.41	3.38	3.34	3.30	3.27	3.23
8	3.28	3.22	3.15	3.12	3.08	3.04	3.01	2.97	2.93
9	3.07	3.01	2.94	2.90	2.86	2.83	2.79	2.75	2.71
10	2.91	2.85	2.77	2.74	2.70	2.66	2.62	2.58	2.54
11	2.79	2.72	2.65	2.61	2.57	2.53	2.49	2.45	2.40
12	2.69	2.62	2.54	2.51	2.47	2.43	2.38	2.34	2.30
13	2.60	2.53	2.46	2.42	2.38	2.34	2.30	2.25	2.21
14	2.53	2.46	2.39	2.35	2.31	2.27	2.22	2.18	2.13
15	2.48	2.40	2.33	2.29	2.25	2.20	2.16	2.11	2.07
16	2.42	2.35	2.28	2.24	2.19	2.15	2.11	2.06	2.01
17	2.38	2.31	2.23	2.19	2.15	2.10	2.06	2.01	1.96
18	2.34	2.27	2.19	2.15	2.11	2.06	2.02	1.97	1.92
19	2.31	2.23	2.16	2.11	2.07	2.03	1.98	1.93	1.88
20	2.28	2.20	2.12	2.08	2.04	1.99	1.95	1.90	1.84
21	2.25	2.18	2.10	2.05	2.01	1.96	1.92	1.87	1.81
22	2.23	2.15	2.07	2.03	1.98	1.94	1.89	1.84	1.78
23	2.20	2.13	2.05	2.01	1.96	1.91	1.86	1.81	1.76
24	2.18	2.11	2.03	1.98	1.94	1.89	1.84	1.79	1.73
25	2.16	2.09	2.01	1.96	1.92	1.87	1.82	1.77	1.71
26	2.15	2.07	1.99	1.95	1.90	1.85	1.80	1.75	1.69
27	2.13	2.06	1.97	1.93	1.88	1.84	1.79	1.73	1.67
28	2.12	2.04	1.96	1.91	1.87	1.82	1.77	1.71	1.65
29	2.10	2.03	1.94	1.90	1.85	1.81	1.75	1.70	1.64
30	2.09	2.01	1.93	1.89	1.84	1.79	1.74	1.68	1.62
40	2.00	1.92	1.84	1.79	1.74	1.69	1.64	1.58	1.51
60	1.92	1.84	1.75	1.70	1.65	1.59	1.53	1.47	1.39
120	1.83	1.75	1.66	1.61	1.55	1.50	1.43	1.35	1.25
∞	1.75	1.67	1.57	1.52	146	1.39	1.32	1.22	1.00

(C) $\alpha =$ 0.025

df_2 \ df_1	1	2	3	4	5	6	7	8	9	10
1	647.79	799.50	864.16	899.58	921.85	937.11	948.22	956.66	963.28	968.63
2	38.51	39.00	39.17	39.25	39.30	39.33	39.36	39.37	39.39	39.40
3	17.44	16.04	15.44	15.10	14.88	14.73	14.62	14.54	14.47	14.42
4	12.22	10.65	9.98	9.60	9.36	9.20	9.07	8.98	8.90	8.84
5	10.01	8.43	7.76	7.39	7.15	6.98	6.85	6.76	6.68	6.62
6	8.81	7.26	6.60	6.23	5.99	5.82	5.70	5.60	5.52	5.46
7	8.07	6.54	5.89	5.52	5.29	5.12	4.99	4.90	4.82	4.76
8	7.57	6.06	5.42	5.05	4.82	4.65	4.53	4.43	4.36	4.30
9	7.21	5.71	5.08	4.72	4.48	4.32	4.20	4.10	4.03	3.96
10	6.94	5.46	4.83	4.47	4.24	4.07	3.95	3.85	3.78	3.72
11	6.72	5.26	4.63	4.28	4.04	3.88	3.76	3.66	3.59	3.53
12	6.55	5.10	4.47	4.12	3.89	3.73	3.61	3.51	3.44	3.37
13	6.41	4.97	4.35	4.00	3.77	3.60	3.48	3.39	3.31	3.25
14	6.30	4.86	4.24	3.89	3.66	3.50	3.38	3.29	3.21	3.15
15	6.20	4.77	4.15	3.80	3.58	3.41	3.29	3.20	3.12	3.06
16	6.12	4.69	4.08	3.73	3.50	3.34	3.22	3.12	3.05	2.99
17	6.04	4.62	4.01	3.66	3.44	3.28	3.16	3.06	2.98	2.92
18	5.98	4.56	3.95	3.61	3.38	3.22	3.10	3.01	2.93	2.87
19	5.92	4.51	3.90	3.56	3.33	3.17	3.05	2.96	2.88	2.82
20	5.87	4.46	3.86	3.51	3.29	3.13	3.01	2.91	2.84	2.77
21	5.83	4.42	3.82	3.48	3.25	3.09	2.97	2.87	2.80	2.73
22	5.79	4.38	3.78	3.44	3.22	3.05	2.93	2.84	2.76	2.70
23	5.75	4.35	3.75	3.41	3.18	3.02	2.90	2.81	2.73	2.67
24	5.72	4.32	3.72	3.38	3.15	2.99	2.87	2.78	2.70	2.64
25	5.69	4.29	3.69	3.35	3.13	2.97	2.85	2.75	2.68	2.61
26	5.66	4.27	3.67	3.33	3.10	2.94	2.82	2.73	2.65	2.59
27	5.63	4.24	3.65	3.31	3.08	2.92	2.80	2.71	2.63	2.57
28	5.61	4.22	3.63	3.29	3.06	2.90	2.78	2.69	2.61	2.55
29	5.59	4.20	3.61	3.27	3.04	2.88	2.76	2.67	2.59	2.53
30	5.57	4.18	3.59	3.25	3.03	2.87	2.75	2.65	2.57	2.51
40	5.42	4.05	3.46	3.13	2.90	2.74	2.62	2.53	2.45	2.39
60	5.29	3.93	3.34	3.01	2.79	2.63	2.51	2.41	2.33	2.27
120	5.15	3.80	3.23	2.89	2.67	2.52	2.39	2.30	2.22	2.16
∞	5.02	3.69	3.12	2.79	2.57	2.41	2.29	2.19	2.11	2.05

$\alpha =$ 0.025(계속)

df_2 \ df_1	12	15	20	24	30	40	60	120	∞
1	976.71	984.87	993.10	997.25	1001.41	1005.60	1009.80	1014.02	1018
2	39.41	39.43	39.45	39.46	39.46	39.47	39.48	39.49	39.50
3	14.34	14.25	14.17	14.12	14.08	14.04	13.99	13.95	13.90
4	8.75	8.66	8.56	8.51	8.46	8.41	8.36	8.31	8.26
5	6.52	6.43	6.33	6.28	6.23	6.18	6.12	6.07	6.02
6	5.37	5.27	5.17	5.12	5.07	5.01	4.96	4.90	4.85
7	4.67	4.57	4.47	4.41	4.36	4.31	4.25	4.20	4.14
8	4.20	4.10	4.00	3.95	3.89	3.84	3.78	3.73	3.67
9	3.87	3.77	3.67	3.61	3.56	3.51	3.45	3.39	3.33
10	3.62	3.52	3.42	3.37	3.31	3.26	3.20	3.14	3.08
11	3.43	3.33	3.23	3.17	3.12	3.06	3.00	2.94	2.88
12	3.28	3.18	3.07	3.02	2.96	2.91	2.85	2.79	2.72
13	3.15	3.05	2.95	2.89	2.84	2.78	2.72	2.66	2.60
14	3.05	2.95	2.84	2.79	2.73	2.67	2.61	2.55	2.49
15	2.96	2.86	2.76	2.70	2.64	2.59	2.52	2.46	2.40
16	2.89	2.79	2.68	2.63	2.57	2.51	2.45	2.38	2.32
17	2.82	2.72	2.62	2.56	2.50	2.44	2.38	2.32	2.26
18	2.77	2.67	2.56	2.50	2.44	2.38	2.32	2.26	2.13
19	2.72	2.62	2.51	2.45	2.39	2.33	2.27	2.20	2.09
20	2.68	2.57	2.46	2.41	2.35	2.29	2.22	2.16	2.04
21	2.64	2.53	2.42	2.37	2.31	2.25	2.18	2.11	2.00
22	2.60	2.50	2.39	2.33	2.27	2.21	2.14	2.08	1.97
23	2.57	2.47	2.36	2.30	2.24	2.18	2.11	2.04	1.94
24	2.54	2.44	2.33	2.27	2.21	2.15	2.08	2.01	1.91
25	2.51	2.41	2.30	2.24	2.18	2.12	2.05	1.98	1.88
26	2.49	2.39	2.28	2.22	2.16	2.09	2.03	1.95	1.85
27	2.47	2.36	2.25	2.19	2.13	2.07	2.00	1.93	1.83
28	2.45	2.34	2.23	2.17	2.11	2.05	1.98	1.91	1.81
29	2.43	2.32	2.21	2.15	2.09	2.03	1.96	1.89	1.79
30	2.41	2.31	2.20	2.14	2.07	2.01	1.94	1.87	1.64
40	2.29	2.18	2.07	2.01	1.94	1.88	1.80	1.72	1.48
60	2.17	2.06	1.94	1.88	1.82	1.74	1.67	1.58	1.31
120	2.05	1.94	1.82	1.76	1.69	1.61	1.53	1.43	1.00
∞	1.94	1.83	1.74	1.64	1.57	1.48	1.39	1.27	

(D) $\alpha = 0.01$

df_2 \ df_1	1	2	3	4	5	6	7	8	9	10
1	4052.18	4999.50	5403.35	5624.58	5763.65	5858.99	5928.36	5981.07	6022.47	6055.85
2	98.50	99.00	99.17	99.25	99.30	99.33	99.36	99.37	99.39	99.40
3	34.12	30.82	29.46	28.71	28.24	27.91	27.67	27.49	27.35	27.23
4	21.20	18.00	16.69	15.98	15.52	15.21	14.98	14.80	14.66	14.55
5	16.26	13.27	12.06	11.39	10.97	10.67	10.46	10.29	10.16	10.05
6	13.75	10.92	9.78	9.15	8.75	8.47	8.26	8.10	7.98	7.87
7	12.25	9.55	8.45	7.85	7.46	7.19	6.99	6.84	6.72	6.62
8	11.26	8.65	7.59	7.01	6.63	6.37	6.18	6.03	5.91	5.81
9	10.56	8.02	6.99	6.42	6.06	5.80	5.61	5.47	5.35	5.26
10	10.04	7.56	6.55	5.99	5.64	5.39	5.20	5.06	4.94	4.85
11	9.65	7.21	6.22	5.67	5.32	5.07	4.89	4.74	4.63	4.54
12	9.33	6.93	5.95	5.41	5.06	4.82	4.64	4.50	4.39	4.30
13	9.07	6.70	5.74	5.21	4.86	4.62	4.44	4.30	4.19	4.10
14	8.86	6.51	5.56	5.04	4.69	4.46	4.28	4.14	4.03	3.94
15	8.68	6.36	5.42	4.89	4.56	4.32	4.14	4.00	3.89	3.80
16	8.53	6.23	5.29	4.77	4.44	4.20	4.03	3.89	3.78	3.69
17	8.40	6.11	5.18	4.67	4.34	4.10	3.93	3.79	3.68	3.59
18	8.29	6.01	5.09	4.58	4.25	4.01	3.84	3.71	3.60	3.51
19	8.18	5.93	5.01	4.50	4.17	3.94	3.77	3.63	3.52	3.43
20	8.10	5.85	4.94	4.43	4.10	3.87	3.70	3.56	3.46	3.37
21	8.02	5.78	4.87	4.37	4.04	3.81	3.64	3.51	3.40	3.31
22	7.95	5.72	4.82	4.31	3.99	3.76	3.59	3.45	3.35	3.26
23	7.88	5.66	4.76	4.26	3.94	3.71	3.54	3.41	3.30	3.21
24	7.82	5.61	4.72	4.22	3.90	3.67	3.50	3.36	3.26	3.17
25	7.77	5.57	4.68	4.18	3.85	3.63	3.46	3.32	3.22	3.13
26	7.72	5.53	4.64	4.14	3.82	3.59	3.42	3.29	3.18	3.09
27	7.68	5.49	4.60	4.11	3.78	3.56	3.39	3.26	3.15	3.06
28	7.64	5.45	4.57	4.07	3.75	3.53	3.36	3.23	3.12	3.03
29	7.60	5.42	4.54	4.04	3.73	3.50	3.33	3.20	3.09	3.00
30	7.56	5.39	4.51	4.02	3.70	3.47	3.30	3.17	3.07	2.98
40	7.31	5.18	4.31	3.83	3.51	3.29	3.12	2.99	2.89	2.80
60	7.08	4.98	4.13	3.65	3.34	3.12	2.95	2.82	2.72	2.63
120	6.85	4.79	3.95	3.48	3.17	2.96	2.79	2.66	2.56	2.47
∞	6.63	4.61	3.78	3.32	3.02	2.80	2.64	2.51	2.41	2.32

$\alpha = 0.01$(계속)

df_2 \ df_1	12	15	20	24	30	40	60	120	∞
1	6106.32	6157.28	6208.73	6234.63	6260.65	6286.78	6313.03	6339.39	6366
2	99.42	99.43	99.45	99.46	99.47	99.47	99.48	99.49	99.50
3	27.05	26.87	26.69	26.60	26.50	26.41	26.32	26.22	26.13
4	14.37	14.20	14.02	13.93	13.84	13.75	13.65	13.56	13.46
5	9.89	9.72	9.55	9.47	9.38	9.29	9.20	9.11	9.02
6	7.72	7.56	7.40	7.31	7.23	7.14	7.06	6.97	6.88
7	6.47	6.31	6.16	6.07	5.99	5.91	5.82	5.74	5.65
8	5.67	5.52	5.36	5.28	5.20	5.12	5.03	4.95	4.86
9	5.11	4.96	4.81	4.73	4.65	4.57	4.48	4.40	4.31
10	4.71	4.56	4.41	4.33	4.25	4.17	4.08	4.00	3.91
11	4.40	4.25	4.10	4.02	3.94	3.86	3.78	3.69	3.60
12	4.16	4.01	3.86	3.78	3.70	3.62	3.54	3.45	3.36
13	3.96	3.82	3.66	3.59	3.51	3.43	3.34	3.25	3.17
14	3.80	3.66	3.51	3.43	3.35	3.27	3.18	3.09	3.00
15	3.67	3.52	3.37	3.29	3.21	3.13	3.05	2.96	2.87
16	3.55	3.41	3.26	3.18	3.10	3.02	2.93	2.84	2.75
17	3.46	3.31	3.16	3.08	3.00	2.92	2.83	2.75	2.65
18	3.37	3.23	3.08	3.00	2.92	2.84	2.75	2.66	2.57
19	3.30	3.15	3.00	2.92	2.84	2.76	2.67	2.58	2.49
20	3.23	3.09	2.94	2.86	2.78	2.69	2.61	2.52	2.42
21	3.17	3.03	2.88	2.80	2.72	2.64	2.55	2.46	2.36
22	3.12	2.98	2.83	2.75	2.67	2.58	2.50	2.40	2.31
23	3.07	2.93	2.78	2.70	2.62	2.54	2.45	2.35	2.26
24	3.03	2.89	2.74	2.66	2.58	2.49	2.40	2.31	2.21
25	2.99	2.85	2.70	2.62	2.54	2.45	2.36	2.27	2.17
26	2.96	2.81	2.66	2.58	2.50	2.42	2.33	2.23	2.13
27	2.93	2.78	2.63	2.55	2.47	2.38	2.29	2.20	2.10
28	2.90	2.75	2.60	2.52	2.44	2.35	2.26	2.17	2.06
29	2.87	2.73	2.57	2.49	2.41	2.33	2.23	2.14	2.03
30	2.84	2.70	2.55	2.47	2.39	2.30	2.21	2.11	2.01
40	2.66	2.52	2.37	2.29	2.20	2.11	2.02	1.92	1.80
60	2.50	2.35	2.20	2.12	2.03	1.94	1.84	1.73	1.60
120	2.34	2.19	2.03	1.95	1.86	1.76	1.66	1.53	1.38
∞	2.18	2.04	1.88	1.79	1.70	1.50	1.47	1.32	1.00

찾아보기

ㄱ

가설검정 • 254, 259
가설의 설정 • 259
가우스 • 149
가우스 분포 • 149
검정 • 254
검정력 • 258
검정통계량 • 263
결과변수 • 311
결정계수 • 381, 400
결정규칙 • 260
결정론적 데이터 • 88
경우의 수 • 18
계수 • 40
계통표본 추출 • 179
곱사건 • 16, 22
공분산 • 209, 368
공역 • 101
관측치 • 171
군집표본 추출 • 179
귀무가설 • 255
균등분포 • 119
기댓값 • 10, 107
기술통계학 • 178
기하분포 • 128
기하평균 • 218

ㄴ

누적분포함수 • 92

ㄷ

다변량 • 171
다중공선성 • 408
다중회귀모형 • 373, 393
다항분포 • 124
다항정리 • 49
단순 임의표본 추출 • 179
단순회귀모형 • 373, 374
단일변량 • 171
대립가설 • 255
대응표본 • 293, 294
더미변수 • 422
데이터 세트 • 171
도함수 • 76, 83

독립변수 • 311, 394
독립사건 • 64
독립표본 • 282
동질성 검정 • 335
등간척도 • 175
등분산 • 285

ㄹ

레빈 검정 • 330
리커트 척도 • 176, 454

ㅁ

막대도표 • 198
명목척도 • 175
모분산 • 159
모비율 • 249
모집단 • 159
무작위 오차 • 313
미분계수 • 73, 75

ㅂ

반응변수 • 311
배반사건 • 16, 56, 65
범위의 중앙 • 218
범주형 데이터 • 172
베르누이 시행 • 128
베르누이 실험 • 120
베이즈 정리 • 11, 65
변수 • 171
보통최소제곱법 • 379
복수순열 • 30
복원추출 • 179
부정적분 • 82
분산 • 111, 221
분산분석 • 310
분산팽창 • 409
분산팽창인수 • 412
분포 • 89
불편일치추정량 • 380
불편추정량 • 184, 380
비복원추출 • 179
비율척도 • 176
비임의 추출 • 179

ㅅ

사건 • 14
사후검정 • 326, 338
산술평균 • 109
산포도 • 204, 210
상관계수 • 212, 369
상관계수 행렬 • 410
상호작용효과 • 347
서열척도 • 175
선도표 • 200
설명변수 • 311
설문지 설계 • 444
수학적 확률 • 52
순간변화율 • 73, 75

순열 • 25
숫자형 데이터 • 172
스터지스의 가이드라인 • 191
스튜던트 t-분포 • 247
시계열 데이터 • 173
시그모이드 • 434
시행 • 14
신뢰구간 • 235, 244
신뢰수준 • 240, 244
쌍체비교 • 297

ㅇ

앤스콤 4분할 그래프 • 188
여사건 • 16, 57
역연산 • 82
역확률 • 11
연속형 균등분포 • 142
연속형 데이터 • 172
연속확률변수 • 104
연속확률분포 • 142
예측변수 • 311
오일러 수 • 138
오차항 • 377
완전인자모형 • 347
왜도 • 219
요인분석 • 455
원순열 • 32
원시함수 • 83
유의성 검정 • 404
유의수준 • 245, 258
음이항분포 • 131
이변량 • 171
이분산 • 285
이분산성 • 418
이산형 데이터 • 172
이산확률변수 • 101
이산확률분포 • 118
이원분산분석 • 313
이항 로지스틱 • 431
이항분포 • 120
이항정리 • 40
인자 • 313
일원분산분석 • 313
일치추정량 • 380
임계치 • 263
임의추출 • 179

ㅈ

자연상수 • 138
자유도 • 161, 222
잔차 • 379
잔차제곱합 • 379
전확률 • 65
절사평균 • 218
정규분포 • 149, 236
정규분포의 표준화 • 153
정규성 가정 • 335
정규성 검정 • 335

정의역 • 101
정적분 • 84
제2종 오류 • 409
조건부확률 • 60
조정된 결정계수 • 400
조합 • 34
종속변수 • 311, 394
종속사건 • 64
주성분분석 • 456
주효과 • 347
중복순열 • 27
중복조합 • 36
중심극한정리 • 228, 230
중앙값 • 217
지수분포 • 145
지수함수 • 77
짝-표본 • 294

ㅊ

처리 • 313
첨도 • 220
초기하분포 • 135
최빈값 • 218
최빈계급 • 197
추론 • 254
추론통계학 • 178
추정 • 254
추정된 회귀식 • 378
추정량 • 182
추정치 • 182
층화표본 추출 • 179
치역 • 101

ㅋ

카이제곱분포 • 163

ㅌ

탐색적 요인분석 • 456
통계적 유의성 • 255
통계적 추론 • 182
통계적 추정 • 182
통계적 확률 • 53
튜키 검정 • 326

ㅍ

파스칼의 삼각형 • 40
파이도표 • 203
판단표본 추출 • 179
팩토리얼 • 26
편의 • 184
편의표본 추출 • 179
평균 • 107, 217
평균변화율 • 74
평균의 표준오차 • 228
포아송 분포 • 138
포커스 그룹 인터뷰 • 179
표본 통계량 • 180
표본공간 • 15

표본분산 • 159, 285
표본비율 • 249
표본오차 • 183
표본추출 • 178
표본평균 • 109
표본평균의 표준편차 • 229, 384
표준오차 • 384, 385
표준정규분포 • 153
표준편차 • 221

ㅎ

하틀리 검정 • 328
합동분산 • 285
합사건 • 16, 19
항등식 • 47
행렬 • 395
허용오차 수준 • 245
확률밀도함수 • 94
확률변수 • 100
확률분포 • 89, 118
확률분포함수 • 89
확률적 데이터 • 88
확률질량함수 • 90
확인적 요인분석 • 456
회귀계수의 유의성 • 385
회귀분석 • 368
회귀선 • 372
횡단면 데이터 • 173

기타

1종 오류 • 256
2종 오류 • 256
F-분포 • 166
F-통계량 • 319
OLS • 379
p-value • 270
p-값 • 270
t-검정 • 273
t-분포 • 159, 247
Welch 조정자유도 • 285
z-score • 237
Z값 • 153
z-값 • 235
z-분포 • 246

49일간의 확률통계여행

저　　자　양재용
발 행 인　김지영
발 행 처　자유아카데미
주　　소　경기도 파주시 회동길 37-42
　　　　　파주출판도시
전　　화　031-955-1321
팩　　스　031-955-1322
홈페이지　www.freeaca.com
전자우편　main@freeaca.com (대표)
　　　　　editor@freeaca.com (편집)
　　　　　crm@freeaca.com (영업)
등　　록　제406-2003-017호, 1980. 7. 12
제1판1쇄　2024년 8월 16일 발행

ISBN 979-11-5808-626-8 93310